아르케
북스

120

이
종
숙 李鍾淑 Lee, Jong Sook

한양대학교 무용학과 졸업
이화여자대학교 교육대학원 체육교육전공 석사
용인대학교 무용학 박사
한국무용사학회 편집위원장 역임
현 무용역사기록학회 이사 및 편집위원
한양대학교 · 성균관대학교 · 한국예술종합학교 · 순천향대학교 강사 역임
강원대학교 · 단국대학교 강사
한국전통악무연구소 소장

「『時用舞譜』의 舞節구조 분석과 現行宗廟佾舞의 비교연구」(2002)
『처용무보』(2008)
『종묘제례악 일무의 왜곡과 실제』(2012)
『한국춤통사』(2014, 5인 공저)

민속원 아르케북스　120　minsokwon archebooks

인물로 본
신무용 예술사

최승희에서 최현까지

| 이종숙 |

민 속 원

책을 펴내며

이 책에서는 '무용舞踊'이라는 말이 우리 한반도에 정착하게 된 과정을 제일 먼저 다루었다. 무용은 1904년 일본인 쓰보우치 쇼요坪內逍遙(1859~1935)가 『신악극론新樂劇論』에서 처음 사용한 말인데, 우리 한반도에서는 10년도 채 지나지 않은 1913년 10월 7일 『매일신보』에서부터 보게 된다. 그 전에는 무도舞蹈라는 한자어를 춤에 대응하는 말로 사용해 왔다. 무용이라는 말은 처음엔 일본 예기藝妓의 춤을 주로 가리키던 특수 용어였다. 그런데 1927~28년을 거치며 무도를 대신한 '무용'이란 단어가 한반도에 전격 안착하였다. 그리고 이후, 지금까지 90년 동안 자연스럽게 사용해 온 일반명사가 되었다.

'일본무용'이라는 장르는 전통의 가부키歌舞伎를 서양무용의 영향으로 개혁하려는 의식 속에서 '새 무용 창조'를 제창한 새로운 활동이었다고 한다. 새로운 춤의 창조를 부르짖는 가운데 '신무용新舞踊'이라는 개념어가 무용과 함께 출범했던 것이다. 이 개념어는 일본인 현대무용가 이시이 바쿠石井漠(1892~1962)의 1926년 3월 내한來韓 공연 종목들을 통해 더욱 공고하게 한반도에 뿌리를 박았다. 이시이 바쿠의 새로운 예술양식인 모던댄스modern dance를 생애 처음 관람한 만 15세 소녀 최승희崔承喜(1911~1969)는 '예술 무용'의 창조적 세계에 경이를 느끼며, 과감하게 그의 문하로 들어갔다.

일본에서 3년여 동안의 도제徒弟 학습을 마치고 돌아 온 최승희는 한반도에서 다시 약 3년 동안 5회의 신작무용발표회와 크고 작은 수많은 발표회를 개최하였다. 이 발표회들을 통해 총 73편의 신작 무용 소품을 창작하였다. 이들 작품으로 한반도 전국 방방곡곡을 누비며 신무용의 신세계를 유감없이 펼쳤다. 그러나 일제는 한 젊은이의 패기를 꺾어 다시 일본으로 돌려보냈다. 이시이 문하로 재진입한 최승희는 일본의 창작세계에 자신의 독창적인 '조선무용朝鮮舞踊'을 소개하면서 일약 스타로 발돋움하였다. 위기를 전회위복으로 극복한 최승희는 오히려 일본 무용계마저 제패하는 경이로운 기록을 갱신하며 승승장구하였다.

한편, 그녀의 명성을 따르는 한반도의 젊은이들이 이곳저곳에서 알게 모르게 새로운 무용가의 꿈을 키우며 일본으로 건너갔다. 그 중 한 인물이 김해랑金海郎(1915~1969, 본명 김재우)이다. 어쩌면 최승희의 명성 뒤에 가려져 활동하던 조택원趙澤元(1907~1976)을 본받았는지도 모른다. 그처럼 김해랑의 무용 관련 사승관계는 분명하지 못한 편이다. 그러나 그에게 있어서 중요한 업적이 있으니, 그것은 바로 정민鄭珉(1928~2006, 본명: 정순모)과 최현崔賢(1929~2002, 본명: 최윤찬)을 후대의 탄탄한 무용가로 길러낸 일이다.

특히 최현은 불우한 환경 속에서 성장했는데, 김해랑은 최현이 마산에서 중·고등학교를 마칠 수 있도록 뒷받침 해주었다. 최현은 그를 발판으로 서울대학교 사범대학까지 졸업하였다. 또 최현을 영화계로 인도한 사람 역시 김해랑이었다. 그는 6·25전쟁기에 남쪽으로 피난 온 다방면의 예술계 사람들과 인맥을 쌓으며, 무용공연 활동을 펼쳤다. 피난민 속에서 행하는 무용공연이라는 것에서 어쩌면 프랑스 혁명기에 발전한 낭만주의 발레와 닮은 어떤 성과를 기대했는지도 모르겠다. 하지만 김해랑 개인에게는 조상으로부터 물려받은 재산 탕진이라는 수렁이 깊어만 갔다.

최현은 1950년대에 주로 영화배우로서의 삶을 10여 년 동안 살았다. 1963년부터 무용계로 돌아온 최현은 2002년 7월 삶을 마감하는 날까지 무용 예술활동과 교육활동에 여생을 바쳤다. 고등학교 때의 담임이었던 이두현李杜鉉(1924~2013) 교수와의 인연으로 연극과 탈춤에 일찍부터 입문했었다. 그에 따라 통영오광대의 장재봉張在奉(1896~1966)과 봉산탈춤의 김진옥金辰玉(1894~1969)에게서 탈춤을 배웠다. 뿐만 아니라 김천흥

金千興(1909~2007)과의 인연으로 〈처용무處容舞〉를 익혔고, 한영숙韓英淑(1920~1989)에게는 〈승무〉, 〈태평무〉, 〈살풀이춤〉, 〈학춤〉들을 배웠다. 또 우도농악 〈소고춤〉의 일인자인 황재기黃在基(1922~2003)에게 농악가락과 놀림새를 배웠으며, 부산 농악의 북가락도 익혔다. 진도북춤의 명인 박병천朴秉千(1933~2007)과는 호형호제하는 사이로 박병천의 서울 진입과 무용계에 발판을 마련해 준 이가 곧 최현이었다. 1969년부터 1990년까지 문화재청 문화재전문위원으로도 활동했다. 그리고 그 무엇보다 중요한 사실로, 최현은 1965년부터 1995년 정년에 이르기까지 서울예술고등학교와 예원중학교 무용과 학생들에게 튼실한 춤의 기반을 제공했다. 이 말은 현재 무용한다하는 무용계 인사 중에서 그의 손을 거치지 않은 사람이 드물다는 뜻이다.

최현은 춤을 배움에 있어서 '하나같이 그 바닥 최고의 명무를 사사 받았다.' 그럼에도 최현은 전통춤을 배운 대로, 그대로 모방하여 춤추거나 가르치지 않았다. 전통을 바탕으로 하되 예술로 승화된 자신만의 춤 길을 찾아 늘 새롭게 작품을 구상해 내었다. 무용평론가 김태원은 그러한 최현에 대해 '현대화와 변화의 철학을 중시했던 그의 탐미주의적 예술 경향은 몽환적이며 낭만성을 갖는 신무용 사조에 속한다'고 평한 바 있다. 최승희에서 출발한 유미주의적인 무용예술작품으로 최현의 〈비상飛翔〉(1976년 초연)은 대표작으로 꼽힌다. 1993년의 〈군자무君子舞〉, 1994년의 〈허행초虛行抄〉 등, 정년停年 무렵부터 다작을 발표하는 노익장을 발휘했으며, 2001년(만 72세) 말 〈비파연琵琶緣〉을 생의 마지막 작품으로 내 놓았다.

최승희에 의해 1930년대에 시작된 우리 전통춤의 현대예술화 활동이 최현에 의해 완비되었음을 기리고자 나는 이 책을 쓰기 시작했다. 내 어린 시절, 우리 한국무용을 대표하던 춤양식은 오로지 신무용이었다. 나는 리틀엔젤스의 앙증스런 부채춤, 장고

춤, 삼고무, 가야금병창까지…. 언감생심 그들의 칼군무 대열에 끼어보고 싶은 열망으로 춤을 배우기 시작했었다. 그런데 1978년도 대학에 입학할 당시 신무용은 어쩐지 퇴색하고 낡은 것처럼 사람들의 시선에서 버려져갔다. 한국춤은 현대무용사조에 더욱 물들어가며 창작무용이라는 새로운 예술양식에 힘을 쏟기 시작했다. 다른 한편으로는 이전까지 창작의 소재로나 이용되었던 전통춤이 그 본연의 모습 그대로 무대를 차츰 수놓기 시작했다.

세상은 돌고 돈다고 했던가? 춤의 경향도 돌고 돌아 근래에는 과거의 신무용을 '신전통춤'이라고 부르기도 한다. 김태원의 2015년 발의에 동조하는 사람들이 늘어가는 추세라고나 할까. 최현은 전통춤을 현대예술화 한 자신의 춤을 '한국창작무용'이라고 부르고 싶어 했었다. 그러나 그는 최승희처럼 한국의 정서와 전통춤의 움직임, 복식과 음악을 애용했지, 해체하는 것은 단연 거부했었다. 뿐만 아니라 최승희나 조택원이 미처 이루지 못했던 전통춤의 진수를 자신의 작품에 녹여서 수용하였고, 게다가 깔끔한 세련미를 더하며 예술작품으로서의 한국춤을 완비시켰다. 최승희 이래의 수많은 제자와 미처 다 헤아릴 수 없는 신무용가들이 있었지만, 최현만큼 한국의 전통춤과 예술 사이를 가깝게 만든 한국춤이 과연 있었던가?

이 책의 발간 계획은 2016년 8월경 최현우리춤원의 윤성주(현 인천시립무용단 예술감독 겸 상임안무자) 회장님과 백정희(한양대학교 에리카 캠퍼스) 교수님을 만나 처음 듣게 되었다. 꽤 오랜 동안 집필할 적임자를 찾았었다고 하였다. 나는 고대무용사로부터 조선시대까지 나름 공부했지만, 근·현대사에 대해서는 비전공자였기에 자신 있게 집필을 약속할 수 없었다. 그러나 이를 기회삼아 공부할 욕심으로 마침내 저술을 약조하였다. 본래는 2017년 1년 동안 완료하겠다고 약속했었다. 얼마나 철이 없고 겁 없는 도전이었는지 알고도 남을 일이다. 최현우리춤원 이사님들의 따뜻한 배려로 10여 개월을 더 집필하고서야 이렇게 완성을 보게 되었다.

최승희와 조택원, 김해랑과 최현의 춤예술 작품 활동을 공부해가며 차례로 살펴 서술했다. 가능한 한 선행 연구 결과를 답습하기보다는 신문 자료 및 공연 프로그램 등을 통해 고증하는데 역점을 두었다. 따라서 어떤 부분에서는 다른 선행 저술과 다른 견해들을 보게 될 것이다. 예를 들면, 무용평론가 고 강이문은 최승희가 무용가로서 한반도에서의 활동 실패 때문에 일본으로 다시 돌아 간 것으로 보았다. 하지만 이 책에서는 일제의 교묘한 획책으로 일본을 다시 선택할 수밖에 없었던 상황을 설명하였다. 어�째든 객관적 자료를 기초로 전반적 상황을 점검하고, 서술하는데 힘썼다는 말이다. 그럼에도 불구하고 오류나 미흡한 점이 없을 수 없을 것이다. 아직 공부해가는 중인 저자의 한계가 이쯤이라고 너그럽게 보아, 후학의 새 연구에 디딤판 정도로 여겨준다면 고마운 일이다.

최승희와 조택원 부분에서 사용된 이 책의 많은 화보들은 신문에 게재된 공연 사진을 스캔하거나 캡처한 것이다. 김해랑과 최현의 화보 및 프로그램들은 최현의 미망인 원필녀 여사가 흔쾌히 제공해 주었다. 깊이 머리 숙여 감사드린다. 또 눈코 뜰 새 없이 바쁜 일정 속에서도 교정과 색인에 도움을 주신 윤성주 회장님과 이미미 전회장님, 김희원총무님께도 감사 인사드리며, 최현우리춤원 회원 모두에게 기다려 주고 성원해 주심에 감사드린다. 무엇보다 졸고가 출간될 수 있도록 허락해 주신 민속원 홍종화 사장님과 세심한 손길로 편집에 애써주신 박선주님께 특히 감사드린다.

이 책을 한참 집필하던 2017년은 나 개인에게 애경사가 겹쳐 일어난 복잡하고 힘들었던 해였다. 내 가족과 친지들, 그리고 벗 차명희의 배려와 응원이 없었다면, 오늘 이 서문을 쓸 수 있게 되었을까 싶다. 아직 공부할 수 있는 나의 삶에 깊이깊이 감사하며, 새로운 인연을 찾아 다시 책 보따리를 꾸려보련다.

2018. 12.

醉霞散人 海棠 李鍾淑

夕荷 최현 선생님을 기리며

『인물로 본 신무용 예술사: 최승희에서 최현까지』의 집필이 완성되어, 16년 전 우리 곁을 홀연히 떠나신 최현선생님의 후학, '崔賢우리춤院' 제자들의 염원을 이제야 이루게 되었다. 이 책에서는 근대와 현대의 가교로서의 역할뿐만 아니라 춤에 임했던 최현의 예술 철학과 생애 전반에 대한 방대한 분량의 자료를 수집하며 집요한 추적과 예리한 추론으로 '최현의 현대기 신무용의 완성'을 정립해내었다는 점을 특기하고 싶다. 최승희에 의해 시작된 전통춤의 현대화·무대화가 최현에 의해 완비되었음을 기리고자 집필을 시작했다는 저자의 이야기는 제자들에게 더 없는 반가움이요, 이제야 무용사적 위치 정립이 확고하게 자리 잡은 것은 아닌가 안도감마저 들기 때문이다. 올곧게 전통춤의 진수를 놓지 않으면서도 현대적 감각이 깃들어 세련미마저 충분히 녹아들어 있던 선생님의 주옥같은 예술작품들을 춤을 아는 모든 이들은 기억한다. 그러나 자칫 주관적일 수 있는 기억과 추억으로는 근거를 남길 객관적 자료가 될 수 없기에, 그동안 염원했으되 결과물이 미진했던 나름의 이유를 이제야 불식시키는 것 같다.

이 책은 한국의 근대 신무용사에 큰 획을 그으며 굳건히 자리하고 있는 최승희 조택원에 대한 선행 연구에 만족하지 않고, 철저한 고증에 무게를 두었다는 점도 신뢰가 가는 부분이지만, 오랜 시간 수면에 가라앉아 있던 김해랑의 무용 활동 또한 심도 있게 다룬 이종숙박사의 노고에 '崔賢우리춤院' 식구들 모두 감사함과 경의를 표한다.

'崔賢우리춤院'이란 명칭은 1994년 최현선생님의 명성에 비해 비교적 늦은 첫 개인 공연에 처음 등장했다. 2002년 7월 작고하신 이후 3차례 추모공연을 가졌으나 조직적인 체계를 갖추지 못하고 미미하게 명맥만 유지하다가 2007년 김향금, 이미미, 백정희, 서영님, 윤성주, 원필녀, 정혜진 등 그의 제자 7인이 뜻을 모아 지금의 '崔賢우리춤院'을 발족하였다. 초대 회장에 이미미 선배님을 추대하며 조직이 정비되었고, "최현춤전" 등 공연이 이루어지기 시작했다. 2대 백정희 회장님에 의해 2010, 2011 두 차례에 걸쳐 "석하 최현의 춤예술"이란 타이틀로 학술사업이 본격적으로 모양새를 갖추게 되었다. 3대 회장으로 본인이 선출된 후, 두리춤터가 주최한 "2012 테마가 있는 한국춤 시리즈: 〈류파별로 보는 한국춤의 흐름〉"에 선생님의 소품들을 공연하였고, 정동극장과 공동주최로 "거장의 정동나들이 〈최현 춤의 비상〉"을 3주간 주제별로 진행하기도 했다. 그즈음 마산국제춤축제에서 "한국춤의 사상가 최현을 만나다."에 선정되어 공연과 학술세미나가 진행되면서 영화배우로서의 삶을 재조명한 책이 집필되기도 하였다. 그 해 재미국악원 초청공연과 LA문화원 특별공연 등 왕성한 10주기 추모사업이 진행되는 동안 국립무용단 예술감독으로 선임되어 4대 정혜진 회장님이 뒤를 이어 저변확대를 위한 워크숍과 공연사업에 매진하게 되었다.

2016년, 5대 회장으로 본인이 재선출 되어 2017년 3월 11일 비로소 '崔賢우리춤院' 주최 15주기 추모 첫 행사로 〈최현 춤의 한국 근·현대 무용사적 위치에 대한 담론〉이라는 타이틀로 학술 세미나를 개최하면서 최현의 생애와 예술관에 대한 정리가 본격적으로 추진되기에 이르렀다. 그동안 윤명화 부회장은 박사논문『최현의 예술생애와 작품 연구』(2010)를 발표하였고, 이미영(2007, 2015), 남수정(2015), 정혜진(2016) 선생 등 후배님들에 의해 다양한 소논문들이 나오긴 했으나 대부분은 작품분석에 관한 논문이었다. 회장단을 중심으로 적합한 집필자를 찾기 위해 다양한 리서치를 했으나 이종숙박사에게 원고청탁 결심을 한 계기는 그가 쓴 종묘제례에 관한 책을 읽으면서였다. 나 또한 일무 이수자이기에 의견대립으로 한동안 시끄러웠던 종묘제례나 문묘제례에 대한 관심을 갖고 있어서 책을 읽는 동안 이박사의 정확하고 담백한 문장과 객관성을 잃지 않는 뚝심에, 멀리서 스쳐 지나기만 했던 그에게 동의를 얻기 위해 설득력 있어 보이려 무진 애를 쓴 기억이 난다. 이렇게 책 출간을 위한 집필이 시작되었다. 물론 어려운 부딪힘이 없었던 건 아니다. 애초 계약한 1년이란 기한을 넘기면서 오는 초조함, 원하는 글이 될 것인가에 대한 걱정 등등, 하지만 이제는 모두 기우였다는 걸 알게 되었고, 스승의 영전에 바치는 이 책속의 인물 석하夕荷 최현선생님이 부디 후학들에게 영원히 잊히지 않는 무용계에 큰 별이시기를 기대한다.

"인생의 여정으로 보면 해가 지기 전 황홀한 노을이 피어날 무렵에 다른 무용가들의 춤 작품들이 갖가지 모양과 갖가지 색깔로 채워지고 있을 때, 선생은 비워내는 춤을 추셨다. 우리 문화 속에 면면히 이어온 인생철학을 춤추며, 고고高古와 충담沖淡의 풍격을 보여주었다. 다른 무용가들이 담아내지 못한 독보적인 춤이고 풍격이었다."라고 했던 춤이론가 김영희의 담談이 아니라도 그저 장단에 몸을 띄워놓고 구름 위를 걷는 듯하여 세속을 초월한 고고高古를 논하며, 묵묵히 침묵을 지킨다는 충담沖淡을 감지했다는 말에 못다 이룬 열정을 놓으신 선생님의 마지막 모습이 떠올라 가슴이 저린다. 세속에 물들지 않고 오롯이 몸짓 하나에 삶과 인생이 고고한 옛 선비의 품위와 격을 한순간도 놓치지 않으셨던 우리 모두의 보물인 것을 당시엔 왜 몰랐을까?

> … 바람꽃처럼 홀연히 제자들 곁을 떠나 부서져 흩어진 채,
> 붉은 적송 가지 힘차게 뻗어 그려진 부채 하나 움켜쥔 채,
> 드넓은 창공으로 도포자락 휘날리며 비상飛翔하신…

이 글은 선생님께서 저세상으로 향하시던 그 날에도 비상 의상에, 가슴에는 고이고

이 부채를 놓아드렸던 당시의 모습을 기억하며 어느 잡지에 기고한 글이다. 내겐 여전히 잊을 수 없는 장면인 동시에 평생 간직 될 모습이리라.

　지극히 객관적 시각으로 바라본 근대 신무용사를 정리하기란 쉽지 않았을 것이다. 철저한 고증에서 얻은 역사적 사실을 지면에 옮기기 위해 어렵게 시작했으나 긴 시간 동안 묵묵히 써내려가며 불철주야 끈질긴 탐색과 집중에 여념이 없었던 이종숙박사의 노고에 감사드린다. 예술이라는 울타리 안에서 선생님의 일이라면 언제라도 달려와 주셨던 평생지기 '허행초 사람들의 모임'의 이종덕 회장님 이하 어르신들의 관심과 배려에도 감사함을 올린다. 그동안 장롱 깊숙이 넣어두었던 수많은 자료들을 아낌없이 내어준 친구 원필녀 선생에게도, 오랜 체증이 내려가는 듯 발걸음이 가벼울 것이 틀림없겠다. '崔賢우리춤院'의 오랜 숙원사업이었던 최현 춤의 한국 근·현대 무용사적 위치에 대한 담론을 축적할 수 있도록 이끌어주신 백정희 선배님께, 그리고 어려운 일이 있을 때마다 소리 없이 정리해 주시던 존경하는 이미미 초대 회장님에게 특히 감사함을 전하고 싶다.

　이제 스승 최현선생님의 영전에 제자들 모두 두 손 모아 머리를 숙이며 이 책을 바친나.

2018. 12.

崔賢우리춤院 회장　윤성주

차례

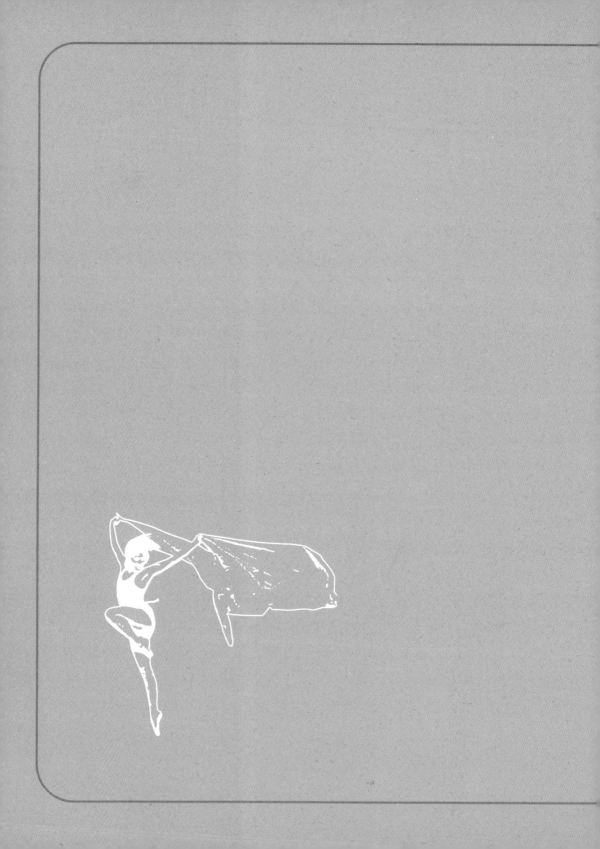

'무용' 및 '신무용' 용어의
출범과 정착

‘무용’ 및 ‘신무용’ 용어의 출범과 정착

신무용新舞踊은 ‘새로운 무용’, 나아가 ‘새로운 예술형식의 춤’이라는 개념으로 출발했다. 무엇에 대한 새로움이었을까? ‘신무용’이라는 말은 언제부터 사용한 것일까? 한때는 민속무용, 고전무용이라고도 했는데, 지금은 신무용이라고 하게 된 이유는 무엇일까? 이 용어에는 어떤 역사적 경로를 밟아 왔을까? 과거로부터 어떤 시대적 변화와 상황이 있었기에 신무용은 고유명사처럼 호칭하게 되었을까? 누가 이러한 춤의 원조이기에 현재의 우리들은 이 춤을 계승하려 하고 있을까? 이런 질문들을 좇아 ‘무용’과 ‘신무용’의 개념을 확인하고, 그 개념이 지금으로부터 100년도 채 못 되는 시간 동안 이렇게 저렇게 변화해 가며 역사적 사건들 속에 놓여 왔음을 살펴보려는 장이다.[1]

---

1 이번 제1장에 기술된 「‘무용’과 ‘신무용’ 용어의 출범과 정착」은 저자의 눈문 「‘무용’과 ‘신무용’ 용어의 수용과 정착:『매일신보』,『동아일보』,『조선일보』 기사를 중심으로」,『무용역사기록학』 46호, 무용역사기록학회, 2017, 9~35쪽의 내용과 일치함을 밝힌다.

1. 용어 '무용'의 시작과 한반도 수용

1) '무용' 개념의 탄생

무용이라는 용어는 일본인 쓰보우치 쇼요坪內逍遙(1859~1935)[2]가 1904년에 저술한 『신악극론新樂劇論』에서부터 의미 있게 사용되기 시작했다. 일본에서의 무용이라는 말은 귀족적이며 의식적인 '마이舞'가 서민적이고 무의식적인 이미지의 '오도리踊'를 만나서 '부요舞踊'라는 근대의 신 용어가 되었다고 한다.

> 초창기의 '무용'은 일본 전통적인 마이舞와 오도리踊는 물론 서양으로부터 유입된 춤들을 총괄하는 용어로 자리하게 되었다. 무용이라는 조어와 함께 서양무용의 영향으로 일본 전통의 춤동작 자체에도 변화가 일어나기 시작했다. 이러한 변화와 함께 새로운 무용에 대한 요구가 '신무용'의 탄생을 가져왔다고 할 수 있다. …(중략)… 구무용은 곧 가부키 무용이었으며 가부키에서 무용만을 독립시켜 일본무용日本舞踊(니혼부요)이 탄생하였다.[3]

일본에서의 무용이란 '가부키'에서 무용을 독립시킨 형식의 '일본무용'을 뜻하는 말이었다. 쓰보우치는 '새로운 무용'을 제창하며 영어의 댄스dance, 불어인 당스danse, 독일어 탄츠tanz에 해당하는 말을 '무용舞踊'이라고 정리했다. '팔을 올리고 저으며 돌린다는 뜻의 '무舞'자와 발로 딛고 차며 뛰어 오른다는 뜻의 '용踊'자를 묶어서' 무용이라

---

2   쓰보우치 쇼요(坪內逍遙, 1859~1935): 일본 기후현(岐阜縣) 미노가모시(美濃加茂市) 출생. 일본의 소설가 · 극작가 · 문예평론가 · 영문학자 · 교육자. 도쿄전문학교의 강사를 지내며 『와세다 문학(早稲田文學)』을 창간 · 주재하였다. 1904년 무용극을 위한 새로운 제안이자, 사극론에 이은 제2의 연극혁신론인 『신악극론(新樂劇論)』을 내놓고, 이어서 문예협회(1906~1913)에 거점을 둔 제3의 연극혁신운동인 신극(新劇)운동에 착수, 셰익스피어극 상연을 지도하였다. 그의 필생의 대작업은 시종 연구를 계속한 셰익스피어의 전작번역(全作飜譯)이었으며 1928년에 전40권을 완성하였다. (두산백과사전)
3   남성호, 「근대 일본의 '무용'용어 등장과 신무용의 전개」, 『민족무용』 제20호, 세계민족무용연구소, 2016.09, 101쪽.

는 말을 만들고, 외국의 춤dance에 대응할 수 있는 개념어로 삼았다는 것이다.[4] 사실이 말을 처음 사용한 것은 쓰보우치가 아니고, 그보다 앞선 1893년 후쿠치 오치福地桜癡(1841~1906)가 오도리踊를 '무용舞踊(부요)'이라고 기술한 용례가 먼저 있었다.[5] 이처럼 '일본무용'이라는 장르의 탄생 배경에는 전통의 가부키를 서양무용의 영향으로 개혁하려는 의식이 포석처럼 깔려있었다는 것을 알 수 있다.

이로써 '무용'이라는 단어는 서양적이며 일본적이기를 희망하는 새로운 형식적 특성을 함축한 말로서 세상에 등장했다. 즉 무용은 보다 새로운 형식이라는 점을 확장시키는 '신무용'이라는 말을 동시 함유하며 탄생했다. '마이'와 '오도리'가 만나서 '무용'이라는 신악극新樂劇의 대체 용어로 쓰였고, '추상적인 개념과 예술적 방향성을 부여한 미학적 용어'[6]가 되었다. 게다가 서양 대국과 어깨를 나란히 하고 교류할 수 있는 일본의 새 무용 창조를 내세운 것,[7] 그것이 바로 '신무용'이라는 개념어가 탄생한 배경이다.

2) 한반도 내 '무용'이란 말의 첫 의미

일본에서 탄생한 '무용'이라는 말은 식민지 한반도로 이식되었다. 한반도에서 '무용'이라는 단어가 춤을 뜻하는 용어로 처음 사용된 예는 1913년 10월 7일 『매일신보』에서 발견된다.

---

4   안제승, 『한국신무용사』, 서울: 승리문화사, 1984, 7쪽(玉川百科辭典 권20 재인용).
5   남성호, 앞의 논문, 2016.09, 115쪽.
6   남성호, 위의 논문, 117쪽.
7   안제승, 앞의 책, 7쪽(坪內逍遙, 『新樂劇論』 序文 재인용). "무용예술이야말로 음악과 더불어 국제적 의의를 지니는 것이므로, 일로전쟁(日露戰爭)을 계기로 해서 세계의 대국(大國)들과 교류함에 있어서는, 우리나라도 좋은 예술을 준비할 필요가 있다. 이를 위해서는 재래의 가부끼무용(歌舞伎舞踊)이 갖는 불합리성이라든가, 외잡성(猥雜性) 같은 것을 제거시켜 버리되, 전통적 아름다움만은 도입하여, 새로운 구상(構想) 아래 형식과 내용이 우수하고 예술적 향기 높은 일본 무용을 창조해야 한다."

「보물찾기探寶와 예기藝妓의 무도舞蹈」회원들이 회장에 도착하니 수천 명의 ○○이 끊이지 않고 정오에는 … 장내 샘물 위에 건설한 무대에는 개성開城의 기생과 내지인內地人(일본인) 예기의 무용舞踊이 개시되어 대갈채를 널리 받아서 오후 3시까지 무대의 전면에 인산인해를 이루었으며 ……[8]

기사의 제목에는 예기의 '무도'라고 표기하고, 내용에는 예기의 '무용'이라고 표기했다. 무도가 곧 무용이라는 말과 동일한 뜻으로 사용된 예라 할 수 있다. 다음 『매일신보』 1914년 11월 6일자 기사에는 경남慶南 공진회共進會에서 "예기, 기생 등의 무용이 제일 관람자를 끌어들이고…"[9]라고 소개하는 데서 '무용'이라는 말이 사용되었다. 여기에서 '예기'는 일본 기생을, '기생'은 조선 기생을 지칭하는 말로 사용되었다. 따라서 한반도에서 처음 사용된 신문지상의 '무용'이라는 용어는 이상과 같이 '무도'와 의미상 큰 차이가 없었지만, 실제는 일본 예기의 춤을 가리키는 말로 사용되기 시작했다.

1904년 7월 18일 창간된 『매일신보』에 표현된 '무용'이라는 단어는 1920년까지 17년 동안 총 6회 사용되었다.[10] 이 중 내지인內地人 즉 일본인 예기의 춤을 '무용'이라고 표기한 예가 3회,[11] 일본인이 조선 기생의 춤을 보며 '무용'이라고 말한 예가 1회,[12] 이태리오페라단 소녀의 기발한 '무용'을 소개한 것이 1회,[13] 광주 기생들에게 일본식 '무용'을 연습하도록 지시한 기사가 1회이다.[14] 1920년까지의 『매일신보』 기사에서 볼

---

8 『매일신보』 1913.10.07. 1면. 「探寶와 藝妓舞蹈」會員이 會場에 到着흠이 數千名의 ○○는 不絶打揚 흐고 正午에는 … 場內 泉水上에 建設흔 舞臺에는 開城의 妓生과 內地人 藝妓의 舞踊이 開始되야 大 喝采를 博得흐야 午後 三時진지 舞臺의 前面에 人山人海를 成흐얏스며 …….

9 『매인신보』 1914.11.06. 2면. 「慶南共進會 每日 入場者 一万三四千」慶南共進會는 開會 以後로 連日 秋晴으로 不寒不熱흔 小春和日이라. 最中 水族館의 魚族라. 藝妓, 妓生 등의 舞踊이 第一 觀覽者를 吸取흐야 …….

10 김영희 편, 『『매일신보』 전통공연예술 관련 기사자료집』 1, 서울: 보고사, 2006, 4쪽. 편집자는 1904년부터 1920년까지의 『매일신보』 공연예술관련 기사를 발췌하여 자료화했다.

11 김영희 편, 위의 책, 91쪽(『매일신보』 1913.10.07. 1면), 143~144쪽(『매일신보』 1914.11.06. 2면), 309쪽(『매일신보』 1917.06.15. 3면).

12 김영희 편, 앞의 책, 311~312쪽(『매일신보』 1917.06.20. 3면).

13 김영희 편, 앞의 책, 368쪽(『매일신보』 1919.04.20. 3면).

수 있는 '무용'이라는 단어에는 주로 '일본식' 또는 '내지內地'의 개념이 포함되어 5회
에 걸쳐 사용되었다. 단 1회만이 이태리오페라단에서 연행한 소녀의 춤ダンス, dance을
'무용'으로 표기한 예이다.

정리하면 『매일신보』에서 1904년부터 1920년까지 사용한 '무용'이라는 단어 속에
는 일본 예기의 춤을 이르는 말이 대부분이었다. 가부키 기생의 새로운 무용인 일본
무용을 지칭한 말이다. 그와 더불어 서양의 댄스와도 동일한 의미로 사용하였다. 쓰
보우치가 발의한 '무용'이라는 말의 내적 의미를 시대적으로 공감하고 사용했던 사실
을 엿볼 수 있다.

3) '무용'의 다양한 개념 확산

1920년 4월 1일에 창간된 『동아일보』에서 표현하는 '무용'의 개념은 『매일신보』와
는 다소 다른 면모를 갖는다. 그해 5월 5일자 윤백남尹白南(1888~1954)[15]의 「연극과 사회
2」라는 논문에서 '무용'이라는 단어가 『동아일보』 사상 처음 등장한다. 영국인 곱돈
크레익Goqdon Craig의 『연극의 미美』라는 저서에서 연극의 미술성美術性(예술성) 확보를
위한 4개 요소를 발췌 소개한 글이다. ①동작動作, ②언구言句, ③무대의 선과 색, ④
절주節奏의 무용舞踊이 그것인데, 이들 네 가지 요소를 종합하여 이룬 것이 연연이라는
미술(예술)을 작作(제작)하는 것이라고 했다.[16] 이 글의 저자인 윤백남은 『매일신보』와 『

---

14 김영희 편, 앞의 책, 448쪽(『매일신보』 1920.05.05. 3면).
15 윤백남(尹白南, 1988~1954): 충청남도 공주 출생. 본명은 교중(教重). 서울 명동의 경성학당 중학부를
　　마치고 도일해 유학. 『매일신보』 기자로 활동하며 문필생활을 시작했고, 1912년에는 작가 조일재(趙一
　　齋)와 함께 신파극단 문수성(文秀星)을 창단해 배우로도 활약하는 등 연극활동을 겸했다. 1913년 『매
　　일신보』 편집국장을 거쳐 잡지사인 반도문예사(半島文藝社)를 세우고 월간잡지 『예원(藝苑)』을 발간
　　했다. 1916년 이기세(李基世)와 함께 신파극단 예성좌(藝星座)를 조직했으며, 1917년 백남프로덕션을
　　창립해 몇 편의 영화를 제작, 감독하기도 했다. 1920년 『동아일보』에 신극사(新劇史) 최초의 연극론인
　　논문 「연극과 사회」를 발표했다. 개화기의 선구적인 인물로서 금융인으로 출발해 언론인 · 연극인 · 교
　　육자 · 문인 · 영화인 · 만담가에 이르기까지 폭넓은 활동을 펼쳤다. 특히 그는 영화계에 선구적 공적을
　　남겼고 연극인으로서도 초창기에 극단을 주재하고 희곡을 쓰는 등 신파극을 정화하고자 노력했다. (한
　　국민족문화대백과사전 〈http://encykorea.aks.ac.kr〉)

동아일보』의 기자, 극작가, 소설가, 영화감독을 두루 거친 인물이다. 그가 영어 원문을 해석하면서 dance를 무용으로, art를 미술로 번역한 것이다.

다음날인 5월 6일에도 논문의 세 번째 부분이 연재되었는데, 여기에는 고대의 희랍希臘식 연극사에서 가장 성대하게 흥행되었던 〈아세ㄴ쓰〉를 소개하였다. "극의 내용은 무용을 곁들인 대규모의 악극樂劇"[17]이라고 소개했다. 이 글 속에서 윤백남은 '무용'이라는 말을 서양의 춤, 특히 극무용을 지칭하는 것으로 사용하고 있다. 일본의 쓰보우치가 『신악극론』에서 발의한 '무용'이라는 용어와의 영향 관계를 분명히 인식하고 사용한 말임을 알 수 있다.

『동아일보』에서 나타나는 '무용'이라는 단어는 1920년부터 1926년 말까지 9회를 볼수 있다. 우선 서양의 연극 이론을 적용한 극무용으로서의 양식적 의미를 포함한 기사가 4회[18]이고, 어떠한 형식이나 배경을 알 수 없이 사용된 용어가 2회,[19] 미국인의 막춤을 나타낸 것이 1회,[20] 실질적 춤의 의미보다는 상황적으로 '날뛰다'는 의미로 쓰인 것이 2회[21]이다. 즉 이때까지는 쓰보우치에 의해 자극받은 극무용이나 서양의 춤을 주로 지칭하는 말로 사용했음을 나타낸다.

당시 한반도의 옛 춤인 전통춤을 '무용'으로 표기한 것은 『동아일보』 1927년 5월

---

16   『동아일보』 1920.05.05. 4면. 「演劇과 社會 二」尹白南. …… 英國現代劇界에 甚深한 貢獻이 有한 써든,크레익(Goqdon Craig)은 其 著 『演劇의美』이라는 書에 말하얏스되 演劇의 美術은 第一에 科(動作)이니, 이것은 곳演技의 精神이오, 技巧의 自體라 하얏고, 제이는 白(言句)이니 卽 극의 本體라 하겟고, 第三은 線及色이니, 이는 舞臺의 中心을 作하는 것이오, 第四는 「리즘」° (節奏)이니, 이는 舞踊의 要素가 되난 것이다. 이四要素가 綜合하야 成한 것이 演◉이라는 美術을 作한 것이라 하얏다.

17   『동아일보』 1920.05.06. 4면. 「演劇과 社會 三」尹白南. …… 〈아세ㄴ쓰〉의 劇은 그 本來가 그 나라 宗敎에서 胚胎된 싸닭으로 宗敎的 年中行事 中에 한 重要한 式典이 되얏든 것인대, 그 劇의 內容은 舞踊을 겻드린 大規模의 樂劇이니 國史上의 偉大한 人物 或은 神活上의 著大한 事實을 脚色하야 舞臺에 올리엇섯다. ……

18   『동아일보』 1920.05.05. 4면. 「演劇과 社會 二」; 1920.05.06. 4면. 「演劇과 社會 三」; 1924.07.22. 1면. 「橫說竪說」; 1925.02.23. 7면. 「文藝欄: 我觀南歐文學(續) 五. 南歐文學의 特質, 李殷相」

19   『동아일보』 1921.10.16. 4면. 「熙川郡物産品評會」; 1926.02.06. 3면. 「藝術과 生活(二): 藝術과 哲學序說, 梁柱東」

20   『동아일보』 1926.08.08. 1면. 「橫說竪說」

21   『동아일보』 1921.03.01. 1면. 「現在 獨逸人의 心思와 態度(二)」; 1926.05.28. 1면. 「强者의 反省期」

12일자 김동환金東煥(1901~미상)[22]의 「애국 문학에 대하여(1): 국민문학과의 이동異同과 그 임무」에서가 처음이다. 그 내용의 일부를 소개하면 아래와 같다.

합병이전合倂以前의 우리네 문학은 표박문학漂泊文學에 갓가웟다. 정주성定住性이 업시 『광대』들의 입과 발로 동래東萊에서 부산釜山, 부산에서 평양平壤하고 갑을甲乙 향토鄕土에 표박해 다니든 문학이엇스니, 상시常時에 잇서 무동舞童과 줄타기와 창인倡人들로 된 가극단歌劇團이 남북지방南北地方으로 순유巡遊하는데서 무용舞踊[풍년용(豊年踊), 무무(巫舞), 승무(僧舞) 등]과 패사전설稗史傳說[남대장군(南臺將軍)니야기, 김삿갓, 홍길동전(洪吉童傳) 등]과 가요歌謠[시조(時調), 민요(民謠), 춘향가(春香歌), 심청가(沈淸歌)] 등이 전全 조선에 퍼저잇다. …(중략)… 향률사享律社고 무슨 단團이고 하는 가극단歌劇團이 이십년전 녯달에 함경도 변경邊境까지 차저와서 소기 새나발 장고長鼓 등을 치며 방방곡곡方方谷谷을 도라다니면서 쌩덕어미, 춘향가가튼 가극과 무동의 춤, 광대의 줄타기 등을 하든 일을. 그새 춤이라군 관찰부觀察府에 잇는 관기官妓의 무용舞踊밧게. 노래라군 활쏘기판 가튼데서 듯는 풍송자래등왕각風送自來藤王閣 식式의 한시漢詩 읽는 소리밧게 견문見聞할 것을 못가젓든 지방인地方人은 큰 경이驚異와 감격感激을 가지고 그를 대對하엿다.[23]

이 인용문에서는 무동을 광대의 범주 안에 포함시키고, 그들이 연행하는 춤은 가무극 속에서의 무용이라고 하였다. 관기의 춤에도 무용이라는 단어를 사용하여 이 말이

---

22 김동환(金東煥, 1901~6·25 전쟁 중 납북으로 사망년도 미상): 함경북도 경성에서 출생. 시인·언론인·친일반민족행위자. 호는 파인(巴人), 필명으로는 강북인(江北人), 초병정(草兵丁), 창랑객(滄浪客), 백산청수(白山淸樹) 등을 썼다. 아명은 삼룡(三龍)으로, 1926년 10월 동환(東煥)으로 개명하였다. 1921년 중동중학교를 졸업한 후 일본으로 건너가 도요대학[東洋大學] 문화학과에 입학했다. 1923년 9월 관동대지진(關東大地震)이 일어나자 학교를 중퇴하고 귀국. 1924년 10월 『동아일보』 사회부 기자가 되어 1925년 5월까지 근무했다. 1925년 6월 『시대일보』 기자가 되었으며, 1925년 8월부터 카프(KARF: 조선프롤레타리아예술가동맹)에서 활동했다. 1926년 『중외일보』 사회부기자, 1927년부터 1929년까지 『조선일보』 사회부 차창을 지냈다. 1929년 6월 삼천리사를 운영하며 종합 잡지 『삼천리(三千里)』를 간행했다. 1930년 신간회 중앙집행위원으로 선출되었고, 1931년 조선가요협회 회원으로 활동했다. 1938년에는 『삼천리』의 자매지로 문예지 『삼천리문학(三千里文學)』을 발간했다. (한국민족문화대백과사전 〈http://encykorea.aks.ac.kr〉)

23 『동아일보』 1927.05.12. 3면. 「愛國文學에 대하야(1): 국민문학과의 이동과 그 任務, 金東煥」

본래 '일본무용'이나 서양 댄스를 뜻하던 것과는 달리 조선 고유의 춤에 사용한 첫 사례가 되었다. 그리고 약 3달 후, '조선무용'이라는 단어를 공식 사용함으로서 일본인 쓰보우치가 제창한 '신무용'의 개념을 한반도에 뿌리 내리게 하였다. 『동아일보』 1927년 8월 10일부터 19일까지 7회에 걸쳐 연재한 「조선무용진흥론」이 바로 그것이다.[24]

김동환은 '도회都會의 부르조아를 배경으로 한 오늘날의 아무雅舞가 비난의 대상이기 때문에, 우리 신무용新舞踊의 근거는 촌락村落과 원시인적原始人的 동작動作에 두지 않을 수 없다'[25]라고 피력했다. 그가 제시하는 조선무용의 진흥 방향은 '풍년무豊年舞나 종식무種植舞', '검무劍舞'와 같은 것을 야생성이 있는 군무群舞로 개선하여 지역 집단 공동체의 사회적 단합에 유용한 것으로 만들자는 것이었다. 이로써 전 민중에게 '무용'을 진흥시켜야 한다고 주장하였다. 농사와 관련하여 가을걷이 후에 풍년을 축하하거나 감사하는 등의 춤과 씨 뿌리고 모를 심는 것과 같은 모습을 형상한 춤을 창작하여 사회 단합에 필요한 것으로 만들자는 것이다. 김동환이 주장하는 '신무용운동'은 무용의 국민교육용, 군사교육용의 효능적 가치와 기능을 기초로 한 것이었다.[26] 따라서 쓰보우치의 일본식 창작의 '신무용론'을 수용하되, 조선 국민의 심신단련과 군사훈련을 포함한 계몽적 무용이 필요하다는 것이다.

한편, 1920년 3월 5일 창간된 『조선일보』에는 1927년 10월 7일자에 「근일近日의 구미歐米 무용舞踊」이라는 칼럼에서 '무용'이라는 단어가 처음 나타난다. 근세 관객들의 취향이 미국의 예술적 고급 춤보다는 구라파(유럽)의 코미디 관련 춤에 관심을 갖는 유행의 실상을 설명하고 있다. 여기에 처음 사용된 '무용'이라는 단어는 댄스dance와 동일한 것이었다.

「근일近日의 구미歐米무용舞踊」◇ 미국에서는 예술덕고급藝術的高級의 부드럽고 고요한 춤이

---

24 『동아일보』 「朝鮮舞踊振興論」(一)~(七). (1)1927.08.10. 3면; (2)1927.08.11. 3면; (3)1927.08.12. 3면; (4)1927.08.13. 3면; (5)1927.08.16. 3면; (6)1927.08.17. 3면; (7)1927.08.19. 3면.
25 『동아일보』 1927.08.19. 3면. 金東煥, 「朝鮮舞踊振興論」(七).
26 『동아일보』 1927.08.17. 3면. 金東煥, 「朝鮮舞踊振興論」(六).

일반에게 환영을 밧지 안코 관객觀客의 팔할八割은 구라파 사람과 가티 조금 잡스럽고 무의미한 것이지만 관객의 눈에 번쩍 씌우며 썰썰 우슬만한 춤이 환영을 밧는 모양이다. 그 증거를 들것 가트면 「뮤지칼 코메듸-」가 설풍하게 류행되는데 막幕이 열릴째부터 막이 다칠째까지 허리가 불어지도록 우수운춤 쏘 그 중간 중간이 살결조흔 아름다운 다리를 가진 「짠서-」들이 뱅글뱅글 돌면서 「코러-스」合唱나 하면 관객들은 만족해 하는 모양이라 한다.

◇ 쏘한 어쩌한 음악이던지 시간이 싸른 것을 즐겨하며 「쌘드」의 조직도 다른 것은 다 지버치우고 「피아노」 두 대 「쌘쬬-」 「사키소폰」 「쌔리톤」 「시로폰」가튼 것만으로 연주演奏한다고 한다.

◇ 배경背景이나 조명照明은 진실로 놀랄만한 것으로 여기에 설비設備한 긔계도 자못 환전하야 뎐력도 충분한바 여기에 쏘한 놀라운 것은 그의 기사技師들이 전부 음악에 대한 리해理解가 기픈 것이다. 그래서 무대舞臺와의 그 호흡呼吸이 썰썩 들어 맛는 것이다. 그리고 막간幕間에 잇서도 배경背景을 밧구는 시간뿐으로 그것도 다 주럭주럭 느린 것이기 째문에 겨우 삼십초나 일분이면 슬적 변하며 배경을 가는데도 다치소리 하나 업시 조용하다고 한다.

◇ 의상衣裳도 그 째 림시림시하야 「이것을 이러케 입는다면 조켓지?」하는 그러케 자유로운 선택이어서 의상을 고르기에 그리 머리쌀 압흔 일이 업는 것이라 한다.

그리고 톄격들이 다조하서 선線과 「리씀」외에 엇더타 말할수 업시 자태미姿態美가 잇스니 그네들은 늘 춤 외에 운동을 게을리 아니하는 것이라 한다.[27]

고급의 예술적인 춤보다는 생각 없이 웃을 수 있는 유럽의 뮤지컬 코미디에서의 춤이나 여성의 육체미를 드러내는 춤이 미국에서 유행하고 있음을 소개하고 있다. 악기편성의 간소화와 조명 및 무대설비의 선진적 모습을 소개하고 있으며, 자유로운 의상이 선택될 수 있다는 점을 인상 깊게 기술하고 있다. 1927년의 한반도 독자들을 향해서구의 문화를 이해할 수 있도록 계몽하는 교양지식이 담긴 칼럼이라 하겠다. 여기에서의 '구미의 무용'은 '서양의 춤'이라는 말과 일치한다. 즉 무용은 댄스dance로서 춤

---

27 『조선일보』 1927.10.07. 3면. 「演藝와 映畫: 近日의 歐米舞踊」

이라고 바로 해석 되었으며, 예술적인 춤으로부터 당시 유행하는 저속한 춤까지 전반적으로 지칭하는 용어로 사용되었다.

『조선일보』에서는 창간이래로 '무용'이라는 단어보다는 '딴쓰dance'[28] 혹은 '쌘스'[29] '무도舞蹈'[30]와 '무대舞臺 무도'[31]라는 말을 계속 사용해 왔다. '춤'이라는 말은 춤을 추는 행위를 보편적으로 지시하는 보통명사로 사용하였다. 대체로 신문화적 서구형 춤에 대해 대한제국기大韓帝國期부터 '무도' 또는 '도무蹈舞'라는 말을 주로 사용했고,[32] 가끔 댄스를 소리 나는 발음대로 표기하였다.

이시이 바쿠石井漠(1892~1962)[33]의 내한 공연 홍보 기사에도 '무도'와 '무용'은 혼용되

---

28 『조선일보』 1925.01.17. 3면. 「『단쓰』敎師雇聘」藝術學院에서 유명한 로국녀자를 시내 서대문명(西大門町)이녕목칠번디에 잇는 예술학원(藝術學院)에서는 이번에 「로서아」에서 「딴쓰」에 유명한 「구란도」라는 여자를 고빙하야다가 재작십오일 부터 「딴쓰」반 학생사십명에게 특별히 교수를시간다더라.

29 『조선일보』 1925.12.07. 2면. 「쌘스 獨習法」…… 쌘스 독습법이 발명되얏다. 이것은 『빈너』의 『쌘서, 이마라, 옷트』의 신안인바 그림과 같이 다각형(多角形)의 내부에 드러나 각(角)과 선(線)에 의하야 동작을 제한하면서 자연히 쌘스를 익힐수잇는 것이 특색이엇다.

30 유인희, 「한국신무용사」, 이화여자대학교 석사학위논문, 1958, 39쪽. "무도(舞蹈)라는 말은 1920년대에 새로히 생긴 말은 아니다. 수무족도(手舞足蹈)니 무도(舞蹈)니 하여 재래로 춤을 뜻하는 말이었다. 그런데 여기서 새삼스럽게 무도회의 의미를 밝히자는 것은 다름아니라, 1920년대부터 새로히 성행(盛行)되기 시작한 무도회란 이름의 모임은 …… 서구식 본격적인 예술무용이 소개되기 전에 예술적 무용은 아닐지라도 새로 대하게된 서구식 무용의 상연을 주로 가르키는 말이었다."

31 『조선일보』 1924.05.27. 3면. 「懸賞舞蹈大會는 今日」예술학원(藝術學院) 주최와 본사 후원으로 금이십칠일 하오팔시에 시내종로중앙 청년회관에서 뎨일회 남녀련합현상 무도대회(第一回男女聯合懸賞舞蹈大會)를 개최한다 함은 …… 장차 뎐개될 사람나비(人蝶)의 춤은 얼마나 관중에게 만족을 줄는지 실로 흥미잇는 구경이라 하겠다더라. …… 당일 출연할 무도는 사교(社交)무도와 무대(舞臺) 무도와 서정(敍情) 무도 등 세가지 외에 기타 전일에 별로 보지 못하던 무도도 잇다하며, 더욱 로서아(露西亞)에서 유명한 로국사람 「벨로골노바」양이 출연하야 기기묘묘한 무도를 보여주리라 한다. ……

32 김영희·김채원·김채현·이종숙·조경아, 『한국무용통사』, 서울: 보고사, 2014, 305쪽.

33 이시이 바쿠(石井漠, 1886~1962): 일본 아키타현에서 출생. 일본 무용가. 본명 이시이 다다즈미(石井忠純). 1911년 제국극장(帝國劇場) 가극부 1기생이 되어 고전발레를 공부하였다. 다카라즈카寶塚 소녀가극단의 서양무용 교사를 거쳐 아사쿠사니혼관(淺草日本館)에서 아사쿠사오페라의 창단공연을 가졌다. 유럽 리드믹 연구에 몰두하였고, 쓰보우치 쇼요의 영향을 빕어 〈무용시(舞踊詩)〉를 주창했다. 1922년부터 4년간 유럽에 유학하였으며, 이 때 이사도라 던컨, 마리뷔그만 등의 현대무용가에게 크게 자극 받았다. 1926년에는 경성(京城)에서 공연, 한국에 신무용을 최초로 소개하였다. 그해 최승희(崔承喜)를, 다음 해에는 조택원(趙澤元)을 연구생으로 받아들임으로써 한국에 신무용이 꽃필 수 있는 바탕을 마련하였다. 대표작으로 〈수인(囚人)〉, 〈식욕을 돋구다〉, 〈산을 오르다〉, 〈인간 석가(人間釋迦)〉가 있다. 이시이 바쿠, 김채원 역, 『이시이 바쿠의 무용 예술』, 서울: 민속원, 2011, 10~13쪽.

어 소개되었다. 『동아일보』에는 "서양무도가西洋舞蹈家 석정막씨"[34]라고 했는데, 『매일신보』에는 "세계적 무용시가舞踊詩家"[35]라고 소개하였다. 그리고 다른 기사의 내용에는 "동경에서 무도로 유명한 석정막과 석정소랑石井小浪(1905~1978)"[36]이라고 소개하였다. 이 시이의 춤을 서양무용이라고 인식한 당시 기자들의 언어사용 사례에 주목할 수 있다.

또 이시이 자신도 서양에서 발생한 새로운 춤의 경향에 경도되어 있음을 아래의 예로 알 수 있다.

> 던컨이 제창한 신무용의 정신은 가는 곳마다 혁명의 종자를 심었다. 그녀가 발레무용의 메카인 페테르부르크에서 신무용의 데몬스트레이션demonstration을 행했을 때 이것을 본 발레인들의 대부분은 그 가치를 인정하지 않았지만 유일하게 니진스키만은 큰 충격을 받았다.[37]

이사도라 던컨Isadora Duncan(1878~1927)이 발레에 반발하는 '시대의 정신에 추동되어' 일으킨 신무용의 세계는 독일의 루돌프 폰 라반Rudolf von Laban(1879~1958)의 이론에 영향을 미쳤고, 라반의 이론은 세계 신무용운동의 진원지로 자리매김 되었다는 것이다. '전통적인 무용에서 해방되어 각자의 자유로운 창조의 세계를 확립해'[38] 나갔다고 표현했다. 이시이가 이 부분에서 말하는 '신무용'은 유럽에서 구축되고 있는 발레의 전통성에 반기를 든 새로운 춤을 뜻했다.

1927년 10월 25일과 27일 양일간 이시이가 한반도에 와서 공연한 종목으로 봐도, 당시의 이시이는 쓰보우치가 말한 '일본무용'보다는 '서양무용'에 관심이 집중되어 있었음을 알 수 있다.

---

34 『동아일보』 1926.02.21. 5면. 「西洋舞蹈家 石井漠氏來京 금월하순경에」
35 『매일신보』 1926.03.16. 2면. 「◇世界的舞踊詩家◇ ◇石井小浪孃來京◇」
36 『매일신보』 1926.03.21. 2면. 「舞踊界의 名星」
37 이시이 바쿠, 김채원 역, 앞의 책, 2011, 122~123쪽.
38 이시이 바쿠, 김채원 역, 앞의 책, 2011, 125쪽.

경성에 온 석정막石井漠씨 일행은 이십오륙 양일간 오후 칠시부터 장곡천뎡長谷川町 공회당에서 무용舞踊을 공연한다는바 동 일행은 조선녀류예술가 최승희崔承喜양이 가입하여 잇슴이 특색이라 하며, 프로그람은 다음과 갓다더라.

▲무용舞踊 금어金魚 ▲무용기舞踊紀 『꿈쑨다』 ▲아동무용兒童舞踊 『무섭게한다』 ▲별적무용別的舞踊 『수인囚人』 ▲무용 『백귀야행百兎夜行[39]』 ▲극적무용劇的舞踊 『해양海洋의 환상幻想』 ▲무용유희舞踊遊戲 二 ▲무용시舞踊詩 『세레나타』 ▲무용시 『산山을 등쯍함』 ▲휴게休憩 ▲무용시 『그로테스크』 ▲무용 『아니트라의 용踊』 ▲무음악무용無音樂舞踊 『食慾을 니르킨다』 ▲무용시 『브람스의 자장가』 ▲『아름다운 싸늄강江에 욕浴하면서』 이상以上[40]

14개의 공연종목 중 최승희는 〈금어〉, 〈백귀야행〉, 〈세레나데〉, 〈그로테스크〉, 〈식욕을 일으킨다〉 등에 출연하였다.[41] 그날 최승희는 모스코우스기[무소르그스키]의 〈세레나데〉에서 '고운 멜로디가 유량하게 흘러나오는 가운데 검은색 장막 앞으로 나비처럼 날아 들어와서는 봄동산 아지랑이가 피어오르듯, 고운 바람이 맑은 물을 흔들 듯, 남유달이 아름다운 육체미를 가진 곡선과 곡선에서 흘러나오는 리듬…'[42]을 표현했다고 한다. 1926년 3월에 이시이 바쿠 문하로 들어간 최승희가

〈화보 1〉 『동아일보』 1927.10.28. 3면.
「崔承喜孃의 舞踊을 보고: 남유달은 肉體美」

---

39 '百兎'는 백귀(百鬼)의 오류임.
40 『동아일보』 1927.10.26. 3면. 「石井漠一行…… 舞踊團入京 됴선소녀 최승희양의 예술이 일행중에 특별한 이채가 되어」
41 김호연, 『한국 근대 무용사』, 서울: 민속원, 2016, 108쪽.
42 『동아일보』 1927.10.28. 3면. 「崔承喜孃의 舞踊을 보고: 남유달은 肉體美」

약 1년 6개월 후에 경성에 와서 공연한 종목은 그녀의 학습 내용을 대변한다. 또 이 시이의 춤의 세계 역시 서양무용에 아직은 집중되어 있음을 나타낸다. 신문기자들의 '무용'이라는 단어 의미에 대한 인식도 '일본 예기의 신무용'이 이외에 '서양무용'과 그로 인한 창작무용을 무용 혹은 신무용으로 수용하고 있음을 알 수 있다.

이상을 정리하면, 쓰보우치에 의해 1904년 일본에서 제창된 무용이라는 단어는 1913년 한반도 내 『매일신보』에서 처음 사용되었고, 이때는 한반도에서 공연되는 일본 예기의 춤을 지칭했었다. 이후 『동아일보』에서는 1920년대 유럽의 극무용을 소개하면서 무용이라는 말이 서양의 dance를 가리켰다. 그리고 이상은李相殷(1905~1976)의 「내가 본 남구문학我觀南歐文學」(1925)에서 예술로서의 무용을 디오니소스적인 것이라고 하며 철학적 설명을 부가하였다.[43] 『동아일보』 1926년 2월 6일자 양주동梁柱東(1903~1977)의 논문 「예술과 생활(2): 예술과 철학서설」에서도 예술로서의 무용이 거론되었다.[44] 이는 예술성을 갖춘 서양무용을 가리킨 말들이었다.

『조선일보』에서는 1926년까지 '무용'이라는 단어가 거의 사용되지 않았다가 1927년 10월 7일자 「근일近日의 구미歐米무용舞踊」이라는 기사에서 처음 볼 수 있다. 이후, 1928년 초반까지 '무도'와 무용이 혼용되어 기재되었는데 1928년 후반부터는 '무용'이라는 말의 빈도수가 신문지상에서 급격히 많아졌다. 그리고 마침내 1929년과 1930년을 거치며 '무용'이라는 말이 일반화하게 되었다.[45]

반면, 『동아일보』 1927년 5월 12일자 김동환의 「애국문학에 대하야(일) - 국민문학과의 이동과 그 임무」에서는 조선의 춤을 '무용'이라고 처음 표기하였고,[46] 그해 8월에

---

43 『동아일보』 1925.02.23. 7면. 「我觀南歐文學」 續, 李相殷. "… 造形美術(建築・調塑等)과 敍事詩와갓흔 것은 前者에 屬하고, 音樂이나 舞踊이나 敍情詩 갓흔 것은 候者에 속하는 것이라 하겠다. …"

44 『동아일보』 1926.02.06. 3면. 「藝術과生活(二) 藝術과 哲學序說」梁柱東. "…이 官能的藝術에는 대개 二種이 잇스니 곳 엇더한 形象을 가진 藝術과 運動自體의 藝術이 그것일다. 建築, 彫刻, 繪畵 갓흔 것은 前者에 屬하고, 舞踊 音樂 갓흔 것은 後者에 屬하게 된다(詩는 兩者의 中間에 屬하는 것으로 大概 後者에 編入할 수 잇스리라 밋는다). …"

45 『매일신보』, 『조선일보』, 『동아일보』의 일제강점기 '무용' 기사를 검색하면서 필자가 확인한 결과이다.

46 『동아일보』 1927.05.12. 3면. 「愛國文學에 對하야(일) -國民文學과 異同과 그 任務」金東煥. "…常時에 잇서 舞童과 줄타기와 倡人들로된 歌劇團이 南北地方으로 巡遊히는데서 舞踊(豊年踊, 巫舞, 僧舞等)과

는 국민운동이자 군사훈련용으로서의 무용 교육적 효과를 주장하며 조선무용의 신무용 개발의 필요성을 주창하였다. 이로써 한반도의 전통춤도 '무용'이라는 말로 불리기 시작했다.

즉, '무도'와 '무용'은 서양과 일본에서 수입된 춤을 일컫는 말이었는데, 1926년과 1927년 사이에는 혼용되기 시작했고, 1928년 후반에는 '무용'이라는 말로 일색을 이루게 되었다. 이로써 무용은 서양무용뿐만 아니라 우리의 전통춤까지 가리키는 말이 되었고, '조선무용' 혹은 '고전무용古典舞踊'[47]이라는 말에도 널리 사용하게 되었다.

2. 예술 양식으로의 '신무용' 용어 변화와 정착

쓰보우치는 일본 전통무용의 '아름다움을 살린 새로운 구상의 형식과 내용을 갖춘' 일본식 무용의 창조를 원했고, 또 본래의 것에 있던 불합리성과 난잡함을 제거함으로써 개선된 새로운 일본무용을 창안해 내고자 했다.[48] 이렇게 탄생한 일본의 '신무용' 운동은 한반도에 '무용'이라는 단어 자체로서 조선 '신무용'적 계몽 운동의 일환으로 이식移植되기에 이르렀다. 그리고 1928년 이후 '무용'이라는 단어는 장르를 불문한 모든 춤을 지칭하는 보통명사로 정착되었다.

배구자裵龜子의 가무극에서의 무용,[49] 차균창車均敞의 보스돈 댄스와 유럽에서의 무용 교수 활동,[50] 이시이 바쿠와 그의 제자인 최승희, 한병룡韓炳龍, 조택원趙澤元 등의 무

神史傳設(南臺將軍니야기, 김삿갓, 洪吉童傳)과 歌謠(時調, 民謠, 春香歌, 沈清歌) 등이 全朝鮮에 퍼져 잇다. …"

47 『동아일보』 1935.01.23. 3면. 「趙澤元氏의 新作『僧舞의 印象』廿六,七日公演」"… 朝鮮이 古典舞踊을 새로 開拓해보려는 氏의 첫 試驗이다."

40 인제능, 앞의 책, 1984, 7쪽.

49 『동아일보』 1928.04.17. 3면. 「隱退하얏든 裵龜子孃 劇壇에 再現」"…텬승일행(天勝一行)에 몸을 던진 이후로 십여 성상을 두고 텬승을 스승으로 섬기어 음악(音樂), 무용(舞踊), 긔술(奇術) 등 여러 가지 재조를 배우기에 전심전력한 결과 … 오는 이십일일 오후 칠시 반에 시내 장곡천명공회당(長谷川町公會堂)에서 배귀자양 독창과 무용회를 열게 되었는데 …"

용[51]은 물론, 아동 무용대회[52] 및 조선의 고전무용까지, 심지어 각종 새들이 구애하는 모습에까지도 '무용'이라는 단어가 쓰일 정도로 보편화 되었다.[53]

한편, 영화 상영 후에 추가 서비스로 '「레뷰」단의 신무용' 공연을 올리기도 했다.[54] 또 김소군金小君(21세)·김능자金綾子(18세) 자매는 1923년에 일본으로 건너가서 10년 동안이나 무용을 배우고 돌아온 인물인데, 조선극장 희락좌喜樂座의 막간 공연에 재즈댄스로 새로운 춤을 추어 데뷔를 한다고 홍보하였다. 김씨 자매는 이시이 바쿠의 동생인 이시이 유키야스石井行康와 나니와 키미코浪速喜美子 문하에서 재즈와 레뷰 등 첨단 신무용을 배웠다고 한다.[55] 「레뷰」단이나 김씨 자매가 춤춘 신무용은 레뷰와 재즈 형식을 갖춘 새로운 작품을 말한 것이다. 이처럼 신무용이란 말은 근래에 사용하고 있는 창작무용이라는 뜻과 거의 일치하였다. 즉 새로운 작품을 공연하겠다는 뜻으로 사용되었다.

따라서 일반적으로 추어지는 춤은 그냥 '무용'이라는 호칭이 당연했지만, 무언가 새롭게 변화를 추구한 성과로서의 무용에 대해서는 '새로운 것'이라는 의미의 '신新'자를

---

50 『동아일보』 1930.02.15. 7면. 「佛蘭西에서 舞踊 十年專攻한 車氏」「보스돈」무용에 일등상까지바더. "…십일년전에 불란서로 건너갓스나 배우려든 고학은 학비 관계로 중지케 되는 동시에 생활비를 엇기 위하야 부득이 무용에 몸을 바치게 되엿다. 그리하야 파란국 사람에게 교수를 바덧다. … 「보스돈」이라는 종목의 짠쓰를 경쟁하는 일류대회에 줄장하야 필경 일등명예상을 바덧스며 그 후부터는 동양사람으로서는 최초의 무용교사증을 바더 「파리」를 중심으로 구라파 각국을 편답하며 이 방면에 대한 교수와 출연을 하야 서양사람들의 경이적 환영을 바덧는데…"

51 『조선일보』 1928.11.14. 5면. 「石井攪 一行 平壤에서 公演 십구일밤에」, "조선사람 무용가(舞踊家) 최승희양(崔承喜孃) 한병룡(韓炳龍) 됴택원(趙澤元)등이 석긴 석정막(石井獏) 일행은 오는 십구일밤 평양금천대좌(金千代座)에서 공연을 한다는데 성황이리라더라(평양특신)" ※이 기사에서 石井攪과 石井獏는 石井漠의 오류이다.

52 『동아일보』 1928.07.15. 3면. 「少年東亞日報」"◇조선아동예술협회공연 = 아동의 극, 음악, 무용을 연구키 위하야 얼마 전에 조직된 … 一, 歌劇 리아이랴 全二幕. 一, 童劇 王姬의 죽엄 全二幕. 一, 新舞踊과 音樂."

53 『동아일보』 1929.08.13. 3면. 「과학: 녀름을 禮讚하는 生物」(9)培花女高普敎諭 "소옥조(小屋鳥)의 무용(舞踊)", "자웅이 무용장으로 자주 출입하면서 무도하는 것이다. 이리하면 암놈은 수놈의 무용에 혹(惑)하야 그 본능(本能)이 환긔(喚起)되고 드듸어 깃븐맘으로 웅(雄)에게 순종(順從)하는 것이다."

54 『동아일보』 1929.10.30. 5면. 「朝鮮劇場에서 讀者優待」

55 『동아일보』 1933.07.27. 4면. 「舞踊修業十年만에 錦還한 金孃 姉妹」

더할 필요가 생겨났다.

1) 김동환의 '신무용'론

1927년 김동환의 「조선무용진흥론」에서 표현된 '신무용운동'은 무용의 국민교육용, 군사교육용의 효능적 가치와 기능을 기초로 한 것임을 앞에서 밝힌 바와 같다. 연재 글 중 마지막 제7편 중 '신무용'의 의미와 기능을 강조한 글을 부분 인용해 보겠다.

> 무용의 기능을 살펴볼 째에 그는 일면—面으로 신체의 제諸 기관을 발달시켜 민활하게 하는 것이며, 또 다수인이 군무群舞하는데서 군중심리를 이용하야 크게 협동정신이나 웅건한 기상을 잇는다는 것은 오늘의 우리네에게는 절대로 필요한 것인 즉 우리는 만난萬難을 배제하고 신무용운동新舞踊運動을 이르케야 할 것이다. …[56]
>
> 우리의 신무용新舞踊의 근거는 촌락과 원시인적 동작에 두지 아니치 못할 것이다. 이러한 견지로 과거의 무용에서는 풍년무豊年舞나 종식무種植舞 가튼 것은 개선하야 익익진흥益益振興식킬 것이며, 또 검무劒舞 가튼 것도 상무적지기尙武의志氣를 양양養하는 점으로 조혼 것이라 취택取擇할 것이며, 그 밧게 무예武藝를 가미한 것들은 될 수 잇는대로 부흥復興식킬 것이니 우리는 무용을 통하야 평화적 무장을 하고 잇서야 할 째문이다. … 무용을 크게 진흥시켜야 할 신념을 가지고 말하는 바이다. … 어서 이 도약跳躍하는 언동言動에 예술적 표현을 주자. 그는 노래로! 춤으로![57]

김동환이 주장하는 신무용은 농민의 춤이나 검무와 같은 조선 고래古來의 것에 상무적 기상을 보다 강하시켜 국민의 긴강 개선과 체력 증진에 도움이 되도록 하는 새

---

56 『동아일보』 1927.08.17. 3면. 「朝鮮舞踊振興論」(六), 金東煥.
57 『동아일보』 1927.08.19. 3면. 「朝鮮舞踊振興論」(七), 金東煥.

로운 춤을 만들자는 것이다. 군중을 위한 노래와 춤이 있는 군무를 발의하여 국민운동 효과를 높이자는 내용이었다. 김동환은 농민들의 고유 춤을 일반 국민의 건강 증진에 도움이 되도록 개작하기를 주장했다. 이 점이 석정막의 예술무용으로서의 신무용과는 차별된다.

2) 최승희의 예술 작품 '신무용'

또 '일본 무용계에서 명성이 높은 최승희'[58]가 고국으로 돌아와 '독특한 무용의 창작에 고심하던 중'[59] 첫 무대를 가진 1929년 12월 5일과 6일에 발표한 무용인 〈인듸앤라맨트〉, 〈골드, 앤드실버〉, 〈세레나데〉도 당시의 신무용인 서양무용이었다. 찬영회讚映會에서 주최하는 「무용·극·영화의 밤」에 초대된 최승희가 조선극장에서 연행한 것인데, 그 춤은 〈화보 2〉에서 보는바와 같이[60] 현대무용의 양식적 특성을 드러낸다. 이날의 최승희 무용은 '고전적 기분과 환상으로 관중을 도취케' 하였다고 평가받았다.[61]

제1회 무용발표회에서도 '조선적 정조를 담은 새로운 무용의 창조에 심신을 경주'[62] 하고 있는 연습생들에 대해 칭찬과 함께 소개되었다. 특히 이 날 제2부의 〈괴로운 소녀〉라는 세 번째 작품은 그 의상과 리듬감, 분위기와 정적인 움직임 면에서 조선적 정조를 가장 잘 표현했다고 한다.[63] 조선의 정서를 잘 표현한 '가작佳作'이라고 칭찬할 만한 작품이라고 했다.

---

58 『동아일보』 1929.11.02. 5면. 「崔承喜孃 舞踊研究所 設立」
59 『동아일보』 1929.11.28. 5면. 「舞踊家 崔承喜孃의 藝術의 복음자리엔 날마다 엄이 돋는다고」
60 『동아일보』 1929.12.03. 5면. 「讚映會主催 舞踊·劇·映畫밤에 崔承喜孃 出演」
61 『동아일보』 1929.12.07. 5면. 「大盛況일운 讚映會主催 舞踊·劇·映畫의밤」
62 『동아일보』 1930.01.29. 5면. 「崔承喜舞踊研究所 第一回公演. 二月一·二日兩日 市內公會堂에서」
63 『동아일보』 1930.02.05. 5면. 「崔承喜의 第一回公演 ◇…印象에 남은것들…◇. 門外漢 "제이부의 첫 재것 「사랑의춤」은 「에로틱」한 표정밧게 사줄것이 업섯다. 셋재의 「괴로운소녀」는 그 의상(衣裳)으로 보든지 그 엇개로부터 손스테에 물ㅅ결처 흐르는 「델리케이트」한 「리듬」으로 보든지 하지(下肢)의 고아(高雅)하고 정적(靜的)인 움지김으로 보든지 조선정조(朝鮮情調)의 가장 만히 나타나진 것임을 누구나 앙탈하지 못할 가작(佳作)이다."

최승희의 '창작무용 제1회 공연회創作舞踊第一回公演會'[64]는 제3부로 진행되었는데, 제2부의 〈괴로운 소녀〉는 조선의 여학생들에게 가장 큰 호응을 얻었다고 한다. 이밖에 제3부의 〈해방을 구하는 사람들〉은 스승 이시이의 작품 〈수인囚人〉의 모방으로 치부되었고, 〈마주르카〉는 가벼운 유희적 성격의 춤이라고 여겼다.[65] 이들의 작품제목에서도 알 수 있듯이 모두가 현대무용modern dance의 양식적 특성을 갖는 창작무용이었다. '독특 창작인 새무용'을 발표하였다.[66] 그리고 현대무용의 특성상 '조선의 정조'라는 것은 일제강점기 당시 '민족주의적 이상주의 작품 경향'[67]을 시대적 상황에 맞추어 작품에 적절히 수용한 것임을 나타낸다.

〈화보 2〉『동아일보』 1929.12.03. 5면
「찬영회주최 무용·극·영화밤에 최승희양 출연」

최승희의 초기 신무용이란 이와 같이 최승희의 새로운 작품, 새 춤을 의미하였다. 아직 전통을 소재로 하는 창작무용이 인기작품으로 회자되는 데는 시간이 좀 더 필요하다. 물론 〈영산무靈山舞〉가 제1회 창작무용발표회(1930년 2월 1일, 2일)[68]에 발표되었지만, 연구생의 2인무로 창작되어 당시는 특별히 주목받지 못하였다. 최승희가 한민족의 전통을 신무용에 접목하여 큰 반향을 일으킨 시기는 일본으로 다시 돌아갔던 1933년 5월 20일의 공연부터이다.[69] 또 1934년 9월 20일 일본에서의 제1회 신작무용발표

64 『조선일보』 1930.01.29. 5면. 「崔承喜孃 創作舞踊會 二月一日二日兩日 午後七時公會堂」
65 『동아일보』 1930.02.05. 5면. 「崔承喜의 第一回公演 ◇…印象에 남은것들…◇. 門外漢」
66 『동아일보』 1930.10.29. 7면. 「崔孃舞踊에 本讀者割引」
67 강이문, 『한국무용문화와 전통』, 서울: 민족미학연구소, 2001, 168쪽.
68 『매일신보』 1930.01.30. 3면. 「諸般 準備를 마친 崔孃의 舞踊公演 滿都 人士가 손꼽아 기다리는 그 날은 왔다!」
69 『조선일보』 1933.09.16. 4면. 「異域에서 活躍하는 요새의 崔承喜. 一流舞踊家와 어깨를 겨루며 명춘에

회를 개최함으로서 '한국 전통 무용을 현대화'한 최승희의 '조선무용'이 공전의 인기를 누리기 시작한다. 하지만 이때도 역시 그녀의 춤은 신작무용 혹은 창작무용이라 불리는 '신무용'에 해당했다. 그녀에게 있어서 전통은 창작 예술무용의 소재에 불과했다. 창작 활동을 통해 새 작품이 완성되고 공연됨으로써, 곧 새로운 예술 춤이 탄생하게 되었고, 이러한 작품을 신무용이라고 일괄 명명한 것이다. 이는 '모던 걸 최승희의 표상'[70]을 예시하고 이어가는 첫걸음이었다.

3) 음악 없는 '신무용'

『조선일보』 1931년 2월 17일자 기사인 해외 소식에는 마리 뷔그만Mary Wigman (1886~1973)의 개성 있는 신무용을 다음과 같이 소개하였다.

「음악 업는 신무용」▶…… 「뉴욕전紐育電」독일獨逸의 신진 무용가 매리-° 위그만양孃은 최근 당지當地의 무대에 나섯는데 양의 파격적破格的 무용은 목하目下 미국무용계米國舞踊系에 선풍旋風을 권기捲起하야 주의注意를 끌고 잇다. 위그만양의 주장하는 바는 무용을 예술로서 독립시키랴는 것인데 무용은 종래와 가티 전혀 음악에 의거依據하야 다만 음악의 유형적 해석에 불과하다는 견해는 틀엿다는 것이다.

▶…… 음악이 업드라도 무용을 훌용히 성립한다는 원칙하에 『위그만』양은 벌서 백여百餘의 「쏠로-짠쓰」와 오십개五十個의 집단무용集團舞踊을 창작하얏다는데 위그만양이 이 신무용新舞踊을 발표한 것은 사년전四年前이엇스나 당시는 한사람도 도라보는 자者업시 전연全然히 무시되엇섯다.

▶…… 그러나 당시 이십칠세廿七歲의 양은 그 후로 세평世評에 불굴不屈하고 연찬硏鑽을 싸

는 작품발표회를 개최」
70 이현준, 「1930년대 일본 대중문화 속의 '최승희' 표상: 화보잡지 『Sai Shoki Pamphlet』(1-3권) 분석을 중심으로」, 『무용역사기록학』 39호, 무용역사기록학회, 2015, 52쪽.

아 그 무용을 더욱 연마練磨한 결과 사년후인 금일今日에 다시 세상에 내노핫는데 과연 독일
비평계는 경탄驚嘆으로써 양의 신예술을 환영歡迎하야 무용의 일신파一新波로 인정하게 되엿고
지금은 고인故人인 대大 무용가 『이사도라·짠칼』의 예술에서 보지못하든 것을 위그만양으로
말미암아 보족補足되엿다고까지 찬상讚賞한다고.[71]

위의 인용문에서 볼 수 있는 마리 뷔그만의 신무용은 음악 없이 춤춘다는 점에 독
자성을 부여하고 있다. 그녀의 무음악 무용에 대해 독일 비평가들은 혹평으로부터 찬
양으로 돌아 서는 데 약4년의 기간이 걸렸다. 27세의 마리 뷔그만은 불굴의 노력으로
새로운 춤의 일가를 이룬 선구자가 되었음을 설명하고 있다. 해외의 독일 무용가 마
리 뷔그만을 소개한 이러한 1931년의 신문기사는 한반도 조선출신의 무용가들뿐만
아니라 지식계층의 일반인들에게도 춤의 새로운 경향을 인식할 기회가 되었으리라 생
각한다.

실제로 위의 기사로부터 약 2년 후인, 『동아일보』 1933년 1월 18일자 기사에는 박
영인朴永仁의 '무음악 순정무용론無音樂純正舞跳論'[72]이 구체화 된 신작발표회를 일본청년
회관에서 연행한다고 소개하고 있다.[73] 이 공연은 동경무용계에 데뷔한 박영인의 출발
점이었다.[74] 박영인은 무음악의 순수예술무용을 추구한 당대 신무용계의 인물 중에서
도 더욱 앞서간 선구자의 반열에 있었다.

1937년 김관金管(생몰년 미상)은 박영인의 춤을 '이지적인 경향을 걷는 노이에탄쯔

---

71 『조선일보』 1931.02.17. 4면. 「音樂업는 新舞踊」

72 『동아일보』 1933.01.18. 4면. 「音樂업시도하는 舞踊이 새로 생겨: 東大 朴永仁군의 體得한것」이 신문
    에는 한글로 '무용', 괄호 안 한자는 '舞跳'라고 표기하였기에 그대로 옮겼음.

73 『동아일보』 1933.01.18. 4면. 「音樂업시도하는 舞踊이 새로 생겨: 東大 朴永仁군의 體得한것」

74 『동아일보』 1936.01.01. 31면. 「舞踊家 朴永仁氏」 "지금 동경무용계에서 방정미(邦正美)라는 이름으로
    알려지고 잇는 박영인씨는 처음에 「엘가·위지스」양에게서 西洋舞踊을 배웟고 그 뒤에 「루돌프·E·
    에-블」씨에게서 古典舞踊을 연구하얏고 東京帝國大學 文學部에 들어가 舞踊美學과 舞踊史를 연구하고
    昭和九年 三月 동대학을 졸업하엿다. 씨가 동경무용계에 데뷔한 것은 昭和八年 一月 東京日本靑年會
    館에서의 공연이오 현재는 방정미무용연구소를 주재하고 舞踊劇場 舞踊部主任과 新協劇團研究所 講師
    를 겸하엿으며 今春에도 신작무용공연을 개최할 예정이다. 씨는 기회를 보아 한번 朝鮮古典舞踊의 硏
    究도 해 보리라 한다."

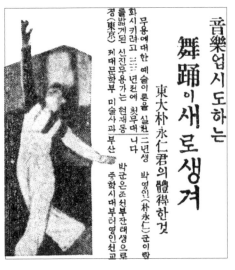

〈화보 3〉『동아일보』 1933.01.18. 4면
「음악 업시도 하는 무용이 새로 생겨」

Neue Tanz'로 평가하였다.[75] 일제강점기 한반도의 신문지상에서는 아직까지 마리 뷔그만의 춤을 '현대무용modern dance'이라고 표기하지는 않았다. 그런데 김관은 박영인의 춤을 발레와 구별되어야할 '근대무용'이라고 하였다. 그리고 '노이에 탄츠'라고 분명하게 밝히고 있다. 박영인에 대해서는 마리 뷔그만의 예술무용을 수용한 '신흥무용가'로 표현했다. 일반적인 '신무용'과 구별되는, 창작 공연을 기저로 하는 '신흥 무용'은 박영인의 무용 특성에 관련된 노이에탄츠라는 점을 특질로 평가했다.[76] 하지만, 박영인의 춤의 기초가 최승희나 조택원과 처음부터 달랐던 것은 아니다. 이들 3인은 모두 이시이 바쿠로부터 춤을 시작했고, '무용'을 기저로 한 예술창작 활동을 전개해 나갔다. 다만, 그 목표가 '유럽식 순수 모던댄스'[77]를 따랐는가 아니면 민족무용을 혼용한 일본식 모던댄스를 방법론으로 수용하였는가의 차이가 있을 뿐이다. 이는 독일 무용가 마리 뷔그만의 표현주의 현대무용 활동과 미국 무용가 루스 세인트 데니스Ruth Saint Denis(1879~1968)[78]의 오리엔탈리즘 현대무용 활

---

75 『동아일보』 1937.07.25. 7면. 「最近舞踊界漫評. 金管」
76 강이문, 앞의 책, 2001, 159쪽. 강이문은 이시이 바쿠의 1926년 3월 21일의 공연을 '신무용공연'이라고 한 것에서 기인하여 '신무용'이라는 용어가 Neuer Tanz 계보의 새로운 형태의 무용이라고 했다. 하지만, 본 연구에서는 1926년 이전부터 사용된 '신무용'은 '신작 무용'이라는 의미로 사용되었음을 밝혔다. 박영인의 마리비그만류 무음악 형식의 춤에 대해 특히 신흥무용이라고 했으므로 노이에탄츠는 신흥무용이라고 구분한 것임을 알 수 있다.
77 김호연, 「현대무용가 박영인의 초기 활동 연구」, 『무용예술학연구』 52집, 한국무용예술학회, 2015, 1쪽.
78 루스 세인트 데니스(Ruth Saint Denis, 1879~1968): 미국의 현대무용가 겸 안무가. 아시아 종교와 오리엔탈리즘에 큰 흥미를 갖고 이를 바탕으로 작품활동을 하였다. 데니숀무용단을 설립하여 동양의 춤을 가르치고 공연 하다가 해체 후 뉴욕에서 솔로 활동을 하였다. 두산백과.

동에 차별을 두는 일이라고 생각된다. 그들 모두는 새로운 예술 창작활동 속에서 소
재와 표현방법을 다양하게 함으로써 독자성을 갖고자 했다고 생각되기 때문이다. 일
제강점기 신문에서 마리 뷔그만의 춤을 '신무용'이라고 소개한 이유가 여기에 있다고
생각한다.

4) '신무용' 용어의 한반도 정착과 확산

일찍이 현대무용 세계에 뛰어든 최승희・조택원・박영인의 1930년대 춤의 기초는
당연히 서양식 현대무용이었다. 1937년의 오병년吳炳年은 1926년 이시이 바쿠로부터
의 10년 세월이 흐른 '금일의 무용계는 시련의 시기'에 놓여있다고 진단했다.

> 극히 짧은 역사밖에 가지지 안코 잇으나 새로운 조선무용을 창조하는 일이라든지 혹은 이
> 시대의 사람들의 무용 본능을 자극하는데 있어서는 주목할 것이 있다.
> 헌대 오늘까지 우리가 양무洋舞라 하고 보아온 것의 대부분은 정통적인 고전양무古典洋舞를
> 감상한 것이 아니고, 잡박雜駁으로 된 양무 시험관을 앞에 노코 완상한데 불과하다. 거기에는
> 우리들 자신의 예술인 고전무용에 대한 경멸감輕蔑感을 가진 태만怠慢과 또는 양무 그것에 고전
> 을 기초로 하고 현대를 생활하는 무용가가 아직 한사람도 없기 때문이다.[79]

1937년 9월에 연재된 오병년의 「예술인 언파레드」에서 당시 무용계는 개성적인 현
대무용의 특성에 따라 다양화의 길이 펼쳐지고 있음을 엿볼 수 있다. 7회의 연재를
통해 소개된 무용가는 박영인을 필두로 최승희, 조택원, 그리고 배구자이고, 이들 4인
과는 시차를 두고 예술무용계에 진출한 박외선朴外仙(1915~2011)[80]과 김민자金敏子(1914~

79　『동아일보』 1937.09.07. 7면. 「藝苑人언파레-드(一). 發展期의 舞踊界. 吳炳年」
80　『동아일보』 1937.09.14. 7면. 「藝苑人언파레-드(六). 雅麗하고 淸楚한 藝風을 가진 인노센스한 朴外仙
　　씨. 吳炳年」

2012)[81]까지 특집으로 논평했다. 조선 '신흥무용가'의 태두는 박영인으로, 최승희는 '조선무용가'로, 조택원은 서양무용의 기본기는 다소 부족하지만, 구성력을 갖춘 '창작무용가'로 묘사했다. 그리고 배구자는 이들 3인의 예술무용가와는 다른 대중적이며 오락성의 '서양춤-딴스의 전문가'로 보았다.

조택원의 경우 특히 우수한 육체를 가진 남성무용가로서 강인强靭하고 섬세纖細한 직감력直感力을 가지고 있어 이를 교묘하게 자신을 포장하지만, 서양무용의 기본훈련에서 갖출 수 있는 기교技巧는 다소 부족한 편이라고 논평하였다. 그렇지만 조택원의 솔직하고 소박한 인간미는 그의 장점이라고도 했다.[82]

한편 서양무용에서 기교를 섭취한 최승희의 조선무용은 최승희 자신의 창작이라는 점을 들어서 그의 독창성을 높게 평가하였다.

> 조선 고전무용의 기법을 사용하고 거기다가 양무洋舞의 기법을 병용하므로써 의장衣裝은 조선풍의 것을 채용하고 잇지만 그 창작적 태도나 연출에는 서양적인 형태를 취한 것이다. 다시 말하면 조선 고전무용 그대로가 아니고 소위 새로운 무용형식을 창안한 것이라 할 것이다. …(중략)…
>
> 최승희씨의 「조선무용」을 구성하고 있는 것은 극히 단순한 기법을 구사하는 안무와 프리미티부한 양식樣式(포름)에 담은 민족적인 정서의 애트락슌이다. 물론 그것에는 그의 방순균정한 육체적 조건이 다대한 매력을 가지도록 한 것이 잇는 것을 이저서는 아니된다. …(중략)…
>
> 최승희씨의 「조선무용」이 호소하는 것이 직감적인 원인은 여기에 잇고 그것에 「민족무용」에 포괄되는 예술무용이 가지고 잇는 강점이 잇다.[83]

---

81 『동아일보』 1937.09.15. 7면. 「藝苑人언파레-드(完). 纖細·優雅한 技巧를 가진 修錬期의 金敏子씨. 吳炳年」

82 『동아일보』 1937.09.08. 7면. 「藝苑人언파레-드(二). 一家로 自己의 格調를 發見한 直感力 가진 趙澤元氏. 吳炳年」

83 『동아일보』 1937.09.09. 7면. 「藝苑人언파레-드(三). 西洋舞踊에서 技巧를 攝取한 芳醇均整한 崔承喜氏. 吳炳年」

'그의 조선무용은 최승희씨 자신의 것'이라고 표현 할 정도로 오병년은 최승희의 양식화 된 춤을 민족무용의 범주로 포함시키고, 성공사례로 논평하였다. 최승희에 대한 1937년의 평가는 1929년과 1930년의 초기 작품 활동과 분명하게 차원이 다른 논의의 대상이 되어 있는 양상이다. 제2회 신작발표회를 앞두고 "무용이란 무대예술 뿐만으로 존재할 것이 아니라 대중화시켜 나가야한다"[84]고 주장한 최승희의 열정과 노력의 성과가 마침내 인정된 것이라 여겨진다.

반면 '신흥무용가'로 지목된 박영인은 '그가 걸어온 길이 동경에 있어서도 가장 신흥적인 무용을 보여준 사람'이라고 평가했다. '그의 무용은 다분히 추상적抽象的이고 고답적高踏的인 것은 사실'이지만, 박영인의 무용은 '빈약한 육체에서 흘러나오는 신경질적인 것이 있다할망정 자기의 의도와 사상을 우리들에게 보여주는 점에서는 다른 사람의 추종을 허락지 않는 존재'라고 극찬했다.[85]

배구자에 대해서는 아름다운 자태를 가진 대중적인 무용가로 보았다. 배구자는 결코 순수한 창작무용가(예술무용가)가 아니라고 오병년은 딱 잘라 말하고 있다.

첫머리에 말해둘 것은 배구자씨는 결코 순수한 창작무용가(예술무용가) 아니고. ─ 최근 씨 자신은 「신무용」이라는 말을 쓰고 있으나 기실은 일반이 딴스라고 불르는 소위 「보드필딴서」 에 속할 사람인 것이다.

조선에 잇어서 유행가와 예술가요가 혼동되다 싶이 오락적인 비속한 무용과 창작적인 무용을 구분하지 못하고 잇는 오늘 배구자씨를 무용가로 대우하는 일은 오직 고소苦笑(쓴웃음) 꺼리밖에 안 된다.[86]

84 『조선일보』 1930.10.18. 5면. 「무용에 대하여(一): 第二回新作發表會를 압두고. 崔承喜」
85 『동아일보』 1937.09.10. 7면. 「藝苑人언파레-드(四). 理智的 으로 美를 構成하는 新興舞踊家 朴永仁氏. 吳炳年」
86 『동아일보』 1937.09.11. 7면. 「藝苑人언파레-드(五). 艷麗한 姿態가 平凡치안는 大衆的인 裵龜子氏. 吳炳年」

이처럼 1926년 이래 무대를 기반으로 펼쳐지는 새로운 춤의 경향을 점검한 오병년은 '예술적'이며, '창작성'을 내포한 '신무용'이라는 용어가 창작 공연예술의 형식으로 박영인이나 최승희, 조택원에게는 적절한 것이라고 보았다. 반면, 배구자의 춤에 대해서는 '딴스'라는 구분을 내리고 있다. 창작을 기저로 하는 서양무용일지라도, 예술무용과 오락적인 무용을 분명하게 구분한 것이다. 게다가 예술무용에 속한 신무용도 예술가의 개인적 역량에 따라서 다양성을 드러내며 발전하고 있음을 설명해 주고 있다.

> 조택원씨는 사실주의 밑에서 자기가 생각하고 느끼고 보고 한 것을 작품화 시켜 보았고, 김민자씨는 그 당시 횡일橫溢했던 자유주의를 추상적으로 구체화시켜보았으며, 김선화金仙華씨는 낭만주의에 따르는 근대의식을 대변해 보려고 하였고, 김미화金美華씨는 예술주의에 입각하야 무용의 예술성을 활발하게 전개해보려고 하였다. …… 이 모다 근대정신에 깊이 뿌리박고 구래舊來의 무용형태를 반대함으로써 신무용을 지향하는 것이었지만 그들이 의식하고 희망하였던 것과는 너무나 그들 자신의 행동이 먼 거리에 있었던 것이다. 그것은 사씨四氏가 모두 현대現代라는 신세대新世代에 너무나 도취하고 자기들의 무용 영역을 개척하지 못했기 때문이다.[87]

창작활동 중에서도 순수 예술무용을 지향하는 기점에 있는 위와 같은 춤을 현재는 현대무용現代舞踊, 모던댄스modern dance라고 한다. modern dance는 유미唯美적이며 집단적 활동의 형식미를 추구하던 발레Ballet의 특수성에 대해 반발한 새로운 경향의 예술창작무용을 가리킨다. 현대무용의 주요 사조는 '개인주의', '자유주의', '표현주의'이고, 이러한 사유를 통해 전방위로 열린 다양한 창작 방법론이 실험됨으로써 20세기 초 무용가들의 개별적인 예술 작품 활동은 다각적인 형식과 형태의 예술을 낳았다.

이상을 종합하면, '신무용'이라는 단어는 1930년대에 새로운 것을 창출해 내는 창작무용이라는 말과 동류로 인식되었음을 확인할 수 있다. 이때까지 '신무용'은 '낡은 것

---

87 『동아일보』 1954.09.26. 4면. 「韓國新舞踊이 걸어온 길, 金鳳鶴」

과 새 것을 구분하는 일반명사'[88]로 취급되었다. '개화기 이후 일제강점기까지 전동춤 이외의 모든 춤을 신무용이라고 한 광의'[89]의 개념과도 통할 수 있었다. 즉 신작무용, 창작무용, 창작예술무용과 통용되는 용어가 곧 '신무용'이었다고 할 수 있다.

일제강점기 세계적 무용가로 활동한 최승희와 조택원의 '조선무용'은 바로 조선의 정서를 서양무용 양식으로 창작한 신무용의 한 형태였다. 이런 형식의 춤이 해방 후 한국무용의 '신무용'이라는 장르로 또 다르게 인식되었던 것이다. '신무용'이 고유명사 화 되는 것은 1950~1960년대 무용평론가로 활동했던 김경옥의 글 속에서 자연스럽게 고착되어 갔다.

김경옥은 1926년 3월 21일 이시이 바쿠가 보여준 '유럽적인 형태의 무용'을 통해 우리의 신무용이 시작되었다고 기술했다. 이로부터 신무용의 요람기가 출범한 것으로 보았으며, 신무용 발전기에는 8·15해방 이전 최승희와 조택원의 신무용 전성기를 통 해 '신무용'이라는 장르가 구현된 것으로 아래와 같이 설명하였다.

> 한성준류의 한국무용에 약간의 기초를 둔 이들 무용가는 서구양식을 위주로 하여 이른바 〈신무용〉이라는 춤을 가지고 우리 무용계를 풍비하기 시작했다. …(중략)… 그동안 20여년 간 그들 두 사람의 신무용은 사회적으로 떳떳한 예술의 대접을 받기 시작했고, 또 무용에 종사하려는 많은 후배가 배출되었던 것이다.[90]

신무용의 효시는 이시이 바쿠의 내한 공연에 두지만, 당시 이시이의 작품은 현대무 용 중에서도 무용시를 주창했다. 최승희와 조택원도 처음엔 이시이 바쿠에게서 무용 시를 사사했다. 그들이 한국으로 돌아와서 공연한 주 종목은 음악적으로 조선정조를

---

88 안제승, 앞의 책, 1984, 6쪽.

89 김영희, 「최승희 신무용에 대한 새로운 평가의 계기: 「무희 최승희론」(1937)과 「최승희론」(1941), 『공 연과 리뷰』 가을호, 현대미학사, 2013.10, 40쪽.

90 『동아일보』 1960.10.26. 4면. 「30餘年을 닦아 온 보람. 6·25의 傷處도 整理되고 國際進出의 門도 열 때. 金京鈺(舞踊評論家)」

표현하는 무용시를 추구한 안무였다. 최승희는 일찍이 '한국무용에 약간의 기초를 두고 서구양식'의 춤을 한반도에서 개발해 보았지만, 주목받지 못하다가 일본으로 다시 돌아가서야 불같은 반응이 일어났었다. 따라서 한국 전통무용이나 전설 등의 문화에 기초를 둔 '조선무용'은 최승희가 개발한 신무용의 한 양식이 되었던 것이다. 최승희가 대단한 인기를 끌자 조택원과 박영인도 해외에 나가서 조선무용 스타일의 춤을 추어서 자신을 어필했었다. 이에 경도된 젊은 무용가들이 속출했고, '그녀의 춤의 잔상이 다음 세대 춤꾼들 사이에서 떠돌아다녔다.'[91] 이렇게 한반도와 일본, 그리고 세계에서 활발히 전개된 새로운 춤 양식인 '조선무용'을 '신무용'이라고 자리매김 하였다.

한편, 조동화는 '신무용'을 '서구양식'의 '양무'로 이해하였다.

> 1956년은 '서구양식'의 소위 '양무'가 이 땅에 들어온 만30년이 되는 해며, 무용의 양상이 이제까지의 상태에서 탈피하여 사상경향적인 걸음발을 타기 시작한 의의 깊은 해였었다.
> 다시 말하면 일본의 석정막石井漠과 석정소랑石井小浪이 최초의 '신무용'을 경성공회당 무대에서 상연한지 금년이 서른 돌 맞는 해며, 뒤이어 '사카로후'부처夫妻 등 무용시의 거장들의 왕방往訪으로 인한 영향 ─ 필연적인 추세로 말미암아 우리의 춤을 아직까지 초기 무용시의 범주를 벗어나지 못하고 있었던 것……[92]

이렇게 서구양식의 현대무용인 무용시가 이시이 바쿠로부터 수입되어 이 땅에 예술무대라는 것을 출범시켰다. 그리고 이시이의 제자가 된 최승희는 그에게 학습한 서구양식의 안무법을 한국 전통 설화나 춤 그 밖의 문화들을 소재로 하여 '조선무용'을 개발했던 것이다. 이것의 인기에 편승하여 많은 후발 무용가들이 모방과 창조를 그 안에서 30여년을 이어갔다는 뜻이 될 것이다. 이런 의미에서 배구자가 1928년 4월 21일 음악무용회에서 발표한 〈무용 아르랑(아리랑)〉은 최승희 보다 조선음악을 사용하여 춤

---

91   김영희 외 4인,『한국춤통사』, 서울: 보고사, 2014, 370쪽.
92   『경향신문』 1956.12.24. 4면.「舞踊: 新紀元이룩한努力.「新舞踊」三十年을 맞은해. 趙東華」

을 창작했다는 점에서는 앞선 것이 사실이나, 서구양식의 예술무용의 범주에 속할지는 의문이다. 그녀 자신은 '조선노래를 무용화 한 것'[93]이라고 했음에도 불구하고 오병년은 '화려한 자태가 평범치 않은 대중적인 배구자씨'라고 논평의 타이틀을 세웠다. 이어서 '첫머리에 말해 둘 것은 배구자씨는 결코 순수한 창작무용가가 아니고, 최근 씨 자신은 '신무용'이란 말을 쓰고 있으나 기실은 일단이 딴스라고 부르는 소위 '보드 필딴서'에 속할 사람'이라고 했다. 즉, 배구자의 활동은 '오락적인 비속한 무용'으로 예술 '창작적 무용'과 구분해야 함을 지적했다.[94]

또한 조동화는 최승희에 의해 개발된 '조선무용'을 민속무용의 범주 속에 이해하고 있음을 볼 수 있다. 1954년의 무용계를 결산하는 다음의 글이 그 관련 내용이다.

한국무용계는 지난 8·15 경축공연을 한계로 현대무용과 발레가 극히 유망적인 장래를 보여 주었거니와 그때까지도 그저 불리한 입장에 있는 정도로만 생각한 '민속무용'이 일대 위기에 놓여 있었음을 알게 됐을 때『민족 고전무용』의 높이까지 있어야 할 민속무용의 본질 면에서 심각하여지지 않을 수 없었다. …… 민속조民俗調가 아직도 신무용기新舞踊期적인 혼미에서 벗어나지도 못한 채 그대로 상업적인 것으로 고질화 시켜버렸기 때문이었다. 다시 말하면 이질적인 수법에서 일종 신파조新派調의『바라이데』로서 화장변모化粧變貌한데 그 원인이 있다는 것이다.[95]

이 글에서 조동화는 '전통전승보법을 운운'하는 '효자동 무녀굿'과 같은 것을 고전으로 삼고자 하는 환고파還古派에 대해 회의를 표하였다. 적어도 예술무용이 이들과 구분되어야 하며 예술적 지향성에서 구분이 필요하다는 입장이다. 그런 면에서 김백봉무용발표회金白峰舞踊發表會는 민속무용의 전기를 마련한 것으로 다음과 같이 소개하

93   『동아일보』 1928.04.21. 3면. 「裵龜子孃의 音樂舞踊會. 廿一日夜七時부터 長谷川町公會堂에서」
94   『동아일보』 1937.09.11. 7면. 「禮能人 언파레-드: 舞踊界(五). 艶麗한 姿態가 平凡치안는 大衆的인 裵龜子氏. 吳炳年」
95   『동아일보』 1954.12.09. 4면. 「古典舞踊의 새方向. -現代的表現으로 羅列技巧 排擊의 轉換期- 趙東華」

고 있다.

이번 무용은 지금까지의 무용과는 무교섭無交涉하게 언젠가 벌써 현대무現代舞가 차지한 위치에 있는 것이다. 즉 고전조의 새로운 해석과 기법의 응용으로 민속무용의 근본 문제를 파고들어 현대적 표현으로 과거 나열기교를 배격한 것이 그 특색이라 할 것이다. 사실 우리는 고전조로서 이처럼 안심되고 감격한 무대를 접한 것은 처음이었다. 정확한 연기演技 계산에서 자칫하면 템포 있는 현대 생리에 지각遲刻하기 쉬운 고전조를 품品을 잃지 않으면서 활달자재 闊達自在롭게 보여준 것은 원숙한 기교와 지성의 힘일 것이다. 특히 발레의 수법(꼴드・발레의 효과)을 등장시켜 활기 있는 대열변형의 기하학적인 유니존의 효과를 꾀한 것. 그리고 군무의 대위법으로 평면적인 고전조를 입체화 하려는 시도 등 좋은 시범이라 할 것이다.[96]

이상과 같이 조동화는 최승희 이후의 '조선무용'을 고전조에 입각한 서구 형식의 '민속무용'으로 호명하고 있다. 결국 현재 사용되고 있는 '신무용'의 개념은 한국 창작 춤이라는 양식이 형성되면서 그 이전의 것과 구별하기 위해 생겨난 것이라 할 수 있다'는 견해다.[97] 신무용과 창작춤이라는 용어는 보통 사용될 수 있는 '새로운 춤', '창작 활동 결과의 춤'이라는 뜻이다. 그런데 1950년대와 60년대를 거치면서 조동화는 최승희 이후의 '조선무용'을 '민속무용'으로 지칭하게 되었고, 김경옥은 큰 범주에서 그와 같은 류를 '신무용'이라고 명명한 것이다. 이에 김백봉의 춤과 같은 류를 신무용으로 또는 민속무용으로 혼동하여 쓰게 된 것이라 하겠다. 용어 정립이 안 되었기는 1970년도에도 마찬가지였다.

한국무용계가 형성된 지 40년이 된다고들 한다. 그러나 그 짧지 않은 역사에도 불구하고

---

96 『동아일보』 1954.12.09. 4면. 「古典舞踊의 새方向. - 現代的 表現으로 羅列技巧 排擊의 轉換期- 趙東華」
97 윤명화, 『崔賢의 예술생애와 작품 연구: 상호텍스트성(Intertextuality)을 중심으로』, 동덕여자대학교 박사학위논문, 2010, 170쪽.

오늘날 한국무용은 '전형典型이나 규격화規格化는커녕 용언用言조차 통일이 안 된 상태에 있다. 고전무용, 한국무용, 민속무용, 전설무용 등 갖가지 이름이 난무하고 있는 사실이 그것을 한 마디로 증명해 준다.[98]

무용계의 이같은 용어 혼란에 비해 송석하宋錫夏(1904~1948)[99]는 8·15이후에 주로 사용되는 향토예술鄕土藝術을 민속학적예술 즉 민속예술이라고 한다고 보았다. '민속 예술은 한 민족의 예술의 근간이 되는 것이니, 이것을 모태로 하여 육성 발달 전개하여야 될 것'이라고 조언하였다.

특히 우리 민속무용의 제일 융성한 곳은 영남嶺南이고, 다음은 해서海西의 봉산과 해주, 강령, 기린(평산)이며, 평안도 해안지방의 어전漁典 무용과 같은 지방의 무용들 — 지금의 무형문화재에 해당하는 전통무용을 향토무용이라고 하며, 곧 민속무용이라고 보았다.[100] 그는 창작을 근간으로 하는 신무용을 민속무용 또는 향토무용이라고 하지는 않았다. 반면, 무용계에서는 예술을 지상 과제로 삼아 이들 민속 풍을 함유하여 춤으로 표현하는 것을 예술 무용의 범주로 인식하고, 이를 민속무용이라는 용어에 부합시켰음을 비교해 볼 수 있다.

결과적으로 한국 신무용사에 새로운 전환기가 마련된 것은 한국 문예증흥 5개년 계획이 국가 정책으로 시행되면서 부터이다. 1972년부터 계획이 추진되어 1974년 출범한 5개년의 문화시책은 1976년 말로부터 무용부문에서 성과를 드러내기 시작하였고, 1977년에는 봇물을 터트려 가시적인 결과들이 표출되었다. 김숙자, 이매방, 이동안,

---

98 『동아일보』1970.12.21. 5면.「올해의 문화계: 실속없는「行事」러시. 중견들 健在. 베토벤音樂祭는 대견」
99 송석하(宋錫夏, 1904~1948): 경상남도 울주 태생. 민속학자. 우리나라에서 민속학이 독립된 학문으로서의 자격을 갖추는 데 결정적인 공헌을 한 사람이다. 1922년 부산 제2상업학교를 졸업하고 일본 동성상과대학에 유하히었다가, 1923년 관동대지진으로 귀국하였고, 그 뒤부터 민속에 관심을 가지고 현지 조사에 나서기 시작하였다. 1932년에는 그가 중심이 되어 손진태(孫晋泰)·정인섭(鄭寅燮) 등과 함께 조선민속학회를 창립하고, 종로의 계동 72번지의 자택에 사무실을 두고 사재를 기울여 민속학의 동인 연구지 『조선민속』을 발행하였다. 민속문화의 보존과 보급, 학술단체에의 기여 등 문화운동에 더욱 노력과 자질을 발휘한 사람이다.
100 『경향신문』1946.12.19. 4면.「民俗舞踊展望. 宋錫夏」

박병천 등을 통해 전통춤의 새로운 형식과 틀이 정립되었다. 반면 그와는 외형적으로나 내면적으로 다르게 인식된 기존 최승희 이래의 조선적, 혹은 한국적인 이미지의 춤들—부채춤, 장고춤, 화관무 등—에 대해서는 전통춤을 문화적으로 섭취는 하였으되, 외형적이며 외래적인 예술 창작춤 양식이라고 규정하게 되었다. 이런 춤을 신무용이라고 부르며, 고유성을 부여하기 시작한 때가 바로 1970년대 후반이다.

최현은 김해랑 문하에서 바로 최승희 이래의 '조선무용' 또는 '신무용'에 입문했다. 물론 최현은 전통춤도 오랜 시간 학습하며 섭렵했다. 하지만, 안무라는 기법 자체의 창작의 기반은 서양무용에 영향을 받은 신무용가 최승희와 조택원의 활동기조에서 크게 벗어나지 않았다. 한국 전통의 문화와 춤 기법을 기초로 프로시니엄 무대에 적합한 현대적 창작무용을 무대 위에 선보였다.

조선무용의 개척자,
최승희의 신무용

조선무용의 개척자, 최승희의 신무용

이 장에서는 최승희의 일제강점기 신무용 작품을 공연별로 나열하고 검토함으로써 그녀의 신무용 작품 세계를 파악하려 한다. 더불어 최승희의 다양한 작품들을 통해 드러나는 사회 인식과 작품의 변화 및 발전 과정의 춤 특성을 보다 면밀히 살펴보고자 한다. 최승희는 끊임없이 고뇌하는 가운데 다양한 무용 신작을 발표함으로써 조선무용을 개척한 태두가 되었다.

그에 앞서 최승희를 간략히 소개한다. 최승희는 1911년 11월 24일 해주海州 최씨 최준현崔濬鉉과 박용자朴容子 사이에서 2남 2녀 중 막내딸로 태어났다. 태어난 고향은 경성으로 수운동에서 태어나고 성장했다는 설[1]이 오래 유지되었으나 근래는 강원도 홍천에서 탄생했다는 설이 힘을 받고 있다.[2] 조선인으로서 최초로 현대무용을 학습하고, 이를 한반도에 처음 도입한 예술 무용가이며, 자신의 춤 어법인 '조선무용'을 개발한 선구자이다. 외래 서양무용인 현대무용을 기초로 다양한 종류의 창작무용을 안무

1　김영희 · 김채원, 『최승희』, 서울: 북페리타, 2014, 3쪽.
2　최승희 검색(한국민족문화대백과사전 〈http://encykorea.aks.ac.kr〉)

하고 발표하였다.

1926년 3월 일본인 현대무용가 이시이 바쿠石井漠의 내한 공연을 관람한 16세(만15세) 소녀 최승희는 처음 예술무용이라는 것을 접했고, 이를 배우기로 결심함으로써 '세계의 무희'로 나아가는 인생 전환기를 맞는다. 둘째 오빠 최승일崔承一의 권유로 이시이 바쿠 공연을 관람했고, 생면부지의 일본인 무용가를 따라 일본으로 건너가서 학습하게 되었으며, 이후의 많은 중요한 사건에서 최승일은 후원자이자 조력자로 최승희 삶에 중요한 영향을 미쳤다.

이 글에서는 최승희 안무의 무용 작품세계를 집중적으로 살피는 것을 목표로 한다. 최승희가 일본에서 이시이 바쿠의 무용지도 학습을 마치고 조선으로 돌아온 1929년부터 1945년까지의 개인 공연활동 작품들의 면면을 살폈다. 북한(북조선)으로 넘어간 이후의 활동은 이 책에서 생략하였다. 최승희의 무용활동이 우리 대한민국 사회에 절대적 영향을 미쳤다고 할 수 있는 기간은 일제강점기 동안이라고 생각하기 때문이다. 최승희는 이 기간 동안 다양한 방면의 작품 창작활동에 매진하였고, 이 중 성공한 '조선무용'이라는 독자적인 그녀의 안무 방법론은 한국무용 창작의 지평을 새롭게 한 효시가 되었다.

최승희 무용공연이나 작품 수, 춤의 특징에 대한 객관적인 자료를 제시하고자 노력하였으며, 최승희 작품활동을 전체적으로 펼쳐놓고 종합적으로 이해하여 이를 전달하였다. 기존 연구서들은 최승희의 인물론과 그 주변 사건을 집중 논의한 경향이 있다. 따라서 이 글에서는 그러한 연구와 중복을 피하고자 최승희의 작품 활동에 초점을 두었다. 그 작품세계의 변화 과정을 살핌으로써 최승희의 신무용 세계를 이해하고, 최승희로부터 비롯된 조선무용의 역사를 살필 수 있기 때문이다. 이 당시의 조선무용은 지금의 한국무용에 해당하는 말이 된다. 조선시대나 그 이전의 전통문화와 전통 춤에서 정서적 혹은 형식적인 모범을 취하고, 여기에 서양무용의 안무기법을 적용하여 한국적-당시는 조선적인 분위기를 연출한 춤을 말한다.

지금부터 최승희가 조선무용의 효시가 되고 이를 가지고 세계적 무용가로 부상한 무용 활동 양상에 대해 역사적 관점으로 서술해 나가기로 하겠다.

1. 조선 귀국 3년간의 최승희 무용공연과 작품 활동

1926년 3월 21일 이시이 바쿠의 첫 내한 공연을 관람한 16세(만15세) 소녀 최승희가 이시이 바쿠의 예술무용에 경도되어 일본으로 따라갔다. 그리고 그의 제자로서 3년간 수련하며 각종 무용공연에 참여했음은 이미 잘 알려진 사실이다. 19세(만18세)가 된 최승희는 오빠 최승일과의 3년 약정 시한을 이유로 이시이바쿠무용연구소의 수업을 종료하고 1929년 9월 8일 경성 귀국 길에 올랐다.[3] 11월 1일부터 남산 기슭에 '최승희무

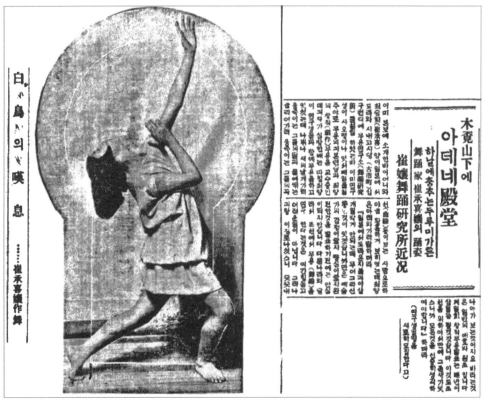

〈화보 1〉『조선일보』1929.11.28. 5면. 목멱산하에 아데네전당
「〈백조의 탄식〉 최승희 작무」

---

3   정병호, 『춤추는 최승희: 세계를 휘어잡은 조선여자』, 서울: 뿌리깊은나무, 1997, 50쪽.

용예술연구소'를 개설하고, 2일에는 연구생을 모집한다는 신문광고를 냈다.[4]

11월 28일 『동아일보』와 『조선일보』 두 신문사는 연구소에서 수련할 연구생 모집 광고와 함께 최승희의 무용 활동 개시를 홍보하는 기사를 실었다. 특히 『조선일보』에는 최승희의 〈백조의 탄식〉이라는 작품 실연 모습을 화보로 소개하였다. 그 타이틀은 "목멱산 아래에 아테네전당: 하늘에서 춤추는 두루미 같은 무용가 최승희양의 춤 자태"라고 소개했다.[5]

〈화보 1〉은 최승희가 일본의 이시이 바쿠로부터 독립을 선언한 후 귀국하여 국내 신문에 홍보된 첫 춤추는 모습이다. 이사도라 던컨의 맨발무용barefoot dance과 그리스풍 의상을 연상케 하는 새로운 춤 이미지, 그리고 자유로운 창작 예술 춤의 진지한 메시지를 표방하고 있다. 이로써 『조선일보』 기자가 남산 아래 고시정 19번지에 있는 '최승희무용예술연구소'를 '목멱산 아래에 아테네 전당'이라고 소개한 배경을 이해할 수 있을 것 같다. 또 최승희가 〈백조의 탄식〉을 춤춘 것에 대해서는 '하늘에 춤추는 두루미 같다'라고 찬미하였다. 만18세 소녀가 춤추는 백조와 같은 움직임에 대해 두루미로 연상한 기자의 안목이 센스 있게 다가온다.

이렇게 최승희는 고국에서 기존의 전통춤이나 레뷰와 같은 대중적 오락 춤과는 구별해야 할 자신의 새로운 예술 춤 세계를 세상에 알렸다. 무용연구소를 개설하고 약한 달여가 되는 12월 5일과 6일에는 찬영회讚映會에서 주최하는 무용·극·영화의 밤에 최승희가 참가하였다. 조선극장에서 〈인디앤라맨트〉, 〈꼴드 앤드실버〉, 〈쎄레나데〉를 공연하였다. "자기 예술의 완성을 기다리어 공개할 전제로 우선 한번 옛날 기억을 새롭게 할 무용을 선보이게 되었다"[6]고 술회하였다. 즉 2달 후에 있을 최승희 개인 발표회에 앞서 찬영회의 공연에 참석하여 자신의 존재를 부각시킨 것이다. 최승희

4 『조선일보』 1929.11.02. 5면. 「새로 設立된 崔承喜舞踊所」;『동아일보』 1929.11.02. 5면. 「崔承喜孃 舞踊研究所 設立」

5 『동아일보』 1929.11.28. 5면. 「舞踊家 崔承喜孃의 藝術의 복음자리엔 날마다엄이돗는다고」;『조선일보』 1929.11.28. 5면. 「木覓山下에 아데네 殿堂 / 하날에 춤추는 두루미 가튼 舞踊家 崔承喜의 踊姿 / 崔承喜 舞踊研究所 近況」

6 『동아일보』 1929.12.07. 5면 「大盛況 일운 讚映會 主催 舞踊·劇·映畵의 밤」

는 이때에 이시이 바쿠로부터 학습한 기존 춤 레퍼토리를 가지고 "고전적 기분과 환상으로 관중을 도취케 했다"[7]고 평가 받았다.

1929년 12월 6일은 최현이 태어난 날이기도 하다. 최승희가 서울을 중심으로 한참 초보 무용가로 출발하려는 바로 그 순간에 저 멀리 한반도의 남단 부산에서 태어난 본명 최윤찬이라는 아기가 첫 울음을 터뜨렸다. 물론 그 부모조차 최승희나 무용이 누구며 무엇인지 알 리도 관심도 없었을 시절이다. 하지만 무용가 최현이 한참 후 활동할 그의 춤 토양이 될 큰 길이 시작 되었기에 역사의 한 맥락을 기술해 둔다. 최현의 무용 입문에 앞서서 조선 반도에서의 무용은 이렇게 출발하였다.

1) 최승희의 1930년 무용공연 활동

최승희무용연구소의 연구생 모집을 시작한지 만 3개월 만에 『매일신보』 주최로 제1회 개인 무용발표회를 경성 장곡천정공회당에서 갖게 되었다. 1930년 2월 1일과 2일에 연행한 프로그램[8]을 통해 당시 만 18세의 최승희 무용가는 독립적 출발을 선언한다.

〈표 1〉 '최승희무용연구소 창작무용 제1회 공연회' 프로그램

		작품제목	출연진
제1부	1	금혼식(金婚式)의 무답(舞踏)	백봉숙(白鳳淑), 장계성(張桂星), 이토루리코(伊藤るり子), 전중정향(田中靜香)
	2	인도인(印度人)의 비애(悲哀)	최승희
	3	양기(陽氣)의 용자(踊子)	최승희, 김은숙(金銀淑)
	4	희롱(戱弄)	장계성, 유하시우(有賀時雨), 백봉숙, 김은숙, 목촌정자(木村貞子: 이정자)

7　『동아일보』 1929.12.07. 5면 「大盛況 일운 讚映會 主催 舞踊·劇·映畫의 밤」
8　『매일신보』 1930.02.01. 2면. 「諸般準備를 맛친 崔孃의 舞踊公演 滿都士女가 손꼽아 기다리는 그날은 왔다!」

		작품제목	출연진
제2부	5	애(愛)의 용(踊)	최승희, 백봉숙
	6	오리엔탈	목촌정자
	7	애수(哀愁)의 을녀(乙女)	최승희
	8	모단풍경(風景)(째즈)	최승희 외 연구생일동
제3부	9	해방(解放)을 구(求)하는 사람	최승희
	10	령산무(靈山舞)	조영애(趙英愛), 노갑순(盧甲順: 노재신)
	11	마주르카	최승희
	12	적막한 왈츠	최승희 외 수명(數名)
반주		바이올린: 최우은(崔又隱), 피아노: 이광준(李光俊), 전기 대축음기 사용	

『매일신보』 주최로 공연이 성사되는 만큼, 『매일신보』의 전략적이며 대대적인 홍보가 효과를 발휘해 공연장은 양일 간 입추의 여지없이 관객들이 들어찼고, 갈채의 대성황 속에 마쳤다.[9] 『매일신보』 2월 1일자에는 위의 작품에 대한 설명도 소개되었다.

만도 사녀의 열렬한 기대 아래 본사 주최 최승희무용연구소 창작무용제1회공연회는 1일 밤 장곡천정공회당에서 제1야의 막을 열었었다. …(중략)… 본사 기증의 비단막緋緞幕이 열리며 〈금혼식무답金婚式舞踏〉이라는 경쾌한 무용으로 프로그램의 제1부는 시작되었다.

경파鯨波와 같은 박수 소리와 함께 또 다시 〈인도인의 비애〉라는 최승희양의 무용이 시작되어 클라이슬러의 유명한 바이올린 독주곡 『인디안 라멘트』에 맞추어, 쫓겨 가는 사람의 비애를 심각히 표현하야 일반 관중들로 하여금 스스로 애련하여 짐을 마지못하게 하였다. 그 다음 〈양기陽氣의 용자踊子〉, 〈희롱戱弄〉 등으로 제1부를 마치고, 다시 제2부가 시작되어 〈애愛의 용踊〉, 〈오리엔탈〉, 〈애수哀愁의 소녀少女〉, 〈모단 풍경風景〉 등이 있은 후, 최승희양의 동창인 숙명회淑明會로부터 화속花束 증정이 있었고, 다시 제3부가 시작되어 헤라가 타란테

9   『매일신보』 1930.02.03. 2면. 「跳躍하는 曲線美에 陶醉한 滿場觀衆. 立錐의 餘地업시 大盛況을 呈한 崔孃舞踊第一夜」; 『매일신보』 1930.02.04. 2면. 「熱烈한 滿都人氣中에 終了한 舞踊公演 첫날에 지지 안는 성황을 일운 崔孃舞踊 第二夜」

라 고통에 견대지 못하여 난무亂舞하는 정경을 표현한 〈해방解放을 구求하는 사람〉(최양)과 조선고악朝鮮古樂 '영산회상靈山會上'에 마추어 그 기분을 나타내는 〈영산무靈山舞〉가 있은 후, 〈마주르카〉와 〈적막한 왈츠〉 등으로 장내가 떠나갈 듯이 일어나는 박수소리와 함께 막을 닫치었다. 때는 아홉시 십오분 경 2일 밤에 계속하여 제2야의 공연을 열게 되었다.[10]

금혼식이란 결혼 50주년을 해로한 부부의 삶을 기념하고 축하하는 잔치이다. 잔치 분위기를 연출하는 경쾌한 무용으로 제1회 창작무용공연의 서두를 〈금혼식의 무도〉로 열었다. 가브리엘 마리Gabriel Marie(1852~1928)[11] 작곡의 '금혼식'[12]을 무용화했을 듯 싶다. 제1부 두 번째 춤은 〈인도인의 비애〉인데, 프리츠 크라이슬러Fritz Kreisler(1875~1926)[13]의 바이올린 독주곡 '인디안 라멘트'에 맞추어 쫓겨 가는 사람의 슬픔을 춤으로 표현했다. 또 〈해방을 구하는 사람〉은 '타란테라' 광무狂舞의 고통으로부터 벗어나고자 하는 정경을 묘사했다고 한다. 이로 볼 때, 〈마주르카〉와 〈적막한 왈츠〉 등은 그 음악적 감흥을 춤의 정경으로 표현한 것이라고 여겨진다. 그중 오늘날의 '신무용' 용어와 관련하여 눈에 띄는 〈영산무〉는 조선 고악 '영산회상'에 맞추어 그 기분을 나타내는 춤이라고 하였다. 〈영산무〉는 "더 한층 조선의 향내를 발산하는 것"이라고 묘사했다.

---

10 『매일신보』 1930.02.03. 2면. 「跳躍하는 曲線美에 陶醉한 滿場觀衆. 立錐의 餘地업시 大盛況을 모한 崔孃舞踊第一夜」
11 가브리엘 마리(G. Marie, 1852.1.8.~1928.8.29.): 파리출생. 에스파니아 여행중 사망. 프랑스의 지휘자·작곡가. 라무뢰관현악단, 국민음악관현악단 외 보르도, 마르세유 등 프랑스의 주요도시에서 지휘를 맡았다. 관현악을 위한 아름다운 곡도 많이 작곡했다.
12 금혼식(La cinquantaine): 본디 관현악을 위하여 작곡되었으나 현재는 여러 가지 악기용으로 편곡된 것들이 많다. 그 중에서도 특히 유명한 것이 바이올린 소품이다. 아름다운 가보트 스타일의 명랑한 곡으로 A단조, 3부형식으로 되어 있다. [네이버 지식백과, 두산백과]
13 프리츠 크라이슬러(Fritz Kreisler, 1875.2.2.~1962.1.29): 오스트리아 빈에서 출생. 뉴욕에서 사망. 오스트리아 출생의 미국 바이올리니스트. 미국을 비롯하여 세계 각지에서 연주활동을 하며 빈의 분위기를 가장 짙게 풍기는 바이올린 연주자로 인정받았다. '빈카프리치오', '아름다운 로즈마린', '사랑의 기쁨', '사랑의 슬픔', '중국의 북' 등의 작품을 남겼다. 1923년 김영환(金永煥)의 주선으로 내한하여 독주회를 가졌다.[네이버 지식백과, 두산백과, 음악의 역사, 명연주자 열전 참고]

최승희 제1회 창작무용의 기조는 "조선의 정조를 가득 실은 독특한 부용"을 공연하는 것이라고 소개했다.[14] 여기에서 '조선정조'라 함은 조선인 즉 일제강점하의 대한제국의 후예인 우리 민족의 마음을 홍기시키거나 대변하는 정서를 춤에 삽입하고 그를 읽어 무용가와 관객이 함께 감정적 공감대를 형성하려는 시도를 말한다. 『동아일보』 1930년 2월 5일자 문외한의 논평에서 이를 잘 알 수 있다.

이날 늦게 가서 제1부의 〈인도인의 비애〉를 보지 못한 것은 적이 섭섭하였다. 크라이슬러의 유명한 '인디안 라멘트'에 맞추어 표현되는 '쫓기는 이의 설음'이 얼마나 우리의 그것을 간접으로나마 나타내어 주는가를 보고 싶었든 까닭이다.

제이부의 첫째 것 〈사랑의 춤[愛의 踊]〉은 '에로틱'한 표정밖에 사줄 것이 없었다. 셋째의 〈괴로운 소녀〉[15]는 그 의상으로 보든지 그 어깨로부터 손끝에 물결쳐 흐르는 델리케이트한 '리듬'으로 보든지 하지下肢의 고아高雅하고 정적靜的인 움직임으로 보든지 조선정조朝鮮情調의 가장 많이 나타나진 것임을 누구나 앙탈하지 못할 가작佳作이다. 이것이 끝나고 〈괴로운 소녀〉가 무대 저편에서 숨을 때에 조선촌[16]에서 장내가 떠나 갈 듯한 박수가 한 번도 아니요 연하여 두세 번 일어난 것은 그들이 자기의 고유한 율동에 맞는 것을 얻어 감상한 기쁨을 숨김없이 나타냄이며, 따라서 최양의 창작의 성공을 말하는 것이 아닐 수 없는 것이다. 최양은 조선에 새로운 무용을 낳기 위해 '낳는이'의 괴로움을 스스로 담당하고 애쓰는 터이라니.

제삼부의 〈해방을 구하는 사람〉에서는 최양의 독특한 표현은 볼 수가 없었고 그의 선생이던 석정막石井漠씨의 영향이 너무 많음을 보겠다. 〈마주르카〉는 서반아의 무희舞姬가 부질없

14　『매일신보』 1930.01.31. 2면. 「朝鮮情調를 가득실은 가지가지의 舞踊. '靈山會上'의 古樂과 '靈山舞' 崔承喜孃 舞踊公演의 夜 明月로 絕泊」

15　여기에서 말하는 〈괴로운 소녀〉는 최승희무용연구소 창작무용 제1회 발표회 프로그램 중 〈애수의 을녀〉를 말하는 것으로 보인다.

16　조선촌: 나는 장내에 들어가는 무렵에 무대를 향하야 오른편은 전부가 조선사람, 대부분 여학생들이고, 왼편은 일본 사람이 각각 차지하고 있어 마치 서울의 남촌과 북촌이 판연히 구분되어 있는 것과 같은 말하자면 경성의 축도와 같은 장내를 바라 보면서 오른편을 조선촌이라고 마음 속으로 불렀다. 문외한(글쓴이)의 설명글. 『동아일보』 1930.02.05. 5면. 「崔承喜의 第一回公演. 印象에 남은 것 들: 門外漢」

이 남구적南歐的 기분에 뛰는 것을 볼 뿐이고, 우리의 최양을 볼 수 없었다. 마지막으로 최양의 표정의 미와 그 비교적 고르게 발육된 육체를 귀한 보배로 보았다. 이 은혜 받은 것 위에 날마다 새로운 정신이 있어 더욱더욱 빛을 더하기를 기대하여둔다.[17]

『동아일보』 기고 논평자인 문외한은 『매일신보』에서 홍보했듯이 '조선정조를 가득 실은 가지가지의 무용'들 중 〈인도인의 비애〉를 직접 보고자 했으나, 본인의 지각으로 인해 보지 못한 것을 매우 아쉬워했다. 〈괴로운 소녀〉에 대해서는 조선정조가 가장 많이 나타난다고 보았다. 조선 고악 영산회상을 사용한 〈영산무〉에 대해서는 코멘트가 없다. 이후 평양에서 공연할 때는 〈영산회상靈山會上 선녀仙女의 춤舞〉이라고 표기된 제목이 등장한다. 이로 볼 때, 〈영산무〉는 '영산회상' 곡[18] 중에서 소녀들이 춤출 수 있는 정도의 빠르기 음악을 사용하여 선녀의 인상을 춤추도록 했을 것으로 추측된다. 어쨌든 『동아일보』의 문외한이나 『매일신보』의 기자는 최승희의 예술 창작 무용에서 '조선정조'라는 것을 공감하기를 원했다. 적어도 대성황을 이룬 객석의 요구 및 공감대를 대변하는 기사라고 여겨진다.

경성에서 제1회 공연을 마치자마자 최승희무용연구소 일행은 2월 4일과 5일 개성의 고려청년회대강당에서 개성의 기자단과 고려청년회 주최로 공연을 한다.[19] 그리고 대략 2달 후인, 1930년 3월 31일과 4월 1일 이틀간 단성사에서 다시 창작무용공연회를 갖는다. 연구소원이 총출연하고, 새 창작품 〈오, 야一야〉, 〈농촌소녀의 춤〉, 〈밤이 밝기 전前〉, 〈운명을 탄식하는 사람〉 외 몇 가지 창작이 더 있다고 소개하였다.[20] 하

---

17 『동아일보』 1930.02.05. 5면. 「崔承喜의 第一回公演. 印象에 남은 것 들: 門外漢」
18 영산회상(靈山會上): 풍류음악의 대표적인 기악곡으로 '현악영산회상', '평조회상', '관악영산회상' 등 세 종류의 영산회상이 있다. 영산회상은 여덟 혹은 아홉 곡의 작은 곡이 모여 하나의 큰 곡을 이루는 일종의 모음곡이다. 현악영산회상은 상영산·중영산·세령산·가락덜이·상현도드리·하현도드리· 염불·군악·타령 등 9곡으로 구성되고, 평조회상과 관악영산회상은 이 9곡에서 하현도드리가 빠진 8 곡으로 이루어진다. 전곡을 한 번에 연주하기도 하고 한 곡 내지 몇 개의 악곡을 따로 떼어 연주하기 도 한다. 매우 느린 상영산에서 시작하여 악곡을 더해갈수록 서서히 빨라지는 구조를 가진 음악이다. [네이버 지식백과, 국악정보, 2010.07. 국립국악원]
19 『동아일보』 1930.02.04. 3면. 「崔孃舞蹈大會 개성에서 개최」

지만 이 공연은 최승희의 정식 신작무용공연 횟수에는 포함되지 않았다.

또 5월 23일자 『조선일보』에 의하면, 최승희는 무용연구소를 남산 아래의 고시정에서 옥천동玉川洞 65번지로 옮기고, 독립 경영을 선언하였다. 그리고 부산, 대구, 평양을 순회 공연한다. 특히 평양에서는 『조선일보』 평양지국이 주최하여 금천대좌金千代座에서 창작무용공연회를 개최하였는데, 전3부 14종목을 공연했다. 이중 〈농촌소녀의 춤〉, 〈영산회상 선녀의 춤舞〉 등은 인기리에 환영받았다고 한다.[21] 6월 27일에는 사리원을 방문하였는데, 이곳에서는 〈봄날의 처녀〉(최승희), 〈경쾌한 무희〉(김은파, 이옥희), 〈농촌소녀의 춤〉(노재신, 장계성, 김은파)이 더욱 절찬을 받았다고 한다.[22] 9월 12일과 13일에는 청주에서 수해구제 무용대회도 개최하였다.[23]

10월 21일과 22일에 제2회 '최승희 신작무용공연회'가 『조선일보』 후원으로 단성사에서 상연되었다. 3부로 구성된 프로그램은 아래의 표와 같다.[24]

〈표 2〉 '최승희 신작 무용 제2회 공연회' 프로그램

		작품제목	출연진
제1부	1	그들은 태양(太陽)을 찾는다	최승희 외 연구생 일동
	2	달밤에	최승희
	3	장춘불노지곡(조선아악)	안정옥, 장계성, 김민경
	4	방랑인(放浪人)의 설움	최승희, 이옥희, 강정옥
	5	스파닛쉬 댄스	김은파, 이옥희, 장계성

20 『조선일보』 1930.03.30. 5면. 「崔承喜孃 舞踊公演. 卅一日・四月一日 團成社에서. 讀者優待」; 『동아일보』 1930.03.31. 4면. 「최승희양의 창작무용공연회 卅一・一兩日間 團成社에서」
21 『조선일보』 1930.05.23. 5면. 「崔孃 舞踊所 獨立經營: 經費補充으로 地方巡廻 興行」
22 『조선일보』 1930.07.02. 6면. 「沙里院에서 崔孃의 舞踊 성황이었다고」
23 『동아일보』 1930.09.09. 3면. 「水害救濟舞踊 청주에서 개최」
24 『조선일보』 1930.10.15. 5면. 「崔承喜孃 新作舞踊公演: 오는 이십일일・이량일밤 시내 단성사에서 개최. 本社學藝部 後援으로」. 정병호, 앞의 책, 1997, 60쪽의 (20)번 각주에서 제2회 공연의 프로그램으로서 '경성 여자고학생 상조회를 위한 동정무용공연회'의 것을 소개하였다. 이에 『조선일보』 1930. 10.15. 5면에 기재되어 있는 제2회 공연의 프로그램을 근거로 바로잡았다.

		작품제목	출연진
제2부	1	남양(南洋)의 정경(情景)	
		(가) 토인(土人)의 춤 (나) 포와소야곡(布哇小夜曲)	김은파, 김원실 최승희
	2	정토(淨土)의 무희(舞姬)(조선정악)	안정옥, 장계성
	3	인도인의 연가(戀歌)	남: 최승희, 여: 이옥희
	4	집시의 무리	연구생 일동
제3부	1	가극 파우스트 중에서	※구노의 대작 가극 파우스트 중 제5막 왈푸르기스의 밤 장면에 연주하는 무용조곡을 무용화 한 것
		(가) 고대무용	김은파, 이옥희, 장계성, 김민경
		(나) 클레오파트라와 황금의 잔[杯]	최승희
		(다) 트로이의 처녀(處女)의 춤	연구생 수명
		(라) 각 여신(女神)의 춤	최승희 외 수명
	2	이 병정(兵丁) 못났다	장계성
	3	애급풍경(埃及風景)	연구생 일동
창작안무: 최승희, 무대장치·배광(配光): 원우전(元雨田)			

최승희는 제2회 신작무용공연을 앞두고 『조선일보』에 「무용에 대하여」라는 두 편의 글[25]을 연재하였다. 이 글을 통해 자신이 안무하고 공연할 창작무용의 예술적 의미와 미적, 운동적 가치를 설명했다. 또 각 종목에 대한 해설 및 안무의도까지 무용 예술에 대한 독자들의 이해를 돕고자 아래와 같이 노력했다.

우선 무용이 생활 예술로서의 의미와 가치를 갖는 다는 점에 대해서는 다음과 같이 기술했다.

---

25   『조선일보』 1930.10.18. 5면. 「무용에 대하야(一): 第二回新作發表會를 압두고. 崔承喜」와 『조선일보』
     1930.10.21. 5면. 「무용에 대하야(완(完)): 第二回新作發表會를 압두고. 崔承喜」

아시는 바와 같이 모든 예술 중에 시詩나 소설小說이나 연극演劇 같은 것은 우리네의 일상생활 중 늘 쓰는 어조語調로 자기네들의 인생관이나 혹은 감정과 의식意識을 표현하는 것 같이 무용은 육체肉體의 율동律動으로써 춤을 창작하는 사람의 의지意志와 감정感情을 표현하는 것입니다. …… 일상생활에 떠나지 못할 그 인체人體에 움직임으로 표현되는 무용 그 자체도 문학이나 음악과 한가지로 우리 생활에 있어서 없어서는 아니 될 예술의 한가지라고 생각합니다.[26]

예술로서의 무용이란 회화繪畵의 선線의 미美와 조각彫刻의 포즈의 미美가 다 포함되어 있으며, 그 외에도 그림이나 조각에서는 맛볼 수 없는 육체의 미를 볼 수가 있는 것입니다. 그럼으로 모든 다른 예술품보다도 무용이란 직접 인체의 움직임으로 표현되는 것이므로 직접적으로 더 미적 감흥을 일으키며 단순하지 아니한 감정을 느낄 수 있는 것입니다. 그럼으로 무용 그것도 창작자의 환경 또 생활양식에 따라서 달라질 것은 사실입니다.[27]

최승희는 무용이 신체의 움직임으로써 창작자의 의지와 감정을 표현하는 행위이며, 생활에 없어서는 안 되는 여러 예술과 동일한 존재라고 하였다. 또 신체의 직접적인 움직임을 통한 미적 감흥의 생명력은 타 예술보다 한층 깊은 감정을 자극할 수 있는 것이라고 했다. 이 두 번째 글에는 최승희 자신의 작품에 대한 설명도 아래와 같이 게재했다.

내가 안무按舞한 제일회 작품 〈인도인印度人의 비애悲哀〉 같은 것은 그 비애가 인도인에게만 있는 것이 아니라 그러한 비애를 가진 민족民族이면 다 같은 그러한 느낌을 가질 것 아닙니까?
그리고 제이회의 신작 중 〈그들은 태양을 찾는다〉 같은 것은 학대虐待를 받으면서 캄캄한 속에서 광명을 찾고 있는 사람들의 심정을 표현한 것이니 그것은 그러한 감정을 가진 사람이면 누구나 다 느낄 수 있는 것이며 그 외에도 〈인노인의 연가戀歌〉, 〈달밤에〉, 〈방랑인放浪人

---

26 『조선일보』 1930.10.18. 5면. 「무용에 대하야(一): 第二回新作發表會를 앞두고. 崔承喜」
27 『조선일보』 1930.10.21. 5면. 「무용에 대하야(완(完)): 第二回新作發表會를 앞두고. 崔承喜」

의 설움〉, 〈이 병정兵丁 못났다〉가 다 그러한 종류이며, 그 중에도 〈장춘불로지곡長春不老之曲〉
이라든가 〈정토淨土의 무희舞姬〉 같은 것은 과거의 우리 조선 사람이 가지고 있는 독특한 미
와 장한長閑한 태평시대를 노래하든 그 때 그 시대의 예술을 약간 현대화하여 안무한 것이며,
의상衣裳으로 말 하드라도 〈장춘불로지곡〉이 신라 때의 음악인 것만큼 신라시대의 옷 같은
것을 될 수 있는 데로 참작하여 만든 것입니다. 그리고 남양南洋[28]의 정경에 〈토인의 춤〉,
〈포와[29]소야곡布哇小夜曲〉 같은 것과 파우스트를 무용화 한 춤이라든지 〈애급[30]풍경埃及風景〉
같은 것은 그 나라의 정서와 미를 표현하느라고 한 것입니다.

그러나 우리는 조선 사람인 이상 조선 사람의 생활감정을 표현하는 현대적 무용을 될 수
있는 대로 많이 창작하여야만 된다고 나 자신도 몇 번이나 부르지 겼으므로 앞으로는 그런
것도 생길 것이지요.[31]

최승희는 『조선일보』의 후원으로 공연하는 만큼 『조선일보』 독자를 위해 예술무용
에 대한 이해를 돕고, 더불어 프로그램의 작품 의도를 사전 설명했다. 뿐만 아니라 10
월 21일, 22일 공연예정인 제2회 발표회의 무용작품의 화보도 10월 16일부터 20일까
지 매일 1편씩 홍보 게재하였다.

그러나 최승희의 제2회 공연을 본 YH라는 필명의 『동아일보』 논평자는 공연자들
의 예술적이며 진지하고 열성적인 태도에 대해서는 훌륭하다고 칭찬하면서, '짧은 시
간의 연습 때문에 또는 설비의 불완전 때문에 완미한 성적을 못 얻었다'고 평가하였
다. YH는 이 공연에 대해 다음과 같은 논평을 냈다.

춤 중에는 〈인도인의 연가〉가 가장 머리에 깊은 인상을 준다. 착상도 깊고 또 표현도 매우
숙련한 것 같았다. 〈파우스트〉는 아직 연구의 여지가 많은 것 같다.

---

28 남양(南洋): 태평양의 적도 부근에 널리 흩어져 있는 많은 섬과 주변의 넓은 바다를 말함.
29 포와(布哇): 하와이(Hawaii). 미국 하와이 주 가운데 가장 큰 섬을 말함.
30 애급(埃及): 이집트(Egypt). 아프리카 대륙 북동부에 있는 나라. 정식명칭은 이집트 아랍 공화국이다.
31 『조선일보』 1930.10.21. 5면. 「무용에 대하야(완(完)): 第二回新作發表會를 압두고. 崔承喜」

<화보 2> 파우스트 중 <각 여신의춤>
『조선일보』 1930.10.16.

<화보 3> <스페니쉬 댄스>
『조선일보』 1930.10.17.

<화보 4> <인도인의 연가>
『조선일보』 1930.10.18.

<화보 5> <크레오파트라와 황금의잔>으로 추정.
『조선일보』 1930.11.19.

조선춤도 재미있었다. 재래의 춤보다 템포가 빠른 것 동작의 반복이 훨씬 적고 버라이어티가 있는 것을 조선춤 좋아하는 사람은 도리어 개악이라고 할지 모르나 내 생각에는 매우 흥미 있는 시험이라고 생각된다. 조선춤에 입는 옷은 조금 더 연구할 여지가 있을 듯하다.

남자 댄스가 없는 것은 물론 유감이었다. 〈인도인의 연가〉든지 〈애굽풍경〉이든지 또 '재즈' 딴스든지 다 남성적 요소가 없는 것이 흥미의 절반을 깎는 것 같다.

'재즈'와 '홀라홀라' 식을 가입한 것은 물론 통속화의 필요에서 나온 것인 듯하나 전체 프로그램과 잘 조화가 안 되는 것 같다. 내 욕심 같아서는 그런 것은 아주 없었으면 좋겠다. …(중략)… 외국에서 수입된 지 얼마 안 되는 서양식 음악, 미술, 문학 등에 있어서 외국의 그것과 비교하는 것이 무리인 것 같이 역시 초창시대에 있는 무용에 대해서도 과대한 요구는 할 수 없을 것이다. 정신상 노력을 요구하는 미술, 문학도 전통의 힘이 없이 큰 작품이 나기를 바라기 어렵겠거니와 더구나 육체상 조건을 요하는 음악이라든가 무용, 연극 등은 거의 선천적으로 약점이 있는 것을 부인할 수 없다. 핸디캡을 용감히 싸워 나가는 그들의 노력을 감사한다.

광선의 이용은 물론 첫째 설비의 탈도 있으려니와 음악, 무용, 광선 세 가지의 기분이 혼연 일치하도록 사용 못된 점이 없지 않은가 생각했다.[32]

YH는 12개 편성의 프로그램 중 〈인도인의 연가〉와 전통춤을 기초로 창작한 조선 정조가 드러나는 춤에 대해서 그나마 칭찬을 했다. 무용연구소원 중 남성무용 연구생이 없어서 최승희가 남성역할을 했던 한계와 여성 연구생들의 태생적으로 짧은 하체가 육체적 한계임에도 불구하고, 이들의 예술적 창작 노력에 대해서는 박수와 격려의 메시지를 보냈다.

하지만 YH는 또 '페트론도 없고, 관중의 이해도 적고, 또 이상한 여러 가지 장애'까지 있었던 것을 지적하면서, 관객이 춤을 이해할 수 있도록 무용가는 공연 관련 교양 교육 및 작품에 대한 해설을 서비스할 것을 제안하였다. 이 점에 대해서는 YH가 『조

---

32 『동아일보』 1930.10.26. 5면. 「崔承喜第二回公演을 보고: YH」

선일보』에 게재된 최승희 글을 사전에 읽지 못하고 공연을 관람했던 것 같다. 동일한 춤을 관람한 『동아일보』의 논평자 YH는 대체로 부정적인 의견을 게재한 반면, 『조선일보』에서는 21일과 22일 양일간 대성황을 이루었다고 칭찬했다. 미처 다 입장하지 못했던 관객들을 위해 다음 날인 23일 오후 4시에 연장공연까지 실시했다.[33] 이로 볼 때, 후원하는 신문사가 어디냐에 따라서 보도가 편파적이거나 내용이 객관적이지 못할 수도 있었다는 것을 감안해야할 것 같다.

　제2회 공연 후에는 『동아일보』의 후원으로 호남 일대의 순회를 계획한 가운데, 먼저 대전에서 10월 30일에 공연하기로 했었다.[34] 그러나 일정에 차질이 생겨서 11월 7일에 대전좌大田座에서 공연했는데, 천千여 명에 달하는 관객이 모여 성황리에 공연하였다.[35] 그리고 12일과 14일에는 다시 경성 여자고학생女子苦學生 상조회를 위해 '동정무용공연회'를 가졌다. 특히 14일은 『동아일보』 학예부후원으로 개최되었는데, "수입 전부를 상조회에 제공"[36]하기로 했다. 그 프로그램은 아래와 같다.[37]

〈표 3〉 '경성 여자고학생 상조회를 위한 동정무용공연회' 프로그램

		작품제목	출연진
제1부	1	그들은 태양(太陽)을 찾는다	최승희 외 연구생 일동
	2	달밤에	최승희
	3	장춘불노지곡(조선아악)	장계성, 김민자, 김은파
	4	스파닛쉬 댄스	김은파, 이옥희, 장계성
제2부	5	희롱(戲弄)	장계성과 소녀 수명
	6	방랑인(放浪人)의 설움	최승희 외 2인
	7	정토(淨土)의 무희(舞姬)(조선아악)	노재신, 장계성

33　『조선일보』 1930.10.23. 5면. 「舞踊公演 一日延期: 二十三日 午後四時에 本報讀者 반액으로」
34　『동아일보』 1930.10.29. 7면. 「崔孃舞踊에 本讀者割引 三十일 대전서」
35　『동아일보』 1930.11.11. 3면. 「舞踊大會盛況: 대전」
36　『동아일보』 1930.11.09. 5면. 「女子苦學生相助會위해 崔承喜孃舞踊公演: 수입 전부를 상조회에 제공. ◇본사학예부후원」
37　『동아일보』 1930.11.11. 5면. 「崔承喜孃 同情舞踊公演會: 京城女子苦學生 相助會를 爲하야」

		작품제목	출연진
	8	인도인의 연가(戀歌)	최승희(남역), 이옥희(여역)
	9	집시의 무리	연구생 일동
제3부	10	가극 파우스트 중에서	
		A. 고대무용	김은파, 이옥희, 장계성, 김민자
		B. 클레오파트라와 황금의 잔[杯]	최승희
		C. 트로이의 처녀(處女)의 춤	연구생 수명
	11	인도인의 비애(悲哀)	최승희
	12	이 병정(兵丁) 못났다	장계성
	13	애급풍경(埃及風景)	최승희 외 연구생
	창작안무: 최승희,　　무대장치·배광(配光): 김정환(金正桓)		

제2회 공연 프로그램과 유사하지만, 2부의 〈희롱〉과 3부의 〈인도인의 비애〉는 제1회 신작무용공연회에 발표했던 작품이다. 한편 출연진 명단 소개에 『조선일보』의 김민경金敏敬은 『동아일보』에서 김민자金敏子(1914~2012)[38]로 표기되었다. 김민자의 본명은 김우경金又璥인데, "집안의 반대로 몰래 춤을 배우러 다녔"[39]기 때문에 가명으로 공연활동했던 것이 후에 예명으로 정착된 경우이다.

11월 14일의 경성 여자고학생 상조회를 위한 공연 홍보는 당연히 『동아일보』가 맡았다. 그에 앞서 12일에는 천도교기념관에서도 공연한 것으로 보인다.[40] 『동아일보』에는 11월 10일부터 〈스파닛쉬 댄스〉, 11일 〈인도인의 비애〉, 13일 〈달밤에〉, 14일 〈파우스트 중 고대무용〉 화보를 실었다. 〈스파닛쉬 댄스〉 사진은 『조선일보』 10월

38　김민자(金敏子, 1914.9.9.~2012.11.5.): 서울 출생. 최승희와 숙명여고 동창생이었던 사촌언니의 소개로 최승희무용연구소에 중학 2년 때 입소했다. 집안의 반대가 극심하여 몰래 학습하고 공연에 참가하느라 김민경(金敏敬), 김민자(金敏子)라는 이름을 사용했다. 1933년 3월 6일 최승희가 일본 이시이바쿠무용연구소로 되돌아 갈 때, 제자 중 홀로 일본으로 따라갔다. 김민자의 무용 및 공연활동에 대한 상세한 내용은 차후 본문에서 다루기로 한다.

39　이송, 『거장과의 대화: 예술가와의 짧은 여행』, 서울: 도서출판 운선, 2004, 22쪽.

40　『동아일보』 1930.11.10. 4면. "녀자고학생 상조회를 위하야 오는 십이일 오후 일곱시(십산일은 십이일의 차오)에 천도교긔념관에서 열릴 최슬희양 일행 중 몇사람"〈스파닛쉬 댄스〉 화보와 함께 홍보.

17일자 사진과 동일 이미지이므로 생략하고, 3 편의 사진을 소개하겠다.(〈화보 6~8〉)

경성 여자고학생 동정무용공연회를 마치고 11월 17일과 18일에는 『조선일보』 주최로 해주 극장에서 공연을 가졌다.[41] 20일에는 재령載寧극 장에서 공연하고,[42] 29일에는 수원극장에서 제2 회 신작무용공연을 기회로 무용예술을 밤에 공 연하였다. 그에 앞서 초등학교 아동을 위한 '체 육무용'을 5시 30분부터 2시간 동안 공개하기 도 했다.[43]

이상과 같은 일정으로 최승희는 1930년의 공 연을 마감하였다.

2) 최승희의 1931년 무용공연 활동

다음은 1931년의 최승희 무용 활동을 살펴보 기로 하겠다. 1930년의 공연을 11월 말에 마무 리한 후, 최승희는 『동아일보』 학예부 후원, 최 승희무용연구소 주최의 1931년 1월 10일부터 12일까지 3일간 주야로 공연할 '신춘무용회' 준 비에 열중했다. 이번 공연에는 "1, 2회 때 공연

〈화보 6〉 〈인도인의 비애〉
『동아일보』 1930.11.11.

〈화보 7〉 〈달밤에〉
『동아일보』 1930.11.13.

〈화보 8〉 〈파우스트〉 중 〈고대무용〉
『동아일보』 1930.11.14.

---

41 『조선일보』 1930.11.17. 4면. 「崔承喜舞踊會 海州에서 公演: 海州」
42 『조선일보』 1930.11.23. 6면. 「崔承喜孃一行 來載寧舞踊公演: 載寧」
43 『조선일보』 1930.11.29. 6면. 「崔承喜孃舞踊團 水原에서도 公演: 水原」

하였던 것 중에 가작佳作 몇 가지와 또 최근 창작인 신작품 〈헝가리匈牙利인의 광상곡狂想曲〉, 〈그들의 행진곡行進曲〉, 〈그들의 로맨스〉, 〈풍년이 오면〉(향토무용)의 네 가지를 더 공연"한다고 했다.[44] 즉 이번 신춘무용회에는 4종목의 신 작품이 올라가고, 나머지는 제1회와 2회 창작무용회에서 성공한 작품이 오를 예정이다.

최승희 신춘무용공연회는 단성사에서 다음과 같은 프로그램으로 3일간 연행되었다.[45]

〈표 4〉 최승희 신춘공연회(新春舞踊會)

		작품제목	출연진
제1부	1	그들은 태양을 찾는다	최승희 외 연구생 일동
	2	방랑인(放浪人)의 설음	최승희 외 2명
	3	정토(淨土)의 무희(舞姫)	(이)옥희, (장)계성
	4	그들의 로맨쓰	최승희, ***(?)
제2부	1	인도인의 비애	최승희
	2	서반아 소녀의 무용	(장)계성, (김)은파, (이)옥희
	3	남양의 정경	최승희, 김은파
	4	향토무용 (가) 농촌소녀 (나) 풍년이 오면	(장)계성, (노)재신, (목촌)정자
제3부	1	인도인의 비련(悲戀)	최승희, 이옥희
	2	집시의 무리	연구생 일동
	3	광상곡(狂想曲)	최승희
	4	이 병정(兵丁) 못났다.	장계성
	5	그들의 행진	최승희 외 연구생 일동
※		특수 배경, 특이한 조명법 응용. 최우은(崔又隱) 바이올린, 리광준(李光俊) 피아노	

---

44 『동아일보』 1930.12.29. 4면. 「崔承喜孃 新春舞踊會開催. 一月十·十一·二 三日晝夜」
45 『매일신보』 1931.01.11. 4면. 「舞踊의 精華를 모아 崔承喜新春公演會. 十, 十日,二日의 三日間 市內團成社公演」

최승희의 1931년 신춘공연회는 기존 1930년의 작품 중 선별된 것들과 함께 4편의
신작을 올렸다. 『동아일보』에는 홍보 신작 화보도 아래와 같이 게재되었다.

〈화보 9〉 〈광상곡〉
『동아일보』 1931.01.07.

〈화보 10〉 〈그들의 행진곡〉
『동아일보』 1931.01.11.

〈화보 11〉 〈그들의 로맨스〉
『동아일보』 1931.01.08.

〈화보 12〉 〈향토무용〉 중 (나) 풍년이 오면
『동아일보』 1931.01.10.

〈광상곡〉과 〈그들의 로맨스〉, 〈풍년이오면〉 그리고 〈그들의 행진곡〉의 그림 설명
을 아래에 차례대로 인용하여 소개한다.

〈광상곡〉: 어떻게 억제할 수 없는 심사! 아무나 알기 어려운 이 가슴 속을 가진 그는 미쳐 널뛰었다. 그러나 그는 일어났다. 외오쳤다. 이것이 한 가락의 광상곡.[46]

〈그들의 로맨스〉: 그들의 '로맨스'는 슬프고 장하다. 비록 역경에서 '로맨스'를 짓는 자이나마 힘차게 굳세게 나아가자.[47]

〈풍년이 오면〉: 이삭이 많고 잘 여물어 풍년이 오면 그들은 이와 같이 춤을 춘다. 그러나 그것이 찰나의 위안이나 순간의 환영이 되지 말고 '정말 우리가 배가 불러서 그렇게 춤을 추게 되었으면'하고 생각한다.(향토무용의 그 2)[48]

〈그들의 행진곡〉: 1931년도의 '그들의 행진'은 이러하다고 생각한다. 이러하니 어떻게 해야만 되겠느냐? 그러나 그들의 문제는 그들의 행진 속에서 그들의 힘으로— 그들의 손으로 해결을 맺고야 말 것이다.[49]

1931년 새해를 연 최승희무용연구소의 신춘발표회에 발표된 신작 4편은 사회의 억압적 환경으로부터 억눌린 감정을 드러내는 작품이 안무되었음을 알 수 있다. 1월 11일~12일의 신춘발표회로부터 한 달도 못되는 2월 7일 장곡천정공회당에서 이번에는 『매일신보』, 『경성일보』, 『서울푸레스사』의 후원으로 '최승희신작발표무용공연회'를 올렸다.[50] 그런데 이때의 신작은 2월 2일 홍보사진으로 볼 때, 〈인도인의 비애〉가 소개되었고, 2월 4일에는 〈향토무용, 풍년이오면〉이 소개되었다. 그리고 다음과 같은 기사가 있어서 실제는 1월의 신춘발표회를 재공연한 것이라고 할 수 있다.

46 『동아일보』 1931.01.07. 5면. 「崔承喜孃의 新作 『狂想曲』의 한 포즈」
47 『동아일보』 1931.01.08. 5면. 「崔承喜孃의 新作 『그들의 로맨스』」
48 『동아일보』 1931.01.10. 5면. 「崔承喜孃의 『豊年이오면』」
49 『동아일보』 1931.01.11. 5면. 「崔承喜孃의 『그들의 行進曲』」
50 『매일신보』 1931.02.07. 2면. 「崔承喜新作發表舞踊公演會: 광고」

제1부의 〈그들은 태양太陽을 찾는다〉로부터 제3부의 〈그들의 행진行進〉까지의 전후 15종
류의 무용은 혹은 울고 혹은 웃는 미묘한 멜로디에 따라서 순차로 진행되었는데, 박수—박수
재청—재청의 요란한 환호의 소리는 이따금씩 크나큰 공회당이 떠나가는 듯— 성황盛況 또
감격感激의 정경을 이루었었다.[51]

2월 7일에 경성 장곡천정 공연을 마치고, 곧 구정舊正 날인 2월 17, 18일에는 부산공
회당[52]에서 공연을 가졌고, 21일에는 춘천공회당[53]에서 공연하여 큰 성공을 이루었다.

무용은 〈그들은 태양을 구한다〉를 비롯하여 〈인도인의 비애〉, 〈정토의 무희〉, 〈방랑인의
비애〉, 〈엘레지의 독무〉, 〈애급풍경〉, 〈하와이 세레나데〉 등 3부로 나누어 15종을 연무하여
혹은 그윽한 애수로 관중의 가슴을 졸이게 하여, 혹은 속삭이는 로맨스의 쓰고도 달콤한 맛으
로 마음을 끈질기게 하며, 혹은 쾌활하고 익살 궂은 춤으로 사람을 웃기며 완전히 관중의
온 정신을 캐치하여 이리저리 마음대로 끌고 다니며 여지없이 매혹하였었다. 밤 10시 반 대
성황에 무용회의 밤을 마치었다.[54]

입추의 여지없이 들어 찬 관객이 만원을 이루고, 입장하지 못한 극장 밖 관객의 진
입 시도를 위한 난동을 진압하기 위해 춘천경찰서의 정사복 경관 10여 명이 출동했다
는 소식도 함께 전하는 것으로 보아서 최승희 무용공연에 대한 인기는 실로 대단한
것이었음을 알 수 있다. 부산에서도 1200여 명이 입장하여 '부산공회당 건설 이래 처
음 보는 대만원의 성황이었다'[55]고 했다.

이상과 같은 최승희 무용을 홍보함에 있어 『매일신보』 춘천지국의 설명은 최승희

---

51 『매일신보』 1931.02.09. 2면. 「跳躍美에 陶醉한 觀衆, 대성황리에 맛친 崔承喜孃舞踊公演」
52 『동아일보』 1931.02.09. 3면. 「舊曆正初를 機會하야 崔孃一行舞踊會」
53 『동아일보』 1931.02.11. 7면. 「崔承喜의 舞踊公演會 春川本報支局主催」
54 『매일신보』 1931.02.27. 7면. 「崔承喜春川公演大盛況: 春川」
55 『동아일보』 1931.02.20. 3면. 「崔承喜舞踊 連日大滿員 釜山本報支局主催로서 公會堂建設後初有事」

춤이 '초 모던'의 특징적 세계에 있다고 다음과 같이 설명하고 있다.

> 최양의 무용은 특권계급의 향락享樂의 대상으로서만 그들에게 전유專有되고 있던 궁정적宮
> 庭的인 '과거의 무용'이 아니다. 절대적으로 몽환적夢幻的, 세기말적世紀末的 말초신경의 에로틱
> 한 흥분제로서가 아니요, 1931년의 우리들의 생활감정과 우리 민중적 이데오로기──를 줄기
> 차게 표현하는 '초超 모던'의 본격적인『무언無言의 시詩』요,『선線의 파동波動』의『갱생의 힘
> 찬 노래』이다.
> 금번에 우리 강원지국에서는 오는 21일 저녁을 긔하야 이러한 최양의 무용을 춘천공회당
> 에서 공연하기로 되엿는데, 이는 곳 현하의 살인적 불경긔로 말매아마 사람들의 감정이 거츠
> 러젓고『영靈』이『북어 싹두기』가티 시들어진 것을 위안하며 약간이나마 활기를 부어주고
> 저 함이니 만천하 신사 숙녀는 이 날을 놋치지 말고 달려와 령의 위안과 생활의 윤택을 마음
> 것 만긱滿喫하기를 바란다.[56]

최승희 춤에 대해 '1931년의 우리들의 생활감정과 우리 민중적 이데올로기를 줄기
차게 표현하는 '초 모던'의 본격적인 '무언無言의 시詩'요, '선善의 파동'의 '갱생의 힘찬
노래'이다.'라고 하였다.『매일신보』기자는 그야말로 최승희의 춤에 대해 당대의 생
활감정을 표현하는 컨템포러리contemporary 댄스로 인식하고 있었다. 또 대중의 메마
른 감정과 영혼을 일깨우는 춤이라고 분명하게 천명하였다.

음력 정월 초하루인 구정에 부산 공연을 필두로 2월 24일, 25일은 대구극장에서[57]
26일 27일은 마산부수좌壽座에서,[58] 3월 1일은 이리裡里극장,[59] 3월 4일, 5일은 군산극
장群山劇場,[60] 6일에는 김제,[61] 8일에는 예산의 가설극장에서도 공연했다.[62] 이렇게 남선

56 『매일신보』1931.02.19. 7면.「本社春川支局主催 崔承喜舞踊大會, 來二十一日 저녁 春川公會堂에서」
57 『동아일보』1931.02.15. 3면.「崔承喜舞踊 大邱서도 公演」;『동아일보』1931.02.23. 3면.「讀者優待舞
    踊 입장료여」
58 『동아일보』1931.02.18. 3면.「本讀者優待 마산지국에서」
59 『동아일보』1931.02.23. 3면.「崔孃舞踊會 三월一일 리리서」
60 『동아일보』1931.02.27. 3면.「舞踊界花形 群山서도 公演」

지역을 순회 공연하였다.

다시 4월 1일에는 『조선일보』사 후원으로 평양 금천대좌金千代座에서 북선 순회공연을 시작했다.[63] 4월 3일에는 정주定州의 정상극장定商劇場에서,[64] 5일과 6일에는 신의주 부내 신극장,[65] 9일에는 의주,[66] 11일과 12일에는 선천공회당에서,[67] 14일에는 개성좌開城座에서[68] 신춘무용공연회를 북선 순회 공연하였다.

그리고 다시 5월 1일, 2일, 3일까지는 제3회 신작무용공연회를 단성사에서 개최한다. "조선사람으로서의 의식을 갖고 조선의 정조情調와 고민과 이상을 무용화하기에 힘쓴다"고 소개하였다.[69] 당회의 공연 프로그램은 아래와 같다.[70]

〈표 5〉 최승희무용연구소 제3회 신작무용공연회 프로그램

		작품제목	출연진
제1부	1	그들의 행진	최승희 외 수명
	2	나는? (어린이무용)	조영숙
	3	우리의 '카리카튜어' 가야금산조	최승희
	4	치고이넬 와이젠	연구생 수명
	◇ 휴게 ◇		
	번외	남양(南洋)의 밤	남: 장계성, 여: 최승희

---

61 『동아일보』 1931.03.06. 3면. 「讀者慰安舞踊 최승희양마저」

62 『동아일보』 1931.03.14. 3면. 「幼園經費爲한 崔承喜 舞踊盛況」

63 『조선일보』 1931.03.21. 7면. 「平壤에서 崔承喜孃 舞踊」;『조선일보』 1931.04.01. 7면. 「崔承喜孃 舞踊會」

64 『동아일보』 1931.04.03. 3면. 「東亞日報讀者慰安 崔承喜舞踊」

65 『동아일보』 1931.04.05. 3면. 「本支局後援 崔承喜舞踊 신의주서 공연」

66 『동아일보』 1931.04.11. 3면. 「本報讀者優待」

67 『조선일보』 1931.04.11. 7면. 「宣川支局主催 崔承喜舞踊會」

68 『동아일보』 1931.04.11. 3면. 「崔承喜創作舞踊公演會 十四日開城서」

69 『동아일보』 1931.04.25. 5면. 「春花와 爭姸하는 崔承喜孃의 舞踊 五月一·二·三일 단성사서. 本社學藝部後援」

70 『동아일보』 1931.05.01. 5면. 「新作公演을 압두고 崔承喜孃 猛練習. 힘과 詩味 가득한 푸로그람」

		작품제목	출연진
제2부	1	비가(悲歌)	최승희
	2	봄을 타고 가는 시악씨들	정자, 계성, 민자
	3	광상(흉가리광상곡 제6번 리스트 작)	최승희
	4	생(生)·약동(躍動)	최승희 외 수명
	◇ 휴게 ◇		
	번외	향토무용 (대취타)	연구생 수명
제3부	1	흙을 그리워하는 무리	연구생 수명
	2	황야(荒野)에 서서	최승희
	3	아프로 아프로 (어린이무용)	정자, 영숙
	4	겁(怯)내지 말자	최승희 외 연구생 수명

1931년 신춘무용공연회의 신작 4편중 2편과 번외의 작품 2편을 포함하여 총 14종 목을 공연하였다. 『동아일보』에는 각 신작에 대해 아래와 같이 상세한 설명을 게재하 였다.

〈그들의 행진〉: 1931년의 그들의 행진은 이러하다고 생각한다. 이러하니 어찌하여야만 되 겠느냐? 그렇다. 그들의 문제는 그들의 행진 속에서 그들의 힘으로 그들의 열熱로써 해결을 짓고야 말 것이다.

〈나는?〉: 어린이무용. 나는 이렇게 미래의 세상 우리들의 세계를 바라보며 나아간다.

〈우리의 '카리카튜어'〉: 가야금산조. 옛날에 우리들의 할아버지가 즐거워 추던 춤을 만화적 으로 무용화 한 것이다

〈치고이넬 와이젠〉: 세계적명곡 '유랑인의 노래'를 무용화시킨 덕이외다. 오늘은 동東에서 잠을 자고 내일은 서에서 노래를 부르는 그들의 생활 그들의 환경은 오늘도 이곳에서 잠을 자게 되었다.

〈비가悲歌〉: 유적幽寂한 수도원에서 성스러운 영靈의 세례洗禮(?)를 받고 있는 그의 가슴 속 에는 모름지기 무엇이 움직이고 있을까?

〈화보 13〉 〈생・약동〉
『동아일보』 1931.05.01.

〈화보 14〉 〈흙을 그리워하는 무리〉
『동아일보』 1931.05.02.

〈광상곡狂想曲〉: 헝가리광상곡 제6번 리스트 작. 어떻게 억압할 수 없는 마음 아무나 알기
　　어려운 심사心思를 가진 그는 광상으로 다라났다. 그러나 그는 일어났다. 그리하여 외
　　오쳤다.

〈생生・약동躍動〉: 약동! 약진! 이 힘을 막을 자 누구냐? 우리의 '生'을 씩씩하게 굿세게 가
　　지고 나아가야 한다.

〈흙을 그리워하는 무리〉: 우리는 이 땅 이 흙을 이렇게 그리워한다.

〈황야荒野에 서서〉: 무엇 때문에 우리는 황야에서서 이와 같이 부르짖지 아니치 못하게 되
　　었나? 그러면 우리는 거기서 어떠한 행동을 가져야만 옳을 것인가?

〈겁怯내지 말자〉: 우리는 굿세게 힘있게 이러하게 겁怯을 내지 말어야 한다. 그러타 비겁자
　　여! 가려거든 가라.[71]

　4월 14일에 개성에서 북선 순회공연을 마치고, 5월 1일부터 신작공연을 올렸으므
로, 그 사이 보름 만에 10개의 신작이 준비된 셈이다. 물론 순회공연 중에도 늘 함께
공연하고 있는 연구생들과 신작을 안무할 수도 있었겠지만, 위의 남선과 북선의 순회

<hr />

71　『동아일보』 1931.05.01. 5면. 「新作公演을 압두고 崔承喜孃 猛練習. 힘과 詩味 가득한 푸로그람」

<화보 15> <비가>
『동아일보』 1931.04.30.

일정으로도 짐작할 수 있듯이 지역 간 이동과 공연 준비가 결코 쉽지 않았으리라 추측된다. 오늘날과는 달리 교통편도 녹녹치 않았으리라 여겨지므로, 최승희와 그 연구생들의 남북 한반도 순회공연은 상상조차 되지 않는 큰 어려움이 많았으리라고 생각된다.

『동아일보』에 홍보된 신작 화보는 〈비가〉, 〈생·약동〉, 〈흙을 그리워하는 무리〉를 냈다.(〈화보 13~15〉)

제3회 신작무용공연회를 5월 3일에 마친 최승희는 5월 5일에 안막과의 결혼 소식을 전격 발표하고, 9일 11시에 결혼식을 올린다.[72] '서양식 혼례를 십여 분 만에 끝내고 간단한 식사를 한 다음에 두 사람은 부모 형제들의 환송을 받으며 신혼여행지로 떠났다. 함경남도 안변군 설봉산의 석왕사에서 2주를 머물렀다.'[73] 그리고는 5월 22일과 23일에 원산의 원산관에서 공연[74]을 했다. 안변과 원산은 한반도 북동쪽에 있으며, 서로 비교적 가까운 거리에 있지만, 신혼여행 끝에 연구생들을 불러 함께 공연을 성사시켰다는 점은 보통 사람으로는 하기 어려운 일이라 여겨진다.

부부가 된 두 사람은 적선동연구소에 보금자리를 두고,[75] 다음 공연을 위한 준비와 연습에 들어갔다. 그런데, 신혼 중인 안막이 8월 16일경 종로경찰서에 검거되어 취조를 받게 되었다. 프롤레타리아 예술동맹계통의 작가들 십수명이 검거되었는데, 안막

---

72 『조선일보』 1931.05.05. 2면. 「舞踊家崔承喜孃 無産藝術家와結婚; 將來론 푸로舞踊에 精進」

73 정병호, 앞의 책, 1997, 65쪽.

74 『동아일보』 1931.05.21. 3면. 「元山舞踊公演」

75 정병호, 앞의 책, 1997, 66쪽에 의하면 '서빙고 연구소'에 살림을 차렸다고 했다. 그러나 『동아일보』 1931.01.10. 5면에 의하면, 적선동 195번지를 더욱 확장키로 했다고 했다. 적선동은 종로구에 속한 행정동이므로 서빙고와는 전혀 다른 지역이다. 따라서 '적선동 연구소'의 오류라고 여겨진다.

도 그에 속했다. 공산주의를 선전하려는 잡지 『집단集團』을 창간하고 집필했다는 혐의가 있었던 것으로 보인다.[76] 정병호에 의하면, '9월 17일 마산에서 공연하고 곧이어 김천, 전주, 안동에서 차례로 순회공연을 했는데, 마침 안동 공연 때에 남편인 안막이 분장실로 찾아 왔다'[77]고 하였다. 한 달도 안 되어 석방되었다는 뜻인데, 『동아일보』 1931년 10월 6일에는 그동안의 구금에서 오히려 구속 송치되었다[78]고 하였으므로, 정병호의 설명은 잘못이라고 여겨진다. 석방 시기를 분명하게 알 수는 없지만, 다음해인 1932년 6월 4일과 5일에 이시이 바쿠가 내한공연을 했을 때, 안막은 임신 8개월에 들어선 최승희와 함께 아내의 스승을 찾아가서 재 도일渡日을 의논했다[79]고 하므로, 아무리 늦어도 그 전에는 석방되었음에 틀림없다.

그와 같은 어려움이 닥쳤음에도 불구하고 제4회 신작무용공연회는 예정대로 9월 1~3일까지 『조선일보』 후원으로 단성사에서 연행되었다.[80] 프로그램은 다음과 같다.[81]

〈표 6〉 최승희무용연구소 제4회 신작무용공연회 프로그램

		작품제목	출연진
제1부	1	세계의 노래	연구생
	2	자유인의 춤	최승희
	3	토인(土人)의 애사(哀史)	민자, 영숙
	4	미래는 청년의 것이다	재신, 민자, 정자, 경신, 정임
	◇ 휴게 ◇		
	번외	소야곡(小夜曲)	노재신

76 『동아일보』 1931.08.17. 3면. 「푸로藝術同盟系統 作家等續續檢擧 劇과 雜誌로 共産主義 宣傳嫌疑. 現在十數名取調中」
77 정병호, 앞의 책, 1997, 69쪽.
78 『동아일보』 1931.10.06. 2면. 「共産主義者協議會 關係者等 今朝送局 拘束十七名, 未逮捕十八名 最高指導者는 亡命한 朝鮮共産黨幹部 黨再建運動의 一部」
79 정병호, 앞의 책, 1997, 72~73쪽.
80 『조선일보』 1931.08.26. 5면. 「臨迫해오는 崔女史舞踊會」
81 『조선일보』 1931.09.01. 5면. 「崔承喜女史 新作舞踊公演會」

		작품제목	출연진
제2부	1	인조인간	인조인: 최승희, 감독: 노재신 주인: 마돌(馬突)
	2	영혼의 절규	연구생
	3	철(鐵)과 가튼 사랑	남: 최승희, 여: 김민자
	4	고난(苦難)의 길	최승희 외 연구생
	◇ 휴게 ◇		
	번외	이국(異國)의 밤	정자, 재신
제3부	1	폭풍우(暴風雨)	최승희 외 연구생
	2	어린 용사(勇士)	곽경신(郭敬信), 조영숙, 이정자
	3	십자가(十字架)	최승희
	4	건설자(建設者)	최승희외 연구생
※	무대장치 조명: 원우전(元雨田) 무용창작 및 안무: 최승희		

이 공연에서는 전의 공연에 비해 공연자들 즉 연구생들의 '기교 향상'이 괄목할만하다고 하였다.[82] 『조선일보』에 소개된 무용 신작의 작품 내용은 다음과 같다.

〈**미래는 청년의 것이다**〉: '미래는 청년의 것이다'라는 의미 깊은 무용

〈**인조인간**〉: 노동자들 대신 시키려고 인조인간이란 기계를 만들어 낸 그는 탄식하였다. "역시 정신과 신경을 갖게 하여야만 하겠다" 이렇게 그는 절실히 느끼었다. 그리하여 그는 곧 실행하였다. 그러나 도대체 정신과 신경이란 그에게 대하여는 대단히 몹쓸 놈이었다.

〈**폭풍우暴風雨**〉: 폭풍우는 우리들의 갈 길을 막으려 한다. 그러나 우리는 굽힘이 없이 나아가야만 한다. 그리하여 폭풍우가 지난 다음에 우리는 우리들의 승리를 노래하자.

〈**건설자建設者**〉: 옛것을 이기고 새 것을 세우는 이들의 마음 - 그 기꺼움 - 그 즐거움은 어떻다하랴? 이렇게 됨에는 오직 우리들의 손과 손이 마주잡히는데 있으리라.[83]

---

82 『조선일보』 1931.09.04. 5면. 「崔承喜舞踊 오늘까지 三日밤에 끛幕」
83 『조선일보』 1931.09.01. 5면. 「崔承喜女史 新作舞踊公演會」

위의 네 작품 이외에도 8편이 모두 신작무용이었으나, 프로그램에 작품 설명을 부기하지 않았다. 휴게 시간과 함께 표기된 번외의 〈소야곡〉과 〈이국의 밤〉은 기존 작품을 얼마간 수정하였거나 정비한 비교적 가벼운 소품을 배치한 것으로 여겨진다.

한편, 최승희는 9월 1일의 제4회 신작무용공연회를 앞두고 자신의 무용 방향에 대한 고민을 다음과 같이 『조선일보』 8월 25일, 26일, 27일에 연재 기사로 밝혔다.

이제 나 자신의 무용 경향이라고 할까? 무용관이라고 할까? 무용을 생각하는 마음이라고 할까? 아마 마음이라고 하는 것이 옳겠지요. 그 마음도 돌이켜 생각할진대 퍽 그동안 변화가 많았다고 생각됩니다. 그동안 소위 시적詩的 기분을 띠운 무용이라고 만든 것이 한 오십곡이나 됩니다마는, 맨 처음에는 막연하게 그저 순수한 무용을 짓는 마음으로 — 또한 따라가는 마음으로 만들었습니다마는 그러한 도중에서 나는 좀더 — 조선의 현실적 사실 — 또는 객관적 정세와 마닥뜨리게 되었습니다.[84]

나는 제3회 작품 중에서 〈그들의 행진〉이나 〈흙을 그리워하는 무리〉 같은 것은 조선의 현실이 그러한 것을 낳게 만들었다고 생각합니다. 다시 말하면 내가 만든 것이 아니라 조선의 현실이 만들어 내었다고 나는 생각하는 것입니다. 더구나 〈흙을 그리워하는 무리〉 같은 것은 조선사람 아니고는 그 감정—그 느낌을 받지 못할 것이라고 봅니다.[85]

이번엔 조선의 독특한 정서를 표현한 소위 새로운 조선 춤이 없는 것을 퍽 섭섭하게 생각합니다. 그것은 아무리 악곡을 찾아보았으나 지금 시중에 있는 것이란 극히 '크라식'한 것이나 그렇지 않으면 너무도 저급한 센티멘탈한 것이 대부분이기 때문이고 좀 더 조선의 현실을 표현한 다시 말하면 솔직한 현실미조차 현실과는 거리가 퍽 멀다는 것을 느끼고 또한 이러한 의미에서 새로운 경향을 가진 작곡가가 많이 나서기를 바라고 이 붓을 놓습니다.[86]

---

84 『조선일보』 1931.08.25. 5면. 「最近感想(1) 第四會 新作發表會를앞두고: 崔承喜」
85 『조선일보』 1931.08.26. 5면. 「最近感想(2) 第四會 新作發表會를앞두고: 崔承喜」
86 『조선일보』 1931.08.28. 5면. 「最近感想(3) 第四會 新作發表會를앞두고: 崔承喜」

〈화보 16〉 〈폭풍우〉『조선일보』 1931.08.22.

〈화보 17〉 〈건설자〉『조선일보』 1931.08.26.

〈화보 18〉 〈인조인간〉『조선일보』 1931.08.28.

〈화보 19〉 〈십자가〉『조선일보』 1931.08.29.

　　지금까지 최승희는 3회의 신작무용발표회를 통해 50곡의 신작을 발표하였다. 이제 제4회를 준비하면서 절실히 느낀 것은 본인 안무의 소명이라고 생각하는 '조선정조'를 표현하는 것이었다. 하지만 그에 필요한[support] 음악을 더 이상 찾을 수 없다는 한계에 부닥쳤다고 술회하고 있다. 더 이상 선택할만한 기존 음악이 없으므로 '새로운 조선 춤'을 안무하여 올리지 못했다고 아쉬움을 남기고 있다. 50편 이상의 작품을 안무하면서 이미 기존의 음악을 소진해 왔다는 말이기도 할 것이다. 『조선일보』에 소개된 신작의 사진은 〈화보 16~19〉와 같다.

　　제4회 신작무용발표회를 마치고, 『동아일보』 지방국들의 초청으로 남선 지방순회

공연을 떠났다. 9월 13일 수원극장에서부터 시작하여[87] 14일은 안성극장에서 공연하고,[88] 16일은 김천좌金泉座에서 공연,[89] 17일은 대구극장에서 공연,[90] 21일은 밀양 조일극장朝日劇場에서 공연,[91] 22일은 마산의 구마산수좌舊馬山壽座에서 공연,[92] 23일은 진주좌晉州座에서 공연, 끝으로 25일은 한반도 남단 통영 봉래좌逢萊座에서 공연하였다.[93] 경성으로 돌아와 있다가 10월 14일에는 신천信川에서,[94] 20일과 21일은 안주 미락관에서,[95] 30일은 개성좌開城座에서 공연[96]하였다.

11월 23일은 양현여학교養賢女學校를 위한 동정무용회를 경성 장곡천정공회당에서 가졌다.[97] 이날의 공연 프로그램은 아래와 같았다.

〈표 7〉 양현여학교 동정무용회 프로그램

		작품제목	출연진
제1부	1	겁(怯)내지 말자	최승희 외 연구생
	2	나는	조영숙
	3	그들의 로맨스	남: 최승희 여: 김민자
	4	미래는 청년의 것이다	연구생
	◇ 휴게(休憩) ◇		
	번외	남양의 밤	노재신, 이정자

---

87 『동아일보』 1931.09.12. 7면. 「崔承喜舞踊 水原서 公演」
88 『동아일보』 1931.09.14. 3면. 「崔承喜舞踊 安城서 公演」
89 『동아일보』 1931.09.16. 3면. 「金泉舞踊公演」
90 『동아일보』 1931.09.14. 3면. 「崔承喜舞踊公開」;『동아일보』 1931.09.15. 3면. 「崔承喜舞踊公開」
91 『동아일보』 1931.09.17. 3면. 「崔承喜舞踊大公演」
92 『동아일보』 1931.09.16. 3면. 「崔承喜舞踊公開」;『동아일보』 1931.09.16. 7면. 「崔承喜舞踊 馬山서도 公演」
93 『동아일보』 1931.08.31. 3면. 「崔承喜舞踊 統營支局主催」;『동아일보』 1931.09.12. 3면. 「崔承喜舞踊 公開」
94 『동아일보』 1931.10.10. 5면. 「信川서 舞踊」
95 『조선일보』 1931.10.16. 6면. 「崔承喜舞踊 安州서 公演」
96 『동아일보』 1931.10.31. 7면. 「崔承喜舞踊 開城서 公演」
97 『조선일보』 1931.11.13. 5면. 「養賢女學校爲하야 崔承喜舞踊會開催 금월이십삼일밤칠시반공회당에서」

		작품제목	출연진
제2부	1	폭풍우	최승희외 연구생
	2	토인의 애사(哀史)	모(母): 김민자 여(女): 조영숙
	3	우리의 '카리카쥬어' (가야금산조)	최승희
	4	세계의 노래	연구생
	◇ 휴게 ◇		
	번외	향토무용	연구생
제3부	1	흙을 그리워하는 무리	최승희 외 연구생
	2	어린용사	이정자, 곽경신, 조영숙
	3	십자가	최승희
	4	건설자	최승희 외 연구생

대개 1931년 신작들로 공연이 이루어졌다. 또 11월 24일에는 조치원 일출관日出館에서,[98] 11월 25일에는 청주앵좌에서[99] 공연을 했다. 그리고 12월 4일 목포극장에서,[100] 5일 광주제국관帝國館, 6일 벌교구락부俱樂部에서[101] 공연을 하였다. 또 한 해의 마지막인 12월 29일~31일까지 3일 동안 "얼음과 눈으로 봉쇄된 혹한의 만주의 조만동포를 위해" 동정무용회를 개최하였고, 그 수입 중 100원을 기신양행紀新洋行과 협력하여 위로금으로 출연하여 『조선일보』에 기탁했다.[102]

1931년 최승희의 공연일정은 가히 살인적인 것이었다. 경성에서의 메인 공연이 끝나면, 곧이어 남선·북선 지방순회공연을 다니며, 자신의 무용세계를 홍보함은 물론 흥행에도 힘을 다했다.

---

98 『동아일보』 1931.11.16. 6면. 「會合: 鳥致院崔承喜女史新作舞踊公演會」
99 『매일신보』 1931.11.29. 3면. 「淸州: 本報忠北支局 讀者들 優待, 崔承喜舞踊으로」
100 『동아일보』 1931.12.04. 3면. 「會合: 崔承喜舞踊研究所公演會」
101 『동아일보』 1931.11.24. 3면. 「會合: 崔承喜女史舞踊會」
102 『조선일보』 1932.01.06. 2면. 「在滿同胞에 慰問金. 現金百圓을 依賴. 崔承喜舞踊研究所와 紀新洋行에서 本社로」

3) 최승희의 1932년 무용공연 활동

1932년의 무용공연 활동은 1월 30일의 철필구락부鐵筆俱樂部[103] 주최 만주 지역 동포위문 무용과 연극의 밤으로 출발했다. 이미 『조선일보』 주최로 재만동포위문금 출현

〈표 8〉 철필구락부 주최 재만동포위문 무용과 연극의 밤

구분			작품 제목	출연진	비고
제1부 무용	A	1	수도원(修道院)	재신(載信), 정자(貞子), 민자(敏子), 정자(貞子), 돌(突)	*신작
		2	우리들의 로맨쓰	남: 최승희, 녀: 김민자	31년신춘작
		3	흙을 그리워하는 무리들	최승희 외 연구생	3회작
	B	1	비창곡(悲愴曲)	연구생 일동	*신작
		2	고난(苦難)의 길	최승희 외 연구생 일동	4회작
		3	겁내지 말자	〃	3회작
	무용창작 및 안무: 최승희, 무대장치 및 조명: 원우전(元雨田)				
제2부 연극	A		박진(朴珍) 편 나무아미타불(南無阿彌陀佛): 전1막 2장	모회사원A 이소연(李素然) 그의 처 석금성(石金星) 모회사원B 윤성무(尹星畝) 그의 처 강석연(姜石鷰) 여 하인 강석재(姜石齋) 기타 수인(數人)	–
	B		박승희(朴勝喜) 작 아리랑고개 : 전1막	길동 서일성(徐一星) 봉희 석금성 길동의 아버지 윤성무 봉희의 아버지 박제행(朴齊行) 과객(過客) 이소연 세탁하는 소녀들: 1. 김연실, 2. 강석연 3. 강석재, 4.김해영 5. 김계영 (기타다수)	–
	출연 및 감독: 박승희, 진행 및 효과: 박진, 부대장치 및 조명: 원우전, 염유일(廉唯一), 전일(全一)				

---

[103] 철필구락부(鐵筆俱樂部): 1924년 11월 19일 경성에 있는 『동아일보』, 『조선일보』, 『시대일보』 사회부 기자들이 중심이되어 조직한 언론단체. 한국민속문화대백과사전 〈http://encykorea.aks.ac.kr/〉.

을 위한 공연을 1931년 12월 29일부터 31일까지 올려서 이익금 100원을 기신양행과 합작으로 기부했었다. 그런데 약 1달 만에 다시 철필구락부 주최로 이번에는 '연극과 무용의 밤'을 공연하게 된 것이다. 그 프로그램은 〈표 8〉과 같다.[104]

새해 1월 2일 재만동포를 위한 공연 준비에 한창인 최승희무용연구소에 『중앙일보』[105] 기자가 방문하여 최승희에게 새해의 포부를 물었다. 그녀의 답은 "그저 늘 생각하는 것은 어떻게 하면 좋은 작품을 창조해낼까 하는데 여념이 없을 뿐입니다."라고 했다. 그녀의 창작무용 중에는 〈흙을 그리워하는 무리〉, 〈겁내지 말자〉, 〈고난의 길〉, 〈십자가〉를 나름 많은 노력과 성의를 다한 작품으로 꼽았다.[106] 재만동포위문공연에 이중 3편의 작품이 포함된 것은 최승희 나름의 성공작을 선별하여 올린 것이라고 할 수 있다.

만주동포위문공연은 1931년 9월 18일에 전개된 일본관동군의 만주 침략전쟁으로 만주에 거주하던 우리 동포들이 터전을 잃고, 떠돌아다니며 한 겨울을 나게 된 극한의 상황을 돕기 위한 지식인들의 참여활동이었다. 본래 철필구락부에서는 음악회를 개최하려 했지만, 계획을 바꾸어서 '무용과 연극의 밤'을 1월 30일 오후 7시 장곡천정 공회당에서 열기로 한 것이다. 최승희와 관련해서는 "내월來月 중 동경東京에 가서 발표하게 될 신작과 전일의 것을 갖추어서 출연하게 될 것"[107]이라고 소개되었다. 〈수도원〉과 〈비창곡〉을 말하는 것으로 보인다.

〈수도원〉은 〈수도원의 여자〉로도 소개되었는데, 『조선일보』에는 각 춤에 대한 소

---

104 『조선일보』 1932.01.27. 2면. 「崔承喜舞踊과 土月會演劇, 인긔점차불등. 순서도 결정. 滿州同胞慰問의 밤」
105 중앙일보(中央日報): 『중외일보』의 후신으로 창간됨. 1931년 6월 19일 『중외일보』가 지령 제1,492호로서 종간되자 김찬성(金贊成)이 『중앙일보』로 개제하여 총독부로부터 발행허가를 받았다. 『중외일보』의 지령을 계승하여 1931년 11월 27일 지령 제1,493호로 속간하였는데, 사장은 노정일(盧正一), 편집 국장은 강매(姜邁)였다. 경영난으로 창간 후 5개월 만에 휴간에 들어갔는데, 이 무렵 『조선일보』의 발행권 장악을 둘러싸고 분규를 거듭하던 최선익(崔善益)이 논산(論山) 출신의 윤희중(尹希重)과 공동출자로 판권을 인수하여 속간하였다. 1933년 2월에는 여운형(呂運亨)이 사장에 취임하여 제호를 『조선 중앙일보』로 고쳤다. 네이버두산백과.
106 『중앙일보』 1932.01.02. 5면. 「朝鮮女流藝術家 訪問記(二). 조선의 유일한 舞踊家崔承喜氏. 아즉까지도 잔존의 결함을 청산하고 대중의 길로 맹진」
107 『조선일보』 1932.01.25. 2면. 「滿洲同胞慰問 舞踊과 劇의 밤. 토월회와 최승희녀사 출연 三十日公會堂에서」

개가 아래와 같이 상세하게 기재되었다.

> **〈수도원의 여자〉** 고요하고 성스러운 수도원 속에서는 어느 때나 많은 사람이 다 각기 행복
> 을 위하여 기도를 드리고 있다. 그러나 그 성스럽다는 수도원 속에도 오직 '베-르'로
> 가리워 있는 허위가 숨어 있음을 엿볼 수 있다. 필경은 종교라는 거짓 형식에서 해방을
> 부르짖고 나온다는 것의 표현이다.
>
> **〈우리들의 로맨스〉** 모든 것이 여의치 못한 역경逆境에 서 있는 우리들의 '로맨쓰'는 어떠하
> 며 또 어떠하여야 할 것인가 하는 암시가 있다.
>
> **〈흙을 그리워하는 무리들〉** 흙 그리운 흙! 우리는 많은 형제가 흙을 그리워하는 눈물겨운
> 형제를 본다. 정든 고향 그리운 마음을 남겨두고 멀리 새 땅의 흙을 찾아가는 무리들이
> 우리 앞에 많이 보인다. 그러면 그들은 무엇 때문에 고향을 떠나지 않으면 안 되었든가
>
> **〈비창곡悲愴曲〉** 만리 이역異域에서 헐벗고 굶주리고 있는 동포의 한숨과 눈물 그들은 무엇
> 을 생각하고 또 무엇을 부르짖고 있는가
>
> **〈고난苦難의 길〉** 바람이 불고 비가 쏟아진다. 그러나 그 사나운 바람과 비를 무릅쓰고 고
> 난의 길을 걷고 있는 동무들의 비장한 부르짖음을 우리들은 귀를 기울여 들어보자.
>
> **〈겁怯내지 말자〉** 어떤 일에든지 겁내서는 안 된다. 다만 용감한 곳에 성공이 있다. 겁내지
> 않고 싸워 나가는 그들! 그들의 전도에는 반듯이 행복이 있으리라는 암시가 있다.[108]

만주전쟁으로 인해 하루아침에 삶의 터전을 잃은 우리 동포들에게 보내는 춤의 시
사적 메시지가 강하게 삽입된 내용들이다. 종교적 허구성을 표현해 내고자 하는가 하
면, 현실에서 겪고 있는 고난은 어떠한 것이든 절대 겁내지 말고 극복해야만 하는 것
이며, 그림으로써 새로운 행복의 길로 들 수 있다고 하는 사회고발과 선동에 앞장서
고 있다. 내용면에서 본다면 제4회의 2부에 신작 발표된 〈고난의 길〉은 역시 4회의
3부에 초연된 〈폭풍우〉와 거의 유사하다. 2년간 내략 50여 편의 다작을 생산하는 가
운데, 내용적 중복성이 곳곳에 나타나고 있다. 이는 최승희가 비록 당대 최고의 무용

---

108 『조선일보』 1932.01.30. 2면. 「華麗 또 哀絶 同情舞踊順序 修道院女子와 悲愴曲. 崔承喜女史의 意氣」

가라 할지라도, 당년 겨우 만 20세로서 사회 경험 부족의 한계를 드러낼 수 있었다고
생각한다.

1932년 2월 17일과 18일 이틀 동안은 『동아일보』 대구지국의 후원아래 대구극장에
서 무용신작발표회[109]를 개최하였다. 그리고 19일에는 밀양지국의 후원으로 공연이 예
정 되었으나 경찰의 불허가로 무용을 올릴 수 없게 되었다.[110] 2월 22일은 『동아일보』
사천泗川 지국 후원으로 사천 읍내 명월관明月館에서 '최승희양신작무용공연'[111]을 한다
고 광고를 냈으며, 2월 24일에는 통영지국 후원으로 통영봉래좌에서 최승희신작무용
공연을 개최[112]하였다. 27일에는 『중앙일보』와 『동아일보』의 김해지국 후원으로 김해
극장에서 특별공연회를 개최[113]하는 등 남선순회공연을 또 한 차례 마쳤다.

4월 28일~30일까지 단성사에서 제5회 신작무용발표회를 개최하였다. 『조선일보』
학예부에서 후원하고, 최승희무용연구소에서 주최한 이 공연의 프로그램은 아래와 같
다.[114] 이 프로그램에는 공연 출연진에 대한 소개가 생략되어 있다.

〈표 9〉 제5회 최승희 신작무용발표회 프로그램

구분	작품 제목
제1부	1. 봄, 2. 비곡(悲曲), 3. 어린동무, 4. 여직공(女職工), 번외. 유랑인(流浪人)의춤
제2부	1. 인도(印度)의 여명(黎明), 2. 자장가, 3. 말세이유, 4. 흑인(黑人)의 애가(哀歌)
제3부	1. 수도원(修道院), 2. 철창(鐵窓)에서, 3. 신여성선(新女姓線), 4. 두世界

---

109 『동아일보』 1932.02.20. 3면. 「崔承喜舞踊會 大邱에서 開催 [대구]」
110 『동아일보』 1932.02.20. 3면. 「崔承喜舞踊中止 [밀양]」
111 『동아일보』 1932.02.21. 3면. 「광고: 崔承喜孃新作舞踊公演」
112 『동아일보』 1932.02.20. 3면. 「광고: 崔承喜新作舞踊公演」
113 『중앙일보』 1932.02.22. 3면. 「崔承喜女史 金海서 出演, 본보독자우대 [김해]」
114 『매일신보』 1932.04.28. 2면. 「崔承喜舞踊研究所 新作發表會臨迫. 이십팔일부터삼일간단성사에서 一
般의 期待도 多大」

최승희는 이 공연을 준비하면서 '남자연구생'을 공개 모집하는 광고기사를 공연 한 달 전인 3월 말에 냈다. 그 내용을 인용해 본다.

…… 단성사에서 제오회 신작무용 발표회를 연다는데 금번은 특히 모든 것을 새로운 방식에 의하여 하리라 하며 특히 남자 엑스트라를 써서 무용극 같은 것을 안무한다. 남자 엑스트라 지망자는 시내 팔판동팔십팔번지八判洞八十八番地로 이달 이십구일부터 삼십일일까지 오전 열시부터 열두시까지 본인이 와주기 바란다 한다.[115]

모집 광고의 효과가 있었던지, 제5회 신작무용발표회에는 '남자 연구원 20여 명도 출연한다'[116]고 홍보되었다. 반면 『매일신보』에 의하면, 남자연구생 15명과 여자연구생 수명이 서빙고 연구소에서 맹렬히 연습중이라고 하였다.

금번에 출연할 종목은 이래 우리가 보지 못하든 무용극舞踊劇 2편과 레뷰 형의 자미잇는 참신한 것이 만타하며, 그리고 쏘 금번에 공개할 무용종목도 자래의 하던 것과 가티 단조單調한 것이 아니라 복잡하고 화려한 것으로 굴곡이 만흔 의미심장한 것이 만흔데 벌서부터 인긔는 비등하는 중이다.[117]

1932년 신년 인터뷰에서 "남에게 비판될 그러한 것을 깨끗이 청산하고 더욱 새로운 대중의 요구한 길로 정진하려고 합니다"[118]라고 한 약속을 제5회 공연을 통해 실현하고자 했다. 제4회 신작무용까지는 조선정조가 드러나고 암시되는 비교적 어두운 현실을 타파해 나가려는 내용의 모던댄스를 창작해 왔다. 그런데 이번 제5회 신작무용발

---

115 『조선일보』 1932.03.29. 5면. 「崔承喜舞踊所. 男子研究生 募集」
116 『조선일보』 1932.04.21. 5면. 「第五回崔承喜女史 新作舞踊發表會. 今月二十八日부터三日間 團成社서」
117 『매일신보』 1932.04.24. 2면. 「崔承喜女史一行 新作舞踊大會. 오는 이십팔일부터 삼일간 市內團成社에서」
118 『중앙일보』 1932.01.02. 5면. 「朝鮮女流藝術家 訪問記(二). 朝鮮의 有一한 舞踊家 崔承喜씨. 아직까지도 自存의 缺陷을 淸算하고 大衆의 길로 猛進」

표회에서는 무용극 2편과 레뷰형식의 대중적인 춤을 도입하였다. 게다가 남자무용수까지 처음 등장시키는 새로움을 대거 홍보한 것이다.

　　제5회 신작무용발표 공연을 준비하며 홍보한 사진들은 다음과 같다.

〈화보 20〉〈흑인의 애가〉
『조선일보』 1932.04.22.

〈화보 21〉〈신여성선〉
『조선일보』 1932.04.23.

〈화보 22〉〈자장가〉
『조선일보』 1932.04.24.

〈화보 23〉〈어린동무〉
『조선일보』 1932.04.26.

　　제5회 신작무용발표 공연을 성황리에 잘 마치고, 5월 4일과 5일 밤 시내 '본정 연예관演藝館에서 『매일신보』 후원으로 제5회 신작무용발표 공연을 다음과 같이 재차 연행했다.

금번 공연에는 〈봄〉, 〈어린동무〉, 〈여직공〉, 〈인도의 여명黎明〉, 〈자장가〉, 〈말세이유〉, 〈흑인黑人의 애가哀歌〉, 〈철창鐵窓에서〉, 〈신여성선新女性線〉, 〈두 세계世界〉 등의 조선에서 일즉이 보지 못하던 참신한 것이 만허서 본정 일대本町一帶의 인기를 독점하고 있는데 지난번 단성사 공연에서 참관치 못한 인사는 이번 기회를 놓치지 말고 감상함이 좋으리라고 한다.[119]

이상과 같이 제5회 신작무용발표회를 마친 최승희는 5월 20일 인천공회당에서 공연할 계획[120]이었으나, 해당 지역의 회관 관계로 공연이 무기한 연기되었다고 한다.[121] 또 20일과 21일에 대전 대덕유치원의 원사 신축을 위한 '최승희 무용대회'를 대전경심관에서 개최하기로 했으나 이 역시 모호한 이유로 무기한 연기되었다. 오히려 5월 19일과 20일에 공주극장에서 최승희무용연구소와 공주기우단公州記友團이 주최하고, 『매일신보』 충남지국의 후원으로 공연을 했다.[122]

최승희는 이곳 공주 공연을 끝으로 1932년의 무용 활동을 마감했다.

제5회 신작무용발표회 때 최승희는 임신 7개월의 무거운 몸[123]이었음에도 불구하고 공주까지 기꺼이 내려가서 공연했던 것이다. 5회 발표회를 마치고는 동경으로 떠나고 싶은 결심을 굳혔고, 그로 인해 연구소의 문을 닫고 연구원들을 해산시켰다고 한다.[124] 1929년에 귀국하여 1932년 5월까지 큰 성원의 공연활동을 통해 차츰 무용 창작에 대한 자신감을 얻었고, 정신적으로는 무용 예술가로서 '커다란 행복감을 맛보게 되었다'고 한다. '그러나 물질적으로는 괴로움의 깊이가 더할 뿐이었다'고 한다.

그 첫째 원인은 무용단 운영비가 턱없이 부족하다는 사실 때문이었다. 연구생들에게 월사

119 『매일신보』 1932.05.05. 7면, 「孤軍奮鬪의 崔承喜女史 京城演藝館서 新作發表公演. (눈물겨운 그의 努力) 本町通大人氣」
120 『매일신보』 1932.05.12. 7면. 「崔承喜一行 仁川서公演 廿日밤부터」
121 『매일신보』 1932.05.14. 7면. 「崔承喜 仁川公演 無期延期」
122 『매일신보』 1932.05.18. 3면. 「광고: 崔承喜新作舞踊會」
123 최승희, 『1911~1969, 세기의 춤꾼 최승희 자서전 불꽃』, 서울: 자음과 모음, 2006, 42쪽.
124 최승희, 위의 책, 43쪽.

금을 받지 않는 것은 물론이거니와 생활비에서부터 소소하게 용돈 쓰는 일까지 모두 나의 부담으로 고스란히 돌아왔다. 몹시도 괴로운 나날의 연속이었다.[125]

성공적인 공연의 화려함 속에 감추어져 있던 최승희의 속내는 3년만에 모두 타들어 가서 소진 상태에 빠져 있었다. 최승희는 자서전에서 자신이 재도일再度日을 계획하는 이유를 경제적인데 비중을 두었다. 그러나 당시의 사회적 상황도 최승희가 일본으로 부터 귀국했을 때와는 많이 달라져 있었다. 우선 1931년 9월 일본이 일으킨 만주사변 은 우리 동포와 국내 정세에도 암울한 영향을 끼쳤다. 남편 안막의 구속도 일본에서 영향력을 갖고 있는 이시이 바쿠의 보호 아래로 재진입 해야 하는 이유 중 하나였을 것이라고 생각한다. 제5회 신작무용공연을 마치고 지방 순회공연을 갈 수 없게 된 것 도 결코 지방 극장의 사정에서 끝나지 않는 궁극적인 이유가 작용했을 것이라고 생각 한다.

총체적인 어려움에 빠져있을 때, 마침 이시이 바쿠의 내한 공연[126] 홍보가 났다. 최 승희는 바로 이 공연 시간을 재도일을 위한 새로운 희망의 기회로 받아들였다. 이후 아기(안승자, 이후 안성희로 개명)의 출산과 늑막염의 치료 후, 마침내 1933년 3월 4일에 동경으로 떠나게 되었다.[127]

4) 초보 무용가 최승희의 3년 무용 작품 활동 결산

1929년 9월에 귀국한 최승희는 11월 1일에 '최승희무용예술연구소'를 개소하고, 2 일에 연구원을 모집하였다. 12월 5일과 6일에는 찬영회讚映會에서 주최하는 '무용·극·영화의 밤'에 3종목(〈인디앤라맨트〉, 〈꼴드 앤드실버〉, 〈쎄레나데〉)의 춤을 추어서 자신

---

125 최승희, 앞의 책, 39쪽.
126 『동아일보』 1932.06.07. 5면. 「石井漠一行 朝劇에 出演. 지부설치 기념으로 입장료도 싸게」
127 정병호, 앞의 책, 1997, 74~75쪽.

의 존재를 국내 식자층에 알리고 무용 예술 공연의 포문을 열었다. 이 공연은 다음 날인 7일까지 연장되었다.

이하 1930년 1월부터 1932년 5월까지의 최승희무용공연 활동을 정리해 보겠다. 만 18세(한국나이 20세)의 최승희! 그녀의 1930년도 한 해 동안의 공연 활동은 놀랍도록 왕성하였다. 최승희는 1930년 2월 1일 신작무용제1회공연회를 시작으로 11월 29일 수원극장에서의 무용회까지 18회의 공연을 했으며, 1년 동안 총 30종목의 신작무용을 발표하였다. 2월 1일과 2일에 공연한 제1회 신작무용공연회에서 12종목이 발표되었다. 〈금혼식의 무도〉, 〈인도인의 비애〉, 〈양기의 용자〉, 〈희롱〉, 〈애의 용〉, 〈오리엔탈〉, 〈애수의 을녀〉, 〈모던풍경(재즈)〉, 〈해방을 구하는 사람〉, 〈영산무〉, 〈마주르카〉, 〈적막한 왈츠〉가 그것이다. 3월 31일과 4월 1일에 4종목의 새 창작작품이 올려졌는데, 〈오, 야―야〉, 〈농촌소녀의 춤〉, 〈밤이 밝기 전前〉, 〈운명을 탄식하는 사람〉이고, 이 외에도 몇 작품이 더 있다고 하였으나 정보가 없어서 알 수 없다. 6월 27일에 〈봄날의 처녀〉와 〈경쾌한 무희〉의 2종목을 추가 발표했다. 10월 21일과 22일에는 다시 12종목의 신작을 발표했다. 〈그들은 태양을 찾는다〉, 〈달밤에〉, 〈장춘불노지곡〉, 〈방랑인의 설움〉, 〈스파닛쉬 댄스〉, 〈남양의 정경: ㉮토인의 춤 ㉯포와소야곡〉, 〈정토의 무희〉, 〈인도인의 연가〉, 〈집시의 무리〉, 〈가극 파우스트 중에서 ㉮고대무용 ㉯클레오파트라와 황금의잔 ㉱트로이의 처녀의 춤 ㉲각 여신의 춤〉, 〈이 병정 못났다〉, 〈애급풍경〉이다.

이들 30종목 중 제2회 공연 때의 작품인 〈남양의 정경〉과 〈가극 파우스트〉는 각각 2편과 4편의 소곡이 포함된 극적劇的 요소를 가진 종목이다.

다음은 1931년 무용공연 활동 일정을 살펴보자. 경성에서 신작을 발표한 메인 공연은 3회, 그밖에 순회공연과 동정공연을 모두 합하면 연간 총 37회를 공연했다. 1930년도의 18회 공연보다 거의 두 배의 공연 활동을 했다. 1931년에 발표된 신작은 〈그들의 로맨스〉, 〈시반아 소녀의 무용〉, 〈풍년이오면〉 그리고 〈광상곡〉과 〈그들의 행진곡〉 5종이 1월 10일의 초연이다. 5월 1일에는 〈나는?〉, 〈우리의 카리카튜어〉, 〈치고이넬 와이젠〉, 〈비가〉, 〈봄을 타고 가는 시악씨들〉, 〈생·약동〉, 〈흙을 그리워하는 무리〉, 〈황야에 서서〉, 〈아프로 아프로〉, 〈겁내지 말자〉가 초연으로 총 10종이다.

5월 9일 전격 결혼을 하고, 9월 1일에는 〈세계의 노래〉, 〈자유인의 춤〉, 〈토인의 애사〉, 〈미래는 청년의 것이다〉, 〈소야곡〉, 〈인조인간〉, 〈영혼의 절규〉, 〈철과 같은 사랑〉, 〈고난의 길〉, 〈이국의 밤〉, 〈폭풍우〉, 〈어린 용사〉, 〈십자가〉, 〈건설자〉를 신작으로 발표했다. 이들 14종 중 〈소야곡〉과 〈이국의 밤〉은 번외의 작품이며, 제2회 신작발표회에서 〈남양의 정경〉의 (나)번 〈포와소야곡〉의 변형일 가능성이 있다. 2인무로 추는 〈토인의 애사〉도 역시 〈남양의 정경〉의 (가)번 〈토인의 춤〉을 재안무한 것일 수 있다. 어찌되었든 제4회 신작으로 발표한 춤 작품은 번외를 제외하면 총 12종이다. 또 철필구락부에서 주최한 재만동포위문 음악무용의 밤에 〈수도원〉이 신작으로 발표되었다. 그러므로 1931년의 신작은 합산 31종목이고 이들 춤을 가지고 전국을 순회하며 공연하였다.

1932년의 무용공연 활동은 1월 30일의 만주지역 동포를 위한 무용과 연극의 밤으로 시작하여 5월 20일의 공주 공연에서 끝을 맺었다. 8회의 공연을 했는데, 3회 공연이 취소되었다. 철필구락부의 재만동포를 위한 공연을 1월 말에 마치고 2월에 대구와 밀양, 사천, 통영, 김해를 순회하는 일정에서 밀양의 경찰이 공연을 불허하여 취소되었다.

4월 28일부터 30일까지의 제5회 신작무용공연을 5월 4일과 5일에 추가로 더 공연하고 인천에서부터 순회공연을 시작하려고 홍보까지 내보냈으나 인천공회당의 회관 관계로 무기한 연기되었다는 기사가 곧 나왔다. 또 대전의 대덕유치원 원사 신축을 위한 동정무용회를 5월 20일과 21일에 열려 했으나 이 역시 극장 사정과 그 밖의 사정으로 무기한 연기되었다. 결국 공주기우단公州記友團의 주선으로 공주극장에서 마지막 공연을 하게 되었다. 총 9회를 공연하였고, 신작은 재만동포위문 공연 때 〈수도원〉과 〈비창곡〉 2편을 추가했고, 제5회 때 〈봄〉, 〈어린동무〉, 〈여직공〉, 〈인도의 여명〉, 〈자장가〉, 〈마르세이유〉, 〈흑인의 애가〉, 〈철창에서〉, 〈신여성선〉, 〈두 세계〉가 신작무용으로 발표되었다. 1932년의 신작은 12편이다. 따라서 3년 동안의 신작무용은 총 73편을 창작하였다. 유사성을 갖는 주제가 더러 있지만, 대단한 활동력을 보였음에는 이견이 없으리라 여겨진다.

5) 최승희의 신작 안무 작품 세계

최승희의 신작 안무의 의도 및 지향점은 크게 5가지로 구분해 볼 수 있다.

첫째, 경쾌하거나 에로틱한 음악적 감흥을 무용으로 가시화 한 것. 둘째, 조선 민족의 억눌린 감정을 타민족의 역사나 정서로 비유하여 표현한 것. 셋째 조선의 전통음악을 사용하여 우리민족의 태평하던 시절의 독특한 미와 생활 감정을 현대적으로 표현한 것. 넷째, 세계의 이국적異國的 정경을 무용화 한 것이다. 다섯째, 신세대 젊은이의 사랑의 투쟁을 묘사한 내용이다. 이런 분류는 최승희가 제2회 신작무용공연회를 앞두고 『조선일보』에 「무용에 대하여」라는 자신의 글[128]에서 자신이 창작한 무용을 4가지 방식으로 구분한 것을 기초한 것이다. 마지막의 5번째 구분은 결혼을 전후해서 추가된 작품이므로 그 의도가 분명하여 필자가 추가한 분류이다.

표로써 신작 73편을 구분해 보겠다. 다만 최승희 본인의 설명이 있는 것은 구분이 명쾌할 수 있지만, 어떤 것은 제목을 통해서 그 의도를 구분한 것이 되므로 완전한 정리는 될 수 없음을 미리 밝혀둔다. 독자의 이해를 돕기 위한 방편이라고 양해해 주기 바란다.

〈표 10〉 최승희 3년 신작 무용의 안무의도 분류

안무 의도	작품 제목	신작 초연	편수
I. 음악적 감흥의 가시화	금혼식의 무답	제1회 신작무용 1930년 2월1일-2일 (장곡천정공회당)	18편 번외~1 17편
	양기의 용자		
	희롱		
	애(愛)의 용(踊)		
	모던풍경 (재즈)		
	미쭈르가		
	적막한 왈츠		

---

[128] 『조선일보』 1930.10.21. 5면. 「무용에 대하야. 완(完): 第二回新作發表會를 압두고. 崔承喜」

안무 의도	작품 제목	신작 초연	편수
1. 음악적 감흥의 가시화	오, 야— 야	3월31일-4월1일(단성사)	18편 번외~1 17편
	경쾌한 무희	6월27일(사리원)	
	나는(?)	제3회 신작 무용 1931년5월1일-3일 (단성사)	
	치고이넬 와이젠		
	비가		
	광상곡		
	아프로아프로		
	어린 용사	제4회 신작 무용 9월1일-3일(단성사)	
	소야곡(번외)		
	봄	제5회 신작무용 1932년4월28일-30일	
	어린동무		
2. 조선정조 표현 (민족 억압, 설움)	인도인의 비애	제1회 신작무용	34편
	애수의 을녀		
	해방을 구하는 사람		
	농촌소녀의 춤	3월31일-4월1일	
	밤이 밝기 전		
	운명을 탄식하는 사람		
	봄날의 처녀	6월27일(사리원)	
	그들은 태양을 찾는다	제2회 신작 무용 10월 21일, 22일	
	달밤에		
	방랑인(放浪人)의 설움		
	인도인의 연가(戀歌)		
	이 병정(兵丁) 못났다		
	그들의 행진곡	신춘무용	
	생·약동	제3회 신작무용	
	흙을 그리워하는 무리		
	황야에 서서		
	비가(悲歌)		
	겁내지 말자		

안무 의도	작품 제목	신작 초연	편수
2. 조선정조 표현 (민족 억압, 설움)	자유인의 춤	제4회 신작무용	34편
	미래는 청년의 것이다		
	토인의 애사		
	인조인간		
	영혼의 절규		
	고난의 길		
	폭풍우		
	십자가		
	건설자		
	비창곡	재만동포위문공연	
	수도원(수도원의 여자)		
	여직공	제5회 신작무용	
	인도의 여명		
	자장가		
	흑인의 애가		
	철장에서		
3. 조선 음악과 전통시대의 생활정서	영산무(영산회상) 선녀의춤	제1회 신작무용	6편
	장춘불노지곡(조선아악)	제2회 신작무용	
	정토의 무희(조선정악)		
	향토무용 가) 농촌소녀 나) 풍년이 오면	신춘무용	
	우리의 카리카튜어	제3회 신작무용	
	봄을 타고 가는 시악씨들	제4회 신작무용	
4. 세계의 이국(異國)적 정경	오리엔탈	제1회 신작무용	11편 번외-1 10편
	스파닛쉬 댄스	제2회 신작무용	
	남양(南洋)의 정경(情景)		
	집시의 무리		
	가극 파우스트		
	애급풍경(埃及風景)		

안무 의도	작품 제목	신작 초연	편수
4. 세계의 이국(異國)적 정경	서반아 소녀의 무용	신춘무용	11편 번외-1 10편
	세계의 노래	제4회 신작무용	
	이국의 밤(번외)		
	두 세계	제5회 신작무용	
	마르세이유		
5. 신세대 사랑	그들의 로맨스	신춘무용	3편
	철과 가튼 사랑	제4회 신작무용	
	신여성선	제5회 신작무용	

최승희는 이시이 바쿠로부터 독립하여 경성으로 돌아왔을 때, 본래는 외국으로 나가 공부를 더 하고 싶었다. 하지만 학비문제로 결행할 수 없는 형편이라 아쉬운 가운데 나날을 보내고 있었다고 한다. 그러한 때에 〈경성일보〉에서 후원을 제의해 와서 "자기(내)가 배운 것을 연습도 하여 볼 겸 또 얼마나 내가 무용을 창작할 수가 있을까 하는 점도 궁금하여 스스로를 시험하여 볼 겸" 제1회 무용발표회를 열었다고 술회했다.[129]

1930년도 제1회 신작 무용 12편 중 7편이 음악적 감흥을 시각화하는 작품이었다. 조선인의 정조를 표현한 작품은 3편, 우리 전통 음악을 사용한 작품 1편, 세계적 정경을 묘사한 작품 1편이었다. 이 1회 공연을 통해 당시의 관객들은 '조선정조'인 민족적 생활 정서를 반영한 새로운 무용을 선호한다는 것을 터득했던 것으로 보인다. 이로 인해 제1회 공연 때는 3편에 불과했던 조선정조를 표현하는 작품이 제2회에는 12편 중 5편으로 구성되었다. 그리고 음악적 감흥을 단순한 춤으로 가시화했던 제1회의 7편은 제2회에서 세계의 지역 국가적 정경을 표현하는 민족무용 혹은 민속무용 조의 것으로 대체되어 5편이 편성되었다. 즉 '조선정조'를 표현하는 억눌린 감정의 다소 어

---

129 최승희, 「舞踊十五年」, 『朝光』 51호, 조선일보사, 1940. 1월호, 304쪽; 정수웅 엮음, 최승희: 격동의 시대를 살다간 어느 무용가의 생애와 예술』, 서울: 눈빛, 2011, 176쪽.

두운 느낌의 작품과 그에 대비되는 비교적 가벼운 리듬감의 경쾌한 춤이 일정 비율로 배치되었음을 알 수 있다. 그밖에 전통음악을 사용하여 우리 민족의 생활감정을 표현하려는 현대적 감각의 새로운 춤이 이미 개발되기 시작했었다.

1931년도에는 신춘무용회와 제3회·제4회 신작무용발표회를 큰 행사로 가졌다. 28편의 신작 중 음악적 감흥을 가시적으로 표현하는 작품은 7편, 조선의 사회상황과 조선인의 정조를 반영한 작품은 13편, 조선음악과 전통시대의 생활정서를 표현하는 작품은 3편, 세계 각국의 이국적 정경을 표현한 작품은 3편, 신세대 사랑을 표현한 작품이 2편으로 처음 등장한다. 1930년에는 볼 수 없었던 신세대의 사랑이야기가 2편 안무된 점이 눈에 띈다. 아마도 안막과의 결혼을 준비하며 자신의 감정을 표현한 작품이 〈그들의 로맨스〉가 되었을 가능성이 있다. 〈철과 가튼 사랑〉은 경찰에 구속된 안막을 생각하며 안무했으리라 여겨진다.

조선의 억압된 사회적 정조를 표현한 작품이 4회에만 7편을 발표하고 1931년 한 해 동안 13편이나 창작한 것으로 본다면, 최승희는 국내의 정치적 상황에 대해 민감하게 대처하며 작품에 의미를 부여하고자 했다고 볼 수 있다. 반면 조선의 음악을 사용하여 전통시대의 생활 정서를 표현하던 작품은 각 회에 단 1편씩만 발표하였다. 아직 조선무용이라고 할 수 있는 전통적 소재를 기초한 작품의 가치를 충분히 인식하고 있는 단계는 아님을 나타낸다.

1932년에는 12작품을 신작으로 발표했다. 이 때의 작품은 "여태 우리가 보지 못하던 무용극 2편과 레뷰 등의 재미있는 참신한 것이 많다"[130]고 홍보했다. 실제는 전통음악을 사용한 작품이 전혀 없다는 특징이 보이고, 조선정조를 표현한 어두운 작품이 6편으로 반을 차지했다. 실제로 제목만으로는 어떤 것을 무용극으로 발표한 것인지는 알 수 없다.

종합하면, 3년 동안의 72작품 중 1. 음악적 감흥을 가시화 한 작품은 18편, 2. 조선 민족의 설움과 억압 등의 정조를 표현한 것은 34편, 3. 조선의 음악을 사용하여 전통

---

130 『매일신보』 1932.04.24. 2면. 「崔承喜女史一行 新作舞踊大會. 오는이십팔일부터 삼일간 市內團成社에서」

시대의 생활정서를 표현한 것은 6편, 4. 세계 각국의 이국적 정서 및 정경을 표현한 것은 11편 그리고 신세대의 사랑 또는 신여성을 표현한 것이 3편으로 집계되었다. 이 시이 바쿠로부터 무용학습을 마지고 귀국한 최승희의 3년 동안의 작품 활동은 최승희가 일본에서의 학습을 반영하며, 그녀 자신의 세계 및 국내 정세에 대한 감각을 드러내기도 한다.

6) 최승희무용예술연구소 연구원들

최승희 공연에 출연한 당시의 어린 소녀들은 성장하여 무용계의 한 축을 이루는 동량들이 된다. 물론 모두가 무용계에 남아서 활동한 것은 아니지만, 최승희 춤의 계승자를 확인하는 차원에서 1932년까지의 공연 참가자들을 정리해 두려한다.

1930년 제1회 공연에 참가했던 출연진은 최승희 외 백봉숙白鳳淑, 장계성張桂星, 이토 루리코伊藤るり子, 전중정향田中靜香, 김은숙金銀淑, 유하시우有賀時雨, 목촌정자木村貞子(이정자), 조영애趙英愛, 노갑순盧甲順 9명이었다.[131] 김은숙은 김은파金銀波의 오류이고, 노갑순은 노재신盧載信이라고 한다.[132] 음악은 바이올린: 최우은崔又隱, 피아노: 리광준李光俊이 담당했으나, 보통의 공연에서는 기존 악곡에 축음기를 사용했다.

지방 순회 중인 사리원 공연 때에는 리옥희李玉熙라는 새 이름이 등장했다.[133] 제2회 신작무용회에서는 기존 연구생인 장계성, 김은파, 이옥희가 특히 많이 출연하였고, 안정옥安貞玉, 김민경金敏敬, 강정옥姜貞玉, 김원실金源實이 새로 보인다.[134] 이후 11월 여자 고학생 상조회를 위한 동정무용회에서도 장계성, 김은파, 이옥희는 중요 출연진이고,

---

131 제1회 신작무용회 출연진 명단은 『매일신보』 1930.02.01. 2면 「諸般準備를 맛친 崔孃의 舞踊公演」에 소개된 프로그램의 명단을 정리한 것이다. 『매일신보』 1930.01.24. 2면에는 김은숙(金銀淑), 김정애(金貞愛), 조영애(趙英愛), 장계성(張桂星), 이옥희(李玉姬), 백봉숙(白鳳淑), 노갑순(盧甲順), 유하시우(有賀時雨) 등 8양으로 내지인 소녀 한 사람이 여기에 참가하여 열심히 연구하고 있다고 하였다.

132 김종욱 편저, 『한국근대춤자료사 1899년~1950년』, 서울: 도서출판 아라, 2014, 298쪽.

133 『조선일보』 1930.07.02. 6면. 「沙里院에서 崔孃의 舞踊 성황이엇다고」

134 『조선일보』 1930.10.15. 5면. 「崔承喜孃 新作舞踊公演 오는 이십일일 · 이 량일밤 시내 단성사에서 개최」

노재신은 장계성과 함께 조선 정악에 맞춘 〈정토의 무희〉에만 출연했다. 노재신은 제1회 공연 때에도 〈영산무〉에만 등장했던 것으로 볼 때, 우리 전통음악과 춤에 익숙한 인물이었을 가능성을 엿볼 수 있다. 그리고 이들과 함께 김민자金敏子가 처음 출연한 것으로 나타나는데, 이때의 김민자는 제2회 공연에서 김민경으로 소개된 인물이다. 이들 외에는 '연구생 일동' 혹은 '연구생 수명數名'으로 기재되었다.

1931년 신춘공연회에 출연한 연구생은 이옥희, 장계성, 김은파, 노재신, 목촌정자(이정자)가 표기되고 나머지는 '연구생일동'이라고 기재되었다. 제3회 신작발표회에는 조영숙, 장계성, 이정자, 김민자가 표기 되고 기타 '연구생 수명'이라고 기재되었다. 제4회 신작발표회에는 김민자, 조영숙, 노재신, 이정자, ○정임○貞任, 곽경신郭敬信, 마돌馬突, 그리고 '연구생'이 표기되었다. 1930년에 최승희무용연구소의 핵심 연구원으로서 출연했던 장계성과 김은파, 이옥희는 제4회 신작발표회와 11월 23일에 있었던 양현여학교 동정무용회에 소개되지 않았다는 점이 주목된다. 반면 곽경신과 ○정임, 마돌이 새로 등장했으며, 노재신은 1930년에 주로 조선전통악곡이 연주될 때만 공연하던 것에 비해 다양한 종목의 춤을 추게 되었다.

1932년에는 20명정도의 남자 출연진이 모집 광고에 응해서 기존 여자 연구원들과 함께 공연하였다. 그러나 그 명단은 밝혀지지 않아서 누가 어느 작품에 출연하였는지 알 수 없다.

이하 제1회로부터 4회까지, 그리고 1931년 신춘무용회의 각 출연진들이 어떤 작품에 출연하였는지 표로써 알아보겠다.

〈표 11〉 최승희 귀국 후 조선 공연 활동에 출연한 제자

	출연진(가나다순)	출연작품	신작출연
1	강정옥(姜貞玉)	〈방랑인의 설움〉	세2회
2	곽경신(郭敬信)	〈미래는 청년의 것이다〉, 〈어린용사〉	제4회
3	김민경(金敏敬) =민자(金敏子)	〈장춘불노지곡〉, 〈파우스트〉 중 '고대무용'	제2회
		〈봄을 타고 가는 시악씨들〉	제3회
		〈토인의 애사〉, 〈미래는 청년의 것이다〉, 〈철과 가튼 사랑〉	제4회

출연진(가나다순)		출연작품	신작출연
4	김원실(金源實)	<남양의 정경> 중 '토인의 춤'	제2회
5	김은숙(金銀淑) =은파(銀波)	<양기의 용자>, <희롱>	제1회
		<스파닛쉬 댄스>, <남양의 정경> 중 '토인의 춤', <파우스트> 중 '고대무용'	제2회
		<서반아 소녀의 무용>, <남양의 정경>	'31 신춘
6	노갑순(盧甲順) =재신(載信)	<령산무>	제1회
		<향토무용> 중 '(가)'	'31 신춘
		<미래는 청년의 것이다>, <소야곡>(번외), <인조인간>, <이국의 밤>(번외)	제4회
7	리(이)옥희(李玉熙)	<방랑인의 설움>, <스파닛쉬 댄스>, <인도인의 연가>, <파우스트> 중 '고대무용'	제2회
		<정토의 무희>, <서반아 소녀의 무용>, <인도인의 연가>,	'31신춘
8	마돌(馬突)	<인조인간>	제4회
9	목촌정자(木村貞子) =이정자	<희롱>, <오리엔탈>	제1회
		<향토무용> 중 '(가)'	'31신춘
		<봄을 타고 가는 시악씨들>, <아프로 아프로>	제3회
		<미래는 청년의 것이다>, <이국의 밤>(번외), <어린용사>	제4회
10	백봉숙(白鳳淑)	<금혼식의 무도>, <희롱>, <애의용>	제1회
11	안정옥(安貞玉)	<장춘불노지곡>, <정토의 무희>,	제2회
12	유하시우(有賀時雨)	<희롱>	제1회
13	이토루리코(伊藤るり子)	<금혼식의 무도>	제1회
14	장계성(張桂星)	<금혼식의 무도>, <희롱>,	제1회
		<장춘불노지곡>, <스파닛쉬 댄스>, <정토의 무희>, <파우스트 중 고대무용>, <이 병정 못났다>	제2회
		<정토의무희>, <서반아소녀의 무용>, <향토무용> 중 '(가)', <이 병정 못났다>	'31신춘
		<남양의 밤>(번외), <봄을 타고 가는 시악씨들>,	제3회
15	전중정향(田中靜香)	<금혼식의 무도>	제1회
16	조영애(趙英愛)	<령산무>	제1회
17	조영숙(趙英淑)	<나는?>, <아프로 아프로>	제3회
		<토인의애가>, <어린용사>	제4회

	출연진(가나다순)	출연작품	신작출연
18	○정임(○貞任)	<미래는 청년의 것이다>	제4회
*	연구생 일동	<모던풍경>, <적막한 왈츠>	제1회
		<그들은 태양을 찾는다>, <집시의 무리>, <파우스트> 중 '트로이처녀의춤', <애급풍경>	제2회
		<그들은 태양을 찾는다>, <향토무용 풍년이오면>, <집시의 무리>, <그들의 행진곡>	'31신춘
		<그들의 행진>, <치고이넬 와이젠>, <생(生)·약동(躍動)>, <향토무용 (대취타)>(번외), <흙을 그리워하는 무리>, <겁(怯)내지 말자>	제3회
		<세계의 노래>, <영혼의 절규>, <고난의 길>, <폭풍우>, <건설자>	제4회
**	남자엑스트라 15~20명	작품(?) 출연	제5회

　　제1회 연구생으로 출연한 김은숙, 노재신, 이정자, 장계성은 최승희를 만나서 무용을 시작하고, 다양한 작품에 출연한 재원들이다. 이들 외에도 위 표의 출연진들은 최승희와 함께 한반도의 각 곳을 누비며 공연을 다녔던 이들이다. 그러나 이들의 이름이 후대에 무용가로서 의미 있게 남지는 못했던 것 같다. 신문에 이름이 공개된 18명의 제자 중에서 이름이 후대에 알려진 사람은 김민자와 노재신, 조영숙 정도를 볼 수 있다. 노재신은 제1회부터 제5회까지 출연했던 제자인데, 1937년 8월 5일 김유영金幽影의 영화계 「예원인언파레-드(7)」에에 의하면, 영화배우로 진출했음을 알 수 있다.[135] 본명이 노갑순인 노재신은 엄앵란嚴鶯蘭의 어머니로, 2003년 10월 87세로 별세하였다. 만13세에 최승희 문하에 입소하여 무용가를 꿈꾸었던 노재신은 최승희의 재도일로 1934년 연극배우로 데뷔하였고, 1935년부터 영화인이 되었으며, 1961년까지 연극과 영화계에 족적을 남겼다.[136]

---

135 『동아일보』1937.08.05. 7면. 「映畫界. 藝苑人언파레-드(7). 動作이 律動的으로 自然스런 個性的 俳優 盧載信씨, 家庭生活에도 忠實하고 純朴하다」
136 노재신(盧載信, 1916~2003): 본명(本名)은 노갑순(盧甲順). 일제 강점기와 대한민국의 연극배우 겸 영화배우이다. 영화배우 엄앵란(嚴鶯蘭)의 어머니이며 영화배우 신성일(申星一)의 장모이기도 하다. 1934년 연극배우 첫 데뷔하였고 이듬해 1935년 영화 〈홍길동전(洪吉童傳)〉의 단역으로 영화배우 데뷔

최승희의 신작무용발표회 3회와 4회 때 '어린이 무용'에 주로 참가했던 조영숙은 1938년에 18세로 소개되었다. 낙랑악극단樂浪樂劇團에 가입하여 활동하다가 1937년 가을 C·M·C(오케-)의 전속專屬 무희舞姬로 전향했다고 한다.[137] 1940년 3월에는 "C·M·C무용반의 중견"으로 소개되었다. "내지의 예술가로서도 도저히 모방할 수 없을 만치 훌륭한 무용가"로 「춘계독자 위안회」에서 조영숙의 신작 〈라모나〉도 발표된다고 소개하였다.[138] 김민자는 제2회 최승희 신작무용발표회로부터 볼 수 있다. 최승희의 재도일에 동행한 유일한 제자가 되었다.

한편, 위 표에 이름에 올라 있지는 않지만, 차후 무용계에 매우 중요한 자취를 남기는 박외선朴外仙(1915~2011)은 최승희의 단성사 공연에 출연한 인연이 있다고 한다. 이로 인해 1931년 일본으로 건너가서 정식 무용 수업을 받고 개인발표회도 갖는 등 한국 무용계에서 매우 중요한 인물로 성장한다.[139]

하였으며 이어 같은 해에 영화 〈춘향전(春香傳)〉에 조연하였고 영화 〈아리랑 고개〉에 주연하였다. 그로부터 2년 후인 1937년에는 영화 〈오몽녀〉에 주연하였고 1939년 영화 〈귀착지〉에 조연하였다가 8·15 광복 이후까지 연극배우에 전념하였으며 1952년 〈태양의 거리〉에 단역하여 영화 분야에 복귀하였다. 이후 1961년 영화 〈오발탄(誤發彈)〉에서 철호 어머니 역으로 조연하였고 이어 같은 해 영화 〈먼 동이 틀 때〉에 단역 출연하였으며 같은 해 영화 〈춘놈 오복이〉의 단역 출연을 끝으로 영화와 연극 분야에서 은퇴하였다. 2003년 10월 27일, 향년 87세로 별세하였다.

137 『동아일보』 1938.04.21. 7면. 「鄕土舞踊과 現代舞踊의 燎亂한 꽃밭. 오-케 秘藏舞踊의 公開」
138 『동아일보』 1940.03.31. 5면. 「春季讀者慰安會. 오-케-豪華陣容. 當夜出演藝術家紹介」
139 박외선(朴外仙, 1915~2011): 최승희의 권유로 1931년 도일하여 1935년 다카다 세이코의 무용연구소에서 발레와 현대무용을 배웠다. 이후 동경음악학교와 니가이도 체조학교의 무용강사로 활동하면서 일본문화학원 불문학과를 졸업하였다. 1936년 제1회 박외선 무용발표회에서 〈갱생〉, 〈사랑의 꿈〉, 〈압박받는 사람에게 영광 있으라〉, 〈세레나데〉 등을 동경청년회관에서 개최한 이후 일본 전역과 대만, 중국, 만주 등을 돌며 공연했다. 이 공연은 기교적으로 다카다류의 발레와 가까웠지만, 내용적으로는 그만의 독특한 창작물로서 한국인의 무용을 과시한 것으로 평가되었다.
1944년 귀국하여 1953년 이화여자대학교 체육과에서 최초로 창작발레와 창작법을 지도했고, 1962년 동경 현대무용 강습회에서 마사 그레이엄의 기본 테크닉을 배웠다. 1963년 당시 이화여자대학교 총장이던 김활란 선생을 설득하여 국내 최초로 무용과를 신설하는데 주도적인 역할을 하면서 대학 차원의 현대무용 교육을 최초로 도입하고 극장무대화를 시도했다. 1974년 제2회 박외선 발표회에서 〈대지의 무리들〉, 〈고별〉을 공연하였고, 춤 아카데미즘 초기 무용이론서를 집필하여 무용학의 발전에도 선구적 역할을 하였다. 주요 저서로는 『무용개론』(1961), 『현대무용창작론』(1969), 『중등 새무용』(1976) 등이 있다. (한국민족문화대백과사전 〈http://encykorea.aks.ac.kr〉)

2. 재도일 후 최승희의 무용공연과 작품 활동

이 절에서는 최승희가 1933년 3월 4일 일본으로 다시 건너가서 이시이 바쿠의 문하에 재입성하고, 그로부터 1937년 12월 19일 미국행 배를 타고 해외공연을 떠나기 전까지의 공연 작품 활동을 살펴보려 한다. 그녀의 재도일 후의 작품세계를 살피려는 것이다.

1) 일본에서의 첫 성공

최승희가 한민족의 전통을 신무용에 접목하여 큰 반향을 일으킨 시기는 일본으로 다시 돌아갔던 1933년 5월 20일의 공연부터라고 여겨진다.

조선에 무용예술舞踊藝術을 수립하기에 꾸준한 노력을 하고 잇는 최승희崔承喜 여사는 작춘에 무용가 석정막石井漠씨와 다시 제휴를 하야 동경에 건너간 이래 조선 정서를 무용화 한 작품과 그의 독특한 리듬과 선線으로써 완전히 일류 대가와 억개를 겨우게까지 되어 작년 여름에 개최한 동경일일신문사東京日日新聞社 주최 전일본일류무용가대회全日本一流舞踊家大會에 출연하야 그의 작품이 비상한 인기를 일으켰습니다.[140]

조선이 나흔 무용가 최승희씨는 동경으로 건너가 석정막연구소石井漠研究所에서 다시 연구를 계속하는 일방 「프리란써-」로 출연중인 녀류무용대회에서는 「조선춤」을 연출하야 호평을 바덧스며 동경일일신문東京日日新聞주최의 대무용제에서는 조선서 호평을 밧든 창작 「인도인의 비애」를 연출하야 갈채를 바덧다고 한다.[141]

---

140 『동아일보』 1933.12.16. 6면. 「舞踊家 崔承喜女史의 最近消息」
141 『조선일보』 1933.06.20. 2면. 「崔承喜氏舞踊 印度人의 悲哀 東京서 好評」

금년 봄 동경으로 간 최승희의 소식. 그동안 석정막씨의 지휘로써 연구생을 지도하는 한편 동경일일신문 주최의 명류무용가대회에 출연하여 「인도인의 비애」와 「우리의 카리카튜어」, 「비가」 등에 대 호평을 받는 동시에 무용비평가 우산충牛山充(우시 미츠), 영전용웅永田龍雄(나가타 타츠오) 양씨는 무도계에 있어 최대의 기대를 최승희씨에 보낸다고까지 하였다고 합니다.[142]

이상 세 개의 인용문은 최승희가 다시 일본으로 건너 간 후에 초대된 공연에서 〈인도인의 비애〉와 〈우리의 카리카튜어caricatur[143]〉, 〈비가elegy〉 등의 기존 작품으로 큰 호응을 얻었음을 알려주고 있다. 첫 번째 인용문인 『동아일보』의 기사는 '여류무용가 대회'를 '일류무용가 대회'로 잘못 표기하였지만, 최승희가 일류 대가로 인정받는 정도의 성공을 거둔 것을 암시한다고 여겨진다. 두 번째 『조선일보』 기사에는 '조선춤'이라고만 표기 했는데, 이 때 최승희는 기존 작품 〈우리의 카리카튜어〉를 공연했음을 세 번째 기사로써 알 수 있다. 그런데, 정병호는 가와바타 야스나리川端康成(1899~1972)의 글[144]을 인용하여 〈에헤야 노아라〉와 〈엘레지〉를 초연했다고 한다. 〈에헤야 노아라〉는 "장삼옷에 관을 쓴 조선의 한량이 술에 얼큰히 취한 채로 몸을 흔들거리고 고개를 끄덕끄덕 하며 팔자걸음을 걸으며 배를 불룩하게 내 놓고 추는 웃음을 자아내는 춤"[145]이라고 한다. 〈엘레지〉는 기존 작품 〈비가〉를 영어식으로 표기한 경우이이다.

『매일신보』 1934년 1월 1일자 기사에 의하면, 1933년 "10월 석정막무용연구소발표회에서는 〈희망을 안고서〉(사라사-데곡), 〈에헤야·노아라ェヤ·ノアラ〉라는 두 가지 조선정조가 넘쳐흐르는 새로운 무용을 발표하야 무용비평가의 절대적 환영을 받았다"[146]

---

142 『조선일보』 1933.09.16. 4면. 「異域에서 活躍하는 요새의 崔承喜. 一流舞踊家와 어깨를 겨누며 명춘에는 작품발표회를 개최」

143 카리카튜어(caricatur)는 최승희, 앞의 책, 2006, 73쪽에서 캐리커처로 기술하였다. 캐리커처는 사물·사건·사람 등의 특징을 잡아 희극적으로 풍자하는 표현법을 의미한다.

144 최승희, 앞의 책, 2006, 99쪽(소설가 川端康成, 「무희(舞姬) 최승희론(論)」 중에서). "최승희가 다시 일본에 와서 석정막씨 문하에 들어 와서 출연한 첫 무대는 영여계(令女界)에서 주최한 여류무용대회였다. 이 대회에는 젊은 여류무용가들이 거의 모였다. 최승희는 〈에헤야 노아라〉와 〈엘레지〉를 춤추었다. 〈에헤야 노아라〉는 그가 일본에서 처음 추는 조선무용이었다."

145 정병호, 앞의 책, 1997, 80쪽.

고 한다. 이상으로 볼 때, 〈에헤야 노아라〉는 〈우리의 카리카튜어〉를 일본에서 5월에 선보인 뒤, 10월에 이름을 바꾸어서 이시이 바쿠 연구소발표회에서 공연된 것이라 할 수 있다. 이시이 바쿠가 〈에헤야 노아라〉라고 명명해 주었기 때문일 것이다.[147] 가와바타 야스나리는 〈에헤야 노아라〉를 10월 공연을 통해 보았음에도 불구하고 5월의 여류무용대회에서 공연한 〈우리의 카리카튜어〉와 혼동하고 동일 명칭으로 일괄 이해하였을 가능성[148]이 제기된다. 어째든 〈에헤야 노아라〉는 최승희를 '일본무용'이 아닌, '조선무용' 창시자, 혹은 개척자로 인증하는 가장 주목받는 대표작품이 되었다.

〈우리의 카리카튜어〉는 최승희 자신이 말하는 바, 조선리듬으로 춤을 춘 최초의 종목이다. 이시이 바쿠가 '언젠가 〈캐리커처〉라는 제목으로 조선옷을 입고 춤추는 것을 보고 최승희와 최승일은 불쾌히 여겨, 이기세李基世와 의논하여 가야금산조 진양중모리에다가 〈우리들의 카리카튜어(캐리커처)〉라는 제목의 조선리듬의 춤을 처음 안무하여' 이를 공연한 것이라고 했다.[149] 가야금산조 진양조와 중모리조 음악에 조선 옷을 입고 추는 풍자형 조선춤을 처음 내 놓았다고 한다. 이 춤은 1931년 5월 1일 제3회 신작발표회에서 최승희의 독무로 초연한 작품이다. 가야금 산조 음악에 "옛날 우리들의 할아버지가 즐거워 추든 춤을 만화적으로 무용화 한 것이다"라고 했다.[150]

그런가 하면, 우시 미츠의 해설에 의하면, 〈에헤야 노아라〉는 다음과 같은 모습의 춤이었다고 한다.

조선 고전의 관현편곡에 따라서 추는 춤이다. 조선 고유의 갓을 쓰고, 긴 옷을 입고, 가는

---

146 『매일신보』1934.01.01. 4면. 「藝苑에 빛나는 朝鮮의 딸들: 日本舞踊界의 最高峰 崔承喜女史」
147 이시이 바쿠, 「부록 자료3: 나의 조선 교우록 최승희와 그 외」(1939), 『한국 근대무용의 전통과 신무용의 창조적 계승』, 서울: 민속원, 2009, 380쪽.
148 『모던일본』의 「일본 최고 쇼남회」는 1934년 1월호에 있었으므로, 가와바타 야스나리는 영녀계(令女界)가 개최한 5월 여류무용가대회와 10월의 석정막무용연구소발표회를 모두 관람했으리라 생각한다. 게다가 5월의 공연에는 본래 공연하려던 석정막무용연구소원이 늑막염으로 출연이 어려워지자 그 대타로 갑자기 무대에 오르게 되었다고 하였다. 정병호, 앞의 책, 1997, 80쪽.
149 최승희, 앞의 책, 2006, 73쪽.
150 『동아일보』1931.05.01. 5면. 「新作公演을 압두고 崔承喜孃 猛練習. 힘과 詩味가 가득한 푸로그람」

끈으로 허리를 매고, 지극히 유장悠長하게 끝없이 웃어 가면서 허리를 중심으로 신체를 좌우로 흔들고 숙이면서 추는 경쾌한 춤이다. 반도의 사람들은 주연석에서 술잔을 거듭하면 반드시 일어나서 춤을 추는 것을 기초로 하여 예술적으로 승화한 것이 이 작품이다.[151]

결국 〈우리의 카리카튜어〉와 〈에헤야 노아라〉는 조선 옛 남성의 술자리 관습의 단면을 가야금 산조[152]에 맞추어서 희화한 만화적인 춤이다. 이렇게 1933년 다시 일본으로 건너간 최승희는 조선에서 발표했던 작품 〈우리의 카리카튜어〉를 이시이 바쿠가 새로 지어준 이름의 〈에헤야 노아라〉라는 작품으로써 '조선무용가'로 불리게 되었다. 그리고 1933년 "12월 시사신문 주최의 전 일본 일류무용가를 망라한 '1933년 무용제'에 참가하여 조선인으로서 만장의 긔염을 토하였다"고 한다.[153]

종합하면, 최승희는 1933년 3월 4일에 일본으로 출발하여 5월, 10월, 12월에 각각 조선에서 갈고 닦았던 자신의 '조선무용'과 '조선정조'의 춤을 추어서 일본 무용계에 일대 파란을 일으켜 놓았다.

2) 일본에서의 제1회 신작무용공연과 순회공연

1934년 봄과 여름에는 최승희 소식이 잠잠했다. 이 기간 동안 "동경에서 지내며 예전처럼 여러 가지 한탄을 되풀이 하면서 고난을 참고 견뎌야만 했다"[154]는 최승희의 자조 섞인 수련의 시간이 되었음을 알 수 있다. 1934년 9월 4일과 5일 동경재류동포 60여단체가 참석하는 '남조선수해구제의밤'에 석정막무용연구소원 수명과 함께 참가하였다.[155]

---

151 최승희, 앞의 책, 2006, 185~186쪽.
152 『조선일보』 1934.08.30. 2면. 「朝鮮樂의 立體化. 新秋·東京藝壇에서 우리의 舞踊家 崔承喜氏 活躍. 來廿日第一回作品發表會開催」
153 『매일신보』 1934.01.01. 4면. 「藝苑에 빗나는 朝鮮의 딸들: 日本舞踊界의 最高峰 崔承喜女史」
154 최승희, 앞의 책, 2006, 44쪽.
155 『동아일보』 1934.09.05. 3면. 「東京六十團體 "救濟의밤"開催」; 09.14. 3면. 「東京六十團體 救濟演奏盛

그리고 최승희 운명에서 행운의 문을 활짝 열어준 일본에서의 최승희무용작품 제1
회 발표회가 9월 20일 일본청년회관에서 석정막무용연구소 주최로 열렸다. 15종목의
프로그램을 3부로 나누어 공연했는데, 그 중 제2부에서는 '5종목의 순 조선무용 〈영
산무〉, 〈검무〉, 〈풍년무〉, 〈앵무鸞舞〉, 〈승무〉'를 발표[156]한다고 홍보했다. 그러나 실
제 공연 날 최승희의 공연 프로그램에서 〈앵무(춘앵무)〉는 볼 수 없었다. 아래와 같은
구성으로 공연되었다.[157]

〈표 12〉 최승희무용작품 제1회 발표회

막 구분	발표 작품명
제1부	독무: <인도인의 비애> <거친 들판을 가다(荒野の行く)> <폐허의 흔적(廢墟の跡)> <체념> (이시이 바꾸의 10년 전 작품) 군무: <생명의 춤> <로맨스의 전망> <바르다의 여자> <위기의 세계>
제2부	독무: <검무> <에헤야 노아라> <승무>(조선고곡) 군무: <영산춤>, <마을의 풍작>
제3부	<습작 Ⅰ>(타악기 반주) <습작 Ⅱ>(무반계無伴契)

제2부의 군무인 〈마을의 풍작〉은 〈풍년이 오면〉의 새 이름이거나 유사 작품의 내
용으로써 표기된 명칭일 것이다. 이 공연이 개최되기에 앞서 『조선일보』 1934년 8월
30일자 기사에는 이 공연의 홍보와 함께 주목되는 점을 아래와 같이 기술하였다.

◇ 더구나 이번 발표회의 연출종목 중에도 서양명곡으로 랑만주의浪漫主義시대의 음악가의
작곡을 주로 한 것도 주목되나 전 삼부 중 제이부에 들어가서는 전부 조선곡으로 된 최승희
씨의 독창의 조선무용으로 된 것이 주목된다.

▲ 검무劍舞 …… 타악기 반주打樂器伴奏

況. 數千同胞一堂에 會合」
156 『조선중앙일보』 1934.08.28. 3면. 「躍進하는 崔承喜 本格的인 發表會가 우선 東京에서 열린다」
157 정병호, 앞의 책, 1997, 84쪽.

▲ 영산무靈山舞 ······ 조선고악朝鮮古樂

▲ 에헤야 노아라 ······ 가야금산조伽倻琴散調

▲ 풍년이 오면 ······ 조선속요朝鮮俗謠

▲ 승무僧舞 ······ 조선고곡朝鮮古曲

등으로 거기에는 우리 고악을 토대로 한 전아한 고 무용이 잇고, 전원의 민요곡을 토대로 한 민요무용도 잇서 조선의 산천과 인정 풍물을 그려내인 아름다운 음악의 선물이 씨의 무용에 의하야 립체적약동立體的躍動을 볼 것이다. 그중의 「에헤라 노아라」는 전자에도 한번 출연한 바 잇서 비상한 환영을 바덧든터임으로 이번 새로 발표할 조선무용도 각별한 환영을 바드리라고 기대되는데 방금 동경에서는 최승희씨의 평판이 대단하다.

그리고 음악반주에는 조선음악에 리재수李在洙씨가 잇고, 피아노에는 석정막씨의 전속으로 잇스면서 사개의 일인자라는 평판을 밧는 평양출생의 리광준李光俊씨의 일흠이 잇는 것도 유쾌한 일이다.[158]

일본에서의 최승희무용작품 제1회 발표회에는 5곡의 조선무용이 발표되었다. 이 중 〈영산무〉와 〈에헤야 노아라(우리들의 카리카튜어)〉, 〈마을의 풍작(풍년이 오면)〉은 이미 조선에서 제5회의 신작발표회를 통해 공연되었던 작품이고, 〈검무〉와 〈승무〉가 새로운 조선무용으로 등장했다. 그런데 이상한 것은 〈조선중앙일보〉 1934년 9월 22일자에는 또다시 〈춘앵무〉가 제2부에서 공연되었던 것으로 소개한 점이다.

당일의 프로그람 三부 중 제二부의 조선춤으로 들어가 령산무靈山舞, 검무劍舞, 춘앵무春鶯舞 등 그가 향토예술鄕土藝術의 신무용가로서의 새로운 면목을 보여 두서너 차례의 재청을 바더 만장의 박수와 함께 대 성공하고 十시경에 폐회하엿다 한다.[159]

---

158 『조선일보』 1934.08.30. 2면. 「新秋・東京藝壇에서 우리의 舞踊家 崔承喜氏活躍. 來卄日第一回作品發表會開催 各方面의 人氣가 沸騰」
159 『조선중앙일보』 1934.09.22. 2면. 「非常한 人氣 중에 崔承喜女史 舞踊 盛況. 二十일 동경에서 개최, 朝鮮藝術의 豪華版」

공연일 한 달여 앞선 8월 28일자『조선중앙일보』에도 〈(춘)앵무〉가 프로그램 안에 거론되었지만,『조선일보』8월 30일자 홍보에는 〈춘앵무〉가 계획에 없었고, 〈에헤야 노아라〉가 있었다. 주지하듯이 〈에헤야 노아라〉는 이 공연을 통해 최승희를 최고의 '조선무용'가로 승격시킨 종목이다. 그럼에도 불구하고 공연이 끝난 후의『조선중앙일보』9월 22일자 기사에서 또 다시 〈에헤야 노아라〉는 보이지 않고 〈춘앵무〉가 연행 종목으로 거론된 것이다. 이해할 수 없는 이상한 상황이다. 이 부분에 대해서는 차후 논의가 보충되어야 할 것이다. 어찌되었든 일본으로 다시 건너간 후 최승희의 제1회 작품발표회, 제2부의 5곡은 전부 조선 리듬을 갖춘 조선무용으로 구성하여 공연했다는 점이 특기할만한 사건이다.

이시이 바쿠는 이 공연을 위해 최승희가 싫다는데도 불구하고 일부러 조선무용의 대가 한성준에게 보내어 조선무용법을 속성으로 배우게 했다고 한다. 제목도 자신이 〈에헤야 노아라〉라고 명명해 주었다고 한다. 그런 것이 뜻하지 않게 아주 인기가 좋아서 자신도 자주 조선풍 무용을 상연하게 되었다고까지 하였다.[160] 하지만, 이미 위에서 살펴 본 바와 같이 최승희는 이시이 바쿠 문하를 떠나서 한반도에서 활동했던 3년 동안 '조선무용'을 지속적으로 실험 공연해 왔다. 그것이 있었기에 1933년 5월 누군가의 대신으로 갑자기 무대에 올라갔음에도 불구하고 기염을 토하며 준비된 공연을 할 수 있었을 것이다.

물론 이시이가 일본에 빅터사 레코드 취입을 위해 방문한 한성준에게 조선 고전무용을 학습토록 한 것은 여러 사료로써 충분히 입증된다. 하지만 최승희가 한성준에게 춤을 배운 이후에 '조선무용'을 자신의 형식으로 정립하기 시작한 것은 아니라는 뜻이다. 최승희는 이미 조선으로 귀국하여 3년 동안 〈영산무〉, 〈장춘불노지곡〉, 〈우리의 카리카튜어〉 등 6편의 조선무용 형식의 신작을 발표했음은 이미 살펴 본 바와 같다.

1934년 10월 7일에는 일본 청년회관에서 열린 '가을의 무용제'에 최승희가 당대 최고의 무용가인 안나파브로바, 다사와 지요꼬, 우메소노 다쯔꼬, 가와가미 레이꼬, 야

---

160 이시이 바쿠, 앞의 책, 2009, 380쪽.

마다 고로오와 같이 출연했다. 10월 14일에는 이시이 무용단과 다가다 세이꼬 무용단의 공연이 있었는데, 이시이 무용단측에서는 이시이 미소꼬와 최승희가 출연하였고, 여기에서 최승희는 〈검무〉를 추었다고 한다.[161] 10월 20일에는 동경유학생들이 주관하는 남조선 수해와 관서지방關西地方 풍수해 피해동포의 구제를 위한 '음악과 무용의 밤'을 동경 본소공회당本所公會堂에서 개최함에 최승희가 찬조 출연하였다. 그리고 10월 28일과 29일에는 경성으로 건너 와서 경성공회당에서 신작무용발표회를 개최하였다.[162] "최승희·석정막 신작발표무용"[163]라고도 하는데, 실제로 이날의 공연에서는 어떤 작품이 상연되었는지 알지 못한다. 단 지금까지의 예로 본다면, 당년 신작무용발표회에 공연되었던 종목을 지방 순회 등에서 레퍼토리화 하여 공연해 왔으므로 일본에서의 제1회 신작무용을 경성에 소개한 것으로 생각된다.

3) 일본 무용계의 왕좌를 누린 최승희

최승희의 1935년은 1회발표회(1934.10) 성공의 반향으로 눈코 뜰 새 없이 바쁜 해였다. 1월에 명보극장에서 '최승희 단독 무용공연'을 했고, 2월 2일부터 10일 동안에는 다까라스까 소극장에서 개최되는 '명인회'에 특별 출연하였다. 또 3월 20일에는 군인회관에서 펼쳐지는 '종합예술제'에 출연했으며, 같은 달 29일의 석정막무용연구소 봄 공연에 참가했다.[164] 4월경에는 동경에 '최승희무용연구소'를 내고,[165] 이시이 바쿠로부터 독립했다.[166] 독립 후 5월 5일부터 10월 22일의 제2회 신작무용발표회 전까지 동경의 여러 극장을 전전하며 공연했는가 하면, 지방순회 공연까지 쉴 틈 없이 공연을 가

---

161 정병호, 앞의 책, 1997, 92쪽.
162 『동아일보』 1934.10.27. 3면. 「石井漠·崔承喜舞踊會. 廿八·九日公會堂」
163 『매일신보』 1934.10.30. 7면. 「人氣바야흐로絶頂. 一日延期 朝劇서 公演. 제1야회 중 2천명의 대성황. 崔承喜·石井漠 新作發表舞踊」
164 정병호, 앞의 책, 1997, 92쪽.
165 『동아일보』 1935.05.04. 5면. 「女性界消息: 崔承喜 舞踊研究所設立」
166 정병호, 앞의 책, 1997, 96쪽.

졌다고 한다.

5월 5일에 히비야공회당에서 공연한 것을 비롯하여 동경에서만 10월까지 일본청년회관, 군인회관, 신바시 연무장, 시사 강당, 동경 극장, 일본 극장들을 전전하며 쉴 새 없이 공연을 가졌다. 그런가 하면 그 뒤로 지방순회에 나섰으니, 6월 9일에 나고야에 있는 나고야공회당에서 한 공연을 첫 공연으로 하마마쓰, 북해도의 삿뽀로, 오다루, 구리로, 아사히가와, 하꼬다데 등지에서 개인발표회 또는 종합예술제와 같은 행사에 출연했다. 그리고 10월 부터는 고오베, 오까야마, 구레, 히로시마, 교또, 오사까 등지의 관서지방과 후꾸오까, 구마모또, 구루미, 모지 등지의 규슈 지방과 마쓰야마, 다까마쓰 같은 시고꾸 지방의 장기 공연으로 1935년을 하루도 쉴 새 없이 송두리째 예술 활동을 보냈다[167]

조선반도에서도 정기 공연을 마치면 전국을 순회하고 각 지방을 전전하며 공연을 올렸었는데, 이번에는 일본에서 제1회 정기 공연을 마친 후 일본의 각 지방을 순회한 것이다. 이처럼 바쁜 일정에도 불구하고 9월 13일에는 1주일 기한으로 귀국하여 〈반도의 무희〉 영화촬영과 화신백화점에서의 싸인회를 가졌다.[168]

그리고 마침내 1935년 10월 22일에는 동경 일비곡(히비야)공회당日比谷公會堂에서 제2회 신무용발표회를 가졌다. 2600명의 관객 수용이 가능한 이 공연장에서 3시와 7시 2회를 공연하였는데, "두 번 다 초만원의 성황을 이루고 오히려 입장하지 못한 군중이 수백 명에 달하여 일대 혼잡을 이루었다"[169]고 한다. 이 공연을 본 동경의 장비張飛는 "반도의 무희가 확실히 동경무용계의 왕좌王座를 차지한 감感이 없지 않다"고 하였고, "최승희씨는 일본무용계의 희귀한 존재일 뿐 아니라, 창작력의 봉화烽火가 꺼진 동경

---

167 정병호, 앞의 책, 1997, 96~97쪽.
168 『동아일보』1935.09.15. 3면. 「舞踊家 崔承喜女史 本社來訪」;『매일신보』1935.09.14. 2면. 「徐廷權, 崔承喜兩氏 十四日同時入京」에는 14일 오후3시에 입경하였다고 하였다.
169 『동아일보』1935.10.23. 3면. 「人氣의 崔承喜女史 新作舞踊發表. 昨日晝夜로 東京日比谷에서. 超滿員! 入場五千名」

예술계에 창작무용가로 숨길 수 없는 파문을 일으키고 있다"고 극찬하였다.[170] 16작품이 발표되었고, 이 공연 관련 화보와 공연평 등이 수록된 제2집 『SAI SHOKI PAMPHLET』(1936년 3월에 간행)[171]이 간행되었다. 그에 따른 프로그램은 아래와 같다.[172]

〈표 13〉 최승희 제2회 신무용발표회 프로그램

		작품명	음악	해설
제 1 부	1	왕무 王の舞	타악기 반주	고려시대 전기에는 <신라의 춤>이라고 불렀던 춤으로, 지금은 구전으로 전해지고 있다.
	2	리릭·포엠 リリック·ポエム	보꾸라스 곡	깨끗하게 보이는 옷을 입고 육체의 선을 선명하게 나타내는 조각적 미를 표현한 것.
	3	어린이 세계	–	제1회 발표회에서 선보인 <어린이 세계>라는 앨범의 세 번째 후속무이다.
	4	길도 없이 道無くして	베토벤 곡	길을 잃은 사람의 광상무를 나타낸 것.
	5	적과 흑	피아노 반주	두 가지의 역학 관계를 나타내는 춤. 극히 박력이 있는 춤이다.
	6	조선풍의 듀엣 朝鮮風のデュエット	조선 속곡	조선의 민속무용 수법을 도입하여 유모레스크하게 창작한 듀엣. 사랑과 풍자로 표현된 춤이다.
제 2 부	7	무우화 無憂華	쇼팽 곡	쇼팽작품30-2 왈츠를 사용한 영화 <샘> 중의 삼각 관계를 묘사한 트리오.
	8	가면춤 假面の踊	타악기 반주	조선 설화에 나타난 처용무를 산대무극에 나타난 여러 가면춤들을 기초로 하여 창작한 춤이다. 이 춤에서는 특히 봉산탈춤에 나타난 첫목중의 기교가 나오고 쾌활한 풍자성이 잘 나타난다.
	9	습작 習作	Ⅲ.무반주 Ⅳ.타악기	움직임의 시스템. 이 춤은 제1회 발표회 때에 시도한 습작의 후속인 세 번째와 네 번째 앨범이다. 에이. 작품상은 로댕의 조각. 무반주. 비이. 작품시는 타악기 반주.
	10	승무 僧の舞	조선 고곡	한번 발표한 작품을 개작하여 재현한 것.
	11	청춘 靑春	사라사테 곡	청춘의 아름다움과 환희, 그리고 정렬을 나타낸 춤.

---

170 『조선일보』 1935.11.11. 4면. 「崔承喜 第二回新作發表 舞踊會記. 東京 張飛」
171 이현준, 앞의 논문, 2015, 41쪽.
172 정병호, 앞의 책, 1997, 109~110쪽.

		작품명	음악	해설
제3부	12	생지 生贄	브루흐 곡	강대한 권리 앞에 희생되는 약자의 고뇌를 나타내는 것.
	13	세 가지의 코리안 멜로디 三つのコリア・メロディー	조선 고곡	처음에 영산조 두 번째에 진양조 세 번째에 민요조로 그 가락이 변하면서 두 사람이 서로 어울려서 조화를 이룬다.
	14	금지의 춤 金の指の踊	글리에르 곡	무희는 손가락에 쇠 대롱을 사용해서 손톱 끝을 길고 뾰족하게 하여, 이 손가락을 넓게 벌리고 춤을 춘다. 동화풍의 중국적 환상을 취급한 춤.
	15	유랑예인 ほにほろ師	가구노 긴생이 곡	동네에서 동네로 떠돌아다니는 일본의 유랑예인의 슬픔과 유모어를 표현하는 것.
	16	마음의흐름 心の流れ	차이코프스키 곡	차이코프스키의 <안단테 칸타빌레>에서 얻은 감상적인 기분을 무용화 한 것. 이시이 미소꼬와 함께 듀엣으로 추는 춤.

최승희의 제2회 신무용발표회는 더욱 큰 인기 속에서 공연되어 세계를 향하는 최승희의 발걸음을 재촉하고 있었다.[173] 최승희의 조선무용은 그녀의 단순한 인기 이상의 것이 되었으며, 신무용이라는 창작의 세계 속에서 그녀만이 갖는 독창적인 장르로 점차 확립되어가갔다.[174] 가와바타 야스나리는 이번 제2회 공연으로 올린 조선무용에 대해 다음과 같이 논평했다.

> 〈검무劍舞〉, 〈에헤야 노아라〉, 〈승무僧舞〉, 등의 조선무용을 보면, 그는 다른 사람과 같이
> 통달하고, 자유롭고, 교묘해서 우리들의 마음을 빼앗는다. 비평 같은 것은 그만 두기로 하고,
> 최승희의 조선무용은 일본의 서양무용가에게 민족 전통에 뿌리박은 강한 힘을 가르치는 것이

---

173 『동아일보』 1935.10.22. 3면. 「崔承喜氏 世界的舞台에: 十一日에는 新舞踊發表, 明春엔 世界一周」동경 (東京) 일비곡공회당(日比谷公會堂)에서 신무용발표회(新舞踊發表會)를 열 것으로써 신무용발표는 일본의 무용계에 일대 센세이슌을 이르킬 것으로 기대가 크거니와 또 철도성관광국(鐵道省觀光局)에서는 명년 봄에 최승희씨의 세계일주 무용을 주최하기로 되어 벌서부터 세계각지로 선전 중에 잇다한다.
174 『동아일보』 1937.07.01. 3면. 「世界의 銀幕에 춤출 明媚한 朝鮮風光」

라고 볼 수 있는 것이다. 그러나 최승희는 조선무용을 그대로 춤추는 것은 아니다. 옛날 것을 새롭게 하고, 약한 것을 강하게 하고, 없어진 것을 다시 살려서 스스로 창작하는 것이 그녀가 가지고 있는 생명이다.[175]

'최승희의 조선무용은 일본의 서양무용가에게 민족 전통에 뿌리박은 강한 힘을 가르치는 것'이라는 가와바타의 최승희론이 주목된다. 최승희가 재도일을 감행한 후, '조선무용'이라는 당시의 새로운 춤 양식을 정립했고, 개인적으로도 크게 성공했음을 나타낸다.

또 이 공연을 관람한 동경의 장비張飛는 조선 고전곡의 춤과 서양곡의 춤을 구분하여 감상기를 아래와 같이 남겼다. 우선 고전곡을 사용한 춤에 대한 평은 다음과 같다.

〈왕의춤王舞〉 의상과 머리발들의 장식은 말할 것 없거니와 주요표적인 왕의 위력이 보총소녀가극寶塚少女歌劇에서 볼 수 있는 여장남역에 비하기보다 일본의 전통적 가부키歌舞伎에서 보는 남장여역의 감이 없지 않다. 그렇다고 해서 왕의 위풍偉風보다 남성적 위력을 잃어버리지는 안았다. 고귀高貴의 표현은 전아典雅한 (〈세 가지의 코리안 멜로디〉의)[176] 영산조靈山調와 함께 잘되었다고 찬미하고 싶다.

〈조선풍의 듀엣〉 제1부 6번에 나오는 쾌락조快樂調인데 참으로 훌륭한 춤이다. 목, 어깨肩팔, 동작의 극치의 표현이다. 세계 어떤 나라 민속조民俗調를 탐구하더라도 이렇게 훌륭한 쾌락성(낙천성)의 표현의 홍치를 찾아보기 어려우리라. (조선사람이 제나라 춤을 직감으로 흡수하니까 그런 것이 아니다) 단순명료한 좌우동작과 조선무용의 독특한 어깨肩팔·손목의 운동은 사카로프 알렉산더씨의 바레이션적 작품인 나비蝶춤을 생각나게 한다. 활주하는 것처럼 민활한 발의 동작(알레그로)에 따라 팔과 팔목의 춤은 섬세한 유동적 동작의 극치를 말한 것처럼 최승희씨는 조선풍 듀엣을 쌍나뷔의 희화적 표현으로

175 최승희, 앞의 책, 2006, 107쪽(소설가 川端康成, 「무희(舞姫) 최승희론(論)」 중에서).
176 필자가 독자의 이해를 돕기 위하여 (〈세 가지의 코리안 멜로디〉의)를 보충하였다.

(안단테) 옮긴 것이라고 할 수 있다.

(《세 가지의 코리안 멜로디》의) 민요조民謠調. 풍아風雅・섬세纖細・우아優雅한 의상과 아름
다운 보조步調의 온정미溫情美와 단순명료에서 발생되는 명쾌성明快性!

〈가면假面춤〉의 황소 도약蹈躍 단조單調 등은 민속예술의 향취를 뚜렷하게 나타냈다.

〈호니호로샤[유랑 예인]177〉는 동양적 집시생활을 표현한 것인데, 동작의 구도가 잘 될 뿐
아니라 변화의 다각적요소와 풍부한 동작과 강약의 반복성의 기묘를 발휘한 것으로 일
본서 보기 드문 표현이다. 자랑할 만하다.178

최승희는 조선의 고전곡 뿐 아니라 일본, 중국의 정서를 표현하는 창작을 시도하였
다. 전체 16곡 중 5곡이 조선의 고전곡을 사용한 작품이고, 1곡은 일본인 작곡에 의한
일본 유랑예인을 표현하였다. 1곡 〈금지金指의 춤〉179은 중국적 정서를 표현한 것이라
고 했다. 7곡이 동양의 정서를 나타내는 무용으로 창작되었다.

다음은 '서양풍무용과 듀엣'에 대한 장비의 논평을 인용하겠다.

〈리릭 포엠抒情詩〉 이 적은 서정시는 정적표현의 가능성 불가능성의 경지를 말하였다. 즉
입상조각立像彫刻(全身)의 PP(피아닛시모)로부터 순서를 가진 동작의 진전進展은 물결 속에
서 빗나는 진주와도 가튼 소곡小曲의 재생再生이다. 아름다운 조각을 볼 때 늘 이런 동
작을 그리는 것이 아닌가?

〈무우화無憂華〉 이 곡은 피아노의 시인詩人이라고 하는 쇼팽의 곡이다. 삼각형적 데생의 명
화名畵를 생각케하는 의도, 명료한 포인트의 중심점重心點으로부터 물결치듯이 유동되게
하는 콤포지숀은 작품 제4에서 보는 것과 같이 형태미形態美의 구도적 균제均齊를 말하
는 모범적 작품이라고 하겠다. 즉 회화법의 콤포지숀 조각적 콤포지숀 무용법의 콤포

---

177 필자가 글의 이해를 위하여 정병호의 책에 제시된 [유랑예인]을 보충하였다.
178 『조선일보』 1935.11.11. 4면. 「崔承喜 第二回新作發表 舞踊會記. 東京 張飛」古典과 民謠.
179 정병호, 앞의 책, 1997, 110쪽에는 〈금반지〉라고 표기 했으나, 최승희, 앞의 책, 2006, 44쪽에는 〈금지
(金指)의 춤〉이라고 했다.

지순 등의 종합미의 표적이다.

〈희생生贄〉 힘과 정열을 살린 「생지生贄」를 말하지 않을 수 없다. 희생자犧牲者의 주관적 동
작시動作詩를 그린 것이다. 상징적이라고 하나 표현적이었었다. 〈無憂華〉, 〈生贄〉 이
두 작품은 악곡의 입체적 재생의 효과를 확실히 보여주었다.

〈마음의 흐름心の流れ〉 마지막으로 이시이 미소꼬石井美笑子와의 뚜엣을 잊어서는 안 된다.
안단테칸타빌레에서 보는 센치멘탈, 사교딴스적 보조步調, 무아경으로 이끌리어 가는
것 보다 생기발랄한 석정미소자씨의 탄력성, 현대성, 명쾌성, 능동성을 엿볼 수 잇는
사라사-테의 **〈청춘靑春〉**이 인상 깊었다. 그러나 나는 최씨에게 금강석처럼 빗나는 눈동
자와 강철같이 탄력성을 가진 허리를 가지라고 권하고 싶다. 또 신흥新興 오페렛타를
잊어서는 안 된다.[180]

이상의 논평으로 볼 때 최승희의 1935년 10월 22일의 제2회 신무용발표회는 최고
의 성공을 거두었음을 알 수 있다. 16개 작품 중 〈습작〉과 개작한 〈승무〉, 〈어린이
세계〉에 대한 논평이 없고 대부분 그 칭찬의 수위가 매우 높다. 논평자 장비는 이 날
공연에 대해 "문단文壇 · 화단畫壇 · 극단劇壇 · 무용계舞踊界의 모든 인사 내지 비평가들
이 이구동성으로 찬사를 아끼지 않았다"[181]고 전하였다.

제2회 신작무용발표회를 마치고 "10월 25일부터는 대판매일신문 주최로 관서關西 3
대 도시에서 무용회를 개최하리라"고 했다.[182]

10월 25일에 오사까의 아사히회관에서 공연을 가졌고, 이어서 10월 26일부터는 고베, 오까
야마, 구레, 히로시마, 교또, 오사까, 구마모도, 구루미, 후꾸오까, 모지, 시모노세끼, 도꾸시마,
고오지, 마스야마, 다까마스, 와까야마, 후꾸이, 가나시와 같은 많은 지역을 넉 달에 걸쳐 순

---

180 『조선일보』 1935.11.11. 4면. 「崔承喜 第二回新作發表 舞踊會記. 東京 張飛」西洋風舞踊과 뚜엣.
181 『조선일보』 1935.11.11. 4면. 「崔承喜 第二回新作發表 舞踊會記. 東京 張飛」
182 『동아일보』 1935.10.23. 3면. 「人氣의 崔承喜女史. 新作舞踊發表 昨日晝夜로 東京日比谷에서. 超滿員!
入場五千名」

회 공연하였다.[183]

특히 오사까극장에서는 12월 1일부터 칠일 동안 장기 공연을 하였고, 12월 29일부터 그 이듬해인 1936년 1월 5일까지 팔일 동안 동경에 있는 일본극장에서 앵콜 공연을 하였다. 일본극장의 장기 공연은 8월 20일부터 출연했지만, 그 평이 좋아 다시 앵콜 공연을 시도한 것이다.[184]

실로 최승희에게 있어서 1935년은 눈코 뜰 새 없이 바쁜 공연 일정을 소화하며, 최승희의 무용 예술을 성공적으로 실현해 낸 최고의 해였다고 할 수 있다.

4) 세계 진출을 모색하는 최승희

1936년 1월 1일 『동아일보』에는 신년을 맞은 무용가들(최승희, 조택원, 배구자, 박영인)의 포부를 기사로 올렸다. 최승희는 세계로 진출하고자 하는 포부와 무용에 대한 자신의 생각을 다음과 같이 정리 발표하였다.

나의 포부는 한마디로 말씀하면, 우리 조선이 가진 무용예술을 중외에 표현함으로써 조선의 존재를 세계적으로 널리 알리는 일방, 우리가 가진 특유한 무용예술을 세계에 현재 있는 무용 혹은 과거에 있던 무용을 그대로 전래하는 양식대로 소개하고자 않습니다. 나는 조선에 얼마 남아있지 아니한 춤을 소재로 삼고, 그것을 자기의 예술적 기능으로 가능한 범위의 무용으로 양식화樣式化 하기를 힘쓰려 합니다.

저의 서양무용은 이직도 구미歐米 각국의 무용을 실제 보고 배우지를 못하고 오직 간접으로 배우고 연구를 한데 불과 하는 까닭에 아무 이렇다는 창작적 요소를 갖지 못하였을지도 모르겠으며, 또 자기 무용의 자립성이 부족할지도 모르겠으나 그러나 금후에 남은 문제는 쉬

---

183 정병호, 앞의 책, 1997, 105쪽.
184 정병호, 앞의 책, 1997, 107쪽.

지 않는 연구로 자기 무용 표현성의 확대와 깊이와 넓이 쌍방으로 합성된 서양무용을 만드는 데 있을 줄 믿습니다.[185]

최승희는 조선 고유의 것을 소재로 예술적 양식화를 추구하여 이를 세계에 소개하고 싶다는 열망을 보이고 있다. 그리고 자기 무용의 원천인 서양무용에 대해 원산지 서구에서 직접 보고 느끼며 공부하여 '자기 무용 표현성의 확대와 깊이와 넓이 쌍방으로 합성된 서양무용을 만드는데' 목표를 두고 있다. 만 24세의 천재적 무용가다운 포부가 아닐 수 없다.

1936년의 신년을 일본 각 지방의 순회공연으로 보낸 최승희는 마침내 철도성鐵道省 관광국觀光局의 후원으로 세계적 진출이 가을에 있을 것으로 결정되었다[186]고 한다. 또 만철滿鐵의 초빙을 받아 만주로 무용공연을 가는 길에 먼저 4월 1일 부산에 도착하여 부산과 대구에서 각각 하루씩 공연하고, 3일 아침 경성에 도착하여 4월 3일과 4일에 경성부민관에서 신작무용공연회를 가졌다. 이 때의 프로그램은 조택원의 논평을 통해 아래와 같이 진행되었음을 알 수 있다.[187] 단 빈자리는 조택원의 주목을 받지 못한 작품으로, 제목이 거론되지 못한 것이다.

〈표 14〉 조택원의 경성 순회공연 감상 논평

순번		무용	논평
제1부	1	검무	과거보다 힘이 없어짐. 검만 조선 것일 뿐 나머지는 조선풍이 없음.
	2	어린이의 세계	두 개가 어린이의 춤. 귀여운 맛이 남.
	3	두 개의 코리안 메로디—	의상의 화려한 외에 너무 단조로움.
	4	인디안의 인상(印象)	새롭지 못하므로 논평 생략함.
	5	희망을 안고서	1부 중 가장 좋은 작품. 사라사테 로-만스 안다루자의 해석도 좋았으며, 희망에 넘치는 젊은 사람들의 순진한 감각을 잘 표현함.

185 『동아일보』 1936.01.01. 31면. 「舞踊家들의 抱負. 崔承喜氏」
186 『동아일보』 1936.03.07. 3면. 「세계의 무대우에 춤추는 "조선의 리듬"崔承喜女史母土訪問」
187 『매일신보』 1936.04.08. 6면. 「趙澤元: 崔承喜女史의 新作舞踊을 보고」

	순번	무용	논평
제2부	1	승무	내용이 빈약한 춤.향토무용에서 형식만 취할 바에는 차라리 고전을 그대로 하는 것이 정당할 것임.
	2		순서 패스
	3		〃
제2부	4	호니호로사(師)	재미있는 작품. 유모아가 있는 점은 대단히 좋았으나 제스추어가 많은 것이 걸림.
	5		순서 패스
	6	조선풍의 듀엣	김민자와 함께 소박한 농촌의 남녀들의 유쾌함을 상징. 대단히 좋은 작품.
제3부	1	생지	음악과 감정이 잘 맞지않음. 심각한 맛이 적은 것이 유감.
	2		순서 패스
	3	가면의 춤	너무 형식에 흐르고 내용이 없음.
	4		순서 패스
	5	습작	최승희의 체격에 가장 잘 어울리는 우수작임.
	6	마음의 흐름	깨끗한 춤. 멜로디에 잘 맞는 작품임.

조택원의 시각은 장비와는 매우 다르게 비판적이다. 조택원은 '전체를 통하여 양무洋舞가 조선춤보다 월등히 좋았으며, 음악의 내용이 복잡하며 의미가 있는 만큼 무엇인가 알지 못할 힘이 있었다'고 했다. 최승희의 형식에 치우친 조선춤에 대해서는 비판하고, 줄거리가 있는 춤을 선호하였다. 그밖에는 음악적 멜로디에 잘 합치되는 춤에 대해 칭찬했다.

경성에서 2일 동안 공연하고 다음은 개성과 인천, 수원 등지에서도 주문이 있었다고 하니,[188] 일본으로 재도일 후 최고의 성공을 거둔 여류 무용가에 대한 기대와 인기의 급상승을 증명하고도 남는다. 김민자는 이 공연에서 '능란한 토-댄스'를 보여 주기로 했다[189]고 한다.

---

188 『동아일보』 1936.04.03. 3면. 「崔承喜女史 舞踊會開始」
189 『동아일보』 1931.04.04. 3면. 「舞踊朝鮮의 明星 崔承喜女史 新作發表」

4월 8일부터 5일 동안은 〈반도의 무희〉가 중앙관에서 상영되었다. 그리고 동경으로 돌아가서 6월 10일에는 "이시이 바꾸 사은회의 밤"을 개최했다고 한다.

이시이 긴꼬, 에이꼬, 미도리, 미소꼬, 아라 기요오, 로도로기 찌스꼬 해서 이시이의 제자 7명과 함께 최승희가 주동이 되어 히비야공회당에서 개최한 이 모임은 곧 그즈음에 경제적으로 어렵게 된 이시이 선생을 위로하는 동시에 생활비를 마련하기 위한 합동 공연이었다.[190]

또 일본에서의 제3회 최승희신작무용발표회를 9월 22일부터 24일까지 3일 동안 동경 일비곡공회당에서 개최하였다.[191] 14종목이 발표되었고, 그 프로그램은 다음과 같다.[192]

〈표 15〉 일본 제3회 최승희신작무용발표회 프로그램

구분		곡목	반주 음악 및 작곡가	출연
제1부	1	시곡(詩曲)	라벨(Ravel) 곡	최승희 외1인
	2	아이들의 세계 (제4) (A) 인형 (B) 눈가리기 놀이	야마다 고사쿠(山田耕作) 곡	
	3	낙랑의 벽화에서	조선 아악, 木村京司 편곡	최승희 독무
	4	우자(愚者)의 세레나데	드뷔시(Debussy) 곡	최승희 독무
	5	마을의 군무	타악기 반주	
	6	무녀(의)춤	조선 속곡, 木村京司 편곡	최승희 독무
제2부	1	일본풍 두 주제 (A) 환타지 (B) 태고춤	야마다 고사쿠 곡 타악기 반주	

---

190 정병호, 앞의 책, 1997, 107쪽. 『아기다신문』 1936.06.07. (재인용) 「이시이 바쿠 선생에게 드리는 일곱 문하생의 사은의 저녁을 앞두고 이야기 하는 최승희」
191 『매일신보』 1936.09.05. 1면. 「學藝消息」 ▲崔承喜氏 ─ 東京日比谷公會堂에서……
192 김규도, 「일제강점기 최승희의 공연활동의 의의와 그 평가: 1936년 히비야공회당에서의 무용공연을 중심으로」, 『우리춤과 과학기술』 36호, 한양대학교 우리춤연구소, 2017, 27쪽.

구분		곡목	반주 음악 및 작곡가	출연
제2부	2	시골처녀	디니큐아(Dick) 곡	
	3	유혹의춤	조선무용, 음악부 편곡	최승희 독무
	4	왈츠	도리고(Drigo) 곡	
	5	무언가(無言歌)	쇼팽(Chopin) 곡	최승희 독무
	6	가면에 의한 트리오	조선 속곡, 목촌경사 편곡	
제3부	1	세 개의 패러디 　A. 샴풍의 춤 　B. 재즈풍의 춤 　C. 지나풍의 춤	스코트(Scott) 곡 레쿠오나(Lecuona) 곡 타악기 반주	
	2	멜랑콜릭 에튜드	약산호일(若山浩一) 곡	
	3	코리언댄스	조선 속곡, 목촌경사 편곡	최승희 독무
	4	장난	그리엘(Griel) 곡	
	5	아리랑 선율	조선 민요조, 목촌경사 편곡	최승희 외1인

공연은 3부로 나뉘어 총 17개 작품이 발표되었다. 조선 악곡을 사용한 춤은 6편인데, 이 중 목촌경사木村京司가 편곡한 악곡이 5편이다. 즉 조선악곡을 사용하되 편곡을 통해서 사용했다. 서양 작곡가의 음악으로 반주한 서양무용은 7편(세 개의 패러디는 1편으로 취급하였음)이며, 그밖에도 일본인 작곡가 야마다 고사쿠山田耕作와 와카야마 코오이치若山浩一의 작곡으로 서양무용이 공연되었다. 무엇보다 이 프로그램은 "서양풍, 일본풍, 조선풍의 작품들이 장르별로 묶여있는 것이 아니라 최승희 독무와 쌍무 혹은 군무에서의 등장을 배려하여 각 장르가 적절히 배치되어 있다."[193]

〈낙랑의 벽화에서〉, 〈무녀(의) 춤〉, 〈유혹의 춤〉, 〈가면에 의한 트리오〉, 〈코리안댄스〉, 〈아리랑 선율〉의 6편이 조선의 고전 악곡을 편곡하여 사용한 조선무용인데, 이 작품에 대해서는 그나마 평론가들로부터 칭찬을 받았다 하지만 이번 3회 신작무용발표회에 대해서는 이전 공연과는 달리 일본 신문에서 많은 평론가들이 실망을 표

---

193 김규도, 위의 논문, 2017, 28쪽.

시하였다. 서양풍, 중국풍, 일본풍, 조선풍을 다각적으로 시험한 무대였는데, 이에 대해 김규도는 아래와 같이 정리하였다.

> 히비야공회당 공연이 이전과 같은 찬사를 받지 못한 이유는 평론가들이 지적하듯이 국적을 상실한 박람회적 작품의 나열에 있었고, 그녀 특유의 활기찬 기백이 둔해졌기 때문이다. 이것은 크건 작건 향후 최승희 무용 활동에 영향을 주었다고 생각해 볼 수 있다. 특히 제3회 발표회는 해외 공연을 계획하던 중에 개최한 '시연회적 성격의 공연이었다'고 말하는 것을 미루어 보면, 이에 대한 평가는 비단 일본이라는 한정된 공간뿐만 아니라 향후의 세계 순회공연에서도 그녀의 '조선무용'에 대한 정체성을 확인하면서 민족무용의 기틀을 마련하는 계기가 되었을 것으로 보인다.[194]

3부로 나뉘어서 발표된 이 공연에 대해 국내 신문에는 다루어지지 않았다. 독일 베를린 올림픽에서 마라톤 부문 금메달을 획득한 손기정孫基禎(1912~2002)과 관련하여 일장기 말소 사건을 일으킨 『조선중앙일보』와 『동아일보』가 폐간되거나 무기한 정간된 기간에 있었기 때문이다.[195] 『동아일보』는 8월 29일자로 무기정간 처분을 당하였고, 『조선중앙일보』는 9월 5일부로 자진해서 휴간하였다. 관련자들이 모두 구속되어 40여 일의 고초를 겪은 끝에, ① 언론기관에 일절 참여 하지 않을 것 ② 시말서를 쓸 것 ③ 다른 사건이 있을 때에는 가중 처벌을 각오할 것 등의 서약서에 서명하고 풀려났다. 『동아일보』는 약 9개월간의 장기정간 후 1937년 6월 3일자로 속간되었다.[196]

---

194 김규도, 앞의 논문, 2017, 34쪽.
195 1936년 베를린올림픽에서 손기정이 8월 9일 금메달을 딴 뒤 나흘 후 8월 13일에 여운형이 사장으로 있던 『조선중앙일보』에 손기정의 시상식 장면을 찍은 사진에서 일장기가 흐려져 잘 보이지 않게 만든 다음, 이 사진을 신문에 올렸다. 그리고 8월 25일 『동아일보』에 다시 한 번 이 사진이 게재되면서 일장기 말소 문제가 불거졌다. 이 사건으로 『조선중앙일보』는 폐간하였고 『동아일보』는 무기한 정간을 당했다. 『동아일보』는 당시 기자들(이길용, 현진건 등)의 행동이 사측의 입장과는 다르다는 주장을 펴서 결국 정간을 풀고 9개월 만에 신문을 재발간 했다. 네이버 지식백과 인물한국사.
196 일장기말소사건(日章旗抹消事件): 1936년 8월 13일자 『조선중앙일보』 4면과 『동아일보』 지방판 조간 2면 및 1936년 8월 25일자 『동아일보』 2면에 베를린올림픽대회마라톤 우승자 손기정(孫基禎)선수의 사진

신문사에서 일으킨 일장기말소사건으로 인해, 10월에 경성에 돌아 온 손기정은 국내에서 환영을 받지 못함은 물론 몇 달 남은 학업도 출석할 수 없었다고 한다. 이런 때에 "여운형, 안치호, 송진우 등이 손기정의 세계 제패를 축하하는 모임을 종로 명월관에서 가졌고, 여기에 최승희도 초대되어 참석했다. 그 자리에서 여운형은 "너희들이야말로 조선을 빛내 준 애국자다"라고 격려해 주었다"고 한다.[197]

이런 복잡한 사회적 여건 속에서 최승희는 '1937년 봄에 구미歐米로 외유를 나가는 것이 결정되었다'고 『매일신보』 1936년 12월 11일에 보도되었다.[198]

아메리카 동경대사관의 소개와 동경보총극장東京寶塚劇場 지배인 진풍길秦豐吉씨의 알선으로 아메리카 뮤직매니저와 정식으로 계약되어 전 미국을 반개년간에 순회공연키로 되엇는데 보수는 15만+五萬불로 정하였음으로 불원간에 출발하게 될 터이라 한다. 이와가티 동 녀사가 머지 아니하야 고향을 써나 멀리 미국으로까지 가게되는 것을 긔회로 하야 그 고별공연으로 오는 二+ 二+一량일간 부민관에서 도구고별신작무용공연회를 개최하기로 되엇다고 한다.[199]

하지만 다음해 봄에도 최승희는 미국으로 떠나지 못했다. 12월 22일에는 『아사히신문』이 주최한 '여류 무용의 밤'에서 〈코리안 댄스〉와 〈무녀의 춤〉을 추었다[200]고 한다. 최승희는 1936년 '한 해 동안 190회'의 공연회를 가졌다고 하였다.[201]

을 게재하면서, 유니폼에 그려진 일장기를 없애버린 사건. (한국민족문화대백과사전 〈http://encykorea.aks.ac.kr〉)

197 정병호, 앞의 책, 1997, 113쪽.
198 『매일신보』 1936.12.11. 2면. 「半島의 舞姬 崔承喜氏 外遊키로 決定. 明春初歐美에」
199 『매일신보』 1937.01.27. 8면. 「朝鮮情緒 가득히 실코 崔承喜、米國에 登場. 東京駐在米大使館의 紹介로 報酬金은 十五萬弗」
200 정병호, 앞의 책, 1997, 108쪽.
201 『조선일보』 1937.01.06. 9면. 「祝福바든 舞踊朝鮮. 世界水準에 肉迫! 三大舞踊家꾸준히 努力」

5) 세계 속으로 출범하려는 최승희 무용 준비 활동

1937년 1월 2일부터 7일 동안 교토 다까라스까 극장에서 공연을 했고, 이어 나고야의 다까라스까 극장에서 7일 동안 공연, 또 가네자와공회당, 다시 동경의 히비야공회당에서 공연을 가졌다 한다.[202]

2월 19일에는 경성역에 오전 8시 도착하여 20일과 21일에 조선일보사 후원으로 '최승희 도구고별 무용회'를 부민관대강당에서 가졌다.

> 금번 공연은 무용가 최승희여사 자신의 비약飛躍도 비약이려니와 조선의 무용이 이를 통하야 세계에 웨치게되는 장거壯擧를 압두고 고토의 지원을 청하는 인사를 겸한 것이므로 더욱 의의가 기픈 동시에 벌서부터 일반의 기대와 인기가 고조되고 있다. …(중략)…
> 그리고 금번 작별공연에 올일 무용은 전부가 신작으로서 동경최승희무용연구소에서 오래동안 연구한 창작물만으로 되여 잇다. 작년 봄에 경성에 다녀간 일이 있는 최여사는 그동안 도구渡歐를 계획하고 있던 만큼 미리부터 자기로서는 충분한 준비를 다한 것이다. 세계무대에 발표하기 위하야 마련해둔 신작들을 금번에 전부 피로披露하기로 되엿스니 전에 보지 못하던 대작들이 만흘 것이다.[203]

이 양일간의 공연에서 야간인 저녁 7시 공연은 일반인에게, 주간에는 시내 각 여학교 단체를 위해 공개한다고 하였다.[204] 이 공연은 인기가 많아서 22일까지 하루 더 연장공연을 올렸다.[205] 도구고별공연을 부민관에서 마치고는 만주순회공연 길에 올라 선풍적인 환영을 받았다.

---

202 정병호, 앞의 책, 1997, 114쪽.
203 『조선일보』 1937.02.02. 6면. 「渡米를압둔崔承喜. 京城에서告別公演. 二月二十日부터兩日間」
204 『조선일보』 1937.02.10. 6면. 「沸騰한 超人氣. 崔承喜 舞踊會. 混雜을 避하랴면 票는 豫賣所에서. 花環贈呈은 미리 通知할일」
205 『매일신보』 1937.02.21. 3면. 「崔承喜舞踊延期」

만주로부터 돌아오는 길에는 함남의 각 도시를 거쳐 3월 27일과 28일에 총독부 외사과의 부탁으로 금장 일대를 시찰한 후 〈금강산 무용〉을 창작하여 이로써 전 세계에 레뷰를 할 수 있도록 만들었다고 한다. 그 음악은 '이왕직아악부의 리종태李鍾泰와 중앙보육학교의 홍란파洪蘭坡'에게 작곡을 의뢰하여 최승희에게 보내어 무용화 하게 하였다고 한다.[206] 이 〈금강산 악곡〉의 작곡과 〈금강산 무용〉의 안무에는 최승희의 정치적·사회적 참여의 단면을 표출하고 있다.

최승희는 2월 22일의 연장 공연이 있던 날 오후 4시에 "종로서를 방문하고 제2 방호분구防護分區에 일금 100원을 기증하였다"는 뉴스가 23일에 발표되었다.[207] 이 금액이 기증된 이유에 대해서는 알 수 없다. 하지만, 기증의 효과는 실로 컸다. 손기정의 축하연에 참석했던 사실이 무마된 것으로 보이며, 그에 더하여 조선총독부 외사과의 적극적인 지원으로 〈금강산 무용〉을 창작할 수 있도록 하였다. 더욱이 〈대금강산보〉 영화까지 철도국 지원으로 제작하여 최승희가 해외로 진출하는데 도움 될 커다란 선물이 되돌아 왔다고 여겨진다.

〈금강산 무용〉을 창작한 표면적 이유로는 "외국손님을 조선에 유치할 방책으로 반도의 무희 최승희 여사로 하여금 금강산 춤을 창작하여 이것을 세계 각국 중요지에서 신작무용으로 발표하게"[208] 할 예정이라고 하였다. 그 경로는 아래의 표와 같다.

〈표 16〉 〈금강산 무용〉 창작 관련 사건의 전개

진행 날짜	사실	비고
2월 17일	외사과에서 최승일 호출―간담회	외국손님을 조선에 초빙할 방법 모색의 일환.
2월 20일 밤10시	이왕직아악부 리종태(李鍾泰)와 음악가 홍난파(洪蘭波)에게 금강산춤이 작곡 의뢰	장소미정/협의회 구성.

---

206 『조선일보』 1937.05.26. 2면. 「金剛靈峯의 舞踊化完成 명년 봄 최승희 여사의 손으로 歐米各地에서 宣傳」
207 『매일신보』 1937.02.23. 3면. 「崔承喜女史 百圓金寄贈」
208 『매일신보』 1937.02.19. 3면. 「崔承喜女史의 金剛舞具體化. 作曲協議會까지 開催키로. 外事課計劃進捗」

진행 날짜	사실	비고
2월 22일 오후4시	종로서 제2 방호분구에 100원 기증	−
3월초~중순	만주순회공연	
3월 24, 26일	함남의 흥남과 원산 공연	
3월 27, 28일	금강산 외금강 일대 시찰	조선관광협회, 철도국 당사자 동행, 고성 군수의 안내.
3월29일	숙명여자전문 창립 기금모금 공연	
3월30일	외사과 당국자와 <금강산 무용>에 대한 구체안 세우기 음악 양악: 안기영(安基永), 홍난파 고악: 이왕직아악부 이종태	조선 고래의 아악(雅樂)에 양악을 가미한 신음악 고심 창작 중. 6월 초순까지 완성하여 중순에 경성에서 발표 예정. 외사과에서는 '필름'제작 계획중.
4월9일	<금강산곡> 대체 완성	동경의 일인 작곡가 산전경작(山田耕作)에게 보수케할 계획.
5월26일	<금강산곡> 편곡 완성	이왕직아악부원이며, 일본음악학교 출신 리종태의 획기적 시험 작곡 작품.
9월 27일~29일	<금강산무곡> A) 보살의 용(菩薩의 踊) B) 천녀의 무(天女의 舞)	도구고별공연에서 신작무용 발표.
10월 중	<대금강산보> 영화촬영	'천하 명소'인 금강산을 배경으로 최승희 주연의 영화를 제작.
1938년 1월 29일	황금좌(黃金座)에서 개봉[封切]	조선의 풍토미와 예술을 소개하는 의미. 조선을 알지 못하는 외국인들에게 조선을 알리는 길을 터주게 됨.

조선총독부 외사과의 계획 하에 적극적으로 지원된 〈금강산곡〉의 작곡 완성작은 최승희 손으로 넘어갔다. '고전 우아한 아악의 양식화'를 도모한 〈금강산곡〉을 가지고 〈금강산무〉를 창작하기에 들어갔다.

　　최승희 녀사는 오는 十월에 동경에서 열닐 도구고별공연회渡歐告別公演會 석상에서 우선 동경 팬들에게 보히고 명춘에 이것을 온축하야 가리고 구라파 각처에서 〈금강산춤〉을 추어 관중을 도취식힐 것이라 한다.[209]

최승희의 도구고별공연은 9월 27일부터 29일까지 3일간 개최되었고, 여기에서 〈금강산무〉가 발표되었다. 최승희에 대한 조선총독부의 전폭적인 지원과 호의는 최승희의 헌금 100원에서 출발하지만 실제는 '일본 파시즘에 대한 충성을 전제로 한 것'[210]임에 다름 아닐 것이다.

한편, 금강산에서 경성으로 돌아온 바로 당일 3월 29일에는 다시 최승희의 모교 숙명여자고등보통학교가 숙명여자전문학교를 창립하는데 찬조하는 공연을 부민관 대강당에서 개최하였다. 이날의 흥행 입장료의 전액은 창립비로 받칠 예정이라고 하였다.[211] 모교를 돕는 공연을 마치고는 '이왕직 본청 주최로 당시 탄선재에서 생활하던 윤대비(순종의 계비 순정효황후)[212]를 위해 인정전 서행각에 가설무대를 마련하고 10종의 특별공연을 가졌다. 이는 성경린의 증언이 있었다고 하며, 그때의 프로그램이 전한다고 한다.[213]

〈표 17〉 창덕궁 인정전 서행각의 가설무대 공연 프로그램

구분		작품 명	음악	출연자
제1부	1	속무	속곡	최승희
	2	옥적의 곡	고전곡	〃

---

209 『매일신보』 1937.05.21. 3면. 「靈峯을 舞踊으로 옮긴 『金剛山의춤』을 完成. 舞姬崔承喜女史苦心의 結晶. 歐洲서도 上演豫定」

210 이주미, 「최승희의 "조선적인 것"과 "동양적인 것"」, 『한민족문화연구』 23호, 한민족문화학회, 2007, 353쪽.

211 『매일신보』 1937.03.26. 2면. 「母校(淑明學園)의 大成爲하야 舞姬(崔承喜氏)의 갸륵한 뜻 춤추어 어든 바 수입을 이바지하고자 二十九日夜 京城서 再公演」

212 순정효황후(純貞孝皇后, 1894~1966): 조선왕조 마지막 황제인 순종의 황후. 본관은 해평(海平). 해풍부원군(海豊府院君) 윤택영(尹澤榮)의 딸이다. 황태자비 민씨가 1904년에 사망하자, 1906년 12월 13세에 황태자비로 태봉되었고, 이듬해 순종이 즉위하자 황후가 되었다. 1910년 국권이 강탈될 때 병풍 뒤에서 어전회의가 진행되는 것을 엿듣고 있다가 친일파들이 순종에게 합방조약에 날인할 것을 강요하므로, 황비가 이를 저지하고자 치마 속에 옥새(玉璽)를 감추고 내놓지 않았으나, 숙부인 윤덕영(尹德榮)에게 강제로 빼앗겼다. 만년에 고독과 비운을 달래기 위하여 불교에 귀의, 낙선재(樂善齋)에서 심장마비로 죽었다. 유릉(裕陵)에 순종과 합장되었다. (한국민족문화대백과사전 〈http://encykorea.aks.ac.kr〉)

213 정병호, 앞의 책, 1997, 116쪽, 119쪽(각주 10).

구분		작품 명	음악	출연자
	3	인도조	타악기반주	장귀희
	4	초립동	속곡	최승희
	5	세 개의 전통적 리듬	고전곡	〃
제2부	1	보현보살	고전곡	〃
	2	신로심불로	고전곡	〃
	3	민요조	속곡	와가구사로시고
	4	무녀의 춤	속곡	최승희
	5	즉흥무	고전곡	〃

　　10종목 중 8종목을 최승희 혼자서 추고, 1부의 세 번째에 장귀희가, 2부의 세 번째
는 '와가구사로시고'가 연행했다고 한다. 실제 와카쿠사 토시코若草敏子를 말함인데, 이
는 최승희가 김민자에게 지어주었다는 일본식 이름이다. 윤대비를 위한 창덕궁 인정
전에서 최승희는 모두 독무로 공연했는데, 지금까지의 자료에서는 볼 수 없었던 신작
들의 명칭을 보게 된다. 〈옥적의 곡〉, 〈초립동〉, 〈보현보살〉, 〈신로심불로〉, 〈즉흥
무〉 등이 그것이다. 〈무녀의 춤〉은 1936년 9월의 제3회 발표회에서 초연된 작품이다.
〈세 개의 전통적 리듬〉은 제목으로는 처음 등장하는 춤이지만, 1935년 10월의 제2회
발표회 때 초연된 〈세 가지의 코리안 멜로디〉와 유사성을 갖는 제목으로 추측된다.
국내 공연이기에 '코리안'을 생략했을 수 있다고 본다. 한편 이 공연에서 사용한 음악
을 '속곡'과 '고전곡'으로 나눈 기준점에 대해 의문이 생긴다. 어떤 종류의 조선음악을
속곡으로 또는 고전곡으로 나누었을지 궁금하다.

　　그리고는 다시 국내 순회공연 '최승희도구고별신작무용공연회'를 갖는다. 4월 3일
에는 사리원의 공락관, 4일에는 연안극장, 5일에는 개성의 개성좌, 6일에는 수원극장
에서 개최한다고 하였다.[214] 개성공연은 개성부내 고려약방高麗藥房에서 주최하고, 『매

214　김종욱 편저, 『한국근대춤자료사 1899~1950년』, 453쪽에는 『매일신보』 1937.04.03. 「광고: 崔承喜渡
　　歐告別新作舞踊公演會」의 광고가 있다고 표기되었으나, 찾을 수 없음.

일신보』 개성지국에서 후원하였다.[215] 3부로 나누어 18종목의 춤을 공연했다고 한다. 조선 각지를 성황리에 순회공연하고 동경으로 돌아갔을 것이다. 그리하여 4월 26일에는 동경 정국신사靖國神社에서 임시대제臨時大祭가 있을 때, 능악당能樂堂에서 천황天皇이 참석하여 관람하는 가운데 30분간 무용공연을 하였다.[216]

손기정 사건으로 정간되었다가 1937년 6월 3일에 재간행이 허락된 『동아일보』는 김관金管(1910~1946)[217]의 「최근 무용계 만평」에서 최승희가 국내에서 1937년 봄에 펼친 공연이 공전空前의 인기人氣를 누렸지만, 그만한 인기와는 반비례로 그녀의 예술(춤)이 전년과 비해서 진전되지 못한 것이라고 비판의 날을 세웠다.

> 최씨의 「에헤라 노하라」라든지 「검무劍舞」를 민족무용民族舞踊이란 개념槪念으로 조급히 인정할 것은 아니겟지만 그는 어떠튼 조선朝鮮의 재래在來의 춤을 양무洋舞로 옴겨노왓다는 정도에서 나는 생각하기를 「아리랑」이나 「방아타령」을 양무에다가 튜랜스폼 해놓은 것이나 같은 정도로 밖에 높이 평가할 수는 없다.
>
> 동경서 「조선춤」이라해서 호평好評을 받엇다고 조선서도 그 호평에 부화뇌동附和雷同하리만치 아직도 민중民衆은 유치幼稚한 것이 잇는 것은 사실이다. 그러한 「쥬비나일」한 조선임에 인기에 기름을 퍼부은 비밀이 잇는 것이다. 요컨대 최씨의 조선춤이란 것에는 단지 아름다운 운동運動으로서 옴겨노흔 재래의 조선춤의 움즉임이 잇는 것뿐이고 정형整形된 내용이라든지 하는 정신적인 창조創造가 없는 것이다. 다시 말하면 재래의 조선춤의 움즉임을 양식무용洋式舞踊에 다 옴겨노코 조명照明과 의장衣裝으로서만 미화시킨다 햇지 그것은 의미없는 노력에 불

215 『매일신보』 1937.04.08. 4면. 「崔承喜舞踊 開城서 盛況」
216 『매일신보』 1937.03.25. 2면. 「聖上 臨御하옵실 靖國神社 大祭에 出演. 오는 四월二十六일대제에. 崔承喜女史의 光榮」
217 김관(金管, 1910~1946): 클라리넷 연주가・음악평론가. 1930년대 전반기 연희전문의 음악부에서 현제명의 지도 아래 김성태(바이올린)・김대연(코넷)・이유선(성악) 등과 함께 활동하였다. 1936년 『음악평론』을 발간했고, 1936년 4월호 『음악평론』(音樂評論)에서 홍종인・김수향・이정순・김규택과 함께 평론가의 한 사람으로 소개되었다. 1941년 3월 25일 설립된 조선음악협회(朝鮮音樂協會)에서 활동했다. 송방송, 『한겨레음악대사전』, 서울: 보고사, 2012, 87쪽.

과하다. 나도 물론 조선고전무용朝鮮古典舞踊에는 조혼 것이 잇는줄로 생각하지만 이 조혼 유산遺産을 귀중하게 계승하는데서만 비약飛躍은 잇을 수가 잇다고 생각한다. 최씨에게 그러한 어려운 것을 기대한다는 것이 당초부터 무리한 것인지 모르겠으되 다만 최씨의 시험적試驗的 안무按舞가 전연 의의意義가 없다는 것은 결코 아니다. 어느 정도까지 그의 노력은 인정하고 잇다.[218]

김관은 최승희의 '조선무용'을 '민족무용'으로 수용하는 것에 대해 부정적이다. 하지만 어째든 재래의 고전양식을 양춤에 옮겨놓았다는 점에서 배구자의 〈아리랑〉, 〈방아타령〉과 같은 공연과 별반 다를 것이 없다고 여겼다. 그는 조선의 민중들이 문화적으로 어린 상태라 일본에서 좋아하는 최승희의 '조선무용' 방식을 따라서 좋아하고 잇다고 비판하였다. 그는 조선고전무용朝鮮古典舞踊의 유산적 가치를 재조명하는 작품을 기대하고 있는 것으로 여겨진다.

반면 오병년吳炳年은 조선무용에 대한 최승희의 독보적이며 선구적 행보를 조택원의 방법론과 비교하여, 서로 간의 다름을 인정하고 각각의 특성을 분명하게 자리매김해 주었다. 다소 긴 글이지만 내용의 중요성을 감안하여 인용하여 소개하겠다.

최승희씨의 조선무용은 전혀 그의 창작에 의하야 된 것이니 만치 『최승희의 무용』이라고 하야도 아모 이존異存은 없을 것 같다는 말은 즉 그는 조선고전무용의 기법을 사용하고 거기다가 양무洋舞의 기법을 병용倂用하므로써 의장衣裝은 조선풍의 것을 채용하고 있지만 그 창작적 태도나 연출에는 서양적인 형태를 취한 것이다. **다시 말하면 조선고전무용 그대로가 아니고 소위 새로운 무용형식을 창안創案한 것이라 할 것이다. 사실 말이지 조선춤 그대로라면 오날 『기생』춤이 더 한층 기술적으로 훌륭할 것이 있다.** 헌대 문제는 그런 최승희씨의 무용창작 태도에 잇는 것이 아니고(*민족무용으로서의 조선무용에다가 잡물雜物을 개입시키지 안코 순수하게 표현해야된다는 의견을 가진 조택원씨와는*

---

218 『동아일보』 1937.07.25. 7면. 「最近 舞踊界 漫評. 金管」

극대極對되는 것이지만 조선무용을 그대로 순수하게 표현한다면 그것은 민속民俗 — 향토鄕土무용을 그대로 무대 우에서 연출하자는 의견과 틀림없이 된다. 그러므로 조씨는 민족무용民族舞踊이란 입장에서 본 이론으로서는 정당하다겠지만 훌륭한 무용적 태도로서는 동의同意될 것이 아니다. 여담이지만 조씨의 『검무』가 순수한 고전무용이냐 하면 그렇지 안흔 것과 맛찬가지로 역시 실제에 있어서의 조씨는 『고전을 토대로 하고 현대에 사는』 무용을 조선무용에서 보여주고 있는 것이다. 그의 무용에 내존內存하고 있는 예술적인 것의 평가에 잇는 것이다.

물론 그의 조선무용은 최승희씨 자신의 것이 되리만치 독특獨特하고 훌륭한 것임은 인정하고 잇으나 **오늘날에 와서도 처음이나 그리 변함없는 세련되지 못한 기법技法과 이─찌꼬─잉한 태도와 따라 그 비속성卑俗性을 양기揚棄하지 못한 것에는 당연 불만을 품을 수밖에 없다.**

당초부터 최승희씨는 양무洋舞에 정진을 할 사람이고, 그것에 자기의 본령本領을 찾으려 한 것이엇지만 그가 결혼 후에 취한 길은 대체로 보아 기술적(기교)으로 양무보다 쉬운 조선무용을 전문으로 한 것이다. 허므로 **최승희씨가 서양무용을 하는 것은 조선무용을 훌륭히 맨들기 위하야 그 기법을 따 오겟다는 것이 그의 태도가 된 것이다.**

요컨대 최승희씨가 양무로부터 방향을 조선무용으로 전환한데 총명한 것이 잇고 따라 그것에 그 자신 꿈에도 예상치 안헛든 성공이 감처저 잇엇든 것이다.[219]

오병년은 최승희가 서양무용가로서의 본령을 갖춘 사람임에도 불구하고 조선무용을 자신의 독자적 기법과 양식으로 창조해 낸 인물이라고 분명하게 설명해 주고 있다. 다만 최승희가 조선무용을 성공시킨 공로에 비해서 처음과 크게 달라지지 않는 세련되지 못한 점과 쉽게 가려는easy-going데 따른 비속성(저속함)을 버리지 못함에 대해 불만을 표시했다. 오병년이 보기에 쉬운 기법의 방법론을 따르고 있다고 판단했던 것이다.

즉 1933년 일본으로 다시 건너 간 최승희는 자신이 그 전부터 시험해 왔던 '조선무용'이 뜻하지 않게 '성공'하면서 '평론가들의 칭찬에서 자신의 미래 비전을 발견했던 것 같다. 한반도 사람들이 원하고 칭찬하던 당시의 조선정조를 표현하던 현대무용 기법

---

219 『동아일보』 1937.09.09. 7면. 「舞踊界 藝苑人언파레─드(三): 」

의 예술작품보다는 전통을 소재로 밝고 명랑한 '조선무용'이 훨씬 좋은 평가를 받게 됨에 따라서 점점 가벼운 느낌의 '조선무용' 안무 개발에 점점 몰입해 갔다.

〈표 18〉 최승희 도구고별 신작무용발표회 프로그램

1. 무녀(舞女)	2. 봉산탈 중에서 ('鳳山タ―ル'より)	3. 신라궁녀의 춤 (新羅宮女の舞)
4. 염양춘(艶陽春)	5. 아리랑에 부쳐(アリランに寄す)	6. 금강산무곡(金剛山舞曲) A) 보살의 용(菩薩の踊) B) 천녀의 무(天女の舞)
7. 선구자(先驅者)	8. 오리엔탈 리듬 (オリエンタル・リズム)	9. 고구려 사냥꾼 (高句麗の狩人)
10. 방아타령(バンアタリョン)	11. 천하대장군(天下大將軍)	12. 옥적곡(玉笛の曲)
13. 두개의 코리안 멜로디 (二つのコリアン・メロデ―) A) 진양조(盡陽調) B) 민요조(民謠調)	14. 초립동(草笠童)	15. 낙랑벽화에서('樂浪の壁畵'より)
16. 검무(劍の舞)	17. 무녀의 춤(巫女の踊)	18. 습작 제1(習作第一)
19. 조선풍의 듀엣 (朝鮮風のデュエット)	20. 코리안 댄스(コリアン・タンス)	21. 승무(僧の舞)
22. 에헤야 노아라 (エハヤ・ノアラ)	23. 왕무(王の舞)	―

이후 1937년 9월 27일~29일까지 3일간 동경극장東京劇場에서 도구고별공연회를 본격 개최한다고 홍보했다.[220] '이번의 공연할 무용은 특히 조선 고유의 춤인 봉산鳳山탈춤과 이왕직의 처용무處容舞 등이어서 벌써부터 인기를 끌고 있다'고 선전했다.[221] 이 공연의 프로그램은 신작과 아울러 해외공연에서 상연할 주요 무용작품 23종목을 제시하고, 3일 동안 각 밤마다 17곡씩 상연한다고 하였다.[222]

---

220 『동아일보』 1937.07.24. 7면. 「崔承喜氏 東京서 渡歐告別舞踊會 開催」
221 『동아일보』 1937.06.29. 3면. 「"鳳山탈춤"과 "處容舞" 世界舞臺에 登場. 九月卄七日부터, 築港劇場에서 崔承喜女史 渡歐告別公演」

23곡 중 앞의 11곡과 15. 〈낙랑벽화에서〉가 신작인데, 그 중 〈금강산무곡〉은 1937년 3월달에 조선총독부 외사과의 주문으로 금강산의 금장대 일대를 시찰하고서 주문 창작된 작품이다. 10월에 제작되는 조선 홍보용 영화 〈대금강신보〉와 연계된 작품이 3월에 미리 안무되었다는 점은 꽤 흥미롭다. 13. 〈두개의 코리안 멜로디〉와 20. 〈코리안 댄스〉는 1935년 10월 22일 초연된 일본에서의 제2회 신무용발표회 프로그램 중 〈세 가지의 코리안 멜로디〉를 나누어서 재편한 작품일 가능성이 있다. 그밖에 9곡은 기존의 작품들이다.

조선풍의 작품을 주로 준비하여 동경에서의 고별공연까지 마쳤지만, 최승희는 곧바로 떠나지 못하고 10월에는 해외 홍보 영화 〈대금강산보大金剛山譜〉 제작을 위해 바쁜 일정을 보냈다. '천하 명소'인 금강산을 배경으로 최승희 주연의 영화를 제작하여 세계 순회공연에서 조선의 아름다움을 홍보하는데 쓴다는 목적이었다. '이 영화는 해외에 수출하기 위하야 제작한 것'이라고 했다.[223] 또 '이 활동사진이 끝나면 천하명승이 세계 각국에 유루 없이 소개될 것'이라고도 했다.[224]

> 대개 촬영될 장소는 금강산 외에 경주, 부여, 평양, 수원 등지라 한다. 이번 영화에는 수출영화로서 철도국의 1만원 보조가 잇다하며, 감독은 수강용일水江龍一씨 조연에 소삼용小杉勇, 굉석기자轟夕起子 양씨라 한다.
>
> 씨는 이 영화촬영이 끝나자 12월 19일 횡빈橫濱을 떠나 도구할 예정인데, 명춘明春 2월 15일 륜돈무대倫敦舞臺에서 출연하고, 이어서 파리巴里, 백림伯林, 뿌라셀, 부다페스트, 로-마, 유야납維也納 등지에서 1년 동안 행각하고, 그 다음은 가내타加奈陀, 미국米國 등지를 유력遊歷하리라 한바 계약자는 전년 중국의 매란방梅蘭芳을 초빙공연한 미국인 바킨스씨라 하면 그 계약 첫 조건은 **조선옷을 입고 세계일주**를 하자는 것이라고 한다.[225]

---

222 정수웅 엮음, 앞의 책, 2011, 322쪽.
223 『동아일보』 1937.10.07. 5면. 「崔承喜 主演으로 大金剛山譜 製作. 十月二十五日에 京城에 到着」
224 『동아일보』 1937.10.22. 3면. 「"金剛山"의 主演 崔承喜氏 廿四日入京. 日活서 映畵撮影」
225 『동아일보』 1937.10.27 5면. 「崔承喜씨 渡來 金剛山譜撮影 二十四日着京卽時金剛山行. 朝鮮옷으로만

〈화보 24〉 『동아일보』 1937.12.20.
조선무용 사절로 요코하마항 출범

조선의 복식으로, 조선을 선전하는 영화 〈대금강산보〉와 함께, 또 미리 준비된 '조선무용' 수 십 작품을 가지고서 마침내 최승희는 1937년 12월 19일에야 세계를 향해 떠나는 출범 기사를 내게 된다. 하지만 2월 15일 륜돈[영국 런던]의 공연을 비롯한 파리와 백림[독일 베를린]의 공연 계획은 1938년 당해에 성사되지 않았다. 뿐만 아니라 최승희는 실제로 12월 27일 요코하마항을 떠날 수 있었고, 미국으로 곧장 건너가서 샌프란시스코에서 첫 공연을 올렸다.[226]

박영인은 최승희에 앞서 1년여 전에 이미 비엔나로 떠났고 독일 베르린무용대학에 입학하였다.[227] 조택원은 최승희 보다 한 달여 앞선 11월 26일에 신호항神戶港(고베항)을 떠나 파리로 향했다.[228]

3인의 무용가 중 최승희가 가장 먼저 해외로 진출할 것이라고 홍보되었지만, 끝내는 세 사람 중 가장 늦게 해외로 진출한 셈이다. '조선의 고전예술의 성스러운 향기를 세계 각지에 퍼트리고져 횡빈橫濱(요코하마)에서 출범하는 녹도환鹿島丸(카시마 마루)에 오르게 되었다'고 한다. 해당 기사의 상세 내용은 아래와 같다.

최여사와 동반하는 분은 그 부군 안막安漠씨와 문화생 김민자金敏子양이다.
이번 길이 우리 고유의 예술을 소개하는 것이 사명인 만큼 의상도 이와 어울리도록 쪽을

世界舞踊行脚」
226　신시대사 특파기자, 「돌아온 崔承喜: 춤의 世界一周談」, 『新時代』 1호, 신시대사, 1941.01, 245쪽.
227　『동아일보』 1937.07.16. 7면. 「舞踊家朴永仁氏 伯林 舞踊大學에 入學 古典舞踊도 熱心히 研究」
228　『조선일보』 1937.11.28. 2면. 「舞踊家趙氏 神戶港出帆」

진데다가 금비녀 금귀지개를 찌르고 끝동저고리에 긴치마 그리고 버선과 꽃멩기까지 철저한 조선의 귀부인 모양을 가추서 출발하게 되엇다. 이뿐아니라 더욱 의의잇는 것은 조선의 고대 악기古代樂器 중에 대표적인 것 삼십三十종류와 관혼상제冠婚喪祭에 사용하는 의복과 실내 소도 구로 보료·촛대·문갑 등을 여러 벌씩 가지고 간다.

공연을 하는 곳마다 박물관이나 큰 "홀"을 빌려 가지고 전람회를 개최하고 문화단체에서 기부를 청하는데가 잇으면 기부까지하여 조선의 풍속을 널리 소개하기로 되엇다.

첫 공연으로 영국 륜돈倫敦(런던)에서 二월十五일부터 一주일간 하기로 되어 벌서 그곳의 유력한 부호 빠켄스씨가 만반준비까지하고 있는 중이며 런던 공연을 마친 후 구라파 적은 나라를 비롯하야 불란서 독일 미국 등으로 돌아 二년후에 돌아오리라 한다.[229]

위 기사에는 호기롭게 떠나는 최승희의 구미행 배에 제자 김민자가 동승한 것으로 발표되었으나, 누구나 알고 있듯이 김민자는 최승희의 연구소를 지키며 그의 딸 안승자(성희)를 돌보았다.[230] 그리고 스승이 부재한 기간 동안에 1938년 8월 20일에 돌아온 조택원과 듀엣 공연도 하였다.[231] 김민자가 최승희를 따라서 무용행각을 떠났다고 하는 위의 기사는 오보인 셈이다. 또 런던을 제 1 기착지로 공연한다고 한 점도 계획의 차질이 있었던 것으로 보인다. 이처럼 미국으로 곧장 가게 된 배경에 대해서는 차후 연구가 필요한 부분이다.

6) 일본에서의 최승희 무용 작품 활동의 결산

이상을 종합하여 정리하면, 최승희는 재도일 후 일본에서 조선무용의 개척자로 크

---

229 『동아일보』 1937.12.20. 3면. 「舞踊朝鮮의 使節: 끝동 저고리를 입고 崔承喜 女史 出凡. 오늘 午後 橫濱에서 鹿島丸타고. 古典藝術을 世界에 紹介」
230 정병호, 앞의 책, 1997, 135쪽.
231 이송, 「김민자의 삶과 예술」, 『한국 근대무용의 전통과 신무용의 창조적 계승』, 서울: 민속원, 2009, 245~251쪽.

게 인정받게 되었다. 최승희가 '조선무용'이라고 불릴만한 춤을 공연에서 실험하기 시작한 것은 1930년 2월 1일과 2일 장곡천정공회당에서 창작무용 제1회 발표회 중 〈영산무靈山舞〉를 연행한 것이다. 다음은 10월 21일부터 22일까지 경성의 단성사에서 있었던 제2회 신작무용발표회에서 조선아악朝鮮雅樂 〈장춘불노지곡長春不老之曲〉을 연행했었다. 이런 작품을 신작공연 프로그램으로 소개했다는 점에서 최승희의 조선무용에 대한 야심이 일찍부터 다져지기 시작했음을 나타낸다. 또 1931년 1월 10일~12일까지의 「신춘무용회新春舞踊會」에서는 향토무용鄕土舞踊을 기초로 창작한 〈풍년豊年이 오면〉을 공연했다. 이 작품에 대해 "풍년이 오면 '정말 우리가 배가 불러서 그렇게 춤을 추게 되엇스면'하고 생각한"[232]바를 연구생들(계성, 재신, 정자, 연구생 수명)에게 춤추게 했다고 하였다.[233]

농부가 작황이 좋아 풍년을 맞고 잘 먹고 배불러서 신명나게 춤추며 노니는 모습을 무대 예술로 승화시켰다고 한다. 이 풍년이 농부에게 '찰나의 위안이나 순간의 환영이 되지 말고' 정말로 배가 부르도록 먹고 즐거워하는 모습을 묘사하고 싶었다고 했다. 이 같은 '조선풍의 무용을 자기의 레퍼토리 속에 넣는 이유는 결국에 있어서 조선의 무용을 널리 외국에 알려 비록 절름발을 끌며 가면서라도 붙여서 따라가게 하려는 데 있다'[234]고 최승희는 자신의 각오와 공연 목표를 분명하게 제시했다.

최승희의 '조선무용'은 그 자유로운 현대 기법의 창작력을 통해 선구적 역할을 다하였다. 그녀의 성공은 조택원이나 박영인의 공연 종목 확장에도 크게 영향을 끼친 것으로 생각된다. 조택원이 유럽으로 떠나기 전, 『동아일보』기자와 인터뷰한 기사에서는 박영인이나 조택원이 '조선무용'에 얼마나 관심을 갖고 있었는가를 말해준다.

　기　자: 조선의 무용가라면 누가 잇습니까 최승희씨 박영인씨 조선생 외에 누가 잇습니까
　　　　 그런데 박영인씨가 백림白林에서 호평을 받앗다는데 박영인씨를 아십니까?

232 『동아일보』1931.01.10. 5면. 「崔承喜孃의 「豊年이 오면」」
233 『매일신보』1931.02.04. 5면. 「鄕土武勇(豊年이오면)」
234 최승희, 앞의 책, 2006, 80쪽.

조택원: 그 사람이 무용을 배울 때는 제가 가르첫는데 그후에 자기가 이론방면理論方面을 연구하고 실천으로 나섯으나 아무래도 미숙未熟한 점이 잇지요.

기　자: 백림에서도 환영을 받은 것은 조선 고래의 춤이라고 하엇느군요.

조택원: 박씨는 조선을 잘 모르는데 소개되엿다면 잘못된 점일 것입니다. 집에서 조선무용 의상은 가저갓다드군요 박영인씨는 조선무용을 서양화한 것입니다. 그 사람은 어느춤이나 자기 마음대로 형식을 창작하야 춥니다.

…(중략)…

기　자: 구주歐洲에 가시면 조선무용을 소개하시렵니까?

조태원: 물론 하려합니다.

기　자: 조선춤은 몇 종류나 추세요?

조택원: 승무僧舞·검무劍舞를 아는데 금번에 다른 춤을 더 배우려고 합니다.

기　자: 조선춤을 소개하시드래도 전래傳來한 그대로가 아니고 역시 양화洋化한 것이겟지요?

조택원: 그렷읍니다. 조선 고래古來춤은 근대의 감정에 맞지 안는 점이 잇고 그 결점을 든다면 그전에 방에서 추든것이라 활발치못하고 기력이 없습니다. 물론 장점도 만치마는요 그런 점을 근대화하여 보려고 합니다.[235]

　박영인은 이미 1936년 9월에 빈(비엔나)무용단을 인솔하는 게르하르트 보덴비젤 여사의 초청으로 동양무용을 전수하는 강사로 출국했다.[236] 1937년 3월 초순에는 베를린에 가 있는 상태에서 조선 농부의 춤을 추어서 베를린 시민들의 호기심을 자극했다고 한다.[237] 조택원이 앞으로 유럽에 가서 공연할 춤도 '조선무용'이라고 한다. 그것도 '전래한 그내로가 아니고 양화한 것'을 춤 출 예정이라고 말하고 있다. 이와 관련하여 최·조·박의 스승인 이시이 바쿠는 '조선무용'의 부활을 결심하고 먼저 실천한 이는

---

[235] 『동아일보』 1937.07.02. 7면. 「東京에 顯著한 新傾向 構成派舞踊의 擡頭. 舞踊家 趙澤元氏」
[236] 『매일신보』 1936.09.20. 7면. 「東洋舞踊을 敎授하려 朴永仁君이 渡歐. 오태리국 권위자의 초빙을 바더 舞踊朝鮮에 또 朗報」
[237] 『조선일보』 1937.05.07. 6면. 「白林에 나타난 朝鮮의 農夫춤」

본래 조택원이라고 한다. 그런데 최승희가 동경에서 공연하여 앞서 인기를 얻는 바람에 조택원은 '밥그릇을 빼앗긴 형태가 되어 버린 것'이라고 했다.[238] 하지만, 이는 동경에서의 일에 한정된 경우라 여겨진다. 최승희는 이미 1930년 2월에 〈영산무〉를 초연했음이 이를 반증한다. '영산회상곡'을 사용했다는 이 춤이 실제로 어떤 속곡屬曲으로 어떻게 진행되었는지는 알 수 없다. 하지만 민요의 단순 장단과는 달리 상영산, 중영산, 세령산, 가락덜이, 삼현도드리, 하현도드리, 염불도드리, 타령, 군악으로 구성된 정악正樂[239]을 사용하여 현대화한 무용을 최승희가 처음 공연에 시도했다는 점은 분명 남다른 것이라고 여겨진다.

어찌되었든 최승희를 비롯한 조택원 등 신무용가들에게 있어서 자국의 전통 문화나 무용, 복식, 음악 등은 예술무용을 창작하는데 필요한 소재에 불과했다. 이 소재를 어떻게 수용하고 분석하며, 재창조해 내는가는 온전히 무용가 개인의 예술적 역량에 따른 것이었다. 그럼에도 불구하고 서양무용의 틀 속에 자국의 전통을 용해하여 표현하는 기술이 남달랐던 최승희는 마침내 '조선무용가'의 개척자이자 독보적 존재로 인식되기에 이르렀던 것이다.

일본으로 건너 간 후 제3회의 신작무용발표회와 도구고별공연에서 발표한 신작무용은 총 64종목으로 추산된다. 공연의 연도별로 표를 제시하면 아래와 같다.

〈표 19〉 최승희 재도일 후(1933~1937) 무용작품 공연 활동

초연 년도	연번	작품제목	비고
일본여류무용가대회 1933.05.20		인도인의 비애	
		우리의 카리카튜어	가야금산조(조선고곡)
		비가	엘레지(élégie)
석정막무용연구소 1933.10.22	1	희망을 안고서	사라사테 곡
		에헤야 노아라	우리의 카리카튜어 개명

238 이시이 바쿠, 앞의 책, 2009, 380쪽.
239 영산회상(靈山會上), 네이버 국악정보.

초연 년도	연번	작품제목	비고
일본 제1회 신작 1934.09.20 일본 청년회관		인도인의 비애	
	2	거친 들판(황야)을 가다	바르톡 곡
	3	폐허의 흔적	무솔로그스키 곡
		체념	이시이 바꾸의 10년 전 작품
	4	생명의 춤	
	5	로맨스의 전망	
	6	바르다의 여자	
	7	위기의 세계	
	8	검무	타악기 반주
		에헤야노아라	조선고곡
	9	승무	조선고곡
		영산무	조선고곡
		마을의 풍작	'풍년이 오면'의 다른 이름(?) 조선속요
	10	습작 Ⅰ	타악기 반주
	11	습작 Ⅱ	무반주
일본 제2회 신작 1935.10.22. 일비곡(히비야) 공회당	12	왕의 춤(王舞)	타악기반주
	13	리릭·포엠	보꾸라스 곡
	14	어린이 세계	
	15	길도 없이	베토벤 곡
	16	적과 흑	피아노 반주
	17	조선풍의 듀엣	조선 속곡
	18	무우화(無憂華)	쇼팽 곡
	19	가면의 춤	타악기 반주
	20	습작 Ⅲ	무반주
	21	습작 Ⅳ	타악기 반주
		승무	[개작] 조선고곡
	22	청춘	사라사테 곡
	23	생지(生贄, 희생)	브르흐 곡

초연 년도	연번	작품제목	비고
일본 제2회 신작 1935.10.22. 일비곡(히비야) 공회당	24	세 가지의 코리안 멜로디 　(가) 영산조 　(나) 진양조 　(다) 민요조	조선고곡
	25	금지(金指)의 춤	글리에르 곡
	26	호로호니사(유랑예인)	가구노긴생이 곡
	27	마음의 흐름	차이코프스키
일본 제3회 신작 1936.09.22-24. 히비야공회당	28	시곡(詩曲)	라벨 곡
	29	아이들의 세계 (제4) 　(A) 인형 　(B) 눈가리기 놀이	山田耕作 곡 〃
	30	낙랑의 벽화에서	조선 아악(木村京司 편곡)
	31	우자(愚者)의 세레나데	드뷔시 곡
	32	마을의 군무	타악기 반주
	33	무녀(의) 춤	조선 속곡(목촌경사 편곡)
	34	일본풍 두 주제 　(A) 환타지 　(B) 태고춤	산전경작 곡 타악기 반주
	35	시골처녀	디니큐아 곡
	36	유혹의춤	조선무용(음악부 편곡)
	37	왈츠	도리고 곡
	38	무언가(無言歌)	쇼팽 곡
	39	가면에 의한 트리오	조선 속곡(목촌경사 편곡)
	40	세 개의 패러디 A. 샴풍의 춤 B. 재즈풍의 춤 C. 지나풍의 춤	스코트 곡 레쿠오나 곡 타악기 반주
	41	멜랑콜릭 에튜드	약산호일 곡
	42	코리언댄스	조선 속곡(목촌경사 편곡)
	43	장난	그리엘 곡
	44	아리랑 선율	조선 민요조(목촌경사 편곡)
여류무용의 밤		코리안 댄스	
1936.12.22		무녀의춤	

초연 년도	연번	작품제목	비고
윤대비 위로공연 1937.3말,4초경 창덕궁 인정전 서행각	45	속무	
	46	옥저(적)의 곡	
	47	인도조	
	48	초립동	
		세 개의 전통적 리듬	<세 가지의 코리안 멜로디>의 다른 이름(?)
	49	보현보살	
	50	신로심불로	
	51	민요조	
		무녀의 춤	
	52	즉흥무	
도구고별공연 1937.09.27 -29. 동경극장	53	무녀(舞女)	
	54	'봉산タール'より(鳳山탈 중에서)	
	55	신라궁녀의 춤(新羅宮女の舞)	
	56	염양춘(艶陽春)	
	57	아리랑에 부쳐(アリランに寄す)	
	58	금강산무곡(金剛山舞曲) A) 보살의 용(菩薩の踊) B) 천녀의 무(天女の舞)	
	59	선구자(先驅者)	
	60	오리엔탈 리듬	
	61	고구려 사냥꾼(高句麗の狩人)	
	62	방아타령(バンアタリョン)	
	63	천하대장군(天下大將軍)	
		옥적곡(玉笛の曲)	
		두개의 코리안 멜로디 A) 진양조(晉陽調) B) 민요조(民謠調)	
		초립동(草笠童)	
	64	낙랑벽화에서('樂浪の壁畫'より)	
		검무(劍の舞)	

초연 년도	연번	작품제목	비고
		무녀의 춤(巫女の踊)	
		습작 제1(習作第一)	
		조선풍의 듀엣	
		코리안 댄스	
		승무(僧の舞)	
		에헤야 노아라	

1935년 10월 2일 일본에서의 최승희 제2회 신작무용발표회가 대대적으로 성공함으로써, 최승희는 해외진출을 적극 검토하게 된 것으로 여겨진다. 1936년 1월1일 신년 포부로 해외진출을 모색하고 있음을 밝혔다. 그리고 마침내 1937년 1월 27일 동경주재 미국대사관과 동경보총극장의 지배인 진풍길의 알선으로 미국순회공연이 성사됨을 알렸다.[240] 1937년 봄에 진작 떠날 것으로 예고되었지만, 정작 최승희는 12월 27일 요코하마항을 실제로 떠날 수 있었다.[241] 출발에 앞서 '미국인 바킨스'와의 계약 첫 조건인 '조선 옷을 입고 세계일주'하기[242] 위한 준비가 여러 가지로 필요했다. 우선 조선 옷을 입고 춤출 수 있도록 조선무용 레퍼토리를 보다 충실하게 준비해야했다. 또 조선총독부와 철도국에서 후원하는 〈대금강산보〉에도 출연하여 해외 홍보용 영화를 마련하는 것도 그 준비의 일환이었다.

그에 따라서 일본에 거주하면서 발표한 신작 64종목 중 조선악곡을 사용하거나 조선풍을 표방한 조선무용은 30종이 되었다. 〈우리들의 카리카튜어/에헤야 노아라〉(1931/1933), 〈검무〉(1934), 〈승무〉(1934/1935), 〈영산무〉(1930), 〈풍년이 오면/마을의 풍작/마을의 군무〉(1931/1934/1936), 〈왕의 춤〉(1935), 〈조선풍의 듀엣〉(1935), 〈가면춤〉(1935),

---

240 『매일신보』1937.01.27. 8면. 「朝鮮情緒 가득히 실코 崔承喜、米國에 登場. 東京駐在米大使舘의 紹介로 報酬金은 十五萬弗」
241 신시대사 특파기자, 앞의 글, 1941.01, 245쪽.
242 『동아일보』1937.10.27 5면. 「崔承喜씨 渡來 金剛山譜撮影 二十四日着京卽時金剛山行. 朝鮮옷으로만 世界舞踊行脚」

〈세 가지의 코리안 멜로디/세개의 전통적 리듬: ①영산조, ②진양조, ③민요조〉
(1935/1937), 〈낙랑의 벽화에서〉(1936), 〈무녀巫女의 춤〉(1936), 〈유혹의 춤〉(1936), 〈가면
에 의한 트리오〉(1936), 〈코리언댄스〉(1936), 〈아리랑 선율〉(1936), 〈속무〉(1937.04), 〈옥
적곡〉(1937.04), 〈초립동〉(1937.04), 〈보현보살〉(1937.04), 〈신로심불로〉(1937.04), 〈민요
조〉(1937.04), 〈즉흥무〉(1937.04), 〈무녀舞女〉(1937.09), 〈봉산탈춤 중에서〉(1937.09), 〈신라
궁녀의 춤〉(1937.09), 〈아리랑에 부쳐〉(1937.09), 〈금강산무곡: ①보살춤, ②천녀무〉
(1937.09), 〈고구려사냥꾼〉(1937.09), 〈방아타령〉(1937.09), 〈천하대장군〉(1937.09)이 그것
이다.

　미국을 시작으로 세계를 일주하고 돌아 온 최승희는 자신의 공연용 프로그램은 다
음과 같이 세 가지가 있다고 하였다.

　　첫째, 승무 같이 종래 있는 전통 것을 보고 배우고 해서 발표하는 것. 둘째는 내가 상상해
　서 전설 같은데서 힌트를 얻어가지고 창작해서 하는 것. 예를 들면 조선 생활에서 테마를
　만들어서 활량이나 초립동이, 천하대장군 같은 대서 말이죠, 그런데서 힌트를 얻어서 춤으로
　맨드러 내는 것 하고요. 셋째는 전 동양적인 것, 일테면 보살이라던가 ― 광범위의 동양적인
　것, 아세아적인 것을 무용화 하자는 ― 이렇게 세 가지 플랜이 세워져 있어요.[243]

　최승희는 세계일주를 하는 동안에 '모두 조선 것'만 가지고 공연했다.[244] 하지만 '세
계를 돌아와 본 결과 조선무용으로도 자신은 있지만, 스케일이 좀 적은 점에서 더 큰
동양의 공통적인 테크닉이나 테마를 발견해 가지고 그것을 소화시켜서 소위 아세아적
인 무용을 해 보고 싶은'[245] 소망을 갖게 되었다.
　김관金管은 1937년 7월「최근 무용계 만평」에서 당시 국내 '인기로 보면 최崔・조

243　최승희・박승호・고봉경・채선엽・모윤숙 외 춘추사측 4인 좌담회,「최승희와 여류명사회담」,『春秋』
　　4호, 춘추사, 1941.05, 51쪽.
244　최승희・박승호 외 좌담회, 위의 글, 1941, 52쪽.
245　최승희・박승호 외 좌담회, 앞의 글, 1941, 51쪽.

趙·박朴의 순으로 되겠지만, 예술가로서의 질미質美나, 무용의 무게로 본다면 박·조·최의 순으로 전위轉位해야 옳다고 생각한다'[246]고 하였다. 김관은 박영인의 예술성을 가장 높게 평가했다.

오병년 역시 박영인에 대해 '오늘까지 걸어온 길이 동경東京에 있어서도 가장 신흥적인 무용을 보여준 사람'[247]이라고 평가했다. 당시 박영인의 '신흥무용'은 '노이에탄츠'를 지칭함을 확인할 수 있다. 그런데 독일에 가서는 조선무용을 양무洋舞로 창작하여 세계인의 관심을 끌었다고 한다. 이러한 기사는 다시 최승희와 조택원에게 영향을 주어 자신들의 조선무용을 해외에 나가서 더욱 의미 있게 만들고 싶도록 부추겼으리라 추측된다.

일제강점기 사회적 환경 영향에서 비록 자유로울 수는 없었겠지만, '신무용'이라는 예술 공연의 한 양식 속에 '조선무용'을 남다르게 수용하고 정립한 최승희의 공로는 대단히 큰 것이라고 할 수 있다. 조택원이나 박영인에게까지 영향을 미쳤음은 물론, 현재까지도 그 전통을 근거한 예술창작 지대를 제공하고 있기에 위대하다고 할 수 있다. 따라서 현재의 '신무용' 장르를 탄생시킨 근원으로서 최승희의 '조선무용' 신작 실험은 역사적 정점으로 인식할 수 있다. 그런 의미에서 〈에헤야 노아라〉(1933년 10월 초연)는 그 성공 작품이고, 〈영산무〉(1930년 2월 초연)는 최초의 시험 작품이라고 할 수 있다.

여기에서의 '조선무용'은 조선 고전의 복식, 음악, 리듬과 전통의 전설 등을 소재로 '조선정조'를 살린 정서적 분위기의 춤이며, 양무洋舞의 창작기법을 기초로 한 예술무용을 뜻한다. 최승희의 '조선무용'은 당시의 호평과 큰 인기 속에 창작을 기반으로 하는 '신무용'의 새 길을 제시한 양식이 되었다. 그로 인하여 대단한 성과를 거둔 예술무용가로 기억되었다.

---

246 『동아일보』 1937.07.25. 7면. 「最近 舞踊界 漫評. 金管」
247 『동아일보』 1937.09.10. 7면. 「藝苑人 언파레-드(四). 理智的 으로 美를 構成하는 新興舞踊家 朴永仁氏. 吳炳年」

3. 세계 무대에서의 최승희 무용공연과 작품 활동

최승희가 미국 각지에서 공연할 수 있도록 주선한 미국인 계약자 '바킨스'는 최승희가 '항상 조선의복을 입고 다닌다는 것'을 첫째 조건으로 걸었다.[248] 바킨스가 미국에서 연행하기 바라는 춤이 바로 '조선무용'이기 때문일 것이다. 그런 이유로 1937년 4월과 9월에 창작한 춤은 한복을 입고 춤출 수 있는 조선무용에 집중되었다.

1937년 12월 27일 오사카 항을 출발한 최승희 일행은 1월 14일 미국 샌프란시스코에 도착하였다. 최승희는 '독무만 한 30개 추려 가지고 샌프란시스코에 도착했다'고 하였다.[249] 그리고 1월 20일에 첫 공연을 절찬리에 마침으로써 최승희는 뉴욕의 메트로폴리탄 뮤직컴퍼니와 1월 21일부터 6개월간의 정식 공연계약을 맺었다. "브로드웨이, 메트로폴리탄 오페라 하우스에서 순차로 공연하며, 1월 22일에는 상항桑港(샌프란시스코)에서, 또 2월 2일에는 헐리우드의 제일 고급극장인 이베르극장에서 공연하기로 했다"고 예정했다.[250]

샌프란시스코에서의 성공적인 공연은 '메트로폴리탄 프레센트'의 기획 지원까지 힘입어 미국 땅 전체에서 승승장구를 기대할 수 있을 것 같았다. 그러나 일지사변日支事變(중일전쟁)[251]의 영향으로 미국 내 일부는 중국을 지지하면서 일본을 배척하고 일화비매운동 동맹이 확산되는 분위기가 농후했다.[252] 또 1937년 12월 파네호號 사건[253]으로 미국 내 대일 감정이 나쁠 대로 나빠져 있었다.[254] '공연 날 흥사단 중심의 재미교포들과 유태인까지 가세하여 구성된 반일 단체들이 공연장 입구에서 반일을 상징하는

---

248 『매일신보』 1937.10.27. 4면. 「『大金剛山譜』製作後 渡歐하는 崔承喜女史 朝鮮服을 입고 世界各地로 舞踊行脚」
249 최승희, 「舞踊十五年」, 앞의 글, 1940, 311쪽(김수현·이수경 엮음, 『한국근대음악기사사료집』 권8, 서울: 민속원, 2008, 434쪽에서 영인자료 게재).
250 『동아일보』 1938.02.25. 5면. 「世界舞踊界의 至寶 崔承喜女史 米國各地서 公演. 간곳마다 驚世的 絶讚」
251 중일전쟁(中日戰爭): 1937년 7월부터 일본의 침략으로 중국 전 국토에 전개된 전쟁.
252 최승희, 위의 글, 1940, 311쪽.
253 파네호 사건: 중국 양즈강에 정박 중인 미국 선박 파네호를 일본이 폭침시킨 사건.
254 신시대사 특파기자, 앞의 글, 1941, 245쪽.

배지를 팔면서 시위를 벌였다'고 한다. 또 '흥사단에서 나온 교포가 마이크를 들고 최 승희에게 "나는 일본 사람이 아니라 조선 사람이다"라고 공표하면 후원해 주겠다'고 했다고 한다. 그러나 한 아이의 엄마로서, 또 무용가로서의 삶을 계속 유지하기 위해 서는 그리 할 수 없는 노릇이었다. 이런 와중에 로스엔젤레스에서의 공연은 막을 올 렸고, 평론가들의 호평이 있었음에도 불구하고 공연의 성과는 엉망이 되었다.[255]

뉴욕으로 옮겨 간 최승희는 2월 20일 길드극장 무대에 오르게 되어 한편으로는 오 래도록 간직한 꿈을 이룬 듯 좋았다. 하지만, 극장 밖에서 벌어지는 항일 소동은 점입 가경으로 최승희를 압박하며 궁지로 몰아갔다. 사회적 분위기가 어수선한 가운데 최 승희는 길드극장에서의 공연도 성공리에 마쳤다. 그 기쁜 소식을 오빠 최승일에게 전 했고, 그 소식은 『동아일보』에 대서특필되었다.

> 조선의 고전무용을 새로운 형식에 담은 무용 — 〈승무〉, 〈탈춤〉, 〈에헤라 노하라〉, 〈락랑 벽화樂浪壁畫 중에서〉, 〈신라 궁녀의 춤〉 등은 세계적 무용예술의 감상에 눈높은 '파랑눈' 비 평가를 놀라게 하게 되엇다. 그리고 최여사의 반주를 맡아보는 피아니스트 이광준씨의 반주 에 대하여서도 샌프란시스코 공연시에 여러 비평가들로부터 오리엔탈 리듬東洋의律調에는 이 씨 이상의 반주할 피아니스트가 몇 안되리라는 격찬을 받엇는데 이같이 우리의 무용사절의 전도는 넓은 바다와 같이 양양하다.[256]

이 길드극장에는 다수 작가, 신문 기자 및 무용비평가를 초대하여 공연을 가졌는데, 최승희의 무용과 리광준의 음악이 절묘하게 잘 맞아서 서양인들의 눈과 귀를 놀라게 했다는 기사이다. "조선의 고유한 열네 가지의 춤으로 만장관중의 대인기를 끌었 다"[257]고 하였다. 다음과 같이 칭찬하는 비평이 『동아일보』에 게재되었다.

---

255 정병호, 앞의 책, 1997, 145쪽.
256 『동아일보』 1938.02.07. 3면. 「舞踊使節 崔女史 渡米公演 第一信: 世界藝術家의 메카 紐育 "메트로"에 서 公演. 東洋人으로서 最初의 專屬契約. 激贊의 雷聲! 꽃다발 沙汰!」
257 『동아일보』 1938.04.05. 5면. 「崔承喜女史의 世界的 成功. 東洋藝術에 固有한 優雅纖細가 特色. 뉴욕

뉴욕 헤라르드 트리뷴—지에 二十一일 지상에 최승희 여시의 무용을 다음과 같이 칭찬의 비평을 하였다. 〈반도의 방랑자〉, 〈아리랑 이야기〉, 〈촌색시와 기차〉 등의 무용 가운데 〈반도의 방랑자〉는 가볍고 유모아하며 데리게—트한 표현과 식그리한 맛은 관색을 움켜쥐는 듯한 힘이 있다.

또 뉴욕타임스지는 21일 신문 지상에 다음과 같은 비평을 하였다. 최승희 여사의 자태는 관객을 이끄는 점이 있었으며, 표현기술에 있어서도 어색하고 거북한 점이 없이 그 기술을 잘 표현시컷다.[258]

당일의 프로그람은 조선의 고전적·민속적 유모어의 춤인데 가장 관중의 인기를 끈 것은 유모어와 민속적 춤들이었다. 개중에도 〈조선의 표박자漂迫者〉라는 가면춤은 춤자체로 기괴奇怪하거니와 그 가면이야말로 가위 천외天外의 기상奇想이엇으며, 화려한 〈고려대장〉의 뽐내는 춤도 역시 진기한 가면춤이엿엇다. 고아하고도 화려한 의상은 춤마다 변하야 관중의 끝없는 환심歡心을 삿다.[259]

길드극장에서 공연된 14종목의 춤은 아래와 같다.[260]

〈표 20〉 1938년 2월 20일 뉴욕 길드극장 공연 14 종목

1. 신혼여행	2. 신라 궁녀	3. 도승(道僧)의 유혹
4. 상별곡(相別曲)	5. 낙랑의 벽화	6. 검무
7. 조선의 표박자(漂迫者)	8. 고구려의 전무(戰舞)	9. 고려대장(高麗大將)
10. 조선무희(朝鮮舞姬)	11. 기념제무(記念祭舞)	12. 농가(農家)의 처녀(處女)
13. 관상기(觀相家)	14. 새실랑	—

'신 紙論評의 一節」

258 『동아일보』 1938.02.23. 3면. 「崔承喜女史의 舞踊을 絶讚. 作家, 記者招待公開」

259 『동아일보』 1938.04.05. 5면. 「崔承喜女史의 世界的 成功. 東洋藝術에 固有한 優雅纖細가 特色. 뉴욕산 紙論評의 一節」

260 『동아일보』 1938.04.05. 5면. 「崔承喜女史의 世界的 成功. 東洋藝術에 固有한 優雅纖細가 特色. 뉴욕산 紙論評의 一節」

『동아일보』 4월 5일자에는 〈조선의 표박자〉로 소개된 것이 2월 23일자의 『동아일보』와 『매일신보』에는 〈반도의 방랑자〉로 소개되었다.[261] 두 기사가 똑같이 뉴욕 헤럴드 트리뷴지를 인용한 것인데, 유랑 예인의 모습을 희화한 유모어가 있는 작품의 제목을 영문으로 소개한 것에 대해 우리말로 재해석하면서 서로 다른 표기가 적용된 것으로 보인다. 표박자나 방랑자는 모두 '정처 없이 이곳저곳으로 떠돌아다니며 지내는 사람'을 뜻하므로 영어 단어 해석의 문제일 뿐이라고 본다. 최승희 작품 중에서 방랑자를 소재로 다룬 최초의 춤은 1930년 10월 21일~22일까지 공연한 제2회 신작무용발표회의 〈방랑인의 설음〉과 〈집시의 무리〉일 것이다. 이 때는 조선의 식민지 현황을 묘사하는 춤으로 창작되었다. 다음은 1932년 4월 28일~30일까지 공연한 제5회 신작무용발표회에서 〈유랑인의 춤〉이 발표되었다. 다음은 일본에서 1935년 10월 22일의 제2회 신작무용발표회에서 〈호니호로사; 유랑예인〉를 발표하였다. 이 때는 일본 유랑예인을 희화한 작품이었다.[262] 뉴욕에서는 '조선'이라거나 '반도'의 '방랑자=표박자'라고 했다. 그동안 최승희는 동서양을 관통하는 다양한 방랑자를 작품의 소재로 사용했으며, 그 중 세계일주 공연 중에는 조선의 유랑예인을 소재로 풍자의 춤을 추었다.

〈도승의 유혹〉은 곧 〈승무〉를 말한다. 최승희의 〈승무〉는 '송도(개성)의 명기 황진이가 당시 고승으로서 불심이 견고한 만석승(지족선사)을 유혹하려고 춤추는 것을 연원으로 한 것'이라고 한다.[263] 즉 〈도승의 유혹〉이라고 『동아일보』에 표기 된 것은 〈승무〉라는 제목을 외국인이 쉽게 이해하도록 붙인 새 제목인 것이다. 이때의 프로그램은 전반적으로 조선의 정서를 표현해 내는 '조선무용'으로 구성되었다. 그리고 여러 종의 다양한 '조선무용'으로 뉴욕 비평가들을 놀라게 했다.

261 『동아일보』 1938.02.23. 3면. 「崔承喜女史의 舞踊을 絶讚. 作家, 記者招待公開」; 『매일신보』 1938. 02.23. 2면. 「崔承喜女史 米紙가 絶讚! 뉴욕의 첫 公演」
262 최승희, 앞의 책, 2006, 183쪽.
263 이정노, 「1930년대 조선무용의 양식적 특성에 관한 연구: 최승희 작품을 중심으로」, 『민족미학』 14권 2호, 민족미학회, 2015.12, 91쪽.

참으로 최승희의 무용은 다종다양多種多樣이다. 타악기로 추는 〈검무〉 같은 씩씩한 무사武士의 춤도 추었다가 유연悠然하고 호장浩長한 〈신라의 벽화〉 같은 춤도 추었다가 〈초립동〉이 같은 참으로 허리가 부러지게 웃기는 춤도 춘다는 것은 한 개의 큰 경이驚異라고 할 수 있다. 우리는 여태껏 춤을 보고서 그렇게 허리가 부러지게 웃어 본적은 없다.[264]

이처럼 최승희는 씩씩한 무장의 모습을 〈검무〉로 표현했는가 하면, 〈새실랑〉으로 표기된 〈초립동〉은 코믹 연기로써 폭소를 자아내는 춤을 창작하여 보였다. 그런가 하면 또 유연하고 호장한 표현에도 성공한 것으로 보인다. 그야말로 다종다양한 춤으로써 비평가의 호감과 칭찬을 받았다.

한편, 뉴욕에서 봄공연의 성공과는 무관하게 최승희를 둘러싼 사회적 분위기는 다음과 같이 더욱 악화되어 갔다.

이처럼 공연 평은 좋았으나 관객은 적었고, 반일감정이 고조되면서 거리에는 '최승희의 공연을 보지 말자'라는 플래카드까지 걸리는가 하면 그의 매니지먼트인 메트로폴리탄 뮤직컴퍼니에 최승희와의 계약을 파기하라는 압력이 가해졌다. …… 그렇게 되자 메트로폴리탄 컴퍼니 또한 타격을 입지 않을 수 없었다. …… 계약을 파기한다는 것을 전화로 알려왔다.[265]

공연자로서는 최악의 사태까지 맞게 된 최승희와 안막 부부는 유럽행 일정을 당겨 보려고도 했다. 하지만, 그 역시 이미 짜여진 유럽 공연 스케줄이 시간적 차이가 있어서 안 될 일이었다. 일정을 따르기 위해서라도 1938년은 미국 안에서 이를 감내하며 견뎌야 하는 극한 현실에 처하게 되었다. 더 이상의 공연 제의가 없는 가운데, 뉴욕에서의 생활은 점점 곤란에 빠져 들어갔다. 정병호는 최승희가 이 시기에 '그러한 고생을 겪는 동안에 조선 사람이리는 민족의식을 삿게 되었고, 그 때까지 상승가도만 달

---

264 최승일, 「승희 이야기」, 『女性』 4권 6호, 조선일보사, 1939.06, 68쪽.
265 정병호, 앞의 책, 1997, 146쪽.

려오던 길에서 잠시 멈춰 자기 춤을 냉정히 되돌아 볼 시간을 가졌다'고 했다.[266]

사면초가의 어려움에 빠져 있던 최승희에게 새로운 기회가 왔다. '흥행회사 엔비시 (NBC)에서 뉴욕 공연을 다시 한번 해 보자'는 제의를 받았고, 더 이상 물러날 곳이 없었던 최승희는 다시 용기를 내어 뉴욕 공연을 감행하였다.[267] 1938년 11월 6일, 마침내 뉴욕 길드극장에서의 공연이 성사되었고, 그 결과는 매우 성공적이었다고 한다. 뉴욕타임즈와 뉴욕썬지에는 당시 공연에 대해 다음과 같은 평을 게재하였다.

> (뉴욕타임즈) 최승희는 실로 아름답고 정숙貞淑한 부인으로서 의상에 대하여서도 예술가다운 감각을 가지고 잇고 그 예술은 참으로 경쾌하다. 최승희의 성공은 그 조흔점을 구사하여 '바라이어티'를 내이는 데 있다.
>
> (뉴욕썬지) 최승희의 무용은 신선미新鮮味에 넘치어 모든 사람이 곧 그 성공을 인정하엿다. 그 주제는 불교신앙의 이상가理想家이엇는데 일정한 '포-즈'를 변하지 안코 그 손과 팔의 간소하고 스무스한 움즉임은 인도의 대무용가 '상카'의 모습을 연상시키는 것이 잇어 그 춤의 최고조는 풍윤한 예술적 경지를 보였다.[268]

『뉴욕 썬지』에서 묘사한 춤의 제목은 〈보살춤〉일듯하다. 최승희는 이 때, '동경에 있을 때에는 일본인들이 좋아하는 춤을 발견하였고, 뉴욕 현지에서는 서양 사람들이 좋아하는 조선춤을 발견하였다'[269]고 했다. 특히 서양인들은 조선춤의 반주를 피아노로 하는 점에 대해 비판적 반응을 보이는데 비해 우리 고유의 타악기 반주로 추는 조선춤에 대해서는 비평가들의 호평이 있었다고 하였다.[270] 최승희 자신도 '뉴욕에서 조선의 산천과 하늘, 구름을 꿈꾸면서 축음기로 영산회상을 듣고, 조선의 민요를 들으면

---

266 정병호, 앞의 책, 1997, 150쪽.
267 정병호, 앞의 책, 1997, 149쪽.
268 『동아일보』1938.11.17. 5면.「최승희여사 舞踊會. 紐育各紙好評. 길드극장에서 공연」
269 최승일,「승희 이야기」, 앞의 글, 1939, 68쪽.
270 최승일, 위의 글, 69쪽.

서 조선의 정서를 끌어안으면서 안무를 한다는 것은 신비스런 감정이 복받친다'[271]고 했다. 이런 경험을 바탕으로 최승희와 안막은 유럽에서 공연할 작품을 선정하고 다듬어 준비하는 일에 매진했고, 가야금과 대금 악사도 긴급히 구해서 보내달라고 최승일에게 주문했다.[272]

뉴욕 길드극장에서의 11월 재공연에 다행히 큰 호평을 받고, 가벼운 마음으로 12월 15일[273]에 미국을 떠나 파리로 향하였다.

> 뉴-욕에 체재중인 반도의 무히舞姬 최승히崔承喜 녀사는 지난달 초순에 다시 공연을 하야 각 방면에서 큰 호평을 바덧섯는데, 이번에는 반도무용의 정수를 구라파 비평가들에게 보히기 위하야 구라파 무용행각의 길을 써나게 되야 15일 다수한 사람의 전송을 바드며 뉴~욕을 써나 파리巴里로 향하얏다.
> 그런데 최승히녀사는 구라파행각을 맛친 다음 남미로 건너갓다가 래년 가을에 다시 아메리카로 도라 올 예정이라 한다.[274]

> 추란스 애트란틱 회사의 파리호로 뉴-욕으로부터 불란서의 루아불 항에 도착하얏다. 최녀사는 미국 체재중에 각방면으로 절찬을 바덧슴으로 구라파에서도 벌서부터 인긔가 놉다고 한다.[275]

> 반도의 무히 최승희씨는 31일밤 불란서 파리에서 유명한 극장 '살·푸레엘'에서 공연회를 열엇다[276]

271 최승일, 위의 글, 69쪽.
272 강준식, 『최승희 평전: 한류 제1호 무용가 최승희의 삶과 꿈』, 서울: 눈빛출판사, 2012, 221쪽.
273 최승일은 "12월 17일에 대서양을 건넜다"고 하였다. 최승일, 앞의 글, 1939, 69쪽.
274 『매일신보』 1938.12.18. 3면. 「藝術을 通해 쏩내는 朝鮮. 人氣를 一身에. 우리의 舞姬崔承喜 紐育서 巴里로 出發」
275 『매일신보』 1938.12.26. 2면. 「舞姬崔承喜……佛蘭西倒着」
276 『매일신보』 1939.02.02. 3면. 「舞姬崔承喜 巴里서 公演」

〈화보 25〉 최승희 파리 제1회공연 팜플렛 표지[277]

최승희는 미국에서 12월 15일에 출발하여 프랑스 루아블LeHavre 항구에 12월 24일 도착했다. 미국 체류 중 '조선고유의 풍유한 무용을 연하야 절찬을 받고, 구라파에 있어서도 동양으로 대 호평을 받을 것으로 본다'고 했다. 또 '특별히 조선정조를 백퍼센트 조화한 춤이 성가를 나타내는 바이다'라고 했다.[278] 미국에서는 시국 관계로 활동이 부진했으나, 불란서를 비롯한 구주 각국에서의 봄 시즌에는 분주한 활동을 통해 무용 조선의 힘을 보여 달라는 주문도 있었다. 특히 '작년 조택원씨를 통하여 우리 무용이 소개된 곳인 만큼 여사의 무용예술은 자의

字意 그대로 그 땅의 봄 시-즌 무용계에 꽃을 피울 것이라 기대된'고 하였다.[279]

마침내 프랑스 르아블항으로부터 최승희는 파리로 이동하여 사보이호텔에 여장을 풀었다. '유럽 공연에서는 우선 포스터나 팜플렛의 디자인을 바꾸었다. 이름은 한자로 崔承喜, 영어로는 일어 발음인 사이 쇼키SAI SHOKI라 했으며, 국적의 성격을 띠기도 하는 민족명을 코리안이라고 했다'[280]고 한다. 〈화보 25〉는 당시 프로그램 표지의 모습이다.[281]

---

277 (사)한겨레아리랑연합회 제공. 표지의 왼쪽 날개를 펼친 모습이다. '극동의 유명한 무용가 SAI SHOKI'로 소개하고 있다.

278 『동아일보』 1938.12.26. 3면. 「巴里舞踊界에 빛날 崔承喜女史舞踊: 뉴욕에서 불란서에 행각」

279 『동아일보』 1939.01.04. 3면. 「世界에 빛나는 우리 名匠. 舞踊藝術의 精華: 朴永仁씨는 獨逸서 硏鑽. 崔承喜女史는 世界行脚. 形式的 近代舞를 標徵化」

280 정병호, 앞의 책, 1997, 151쪽.

281 (사)한겨레아리랑연합회(이사장 차길진)에서 2017.09.08.일 이메일 제공. 인테넷신문 후아이엠 주필

1939년 1월 31일 프랑스 파리 살 프레옐 극장에서의 첫 공연 프로그램은 다음과 같다.[282]

〈표 21〉 프랑스 파리 살 프레옐 극장에서의 최승희 첫 공연 프로그램

		불어 제목의 해석	원 제목	음악
제1부	1	Séductrice Bouddhiste 불자를 유혹하는 여성	승무	고전음악
	2	Tenka Taishogun 덴카타이쇼군	천하대장군	타악기 반주
	3	Melodie enchanteresse 매혹적인 멜로디	옥적곡	고전음악
	4	Danse de <Kiisan> 기생춤	장고춤	민속음악
	5	Rêve de sa jeunesse 젊은 날의 꿈	신로심불로	타악기 반주
제2부	1	Bodhisativa 보살춤	보살춤	궁정음악
	2	Un jeune charmeur 젊은 엽색가	한량(활량)무	민속음악
	3	Fresque de Royang 로양(RoYang)의 프레스코	낙랑의 벽화	궁정음악
	4	Bouffon errant 유랑예인	조선의 방랑인 (표박자)	타악기 반주
제3부	1	Enfant marie 꼬마신랑	초립동	민속음악
	2	Détresse de Shunko dans la prison 옥중 슌코(春子)의 고통	춘향 애사(哀史) 또는 옥중춘향	고전음악

윤석진에게서 입수한 프로그램 자료임.

282 『뉴시스』 2017.09.08. 「전설의 댄서 최승희, 일제강점기 프랑스 공연 전모 드러났다.」〈http://www.newsis.com/view/?id=NISX20170908〉의 기사를 참고로 (사)한겨레아리랑연합회(이사장 차길진)에 의뢰하여 인테넷신문 후아이엠 주필 윤석진에게서 입수한 자료를 바탕으로 제시한 프로그램이다.

		불어 제목의 해석	원 제목	음악
제3부	3	Danse de l'Epée 칼춤	검무	타악기 반주
	4	Sorcière de Séoul 서울의 무녀	무녀(의) 춤	고전음악

　살프레엘 극장 정원 2,546석이 꽉 들어차고, 비평가의 평판도 좋을 뿐 아니라, 대단한 선풍을 일으키며 성공을 거두었다.[283] 이번 최승희 공연의 성공 여파는 유럽 각지에서의 공연 계약이 쇄도하고, 벨기에 브루셀에서 거행되는 제2회 국제무용콩쿠-르의 심사위원으로까지 선정되는데 이르렀다.

　　조선이 나흔 무용가 최승희녀사는 지금 불란서 파리에서 '스터듸오'를 개설하고져 연구를 하는 한편 지난 1월 이래로 각지에서 공연을 하는 등 크게 활약을 하고잇다. 즉 1월 31일에는 파리의 살·프레이에르에서 처음 공연하야 성공한 것을 비롯하야 2월 6일은 쌕럿셀의 페레스치 보사-르, 26일에는 카느의 미니시플 테아타, 3월 1일에는 마르세이유의 국립오페라, 4월 2일에는 독일의 쭉스부억(듸스부르크)의 오페라에서 공연하야 모다 호평을 밧고 계속하야 15일에는 암스텔담과 헤-그 등 화란和蘭(네덜란드) 지방의 다섯 군대와 월말에는 쌕럿셀, 안토와프, 루방, 백이의白耳義(벨기에) 공연을 하는 외에 독일, 서서瑞西(스위스) 이태리伊太利, 영국英國 등에도 공연할 예정이라 한다. 그런데 녀사는 4월말부터 5월에 걸처서 쌕럿셀에서 거행되는 제2회 국제무용콩쿠-르의 심사위원 중 한 사람으로 선거되어 반도녀성으로서 만장의 긔염을 올리게 되엇다 한다.[284]

　최승희는 서양인이 선호하는 조선춤을 중심으로 26종의 레퍼토리를 갖추어 정비하

283　강준식, 앞의 책, 2012, 227쪽.
284　『매일신보』 1939.04.16. 2면. 「半島女性의 자랑 舞姬崔承喜 歐洲에서 活躍中. 國際舞踊콩쿠르 審査員 被選」

였다[285]고 한다. 정병호가 '파리에서의 공연 레퍼터리는 다음과 같은 작품들에서 선정한 것 같다'고 표현하며 26종을 제시한 것이다. 그 종목은 다음과 같다.[286]

〈표 22〉 최승희 파리 공연 레퍼토리의 모음(정병호 제시)

정병호 제시 목록	음악	원제목	초연 연도/지역
1. 비취피리의 멜로디	궁중음악	옥적곡*	1937.봄/경성
2. 보살	〃	보살춤*	1937.09/동경
3. 신라의 궁녀	〃	신라 궁녀의 춤	1937.09/동경
4. 고대의 춤	〃		?
5. 고구려 프레스코	〃	낙랑 벽화에서*	1936.09/동경
6. 불교의 요부	〃	승무*	1934.09/동경
7. 에헤야 노아라	고전음악	에헤야 노아라	1933.10/동경
8. 용왕의 희생	〃		?
9. 백학	〃		?
10. 꼬마신랑	〃	초립동*	1937.봄/경성
11. 감옥에 갇힌 춘향	〃	춘향 애사*	1939.01/파리
12. 기생춤	민속음악	장고춤, 기생춤*	1939.01/파리
13. 가을걷이 춤	〃	마을의 풍작	1934.09/동경
14. 아리랑	〃	아리랑 선율	1936.09/동경
15. 농촌 처녀	〃	시골처녀	1936.09/동경
16. 시골 소년	〃		?
17. 한량	〃	한량무, 활량*	1939.02/파리
18. 서울의 점쟁이	〃	무녀(의) 춤*	1936.09/동경
19. 민속 장단	〃	민요조(?)	1935.10/동경
20. 검무	타악기 연주	검무*	1934.09/동경
21. 조선의 유랑패거리	〃	유랑인의 춤 조선의 밤량인*	1932.04/경성 1938.02/뉴욕

285 강준식, 앞의 책, 2012, 226쪽.
286 정병호, 앞의 책, 1997, 152~153쪽.

정병호 제시 목록	음악	원제목	초연 연도/지역
22. 동양의 리듬	〃	오리엔탈 리듬	1937.09/동경
23. 부처에 대한 기도	〃	보현보살(?)	1937.봄/경성
24. 천하대장군	〃	천하대장군★	1937.09/동경
25. 고구려의 전쟁무	〃	고구려의 전무(戰舞)	1938.02/뉴욕
26. 왕의 춤	〃	왕무(王舞)	1935.10./동경

정병호가 무엇을 참고하여 제시한 목록인지는 알 수 없다. 다만 위의 26종목 중 파리에서 발표한 첫 공연의 13종목 프로그램 중 12곡목이 제시되어 있다. 〈신로심불로〉는 보이지 않는다. 대체로 일본으로 재도일한 후에 독무獨舞로 창작한 춤들이 공연에 올려졌다. 〈유랑인의 춤〉(1932.04.28. 초연)은 경성에서 제5회 신작무용발표회에서 처음 공연되었는데, 일본으로 건너가서는 제2회 신작발표회에서 일본의 유랑예인 〈호로호니사〉(1935.10.22. 초연)를 창작했다. 그리고 뉴욕 길드극장에서는 다시 〈조선의 유랑예인〉이라는 제목의 조선무용으로 창작한 것이다.

어째든 최승희의 말대로 30여 종목의 조선무용 독무獨舞를 가지고 유럽에서는 다음과 같이 활동했다고 하였다.

> 파리를 중심으로 스물네 번, 백이의白耳義(벨기에)에서 아홉 번, 화란和蘭(네덜란드)에서 열한 번 파란波蘭(폴란드)과 남독일서도 하고 작년 5월까지 40여회의 공연을 호평가운데 끝냈습니다.[287]

이처럼 최승희가 개인적인 성과를 축적해 간 것은 한편 당시 일본 식민지 정책의 성공을 알리고 선전하는 효과도 없지 않았다. 최승희와 박영인, 조택원이 조선춤으로 '조선의 그윽한 향기와 함께 큰 기염을 올리고 있는 것'에 대해 조선총독부 외무부에서는 이러한 조선 예술계를 해외에 선전하고자 나섰다. 조선 예술을 세계에 알릴 수

---

287 신시대 특파기자, 「돌아온 崔承喜: 춤의 世界一周談」, 앞의 글, 1941, 245쪽.

있는 책자와 조선의 풍속과 관습을 실은 『조선의 년중행사朝鮮年中行事』라는 책을 영역英譯 집필하도록 하태흥河泰興에게 의뢰하였다. 그 목적은 '조선을 들러 가는 외국 관광객에게 주어 널리 소개하겠다'는 것이었다.[288] 침략전쟁 준비를 서두르며, 철도국원들의 제복 단추까지도 금속품을 목제품으로 바꾸고 있는 당시 상황[289]이었음에도 불구하고, 조선 예술을 그들이 선전하고자 하는 이유는 무엇일까? '조선의 문화를 잘 육성'하고 관리하고 있는 일본 식민지 정책의 성공적 이미지를 자랑하는 수단이 되었으리라 생각한다.

유럽에서의 가을 시즌에는 북독일을 포함하여 이태리와 발칸제국을 순회 공연할 예정이었다. 그러나 1939년 9월 1일 프랑스에서 독일과의 전쟁을 선포함으로써 9월 15일부터 개시하려던 60회 정도의 최승희 공연 계약들이 모두 취소되었다.[290] 최승희는 전운이 감도는 파리에 머물며 피난 생활을 3개월 동안 하다가 미국으로 옮겨 간 것이 미국 현지 시간 10월 21일이었다.

[紐育電報] 구라파에서 구주대전의 피란민 190명을 실은 우선 상근환郵船箱根丸은 21일 오전 아홉시 뉴-욕 항구 박게 도착하야 동 11시(일본시간 22일 오전1시) 부특크린 11호 항구에 무사히 들어왔다. 승객 중에는 불란서 파리에 체재하고 있든 우리의 무용가 최승희 녀사도 씨어 잇섯는데 그는 얼골에 조곰도 피로한 괴색좃차 보히지안코 감상을 다음과 가티 말하얏다.

"나는 파리에만 머물러 잇섯습니다. 대전 전후부터 정식의 무용은 전부 하지 못하리 만큼 예술의 나라 불란서도 매우 긴장하고 잇습니다. 그러나 무용의 연습만은 여러 곳에서 하고 잇는 것을 보앗습니다. 압흐로는 얼마동안 미국에서 공부할 작정입니다."[291]

---

288 『매일신보』 1939.02.22. 2면. 「藝術朝鮮 大氣焰! 춤을 世界에 紹介. 본부에서 英文版을 發行宣傳 『朝鮮年中行事』도 同時英譯」
289 『매일신보』 1939.02.22. 2면. 「鐵道局員들도 制服단추 改替」
290 『매일신보』 1939.10.02. 3면. 「半島의 舞姬 崔承喜女史 伊太利에서 公演」
291 『매일신보』 1939.10.25. 3면. 「動亂의 佛國에서 舞姬崔承喜 渡米」

강준식은 최승희가 비자 없는 상태로 '10월 21일 뉴욕에 기항했다가 26일 파나마로 가는 도중 메트로폴리탄의 무선 연락을 받고 쿠바 → 플로리다를 거쳐 11월 초순 뉴욕에 다시 돌아왔다'고 정리했다. '숙소를 정한 최승희 부부는 11월 9일 메트로폴리탄과 6개월간의 북남미 순회공연 계약을 체결했다. 첫 공연일정은 12월 28일 브로드웨이에 있는 세인트제임스극장으로 잡혔다'고 했다.[292]

그런데 최승희는 자신이 '섯달(12월)에 다시 미국으로 건너와서 올 4월까지 제2회공연을 하였다'고 했으며, 이후 '중미中米를 거쳐 지난 5월 말 남미南米로 ― 알젠틴, 브라질, 지리-, 페르, 콜롬비아 등지를 두루 돌아 멕시코 코스타리카를 최후로 도합 150회의 공연을 하고서 돌아왔다'고 했다.[293] 3년 동안이나 독무로써 조선무용만을 연행하며 세계무대를 일주하고 일본으로 돌아갔다.[294] 최승희는 세계일주 '여행에서 20여 종의 신작을 얻었다'[295]고 했다. 떠날 때의 30여 독무 작품과 여행 중의 신작 20여 독무를 합하면 총 50여 종의 신작무용을 가지고 공연했음을 알 수 있다.

당시 구미의 무용계는 양적으로 크게 발전된 반면 질적으로는 풍부하지 못하고, 특히 솔로댄서의 빈곤시대에 놓여 있는 상황이었다.[296] 최승희는 그러한 시대에 일본식민지의 교두보인 작은 나라 조선의 모습을 세계에 소개하였다. 단신으로 조선무용을 춤추는 솔로댄서의 우아하고 아름다운 몸짓의 무용가로, 풍자와 유머가 넘치는 귀엽고 사랑스런 무용가로, 남성적이거나 강한 이미지의 가면을 착용한 극적 호방함을 표출하는 무용가로, 다종다양한 매력 넘치는 춤으로 관객을 사로잡은 무용가로 각국 평론가들의 호평을 받으며 반향을 일으킨 점은 세계무대에서의 그 공헌이 분명했다.

---

292 강준식, 앞의 책, 2012, 245쪽.
293 신시대 특파기자, 「돌아온 崔承喜: 춤의 世界一周談」, 앞의 글, 1941.01, 245쪽.
294 『매일신보』 1940.11.08. 4면. 「演藝消息: 崔承喜女史 十二月三日歸朝」"반도의 무희최승희양은 해외무용행각에서 드듸어 오는 12월 3일 횡빈(橫濱) 입항의 용전환(龍田丸)으로 귀조할터인데, 1월 2월은 내지(內地)에서 귀조보고공연(歸朝報告公演)을 하고 3월부터 4월은 선(亘)하야 만선대륙공연(滿鮮大陸公演)을 할 예정이다."
295 신시대 특파기자, 위의 글, 1941.01, 248쪽.
296 신시대 특파기자, 위의 글, 1941.01, 246쪽.

4. 최승희의 신무용, 조선무용의 특징

지금까지 최승희의 신작공연 활동 중심으로 신무용 작품들을 살펴보았다. 우선 이시이 바쿠로부터 독립하고 일본에서 한반도로 돌아온 후, 최승희의 무용연구소 운영 및 창작활동을 정리하였다. 그리고 다시 일본으로 건너 간 이후 3년간의 신작무용공연활동을 구분하여 정리하였으며, 다음은 세계일주 시 조선무용이라는 아이템을 독무로서 공연하며 활발히 활동하던 때의 최승희 춤의 특징과 변화과정을 밝히는데 주력하였다.

최승희를 비롯한 당시의 신문기사들은 창작 안무한 무용작품을 '신무용' 혹은 '신작무용'이라고 표기하였다. '무용'이라는 말은 일본으로부터 한반도로 수입되어서 기존의 '무도'라는 용어와 교체된 일제강점기의 새 용어이다. '무용'이라는 말은 1910년대에는 주로 일본 예기藝妓의 무용을 직접적으로 지칭했었다. 그러다가 1920년대부터는 서양의 춤(댄스) 또는 예술성을 갖춘 공연활동의 춤을 폭넓게 뜻하는 용어로 변화되었다. 1927, 28년을 기점으로 예술적 가치를 내포한 '무용'이라는 말은 '무도'를 대신하며 우리 한반도에 완벽하게 정착되었다.[297]

1926년 3월 21일 이시이 바쿠의 내한공연에서 16세 소녀 최승희는 〈수인囚人〉이라는 작품을 처음 보면서 '아! 나는 그때 저것은 춤이 아니라 무엇을 표현하는 것이로구나 하고 생각했다. 나는 춤이란 기쁘고 즐거울 때만 추는 것이라고만 믿었었다'고 하였다.[298] 이시이 바쿠의 공연을 통해 최승희는 기존의 춤과는 다르게 무용이란 무대 위에서 무언가를 표현할 수 있는 예술행위라는 것을 처음 알았다고 했다. 그래서 그리한 무용을 배울 것을 그 자리에서 곧 결심했다고 한다. 이것이 최승희가 이시이 바쿠를 좇아 일본으로 달려간 이유 중 하나이다.

---

297 이종숙, 「'무용(舞踊)', '신무용(新舞踊)' 용어의 수용과 정착: 『매일신보』·『동아일보』·『조선일보』 기사를 중심으로」, 앞의 논문, 2017.09, 31쪽.
298 최승희, 「나의 舞踊十年記」, 『삼천리』 8월 1호, 삼천리사, 1936.01, 109쪽.

최승희가 일본에서 이시이 바쿠로부터 배운 '무용'은 바로 표현하는 춤인 '예술무용'이었다. 당대의 모던댄스modern dance이다. '진군나팔처럼 사람들을 끌어 올리는데 도움이 되는 춤'[299]이 그것이다. 이시이 바쿠로부터 3년 동안을 학습한 최승희는 한반도에 돌아와서 1930년부터 개인 및 연구소 공연을 위해 창작활동을 적극 펼쳤다. 그녀의 신무용들 중 사람들에게 크게 칭찬받았던 작품은 〈인도인의 비애〉, 〈애수의 을녀〉와 같은 조선인의 애환을 직간접적으로 표현한 것이었다. '조선정조朝鮮情調'가 담긴 새로운 주제의 춤을 창작하여 공연함으로서 조선인 관객의 호응을 뜨겁게 받았다.

최승희는 조선에서 생활할 당시 자신의 창작 안무 의도 및 지향점을 크게 4가지로 구분하여 제시하였다. 첫째, 경쾌하거나 에로틱한 음악적 감흥을 무용으로 가시화 하는 것. 둘째, 조선 민족의 억눌린 감정을 타민족의 역사나 정서로 비유하여 표현하는 것. 셋째, 조선의 전통음악을 사용하여 우리민족의 태평하던 시절의 독특한 미와 생활감정을 현대적으로 표현한 것. 넷째, 세계의 이국적異國的 정경을 무용화 한 것이 그것이다. 이 네 가지 안무 방향을 구체적으로 설명한 시기는 1930년 10월 21일자 『조선일보』를 통해서 이다.[300] 비교적 초기 활동에서 4가지 안무 방향을 구체적으로 제시했는데, 결혼을 전후 하여 최승희는 신세대 젊은이들의 사랑이나 신여성상을 춤 안무에 추가하였다. 즉 다섯 가지의 안무 지침을 마련하고 공연 무용작품을 창작하였다.

조선에서는 3년 동안 신무용 작품을 총 72편 발표하였다. 그 중 음악적 감흥을 가시화 한 것 18편, 조선 민족의 설움과 억압 등의 정조를 표현한 것 34편, 조선의 음악을 사용하여 전통시대의 생활정서를 표현한 것 6편, 세계 각국의 이국적 정서 및 정경을 표현한 것이 11편이었다. 그리고 신세대의 사랑 또는 신여성을 표현한 것은 3편이었다. 최승희는 이시이 바쿠의 〈수인〉과 같이 민족적 핍박 또는 억압으로부터의 해방을 표현하는 등의 예술작품을 주로 안무 발표하였다. 한반도의 주 관객들이 호응하고 칭찬하는 무용이 바로 '조선정조'를 표현하는 그러한 것이기 때문이다. 그밖에 서

---

299 이시이 바쿠, 김채원 역, 앞의 책, 6쪽(서문).
300 『조선일보』 1930.10.21. 5면. 「무용에 대하야. 완(完): 第二回新作發表會를 압두고. 崔承喜」

양 음악적 감흥을 춤으로 표현한 작품이 다음을 이루었다. 서양무용가로서의 자신의 입지를 분명히 자리매김 한 것이다. 조선의 전통음악이나 옛 정서를 표현하는 작품은 6편에 불과했으며, 당시의 비평가들에게서는 주목받지 못하였다.

최승희가 조선의 전통 문화나 복식과 음악 등을 기초하여 안무한 새로운 형식의 춤에 대해 세간의 주목을 크게 받으며 반향을 일으킨 것은 일본에서이다. 조선반도에서의 활동을 접고 1933년 3월 4일 일본으로 다시 건너간 이후, 그해 5월 20일의 여류무용가대회에서 최승희는 신예무용가로서 두각을 크게 나타내기 시작했다. 조선에 있을 때 안무한 기존 작품 〈인도인의 비애〉와 〈우리의 카리카튜어〉, 〈비가〉를 공연했는데, 뜻밖에도 일본인 지식층 문사들의 큰 호평을 받았다. 그로 인해 최승희의 '조선무용'은 독자적이며 독보적인 춤 양식으로 인구에 회자되기 시작했다. 특히 〈우리의 카리카튜어〉는 1933년 10월에 있었던 석정막무용연구소발표회 때 〈에헤야 노아라〉로 개명하여 공연했는데, 일본의 명사들로부터 절대적 환영을 받았다. 여기에 힘을 입은 최승희는 1934년 9월 20일의 일본 제1회 신작무용발표회로부터 점차 조선무용의 비중을 늘려가기 시작했다.

일본에서는 최승희의 조선무용을 특히 선호하였다. 1935년에는 일본무용이나 중국무용을 기초한 작품도 안무하였으나 조선무용에 비해 냉담한 반응이었다.

1936년 1월 1일부터 해외 진출의 포부를 드러내며, 많은 공연 활동을 이어가던 중 그해 가을부터 세계진출의 길이 열리는 듯했다. 최승희가 해외로 떠날 기회를 모색하는 동안 박영인은 1936년 9월에 오스트리아로 출발하여 독일에서 활동하게 되었다. 조택원도 1937년 11월 26일에 최승희보다 약 1개월 정도 먼저 프랑스 파리로 떠나갔다. 유명세를 가장 크게 누렸던 최승희는 미국인 바킨스와의 인연을 통해 미국으로 가기로 했다. 오로지 조선 옷을 입고 조선무용만을 공연하기로 하고, 최승희는 마침내 1937년 12월 27일에야 요코하마 항을 떠날 수 있었나.

처음 최승희는 세계를 향해 나아가려는 자신의 예술무용 활동 목표를 다음과 같이 제시했었다.

우리조선이 가진 무용예술을 중외에 표현함으로써 조선의 존재를 세계적으로 널리 알리는 일방, 우리가 가진 특유한 무용예술을 세계에 현재 있는 무용 혹은 과거에 있던 무용을 그대로 전래하는 양식대로 소개하고자 않습니다. **나는 조선에 얼마 남아있지 아니한 춤을 소재로 삼고, 그것을 자기의 예술적 기능으로 가능한 범위의 무용으로 양식화様式化 하기를 힘쓰려 합니다.** …… 그러나 금후에 남은 문제는 쉬지 않는 연구로 자기 **무용 표현성의 확대와 깊이와 넓이 쌍방으로 합성된 서양무용을 만드는데** 있을 줄 믿습니다.[301]

최승희는 자신을 '서양무용가'로 분명하게 인식하고 있음을 보이는 기사다. 본인의 창작 목표를 '조선 고국의 전통문화를 소재로 서양적 예술무용의 양식화를 시도'하는 데 두고 있다. 그 양식화에 성공한 작품을 '조선무용'이라고 명명하였으며, 세계의 무대에 '조선무용'으로써 도전장을 내겠다는 각오이다. 다음 목표는 그러한 공연활동을 통해서 세계만방에 조선이라는 나라가 존재함을 알린다는 것이다. 이를 성공시키기 위해 최승희 본인은 '무용 표현성의 확대와 깊이와 넓이 쌍방으로 합성된 서양무용'을 연구하고자 한다고 포부를 밝혔다.

최승희가 일본을 거점으로 발표한 신작무용은 64종목인데 이 중 세계일주 공연을 위해 준비한 조선무용은 30종에 이르렀다. 최승희는 이들 춤에 필요한 조선식 개량한 복과 일본인에 의해 편곡된 조선음악을 취입하고, 유사시 새로 창작 안무하는데 필요한 조선의 각종 복식과 악기와 무대 장식용 비품들을 대거 갖추어서 떠났다. 2년을 예상하고 떠났으나 3년 동안 세계일주 여행을 마치고 동경으로 돌아왔다. 세계일주 공연에서 20여종의 조선무용을 추가로 창작하였다고 하였다. 따라서 최승희의 조선무용은 일본으로 돌아올 당시 50여종에 달했다고 할 수 있다. 이 3년 동안 최승희는 '조선무용'만을 공연했다고 자술했다.[302]

최승희는 조선무용을 안무할 때 크게 두 가지 방향을 목표로 창작했다. 첫째는 〈승

---

301 『동아일보』1936.01.01. 31면.「舞踊家들의 抱負. 崔承喜氏」
302 최승희·박승호·고봉경·채선엽·모윤숙 외 춘추사측 4인 좌담회, 앞의 글, 1941.05, 52쪽.

무)처럼 기존 전통 춤을 보고 배우고 해서 현내적으로 안무 발표하는 것. 둘째는 전설 같은데서 힌트를 얻어가지고 상상력을 동원해 창작하는 것이다. 예를 들면 조선 생활에서 테마를 얻어서 〈활량(한량무)〉이나 〈초립동이〉, 〈천하대장군〉 같은 춤[303]을 안무하는 것을 말한다. 그리고 세계일주를 통해 최승희는 조선무용 소재의 빈곤을 절감하였다며 전동양적인 것으로의 확대 계획을 밝혔다.

광범위 아세아적 주제인 '보살'과 같은 작품을 예로 들었다. 최승희 초연의 〈보살춤〉은 1937년 창덕궁에서 공연한 〈보현보살〉이고, 다음은 그해 9월 〈금강산무곡〉의 첫 속곡으로 공연한 〈보살춤〉이 있다. 당시는 한반도의 보살을 주제로 삼은 조선무용이었고, 이를 가지고 세계일주를 했다. 최승희는 이 여행 동안에 '모두 조선 것'만 가지고 공연했다고 분명히 말했다. 그런데 일본으로 돌아 온 후의 최승희는 〈보살춤〉을 범 아시아적인 것이라고 입장을 바꾸어 말하게 된다. 그리고 한경자가 개인소장하고 있는 「최승희 예술무용곡목」에서는 〈보현보살〉을 일본무용으로 1939년에 브뤼셀에서 초연했으며, 헤이안시대의 명화에서 느낌을 받아 창작한 작품이라고 소개하였다.[304]

이는 전시 체제의 일본에서 살아남기 위한 '의도된 친일행위'[305]의 한 양상인지도 모른다. 한편, 동양무용에 대한 최승희의 안무접근법 또는 방법론을 드러내는 단초이기도 할 것이다. 동일한 명칭의 춤들을 일본무용 또는 중국무용, 동양무용으로 비교적 쉽게 재편해 가는 양상이다. 최승희는 일본으로 돌아온 후에 자신의 명작을 재정비하고, 동일 작품 명칭에 대해 표현기법의 변화를 추구했던 것으로 짐작된다.

한경자 소장의 「최승희 예술무용곡목」에 수록된 1934년부터 1944년까지의 무용작품 40편에 소개된 춤은 '조선 소재 작품 14편, 일본 소재의 작품 10편, 중국 소재의 작품 13편, 그밖에 동양적 내용 3편'으로 구성되어 있다[306]고 하였다. 이 자료의 도입

---

303 최승희·박승호 외 좌담회, 앞의 글, 51쪽.
304 한경자, 「최승희 예술무용곡목(1934~1944)을 통해 본 작품 및 오류 분석」, 『한국체육사학회지』 제22권 1호, 한국체육사학회, 2017, 100쪽.
305 강준식, 앞의 책, 2012, 257~260쪽.

부에는 '최승희 무용작품 중에서 주요한 것을 초연 연대별로 발췌한 기록'이라고 표기되어 있다.[307] 그런데 이 자료에서 제시한 초연 연대는 본 저자가 앞서 제시한 공연들에서의 초연 연대와 맞지 않는 것들이 있다. 또 세계일주 공연 동안에는 '조선무용만 공연했다'고 하였는데, 이 자료에는 1934년부터 1944년까지의 해외 공연작품에 일본무용, 또는 중국무용, 동양무용이 조선무용과 구분되어 표기되어 있다. 무엇보다 이 자료에 표기된 초연 연도와 기존 창작 초연 연도에 차이가 있다. 조선무용 작품을 근간으로 창작한 것의 국적표기에 변화가 발생한 것이다. 이는 기존 작품을 재편하거나 내용 일부를 변화시켜서 최승희 자신이 작품의 완성도에 만족한 시기를 초연시기로 제시한 경우라고 여겨진다.

〈표 23〉 「최승희 예술무용곡목」(1934~1944) 프로그램의 초연 정보 비교

「최승희 예술무용곡목」 연도별 작품 정보				실제 공연연보와 비교	편수
연도	초연 작품명	장소	국적		
1934	검무	동경	조선	이상 없음	1
1935	낙랑의 벽화	동경	〃	1936.09. 동경 초연/조선	1
1936	무녀춤(巫女の踊り)	동경	〃	이상 없음	2
	초립동\	경성	〃	1937.04. 경성초연/조선	
1937	봉산탈춤	동경	조선	'鳳山탈' 중에서/초연제목	2
	천하대장군	동경	중국	1937.09. 동경초연/조선	
1938	화랑무(花郎の舞り)	뉴욕	조선	정보 없음	2
	신로심불로	뉴욕	〃	1937.04. 경성초연/조선	
1939	장구춤(チセングの舞り)	파리	조선	기생춤 (Danse de <Kiisan>)/초연제목	5
	춘향애사	파리	〃	이상 없음	

306 한경자, 앞의 논문, 105쪽.
307 한경자, 앞의 논문, 95쪽.

「최승희 예술무용곡목」 연도별 작품 정보				실제 공연연보와 비교	편수
연도	초연 작품명	장소	국적		
1939	세 가지 전통적 리듬	파리	〃	1935.10. 동경초연/조선 세 가지의 코리안 멜로디 1937.04. 경성재연/조선 세 개의 전통적 리듬	
	옥적곡	헤이그	일본	1937.04. 경성초연/조선	
	보현보살	브뤼셀	〃	1937.04. 경성초연/조선	
1940	즉흥무	멕시코	조선	1937.04. 경성초연/조선	2
	이십오보살 래영지도(來迎之圖)	부에노스 아이레스	일본	정보 없음	
1941	칠석의 밤	동경	일본	이상 없음	
	무혼(武魂 충령에게 바침)	동경	〃	〃	3
	신전무(神前の舞)	동경	〃	〃	
1942	추심(追心)	동경	일본	이상 없음	1
1943	백제궁녀의 춤	동경	조선	1942.12. 동경초연/조선	
	산조	동경	〃	1942.12. 동경초연/조선	
	염양춘(艶陽春)	동경	중국	1937.09. 동경초연/중국	5
	향비(香妃)	동경	〃	1942.12. 동경초연/중국	
	명비곡(明妃曲)	동경	〃	1942.12. 동경초연/중국	
1944	석굴암 벽조로부터	상해	조선	1943.08. 동경초연/조선	
	생지(生贄)	상해	일본	1935.10. 동경/일본	
	정어전(靜御前)	동경	〃	정보 없음	
	월궁행(月宮行)	동경	〃	〃	
	천평의춤(天平の舞)	신경	중국	〃	
	양귀비염무지도 (楊貴妃艶舞之圖)	신경	〃	1942.12. 동경/중국	
	연보(蓮步)	북경	〃	1944.01. 동경/중국	
	한궁수월(美宮秋月)	북경	〃	1944.01. 동경/중국	
	길상천녀(吉祥天女)	북경	〃	1944.01. 동경/중국	16
	정아(貞娥)	동경	〃	1944.01. 동경/중국 정아이야기	

「최승희 예술무용곡목」 연도별 작품 정보				실제 공연연보와 비교	편수
연도	초연 작품명	장소	국적		
	'노생(老生)'형식	동경	〃	1944.01. 동경/중국 노생	
	금자성의 옥불 (禁紫城の 玉佛)	동경	〃	1944.01. 동경/중국 자금성의 옥불	
	패왕별희(覇王別姬)	동경	〃	1944.01. 동경/중국	
	옥루몽(玉樓の夢)	북경	동양	1944.01. 동경/조선·중국	
	통구의 무용총으로 부터	동경	〃	1944.01. 동경/조선 묘정	
	고전형식에 의한 세 가지 변형	동경	〃	1944.01. 동경/조선·중국 <동양의 장수(長袖) 양식>	

이상의 표에서 조선을 소재로 창작한 무용 14편 중 〈검무〉(1934)와 〈무녀춤〉(1936), 〈춘향애사〉(1939)의 정보는 일치하지만, 11편의 정보는 일치하지 않는다. 그 중 「최승희 예술무용곡목」에는 〈낙랑의 벽화〉(1935/1936)와 〈초립동〉(1936/1937)을 본 연구에서 조사한 '공연 연보'보다 각각 한해 전에 발표한 것으로 표기했다. 이는 공식적인 신작 무용발표회에서 발표된 종목이 아니라 순회공연 중에 추가된 신작무용 목록일 가능성이 있다.

한편, 〈봉산탈춤〉(1937)과 〈장고춤〉(1939)에 대한 초연 연도와 발표지역, 소재에 대한 정보는 일치하지만 초연 당시의 제목과 다른 경우이다. 〈봉산탈춤〉은 1937년 당시 〈봉산탈 중에서〉라고 프로그램에 표기했었는데, 후대 1944년 이후 「최승희 예술무용곡목」을 정리하면서 당시의 그 춤을 〈봉산탈춤〉으로 표기한 경우이다. 〈장고춤〉은 파리 공연 때 〈기생춤〉이라고 표기 했었다. 주제와 음악 등은 변화가 없는데, 유사 제목으로 변화된 경우는 앞서도 종종 있었다. 초연 발표 이후 나중에 제목을 정비한 경우라고 할 수 있다.

그밖에 〈신로심불로〉(1938/1937), 〈세 가지 전통적 리듬〉(1939/1935 or 1937), 〈즉흥무〉(1940/1937), 〈백제궁녀의 춤〉(1943/1942), 〈산조〉(1943/1942), 〈석국암의 벽조로부

터〉(1944/1943)는 실제로 초연한 연도보다 이후에 초연한 것으로 표기한 작품들이다. 〈신로심불로〉, 〈세 가지 전통적 리듬〉, 〈즉흥무〉는 세계일주 공연 전에 경성에서 창작된 작품인데, 연도와 초연지를 다르게 표기한 것이다. 그 이유는 해당 지역에서 이 춤의 작품 완성도를 강화하고 그에 만족함으로써 최승희 초연 연도로 표기한 경우라고 추측된다.

일본 소재의 무용으로 표기된 10편 중 〈옥적곡〉(1939/1937)과 〈보현보살(1939/1937)〉은 초연 연도와 초연지역, 소재에 대한 정보까지도 다른 경우인데, 이 두 곡은 경성 창덕궁 인정전의 윤대비 마마 앞에서 1937년 공연되었던 조선 소재의 무용이었다. 그런데 「최승희 예술무용곡목」을 연구한 한경자에 의하면, 〈옥적곡〉은 네덜란드 헤이그에서 초연했고, 일본을 소재로 한 작품이라고 한 것이다. 또 〈보현보살〉 역시 창덕궁에서 초연된 조선 소재의 것인데, 벨기에의 브뤼셀에서 1939년에 초연되었으며 일본을 소재로 한 춤이라고 그 해설 내용을 바꾸었다. 1944년 이후 「최승희 예술무용곡목」을 정리하면서 일본 소재 무용 종목을 확대하기 위한 방편이 아니었을까 추측해 본다.

중국 소재의 작품 13편 중에는 〈천하대장군〉(1937)을 중국 소재의 작품으로 분류했는데, 1942년 12월 6일부터 22일까지 동경에서 공연한 '최승희 독무 팜플렛'에는 '마을 입구에 세워진 천하대장군과 천하여장군과 같은 장성의 풍속을 무용화 한 것'[308]이라고 한 점으로 볼 때, 중국 소재로 볼 만한 당위성은 찾을 수 없다. 그런데 「최승희 예술무용곡목」〈천하대장군〉 작품 설명에 '경극의 방법을 도입해 무용화 한 것'[309]이라고 했고, 이것 때문에 중국 소재의 무용이라고 분류한 것일 수 있다. 게다가 최승희는 1941년 11월 28일부터 30일까지 동경 다까라스까 극장에서 발표한 프로그램에 〈천하대장군〉은 일본적 소재의 작품이라고 소개한 바 있다.[310] 〈천하대장군〉이라는

---

308 정병호, 앞의 책, 1997, 219쪽.
309 한경자, 앞의 논문, 102쪽.
310 정병호, 앞의 책, 1997, 210쪽.

제목으로 한국, 일본, 중국 형식의 춤과 복식, 표현법을 다각적으로 시험한 작품일 것으로 생각된다.

중국 소재의 무용중 〈염양춘〉(1944/1937) 이하 〈향비곡〉(1944/1942), 〈명비곡〉(1944/1942) 등은 일찍이 동경에서 초연되었는데, 차후 재공연 작품 연도를 제시하였다. 대체로 이러한 경우는 최승희 자신의 작품에 대한 완성도 내지는 만족도를 반영한 것이라 여겨진다.

끝으로 1944년 창작된 〈옥루몽〉과 〈통구의 무용총으로부터〉, 〈고전 형식에 의한 세 가지 변형〉을 동양 소재의 무용이라고 구분했다. 〈옥루몽〉은 19세기에 조선의 남영로南永魯(생몰년 미상)가 지은 고전소설을 바탕으로 창작한 작품이다. 그 소설의 내용이 중국을 배경으로 하기 때문에 최승희는 복식이나 무대 환경을 중국풍으로 설정했을지 모르겠다. 최승희가 '동양 전설'을 운운한 것은 동아시아의 문화를 '동양무용'으로 포괄하려는 의도를 갖고 있었기 때문이다. 〈통구의 무용총으로부터〉와 〈고전 형식에 의한 세 가지 변형〉 역시 동양 소재의 무용이면서 구체적으로는 조선과 중국의 문화를 무용화 한 것으로 분류될 것이다.

이상과 같이 최승희의 동양무용은 한·일·중 삼국의 역사, 문학, 전설 등의 문화적 일면을 소재로 하고, 그 각국 전통의 몸짓(춤)과 음악, 복식 등을 이용하여 창작하는 당시로서는 새로운 수법이면서, 또 현대적 감각이 표출되는 무용작품을 독자적으로 생산해 내었던 것이다.

최승희는 1930년 첫 창작무대를 준비하면서부터 대중과 시대가 요구하는 작품을 생산하는데 노력을 경주했다. 따라서 한반도에서 활동할 당시의 3년간은 서양 음악적 감흥이 드러나는 서양식 무용이나 당대의 생활 감정인 억압 받는 식민지 민족의 정서를 표현하는 '조선정조'의 작품을 비중 있게 창작하였다. 이들 작품은 한반도 사람들에게 감동을 주고 민족의 설움을 함께 공유하고 위로하는 예술로 회자되었다.

일본으로 다시 건너간 최승희는 〈우리의 카리카튜어(개명: 에헤야 노아라)〉가 예상치 못한 가운데 호응을 크게 얻자, 이를 발판으로 '조선무용' 개발에 심혈을 기울였다. 조선무용이라는 양식적 춤이 일본에서 크게 성공하자, 다시 그 홍보의 힘을 더해 한반도 인사들 역시 최승희의 새로운 춤, 신무용인 '조선무용'을 관람하고자 장사진을 이루었다. 그렇게 성공한 조선무용만을 가지고 3년간의 세계일주 공연을 마쳤다. 그리고 일본으로 돌아가서는 전쟁 치하 일본의 정책적 요구에 부응하는 방편으로 동양무용 개발에 다시 도전한다. 주로 조선, 일본, 중국 삼국의 전통문화를 기초로 다각적이며 전방위적 새 무용 창작에 일가를 이루게 된다. 최승희는 무용예술가로서의 독자적 춤 양식과 자신만의 미적 표현 방법 개발에 남다른 두각을 나타냈다.

최승희가 개발한 '조선정조'를 표현하는 현대무용이나 조선의 전통을 수용한 '조선무용', 또 일본이나 중국의 역사 문화 및 생활 감정을 소재로 개발한 '일본무용', '중국무용'은 범 동양무용으로 수용되는 창작의 형식적 표현 방법에 해당한다. 이렇게 탄생한 작품들은 당시 모두 '신무용'이었다. 최승희가 활동한 이 시기의 '신무용'은 '낡은 것과 새것'이라는 의미의 새로운 무용을 가리키는 일반명사였다[311]고 할 수 있다. 조선의 전통 문화 및 생활 감정을 소재로 현대적 양식의 춤을 개발한 것은 '조선무용'이었고, 이것은 최승희의 춤 양식을 가리키는 고유명사로 사용되었다. 하지만 일본인이 창작한 작품을 일본무용이라고 한다는 개념과도 다르다. 왜냐하면, 최승희는 '조선무용'과 같은 방법을 사용하여 일본이나 중국 소재의 무용도 다수 창작하였기 때문이다. '한국춤 계열로 분류되는 전통수용을 통한 최승희의 춤양식화'가 '새로운 한국무용의 창조를 지향하는 한국적 고유명사'로서의 '신무용'으로 인식되기에는 시간적 간격이 필요하다. 최승희가 활동한 일제강점기에는 고유명사로서의 '신무용'은 아직 통용되지 않았던 개념용어일 뿐이다.

최승희가 세계로부터 일본으로 돌아온 후에 맺어진 제자와의 사승관계 속에서 형성된 무용창작 방법론의 전수와 8·15해방 후 남한의 식자들에 의해 석정막(이시이 바쿠) 내한의 1926년을 신무용 역사의 기점으로 삼게 되면서 '신무용'은 한국무용계의 한 장르로 차츰 인식되는 과정을 밟아 나갔다.

---

311 안제승, 앞의 책, 1984, 6쪽.

조택원의
조선 극무용을 향한
공연 활동

조택원의 조선 극무용을 향한 공연 활동

조택원은 1907년 5월 22일 함경남도 함흥에서 3대 독자로 태어났다. 어린 시절은 당시 함흥 군수를 지낸 조부 조병교趙秉敎 아래서 세도가의 자제로 성장하였다. 1919년 가을 할아버지와 함께 서울로 옮겨와서 휘문고보로 전학했다. 학내 정구庭球선수로 크게 활약하여 휘문고보 졸업 후, 보성전문학교 법과에 입학해서도 고보시절 파트너였던 장원진張元珍과 함께 선수 생활을 계속했다. 1926년 2학년이 되면서 조선상업은행 소속 정구선수로 스카우트 되어 학교를 중퇴하였다. 1년 반 동안 은행·실업단의 춘추 리그전에서 4번을 모두 우승하는 성과를 올렸다.[1]

그런데 1927년 10월 25일과 26일 양일간 있었던 석정막石井漠(이시이 바쿠) 제2회 내한 공연에서 조택원은 공연장에서 본 〈사로잡힌 영혼〉이라는 무용시에 매료되어 '오랫동안 꿈꾸어 온 인생의 목적'을 스스로 깨달았다[2]고 술회했다. 조택원은 이시이 바쿠 내외를 따로 음식점으로 초대해서 무용입문의 결심을 밝혔다. 그러나 이시이 바쿠

---

1   조택원, 『조택원』, 서울: 지식공작소, 2015, 3~22쪽.
2   조택원, 위의 책, 2015, 22쪽.

는 무용예술가로서의 현실적 삶의 지난한 고통을 직시하도록 조택원에게 충고해주었다.[3] 그럼에도 불구하고 조택원은 잘 나가던 은행 소속 정구선수를 그만두고, 1927년 12월 9일 아침 석정막에게서 무용시를 배우고자 일본을 향해 출발하였다.[4] 20세에 이시이 바쿠 문하생으로 예술무용에 입문한 이후 무용의 춤 길을 출발했다. 학습과 공연활동을 통해 한 사람의 조선인 남성무용가로 성장했고, 신무용의 춤 길 위를 뚜벅뚜벅 걸어 나갔다. 1932년 봄 이시이 바쿠의 실명失明으로 일본 소재 이시이바쿠무용연구소를 떠나 경성으로 돌아왔다.[5] 최승희에 이어 한반도에서 신무용의 길을 다지며 밟아 나가게 되었다.

조택원에게 8·15해방은 민족 일원으로서의 자신의 정체성을 재고해야하는 시간이 되었다. 일제 강점 치하에서 무용을 안무하여 춤출 수 있는 예술공간이라면 가리지 않고 적극 참여하고 뛰어 다녔던 그의 삶이 '친일親日'의 오명을 덮어쓰게 되었다. 이것이 원인이 되어 최승희가 일찍이 세계적 무용가로 입지를 굳혔던 미국행을 결심하고 1947년 10월 5일 미국군함을 타고 인천항을 떠났다.[6] 그리고 1960년 5월 6일 14년 동안의 유랑생활을 정리하고 김포공항을 통해 한국 땅을 밟을 수 있었다.[7] 조택원 자신의 말하기 좋아하는 기질로 비롯된 '이승만 정권의 비난'의 결과였다[8]고 한다.

미국과 일본, 프랑스, 다시 일본으로 전전하며, 자신의 일제강점기 대표작 〈춘향전 조곡春香傳組曲〉, 〈만종晩鐘〉, 〈가사호접袈裟胡蝶〉, 그리고 미국 등지에서 새로 안무한 〈신로심불로身老心不老〉와 〈농악農樂〉 등을 공연[9]하며 한국인 무용가이자 세계적 무용가로 활동했다. 1976년 6월 8일 사망했다.

조택원은 유랑생활에서 한국으로 돌아오기 전까지 최현을 의미 있는 무용가로 인식

3   조택원, 앞의 책, 2015, 22~24쪽.
4   『매일신보』1927.12.10. 3면. 「趙澤元君舞踊研究 식정막씨에게로 갔다」
5   조택원, 앞의 책, 2015, 46~47쪽.
6   조택원, 앞의 책, 2015, 155쪽.
7   조택원, 앞의 책, 2015, 245쪽.
8   조택원, 앞의 책, 2015, 168~171쪽.
9   『동아일보』1973.11.13. 5면. 「내가 겪은 20세기: 白髮의 証人, 元老와의 対話. 趙澤元씨. 김유경 기자」

하지 못했다. 1960년 귀국하자마자 한국무용계를 위해 활동을 시작하며, 멀리서나마 춤 인연이 시작되었을 것이다. 그리고 1962년 창단된 국립무용단 소속의 한 무용수로서의 만남이 있었을 것이다. 그리고 마침내 1975년 1월 24일~25일 국립극장에서 조택원의 금관문화훈장(제1호) 수상을 기념하는 공연에서 최현은 조택원의 〈신로심불로〉를 전수받아서 춤추었다. 이 때 조택원은 "내가 가장 아끼는 작품인 〈신로심불로〉는 최현 군君 외에는 전수할 무용가가 없다"고 하였다.[10] 이 말은 조택원과 최현 간의 춤을 통한 교감은 물론 최현의 춤 실력을 공인한 표현이었다.

최현이 조택원을 만나기 전에 성립된 무용 환경을 이해하기 위해 조택원의 무용관 혹은 무용 세계를 이 장에서 상세히 살펴보겠다. 최현이 초기 안무 공연한 〈사랑〉이나 〈춘향무〉, 〈연연戀戀〉들은 춘향전 중에서 이도령과 춘향이 사랑을 나누는 것을 묘사한 춤이다. 바로 이 춤의 원조가 조택원이라는 점을 기초로 조택원의 무용 활동을 이해하려는 것이다. 본 장에서는 조택원의 일제강점기 활동까지를 정리한다. 이후 1960년대 최현과의 만남을 사적으로 정리할 수 있기 때문이다.

1. 조선반도에서의 조택원 무용 활동 개시

1932년 3월 '경성(본정2정목)에다 석정막무용연구소 조선지부石井漠舞踊硏究所朝鮮支部를 설치'[11]하고, 6월 6일과 7일에 인사동 조선극장에서 석정막 일행이 출연하는 지부설치 기념과 피로를 겸한 공연행사를 가졌다.[12] 연구생을 모집하니 남자2명, 여자2명이 응모했는데 1달이 못되어 모두 나가고 여자 1인만 남게 되었다. 연구소가 생각처럼 운영되지 못하니 어려워져서 11월에 폐장하고, 남은 한 아이만 데리고 집에서 연구를

---

10 마산국제춤축제위원회 엮음, 『우리춤의 사상가 최현』, 창원: 불휘미디어, 2012, 104쪽.
11 『매일신보』 1932.03.17. 2면. 「石井漠舞踊所朝鮮支部設置」
12 『동아일보』 1932.06.07. 5면. 「石井漠一行 朝劇에出演. 지부설치기념으로 입장료도 싸게」

이어 나갔다.[13] 그 아이는 조택원의 1호 제자 사정천혜자寺井千惠子이다.

한편 조택원은 2년세 여자전문학교인 중앙보육학교에서 무용교사를 겸하였고,[14] 1932년 7월 22일에는 최옥진崔玉振과 결혼을 했다.[15] 영락정永樂町에 있는 처가 소유의 건평 50평 정도의 일본식 2층 집에 살림을 차리고, 2층을 개조하여 무용연구소를 냈다.[16] '2층 광실廣室을 스테이지로 만들고 피아노와 녹음기를 설치'하였다.[17] 1933년 9월 '석정막무용연구소 조선지부'를 '조택원무용연구소'로 개명하였다.[18]

조택원은 귀국 후 약 2년 만인 1934년 1월 27일『매일신보』후원으로 장곡천정공회당에서 제1회무용발표회를 가졌다.[19] 이 날 '〈아루레노와 고모무바인〉으로 시작하여 13종목이 끝날 때까지 박수가 우레와 같이 있었다'고 한다.[20] 당일 공연의 프로그램은 아래와 같았다.[21]

〈표 1〉 조택원·석정영자 제1회무용발표회

	무용	작곡자/음악	출연자
1	아루레노와 고모무바인 ※논문에는 '아루게노와 코롬방'	드볼작	2인: 조택원, 석정영자
2	소야곡	토세리	사정천혜자
3	스페인 야곡	알페니스	석정영자
4	우울	석정오랑	조택원
5	화려한 원무곡	쇼팽	조택원

---

13 조택원, 「研究所今昔」,『四海公論』1권 4호, 사해공론사, 1935.08, 81쪽.
14 조택원, 앞의 책, 2015, 47쪽.
15 『동아일보』1932.07.25. 4면. 「演藝界消息: 舞踊家趙澤元君結婚」
16 조택원, 앞의 책, 2015, 50쪽.
17 一記者, 「趙澤元舞踊研究所訪問記」,『四海公論』1권 4호, 사해공론사, 1935.08, 79쪽.
18 「流動하는 星群: 조택원무용연구소방문기」,『朝光』1호, 조광사, 1935.11, 112쪽.
19 조택원, 앞의 책, 2015, 50쪽에는 조택원의 무용연구소 제1회 발표회가 1933년 2월에 있었다고 하였다. 하지만 조택원, 앞의 글, 1935.08, 82쪽과『매일신보』1934.01.28. 6면. 「趙澤元 石井榮子 第一回 舞踊發表會」에 의해 1934년 1월 27일로 바로 잡았음.
20 『매일신보』1934.01.29. 2면. 「滿堂恍惚, 趙君의 舞踊發表會」
21 김말애,『조택원『가사호접』연구』, 동덕여자대학교 박사학위논문, 2005, 35쪽.

	무용	작곡자/음악	출연자
6	흑인(검은) 소녀는 탄식한다.	류란스	2인: 조택원, 사정천혜자 ※논문의 석정영자는 오류임
7	작열하는 사색	무음악	조택원
8	땅에 바친다	석정오랑	석정영자
9	황혼	석정오랑	석정영자
10	죽음의 유혹	시베리우스	석정영자
11	애수의 인도	드볼작	조택원
12	어떤 움직임의 매혹	무음악	조택원(1929년 방악좌에서 초연)
13	어린이의 페이지 ① 학의 행렬 ② 달팽이와 비 ③ 장화를 신은 고양이	브로모란	구보(久保) 외 5인 사정천혜자 사정천혜자 대오(大烏) 외 2명
14	A. 사랑의 슬픔 B. 사랑의 기쁨	크라이슬러	조택원, 석정영자

이 공연을 위해 조택원은 '작품 본위本位로 다대한 경제적 손해를 보면서까지 동경서 조연할 여자를 데려다가 발표하였다'고 하였다. '무용 작품이란 작자作者는 물론 연기자가 좋아야 효과가 나타난다'는 믿음으로 가까운 사람들이 경제적 이유로 반대함에도 불구하고 석정영자를 영입했다는 것이다. 이는 한편 조택원 자신이 아직까지 '건전健全하여 노력한다는 표적'을 사람들에 보이려는 방편이기도 했다고 한다.[22] 자기 작품의 완성도를 높이고자 석정영자를 초빙하여 고품질의 공연을 준비하는데 만전을 기했다는 의미로 읽힌다.

그런데 『매일신보』 1934년 1월 28일자 광고에는 조택원과 석정영자가 나란히 제시되고 그 아래에 '제1회무용발표회第一回舞踊發表會'가 표기되었다. 이 때문인지 이 공연은 '입장 만원을 이루었으나 보는 사람의 9할이 조선 사람이 아니었다'고 했다. 조택원은 마음의 적막함이 컸다고 술회했다.[23]

---

22   조택원, 「研究所 수昔」, 앞의 글, 1935.08, 83쪽.

『매일신보』에 연재된 작품 소개 기사에 의하면 〈사랑의 기쁨〉, 〈스페인 야곡夜曲〉, 〈우울憂鬱〉, 〈흑인소녀는 탄식한다〉, 〈작열炸熱하는 사색思索〉 등에 대해 아래와 같이 설명되어 있었다.

〈**사랑의 기쁨**〉 조택원과 석정영자石井榮子의 듀엣.[24]

〈**스페인 야곡**〉 석정영자 독무. 아르베니스의 세레나데로 '남구南歐의 그림 같은 밤의 분위 기에 명상적인 동양의 정열을 교착시킨' 작품.[25]

〈**우울憂鬱**〉 조택원 독무. 발을 들고 손을 좌우로 뻗고 머리를 숙인 한 포즈… 이는 조택원 군의 무용가로의 생활을 테재로 한 우울이다. 그늘에서 자라난 한 폭의 화초같이 주위 와 환경의 압박에 언제나 자기의 예술과 이상을 가슴 깊이 감추어 가지고 우울하게 지낸 것은 조군이다.[26] 우울한 생활을 하는 조군의 모양은 드디어 석정오랑石井五郎씨로 하여금 〈우울〉이라는 무용(곡)까지 창작케 하였다.[27]

〈**흑인소녀는 탄식한다**〉 인천고녀 4년생 사정천혜자 출연. 흑인소녀와 백인 청년은 사랑하 게 되었다. 하루 흑인 소녀는 맑은 시냇물에 자기의 자태를 비추고 검지 않은 것을 즐겨 하며 애인에게 주려고 꽃잎을 따는 때 애인에게서 편지가 왔다. 편지는 흑인 소녀의 사랑 을 거절하는 것이었다. 편지를 다 읽은 순간 흑인 소녀는 실연의 비애를 안고 애인에게 주려는 꽃잎을 흩어 버리며 야자수 그늘 밑으로 사라진다. 이것이 춤으로 표현된다.[28]

〈**작열炸熱하는 사색思索**〉 조택원 독무. 시계문명에 포로가 된 현대인의 생활에서 창조적 의 용이 약동함을 표현한 것이다. 마음에 갖고도 이것을 표현 못하는 현대인의 (오)뇌

---

23 조택원, 앞의 글, 1935.08, 82쪽.

24 『매일신보』 1934.01.21. 7면. 「本社後援廿七日夜於公會堂. 熱과力의舞踊으로…」

25 『매일신보』 1934.01.23. 6면. 「錦上添花石井榮子 期待되는 그의 獨舞」

26 『매일신보』 1934.01.22. ?면. 「憫悶憂欝한 心境을 爆發식힐 熱의 舞踊 오늘의 藝術境에 이르기까지 趙君의 間斷업는 努力」

27 『매일신보』 1934.01.21. 7면. 「本社後援廿七日夜於公會堂. 熱과力의舞踊으로…」

28 『매일신보』 1934.01.24. 6면. 「黑人少女는 嘆息한다 悲戀의 懊惱를 象徵한 獨舞 趙君舞踊會의 寺井孃 助演」

…… 기운차게 소리를 지르고 마음속에 있는 것을 입 밖에 내놓고 싶은 욕망 ……
이것을 강렬한 선線의 변화로 대담한 표현력으로 특이한 무용의 경지를 전개하였다.
조군의 남성적 굳센 이 무용은 팬의 심금을 크게 울리고야 말 것이다.[29]

〈사랑의 기쁨〉이나 〈스페인 야곡〉은 음악적 정서를 시각화한 작품일 것이다. 작품 완성도를 위해 1933년 11월 25일 일본으로 달려가서 석정막의 동생 석정영자를 동반하고 돌아와 제1회 공연의 여성 파트너이자 독무 출연자로 대우했다. 〈우울〉이나 〈작열하는 사색〉은 조택원 자신의 독무인데, 특히 〈우울〉은 자신이 이시이바쿠무용연구소에서 무용에 입문했으나 학습의 기회도 얻을 수 없었고, 무용가로 인정받을 수 없었던 우울했던 당시의 감정을 표현한 작품이라고 상세히 설명하였다.

『동아일보』와 『매일신보』에 게재된 홍보 무용사진은 아래와 같다.

〈화보 1〉 『동아일보』 1934.01.23.
〈사랑의 기쁨〉 조택원, 석정영자

〈화보 2〉 『매일신보』 1934.01.21.
〈아루레노와 고모무바인〉 조택원, 석정영자

〈화보 3〉 『매일신보』 1934.01.22.
〈우울〉 조택원

---

29 『매일신보』 1934.01.27. 6면. 「人氣의 最高峰 趙君舞踊會 당야에도 가장 인긔를 끄을 炸熱하는 思索」

〈화보 4〉『매일신보』1934.01.23.
〈스페인 야곡〉 석정영자

〈화보 5〉『매일신보』1934.01.24.
〈흑인소녀는 탄식한다〉 사정천혜자

〈화보 6〉『매일신보』1934.01.27.
〈작열하는 사색〉 조택원

이상의 사진들로 볼 때, 〈화보 2〉의 〈아루레노와 고모무바인〉은 발레 형식의 춤으로 여겨진다. 석정영자가 토슈즈를 신은 모습이기 때문이다. 〈화보 4〉의 〈스페인 야곡〉은 복색으로 볼 때, 스페인 민속춤을 이용한 스타일의 작품으로 생각된다. 그 밖의 것들은 맨발로 작품의 의도를 표현하는 방식을 취한 모습으로 일반적인 현대무용 양식의 것이다.

조택원은 일본에서 돌아온 이후, 제1회 개인무용발표회를 갖는데 약 2년의 준비 기간이 걸렸다. 그런데, 조택원의 제1회무용발표회는 석정영자의 공연 활동 비율로 보나, 조택원을 제외한 출연진이 모두 일본인이었다는 사실로 보나, 이 공연의 관객이 조선 거주 일본인으로 만원을 이룬 것은 어쩌면 당연한 귀결일 것이다. 일본에서도 고급문화로 취급되는 예술무용을 일본의 유명 무용가로부터 배워 온 조선의 한 남성 무용가가 일본의 유명 여자무용가를 초빙하여 파트너로 삼고 공연한다는 점에서 고향을 떠난 일본인의 문화적 향수와 욕구를 자극했으리라 생각된다. 게다가 조선에서 3년 간 활발히 활동하던 최승희가 다시 일본으로 건너가서 크게 주목받는 가운데, 일본에서의 첫 발표회를 준비하며 연습에 몰두해 있는 동안 조택원의 제1회 공연이 조선에서 개최된 사실도 감안해 볼 수 있다.

이 공연에서 조택원 자신은 〈우울〉과 같은 작품을 통해 자신의 억눌렸던 개인감정을 표현하는데 치중했던 것으로 생각된다. 개인적 감정을 자유롭게 표현하는 현대무용가로서의 첫 발을 내디뎠다고 할 수 있다. 조택원은 제1회무용발표회를 마치고 4월 18일과 19일에 공연되는 연극 〈인형人形의 가家(집)〉 중 타란텔라 무용을 안무·지도하였다.[30] 그리고 4월 26일부터 대전, 군신, 부산, 대구, 마산, 진주, 목포, 광주, 전주, 이리를 순회 공연하였다.[31] 5월 14일 밤에는 해주극장에서, 16일에는 사리원, 17일에는 평양에서 신작무용발표회를 개최했다.[32] 순회공연의 파트너는 석정막의 질녀 석정욱자石井郁子(이시이 이쿠코)였다. 5월 21일에는 『동아일보』 후원으로 신의주에서 공연했는데,[33] '〈화려한 우올스〉, 〈정열〉, 〈흑인의 노래〉, 〈어떤 움직임의 매력〉, 〈화보자〉, 〈죽음의 유혹〉, 〈우울〉, 〈사랑의 즐거움〉 등과 무음악 무용 〈작열하는 사색〉을 발표한다'고 하였다.[34] 가을에는 극예술연구회의 〈홍발紅髮〉의 안무를 맡고,[35] 또 '음악·무용·극의 밤'과 같은 사회 참여 무용공연을 했다.[36] 〈작열하는 사색〉은 본래 무음악이었는데, 이 때 최성두催聖斗의 피아노 반주로 공연 시도한 것을 기사로써 알 수 있다.

조택원의 제2회신작무용발표회는 1935년 1월 26일과 27일 양일간 장곡천정공회당에서 진행되었다. '12종류로 힘과 열을 표현한 춤…… 고전古典과 사색을 동경한 춤… 사랑과 꿈을 정서 속에 담은 춤… 모두가 무용으로 화려한 특색을 갖추었다'[37]고 홍보하였다. 『매일신보』에 게재된 제2회 공연 프로그램은 아래와 같다.[38]

30　『동아일보』 1934.04.17. 3면. 「公演 日字의 迫頭로 劇硏會員 猛練習」

31　『매일신보』 1934.04.24. 7면. 「趙澤元君 舞踊行脚 우선남도방면으로」

32　『매일신보』 1934.05.13. 7면. 「趙澤元君舞踊 海州서 公演 十四일밤에 해주극장에서 記者團의 主催로」

33　『동아일보』 1934.05.26. 3면. 「舞踊에 陶醉. 新義州」

34　『동아일보』 1934.05.15. 5면. 「新義州支局主催의 趙澤元舞踊會 오는二十일저녁 신극장에서. 藝術로의 舞踊紹介」

35　『동아일보』 1934.09.05. 3면. 「르나르名作 "紅髮" 上演은 最初이자 最後. 水害救濟 大公演을 앞두고」

36　『동아일보』 1934.09.06. 3면. 「今夜: 午後八時 公會堂에서 音樂·舞踊·劇의밤 盛況을 豫期하는 第一夜」; 『동아일보』 1934.09.21. 3면. 「苦鬪의 三千勇士에 今夜 凱旋의 慰安. 本社主催 學生 啓蒙隊除隊의 밤」

37　『매일신보』 1935.01.23. 5면. 「趙澤元君舞踊 第二回公演. 아름다운朝鮮情操」

〈표 2〉 조택원 제2회 신작무용발표회

	무용	작곡자/음악	출연
1	에스바니올	구라나도스	리견(里見)구니요
2	흑인(黑人)의 노레(唄)	류우란스	조택원
3	백일(白日)의 용(踊)	스도-돈	시전(柴田)후미코
4	애(愛)의 희(喜)	그라이스라	리견. 조택원
5	잃은 혼(魂)	라하아니노푸	조택원
6	시바에 봉(捧)함	小口正雄	리견
7	승무(僧舞)의 인상(印象)	김준영	조택원
8	왈-쓰	쇼반	시전, 리견, 조
9	월광(月光)	도부-씨	조택원
10	풍년제(豊年祭)	松山芳野里	시전
11	우울(憂鬱)	석정오랑	조
12	봄은 왔다	오한	리견, 시전, 조

피아노: 최성두(崔聖斗), 바이올린: 윤락순(尹樂淳)

조택원은 제2회 발표회를 앞두고 또 일본으로 파트너를 구하러 다녀왔다. 1934년 12월 동경으로 건너가서 약 1개월 동안 머물며 고심한 결과 '신진여류 무용가 리견里見(사토미) 구니요와 시전부미자柴田芙美子(시바타 후미코) 두 사람을 초빙하기로 했다.'[39] 사토미 구니요는 일본극장 전속 무용부 출신이이고,[40] 시바타 후미코는 동경송죽악극부東京松竹樂劇部 출신이자 일본 무용계 화형花形이다.[41] 조택원무용연구소에는 이 때 까지도 연구생 모집이 원활치 못했으므로[42] 새 작품을 성공리에 공연하기 위해서는 또

---

38 『매일신보』 1935.01.26. 5면.「趙澤元君舞踊會 二麗人도 出演! 금상첨화의 이채를 발할 터 廿六, 七 兩夜公會堂」김말애, 앞의 논문, 2005, 36~37쪽에는 〈민종〉과 〈포엠〉이 제2회 신작무용발표회에서 발표한 것으로 표를 제시했다. 그러나 『매일신보』 기사를 참고로 12종목 발표한 것으로 정리했다.

39 『매일신보』 1935.01.22. 7면.「趙澤元君舞踊 第二回公演 苦心의 創作發表會」

40 『매일신보』 1935.01.26. 5면.「趙澤元君舞踊會 二麗人도 出演! 금상첨화의 이채를 발할 터 廿六, 七 兩夜公會堂」

41 『朝鮮中央日報』 1935.02.18. 3면.「大邱同友主催 趙澤元舞踊會 廿日公會堂에서」

다시 일본에서 전문 무용수를 초빙해야만 했다.

이날 극장에는 '800여 명이 모였고, 열두 가지의 새로운 춤은 모든 관중에게 큰 감명을 주었고, 그 가운데에도 조택원군의 〈흑인의 노래〉는 더 한층 인기를 끌었다. 리견 양과 같이 춘 〈사랑의 기쁨〉이라는 화려한 춤은 청춘의 정열 속에 뛰는 즐거운 사랑을 표현하기에 넉넉하였다'[43]고 하였다. 이로 볼 때, 공연은 비교적 성공리에 마쳤다고 여겨진다. 또 공연 후에는 조택원을 도와 찬조 출연한 사토미 구니요와 시바타 후미코를 위해 31일 저녁 6시부터 명월관明月館에서 공개적인 만찬회도 가졌다.[44]

조택원은 제2회 공연의 발표 종목 중 〈승무의 인상〉을 특기할만한 것으로 꼽는다. 김준영金駿泳(1907~1961)에게 작곡을 의뢰하여 맞춤 무용음악으로써 창작한 최초의 무용작품이었다. '조선의 고전무용을 새로 개척해 보려는 첫 시험' 작품이라고 소개했다.[45] 후에 '정지용鄭芝溶(1902~1950)이 〈가사호접袈裟胡蝶〉이라는 새 이름으로 고쳐'준 작품이기도 하다. 조택원은 〈승무의 인상〉을 안무할 때, 다음과 같은 이야기를 표현하고자 했다고 한다.

전래의 승무를 내 나름대로 해석, 창안한 것으로 내 개성을 십분 발휘할 수 있도록 안무한 춤이었다.

속세를 동경한 중이 심산유곡을 버리고 새벽녘에 사바세계로 내려온다. 한걸음, 또 한걸음… 뚜벅, 뚜벅 걸어온다. 그리하여 마침내 가사를 내동댕이친다. 여기서부터 음악은 굿거리로 변하고 중은 환희와 광란의 춤을 춘다. 놀다놀다 그는 지쳐서 쓰러진다. 쓰러져서 생각한다. 옛 시절을 생각한다. 옛날에 의지하던 불교를 생각한다. 깊은 생각에 잠겨 옛시절을 그리워하며 다시 가사를 집어가지고 산으로 가려고 해본다. 그러나 그는 이미 파계승으로 돌아갈 수도 없다. 앞으로도 갈 수 없고, 뒤로도 갈 수 없다. 결국은 죽을 길밖에 없는데 죽을

---

42   조택원, 「硏究所 수昔」, 앞의 글, 1935.08, 83쪽.
43   『매일신보』 1935.01.28. 2면. 「趙澤元舞踊公演」
44   『매일신보』 1935.01.31. 5면. 「趙澤元郡慰勞 晚餐會開催」
45   『동아일보』 1935.01.23. 3면. 「趙澤元氏의 新作 「僧舞의 印象」 廿六,七日公演」

수도 없다. 마침내 그는 가사를 집어던지고 다시 한 번 생각한다…[46]

　'조선고전무용을 새로 개척하려는 첫 시험'이라고 했듯이, 조택원은 검정색 승무복에 고깔과 홍가사를 둘렀지만, 맨발로 춤추었다. 춤의 줄거리를 설정하고, 그 줄거리를 춤으로 해설하듯이 표현하는 극무용을 시도한 것으로 보인다. 이 무렵 최승희는 일본에서 제1회 신작무용공연(1934.09.20.) 때 〈에헤야 노아라〉와 함께 〈승무〉, 〈검무〉 등의 조선무용에 큰 인기를 얻었다. 이것을 보며 〈승무의 인상〉이라는 작품을 구상한 것은 아닐지… 최승희는 '만석승을 유혹하는 황진이의 육감적이지만 부드럽고 우아한'[47] 형태적 작품으로 구상한 반면, 조택원은 자신의 남성적 이미지를 살려 파계승이 된 한 인간의 고뇌를 표현한 감성적 작품으로 발표한 점에 차이가 있다.

　조택원의 〈승무의 인상〉과 최승희의 〈승무〉 화보는 아래와 같다.

〈화보 7〉『동아일보』 1935.01.23.
〈승무의 인상〉 조택원

〈화보 8〉『동아일보』 1938.11.17.
〈승무〉 뉴욕 길드극장. 최승희

46　조택원, 앞의 책, 2015, 53쪽.
47　최승희, 앞의 책, 2006, 181쪽.

제2회 신작무용공연에서 발표한 '힘과 열을 표현한 춤…… 고전古典과 사색을 동경한 춤… 사랑과 꿈을 정서 속에 담은 춤…'들을 가지고 2월 20일에는 대구공회당에서 공연하였다.[48] '입추의 여지없이 대 성황을 이루었고, 〈흑인의 노래〉와 〈승무의 인상〉이 단연 압도적인 대호평을 받았다'[49]고 하였다. 2월 25일에서 28일까지 4일간 단성사에서 신작무용 공개를 겸하여 '영화와 무용의 밤'을 개최하였다.[50] 사토미 구니요와 시바타 후미코가 다시 경성으로 초빙되어 와서 함께 공연했다.

조택원은 초기 연구생 모집 실패로 인한 제자양성의 어려움을 '무용 무료無料 교수教授'라는 특단의 조치[51]로 극복할 수 있었다.

> 금년 4월에 새로 소원所員을 모집하여 남녀 십수명十數名을 양성하고 있는 씨는 이 8월에 순회공연을 결행코자 우수한 제자를 선발하여 매일 맹연습을 시키고 있다.
>
> 오전에는 일반 소원이 실습을 하고, 오후에는 공연무대에 나아갈 4, 5명의 낭자군娘子軍이 땀에 젖으며 열심히 연습하고 있다. 그 중에도 특히 선발된 황인호黃仁好, 김희영金喜煐, 진수방陳壽芳 등 3양은 초初 무대출연의 호기심도 있겠지만 자기들도 장래 최승희와 같은 혹은 그 이상의 무용가가 되겠다는 자부심과 희망에 열광되어 급진적으로 연구와 연습에 매진한다.[52]

제3회 공연을 앞두고 고심 끝에 생각해 낸 무료 연구생 모집이 크게 성공하여 남녀 십수인十數人을 얻고 '기쁨과 희망 속에서 지금 살아가고 있다'고 토로하였다.[53] 그간의 어려움이 조택원에게 얼마나 큰 무게감을 주었는지 이해할 수 있을 것 같다. 그런데 3월 말에 모집 공고를 내었고 4월초에 남녀 연구소원이 선정되었다하더라도 4월 13일에 연구소원들이 바로 공연에 투입되었다는 것은 이해하기 힘들다. 그런데 다음과 같

---

48 『조선중앙일보』 1935.02.18. 3면. 「大邱同友主催 趙澤元舞踊會 卄日公會堂에서. 大邱」

49 『조선중앙일보』 1935.02.24. 3면. 「趙澤元舞踊會盛況. 大邱」

50 『동아일보』 1935.02.26. 3면. 「趙澤元氏舞踊發表」

51 『동아일보』 1935.03.30. 3면. 「舞踊無料敎授 趙澤元舞踊研究所에서」

52 一記者, 「趙澤元舞踊研究所 訪問記」, 앞의 글, 1935.08, 80쪽.

53 조택원, 「研究所 今昔」, 앞의 글, 1935.08, 83쪽.

은 기사가 있어 10여일 학습되었을 연구소원들이 조택원과 함께 개성공연에 투입되었음을 알 수 있다.

> 「개성」개성 육상경기연맹에서는 5만부민을 위안하여 보겠다는 데에서 경성에 있는 조택원무용연구소원과 음악부원 일행20여 명을 초청하여 본보 개성지국 후원하에 오는 13일 밤부터 고려청년회관 대강당에서 씨의 고심 연구한 〈마음의 시〉 그 일절을 무용으로 표현 공개하리라 하는데 당일의 수입금으로는 실비를 제외하고 여재금은 동연맹 기금에 충당하겠다 한다.[54]

개성공연은 조택원 중심으로 진행되었으리라 생각한다. 물론 연구소원을 잠시 소개하는 정도였겠지만, 지나치게 성급했던 것도 사실이다. 다음은 8월 1일 대전에서부터 '납량무용과 음악의 밤'의 순회공연을 시작한다. '무용가 조택원씨 진수방양, 황인호양 외 수인'과 음악가 '이홍렬李興烈(피아노), 임춘옥林春沃(바이올린), 김인수金仁洙(첼로) 제씨'가 한여름 밤을 식혀줄 무용과 음악을 공연한다는 광고이다.[55] 8월 2일에는 군산공회당에서,[56] 4일에는 이리의 이리극장에서,[57] 5일에는 광주제국관帝國館에서,[58] 8일에는 마산의 마산극장 앵관櫻館에서,[59] 10일에는 대구의 대구공회당에서,[60] 12일에는 인천부 내 산수정공회당山手町公會堂에서[61] 연행한다고 하였다.

다음은 북쪽으로 이동하여 8월 19일 진남포의 당지항좌에서,[62] 20일에는 선천의 선

---

54 『동아일보』 1935.04.12. 7면. 「趙君舞踊會 開城陸聯主催로」
55 『동아일보』 1935.07.26. 4면. 「광고: 納凉舞踊과 音樂의 밤」
56 『동아일보』 1935.07.28. 4면. 「舞踊과 音樂의밤 八月二日群山서」
57 『동아일보』 1935.08.04. 5면. 「舞踊音樂의밤. 明四日 裡里서」
58 『동아일보』 1935.07.29. 4면. 「舞踊과 音樂의밤 光州支局主催로」
59 『동아일보』 1935.08.02. 4면. 「광고: 讀者慰安 納凉舞踊, 音樂의 밤」;『동아일보』 1935.08.08. 5면. 「本報支局主催의 趙君舞踊과 音樂. 各地에서 本報讀者慰安」
60 『조선중앙일보』 1935.08.06. 3면. 「炎熱地獄大邱에 舞踊과 音樂의밤. 雜貨商同友會主催로」
61 『동아일보』 1935.08.03. 5면. 「광고: 納凉慰安 舞踊과 音樂의 밤」
62 『조선중앙일보』 1935.08.15. 3면. 「鎭南浦支局主催 趙澤元舞踊會 來十九日夜開催」

천회관대강당에서[63], 21일에는 평양의 백선행기념관白善行紀念館에서,[64] 26일에는 원산 북촌동 원산관元山館에서,[65] 28일은 흥남 내호內湖의 동진학원대강당東振學院大講堂에서,[66] 9월 1일은 회령의 회령극장會寧劇場에서,[67] 2일은 나남의 나남연예관羅南演藝館에서,[68] 9월 3일은 청진의 청진공락관清津共樂館에서[69] 무용과 음악의 밤 전국 순회공연을 마쳤다. 이어서 9월 10일에는 세계빙상올림픽 대표선수 돕기에 참여하는 무용찬조 공연을 경성의 조선일보사 강당에서 했다.[70]

4월초에 모집된 조택원무용연구소의 소원무용발표공연회가 11월 1일 조선일보사 대강당에서 개최되었다. 무용소원으로는 김택희金澤喜, 진수방, 산천부미자山川芙美子, 사정주자沙井珠子, 이헌李軒, 임춘계林春溪, 권오현權五鉉, 안도安島 등이 소개되었고, 조택원 자신은 찬조출연하며, 신작무용도 함께 발표할 것이라고 하였다.[71] 음악은 최성두와 김생려金生麗가 담당했다. 당일의 프로그램은 아래와 같다.[72]

⟨표 3⟩ 조택원무용연구소원 공연회

	무용	작곡자/음악	출연
1	소야곡(小夜曲)	도제리	김택희, 진수방, 산천부미자
2	작열하는 사색	무음악	조택원
3	유-모레스크	드볼작	진수방, 임춘계
4	정열	크라이슬라	진수방, 조택원

63 『동아일보』 1935.08.06. 5면. 「趙澤元一行招聘 讀者慰安 音樂과 舞踊 本報宣川支局에서」
64 『조선중앙일보』 1935.08.21. 3면. 「광고: 趙澤元君 新作舞踊의밤」
65 『동아일보』 1935.08.23. 5면. 「舞踊實演의밤 원산에서 개최」
66 『동아일보』 1935.08.23. 5면. 「舞踊과 音樂의 밤. 興南서도 開催」
67 『동아일보』 1935.09.05. 3면. 「舞踊과 音樂의 밤. 會寧서 盛況」
68 『동아일보』 1935.09.08. 5면. 「趙氏舞踊의 밤. 羅南에서盛況」
69 『동아일보』 1935.08.22. 3면. 「清津支局主催의 探勝團과 舞踊會. 今月廿五日과 九月三日. 벌서부터 人氣集中」
70 『동아일보』 1935.09.10. 3면. 「도웁자! 올림픽氷上選手를 銀幕에비칠 氷上制覇의壯觀」
71 『동아일보』 1935.11.01. 3면. 「趙澤元舞踊研究所 所員舞踊發表公演會 十一月一日(金)午後七時半」
72 『조선일보』 1935.10.31. 2면. 「趙澤元舞踊研究所公演會. 十一月一日밤・本社大講堂에서」

	무용	작곡자/음악	출연
5	에츄-드	무음악	김택희 진수방
6	흑인의 노래	류란스	진수방
7	승무의 이상	김순영	조택원
8	마주르카	쇼팡	사정주자, 이헌, 진수방, 임춘계, 김택희, 권오현, 산천부미자, 안도
9	몽(夢)	도빗시	산천부미자, 김택희, 진수방
10	무서워	슈-만	진수방, 조택원
11	우울	석정오랑	조택원
12	황혼의 원무곡	이바노이치	김택희, 안도, 산천부미자, 권오현, 진수방, 이헌, 조택원

〈화보 9〉 『조선중앙일보』 1935.10.29.
〈정열〉 조택원(우), 진수방(좌)

〈화보 10〉 『동아일보』 1935.11.01.
〈사랑의 원무곡〉 조택원, 진수방

1921년생 진수방은 이 때 14세인데, 조택원무용연구소의 핵심 소원이 되어 공연에 참가한 것을 볼 수 있다. 연구소원이 공연하는 프로그램에는 전반적으로 참여하고 있다. 게다가 연구소원 중 유일하게 〈흑인의 노래〉를 독무로 추었다. 이 공연의 신문 홍보사진에도 빠지지 않고 등장하였다. 앞서 진수방과 함께 거론되었던 황인호나 김희영은 이 공연에서 보이지 않는다. 진수방과 조택원이 듀엣으로 추는 〈정열情熱〉과 〈황혼黃昏의 원무곡圓舞曲〉이 홍보 사진으로 게재되었다.[73]

조택원은 1935년 1월 26일과 27일의 제2회 신작무용발표회를 통하여 무용가로서 본 궤도에 진입했다고 여겨진다. 그의 대표작으로 손꼽아지는 〈승무의 인상〉은 조선의 전통춤을 예술 창작무용으로 승격시키는데 일조한 경우라 하겠다. 엄격히 따지자면 최승희가 일본에서 연행한 1934년 9월 20일의 제1회 신작무용공연에 초연된 〈승무〉에서 영감을 얻어 파계승의 이야기로 풀어내었으리라 여겨진다. 조선무용에 눈을 뜨게 된 것이 곧 최승희가 일본에서 크게 성공함으로써 영향을 미쳤으리라 여겨지기 때문이다. 당시의 논평자들이 '조선무용'에 관한한 최승희를 태두로 인정하는 것은 이러한 이유 때문일 것이다.

어째든 조택원은 1935년 4월부터 제자를 양성하게 되었고, 그 중 진수방과 황인호 같은 우수한 제자와 함께 8월 1일부터 9월 3일까지 전국을 순회하며 『동아일보』와 『조선중앙일보』의 독자들을 위안하는 '무용과 음악의 밤'을 개최하였다. 이 공연은 연구소원의 무용 기술을 발달시키고 공연 경험을 쌓게 하는 등 예술적 감각을 키우는 제자 육성의 중요한 방법이 되었으리라 본다. 반면 생무지의 어린 소원들이 과연 4개월 안에 얼마나 작품을 소화하고 완성도 있는 공연을 했을까에 대해서는 의문을 품지 않을 수 없다. 실제로 조택원무용연구소 공연회의 인상기印象記는 '연습기간이 아직 짧고, 연기자 대부분이 신진이었던 관계로 얼마간 기대와는 어그러진 점이 있었다'[74]는 함지咸池의 논평이 있었다.

1936년 1월 1일은 최승희가 '세계무대 진출을 목표로 세계일주 순업巡業을 준비하고 있다'는 소식과 함께 조택원은 경성에서 '연구와 지도에 전력하고 있으며, 금춘今春에는 대규모의 무용공연을 하리라'고 하였다.[75] 인터뷰 기사에서도 다음과 같이 포부

---

73 『조선중앙일보』1935.10.29. 3면. 「情熱의 舞踊家 趙澤元氏 新作發表會 十一月一日 朝報講堂에서」; 『동아일보』1935.11.01. 3면. 「趙澤元舞踊研究所 所員舞踊發表公演會 十一月一日(金)午後七時半」

74 『조선일보』1935.11.11. 2면. 「趙澤元舞踊公演會. 印象記. 咸池」

75 『동아일보』1936.01.01. 31면. 「舞踊界. ◇崔承喜氏, ◇趙澤元氏」

를 밝혔다.

나는 금춘부터는 대중이 능히 이해할 수 있는 무용과 식자識者를 위한 두 가지 종류의 무용을 안출案出하여 기회 있는 대로 보여 주려고 한다. 그리고 금춘에는 연구소도 확장하려니와 현재의 연구생들을 데리고 조선에서는 처음인 대규모의 무용극을 공연하고자 한다.[76]

조택원은 「나와 무용과 사회」라는 기사에서 '무용을 연구한 이래로 가족들조차 가까이 하지 않으며, 심지어 미친 사람으로 여기는 것'에 맞서 사회의 이해를 절실히 구하였다. 세상의 부모들에게는 '자녀 중에 무용에 뜻하는 사람이 있거든 상당한 지도자를 택하여 공부시키되 무한한 열성으로써 뒤를 보아 주어야 한다'고 호소하였다. 이로써 '조선에 무용다운 무용이 생길 수 있다'고 하였다. 끝으로 '조선춤의 수법을 취재取材로 새로운 무용 조선을 건설하려면 이것은 무용가와 대중의 밀도가 가까워야 되리라고 단언한다. 하루바삐 이것을 실현시키는 것이 우리들의 사명일 것이다'라고 기술했다.[77]

조택원은 1936년 봄시즌의 대규모 무용극을 준비하기 위해 연구생을 더 모집하겠다고 하였다. 현재 연구생은 '전부 20여 명'이지만, 실제로 공연에 오를 수 있는 사람은 8, 9명이라고 하며, 조선 무용계가 발전하기 위해서는 일반의 이해와 후원이 절실함을 다시 또 강조하였다.[78]

한편, 1월 24일부터 26일까지 3일 동안 경성부민관에서 이색적인 '삼귀재경연회三鬼才競演會'를 조선중앙일보사 주최로 공연이 올려졌다. 삼귀재는 무용가 조택원과 만담가 신불출申不出, 영화제작자이자 배우로 활동한 나운규羅雲奎로, 이들 3사람이 10년을 갈고 닦은 자신들의 기예 혹은 연기로 경연대회를 열어서 '만천하의 팬과 더불어 새

---

76 『동아일보』 1936.01.01. 31면. 「舞踊家들의 抱負. 趙澤元氏」
77 『조선중앙일보』 1936.01.01. 29면. 「趙澤元: 나와 舞踊과 社會」
78 『조선중앙일보』 1936.01.04. 9면. 「硏究生增募코 더욱 精進할터! 趙澤元舞踊硏究所 趙澤元」

해를 맞이하고자'한다는 것이다. 여기에서 조택원은 10종의 자작무용을 올렸는데, 이때도 연구소원이 총출동하여 공연했다.[79]

〈표 4〉 삼귀재경연회(三鬼才競演會) 조택원 무용부문 공연 프로그램

		제1부 무용	작곡자/음악	출연진
제1부	1	두 개의 에츄-토 A. 력(力) B. 도약(跳躍)	무음악	A. 김택희, 진수방, 산천부미자 B 진수방
	2	정열의 왈쓰	쇼판	김택희 권현(권오현?)
	3	궤도(軌道)	크라이스라-	진수방, 조택원
	4	승무의 인상	김준영	조택원
	5	마주르카	쇼판	연구생 일동
제2부	6	꿈	도빗시	산천부미자, 진수방, 김택희
	7	피에로의 설움	드볼작	피에로: 권현, 구롬바인: 진수방 알기-노: 조택원
	8	죽엄의 유혹	시베류-스	산천부미자, 조택원
	9	광인(狂人)	라하마니노푸	조택원
	10	황혼의 원무곡	바노뭿치	연구생 일동, 조택원

모처럼 각 무용종목 마다 해설이 붙었다. 조택원의 무용세계를 이해하기 위해 그의 작품해설을 아래에 소개한다.

一. **두 개의 「에튜-토」**: A. 력力은 힘의 유동이요 B는 경쾌한 도약입니다.

二. **정열情熱의 왈쓰**: 젊은 사람들의 뜨거운 심장을 4분 3박자의 원무곡으로 시작될 것입니다.

三. **궤도軌道**: 사랑은 인간 궤도이니 누구나 다 - 피치 못할 이 궤도를 우리들로 하여금 웃게도 할 것이며, 울게도 할 것입니다.

---

79   『조선중앙일보』 1936.01.13. 6면. 「新春藝壇의 超豪華. 梨園三鬼才의 競演大會. 本社學藝部主催」

四. **승무의 인상**: 승무는 조선 춤을 대표할 것으로 압니다. 이 승무를 현대인의 기분에 맞게 만들려고 애쓴 결과 이와 같은 별다른 승무가 되었습니다.

五. **마주르카**: 마주르카라는 춤은 옛날부터 전하여 내려오는 춤입니다. 이 춤은 흉아리匈牙利(헝가리) 농민들을 상징하고 만든 것입니다.

六. **꿈**: 꿈은 천태만상입니다. 그러나 어린 소녀들의 꿈은 항상 희망이 넘쳐흐르고 있을 것입니다.

七. **「피에로」의 설움**: 「고롬바인」을 중심으로 한 「피에로」와 「알기-노」의 삼각관계를 표현한 것입니다. 일상을 섧음으로 지내는 「피에로」는 섧은 사정을 여러분께 하소연 할 것입니다.

八. **죽엄의 유혹誘惑**: 살고 싶어 하는 사람도 필경은 죽고야 말 것이다. 살라고 날뛰는 우리들의 앞에는 오직 죽엄의 유혹이 있을 뿐입니다.

九. **광인狂人**: 나를 미친놈으로 아는 사람들이 있습니다. 미치었다는 사실은 미치지 않은 사람은 모를 것이겠지 만은…… 미침으로 행복이 된다면 나도 미쳐보고 싶습니다.

十. **황혼黃昏의 원무곡圓舞曲**: 황혼의 따늅강에서 날뛰는 젊은이들 그들은 참으로 유쾌할 것입니다.[80]

경연회라고 타이틀을 붙였지만, 실제 경연이 이루어져서 우열을 가렸다기보다는 각기 다른 장르를 '무용, 만담, 발성2중연쇄극'의 순서로 나열 공연하였다. 오후 7시부터 시작하여 긴 시간 공연이 이루어졌던 것으로 보인다. 또 작품의 제목으로 보나 해설로 볼 때, 관람자의 입장에서 무용의 무게감이나 깊이를 찾기 보다는 전통과는 다른 새로운 형식의 신문명의 춤이 감상되었을 것으로 생각된다. 1930년부터 1932년까지 최승희가 3년 동안 시도했던 다양한 신무용 종목과 크게 다르지 않은 조택원의 춤세계는 아직도 이시이 바쿠의 그늘 아래 놓어있었다고 의거진다.

1936년 봄에는 대작 무용극을 만들어 보겠다던 조택원은 그 꿈을 실현시키지 못하

---

80 『조선중앙일보』 1936.01.13. 6면. 「新春藝壇의 超豪華. 梨園三鬼才의 競演大會. 本社學藝部主催」

고, 4월 6일부터 5일 동안 약초극장에서 '무용과 영화의 밤'을 개최한다고 했다. 이 공연은 조택원이 일본으로 떠나기에 앞서 고별공연을 하는 것이라고 했다.[81] 『매일신보』에는 이 공연을 '신작무용발표회'로 소개했는데, 신작무용프로그램으로는 1.〈도화사道化師의 탄식嘆息〉, 2.〈사랑의 기쁨〉, 3.〈처녀의 세레나데〉, 4.〈승무의 인상〉, 5. 〈마주르카〉, 6.〈습작習作〉, 7.〈죽엄의 유혹〉, 8.〈에-비〉, 9.〈일허진 혼魂〉, 10.〈황혼의 왈쓰〉를 연구소원들과 함께 공연한다고 했다.[82] 이번 공연을 위해 창작된 새 작품은 〈도화사의 탄식〉과 〈습작〉, 〈에-비〉뿐이다. 나머지는 이전 공연에 올렸던 작품 이름 을 그대로 사용하거나 조금씩 바꾼 것들이라고 할 수 있다. 예를 들면, 〈사랑의 기 쁨〉은 〈애愛의 희喜〉, 〈사랑의 즐거움〉과 같은 유사 제목이라고 할 수 있다. 그런 점 에서 〈황혼의 왈쓰〉는 〈황혼의 원무곡〉의 다른 이름일 것이다.

한편, 새로 창작했다는 〈도화사의 탄식〉에서 도화사는 연극演劇에서 재주를 부리거 나 익살을 떠는 역을 맡은 배우俳優를 말하는데, 영어로는 a clown에 해당한다. 즉 '광대의 탄식'과 같은 의미이므로 앞서 발표한 〈피에로의 설움〉의 다른 이름일 가능 성도 있다. 게다가 최승희가 앞서 〈방랑인의 설움〉(1930), 〈유랑인의 춤〉(1932), 〈호니 호로사〉(1935)를 통해 광대의 설움을 수차례 춤으로 표현했다는 점으로써 춤의 주제 선택에 있어서도 최승희가 단연 선구적인 반면, 조택원은 늘 뒤를 쫓는 모습이다.

〈마주르카〉나 〈습작〉, 〈세레나데〉와 같은 류는 최승희가 조선에서 활동할 당시에 모두 사용했던 명칭이고, 실제로 이러한 류는 음악적 영감을 시각화한 작품들이었다. 조택원도 같은 방식으로 자신의 창작을 시도했으리라 여겨진다. 조택원은 서양 '음악 의 내용이 복잡하며 의미가 있는 만큼 무엇인가 알 수 없는 힘이 있다'고 생각했다. '조선춤을 무용으로 만들 때 충분한 수법과 아울러 내용을 가져야 할 것'이라고 주장 했다.[83] 이로써 조택원은 무용극과 같은 내용적 줄거리를 중시하며, 음악적 멜로디가

---

81   『동아일보』 1936.04.01. 3면. 「演藝消息: 趙澤元舞踊所의 舞踊과 映畫의 밤」
82   『매일신보』 1936.03.27. 3면. 「趙澤元君의 今春新作舞踊發表」
83   『매일신보』 1936.04.08. 6면. 「趙澤元: 崔承喜女史의 新作舞踊을 보고」

무엇인가를 표현하는 것을 선호함을 알 수 있다.

최승희가 일본과 조선, 만주를 순회공연하며 세계무대로의 진출을 준비하는 모습에 경도된 것일까 조택원은 일본으로 간다던 계획이 구라파로 확대되었다. 6월 5일에 도구고별무용공연渡歐告別舞踊公演을 경성부민관에서 발표한다고 홍보하였다. 이후 수원을 비롯하여 전선 각지를 순회한 후에 곧바로 도구하겠다고 하였다.[84] '만강의 포부를 품고 구라파 각국으로 무용행각의 길을 떠난다'고 선전하며, 그 고별공연

趙澤元氏 告別舞踊——사진上은『봄소리』下는『만종을보고』五日府民舘에서

〈화보 11〉『동아일보』1936.06.04.
〈봄소리〉(위), 〈만종을 보고〉(아래)

을 위한 신작무용발표회에는 '연구소원들이 총동원된 대무용회'라고 하였다.[85] 신문에 게재된 발표 작품 프로그램은 아래와 같다.[86]

〈표 5〉 조택원 도구고별무용공연 신작발표회

1	카푸리-스	2	인도의 노래	3	푸레파레이숀
4	산화보	5	봄소리	6	과자인형
7	모만뮤직	8	메카니즘	9	굿거리
10	집시-의 무리	11	비애(悲哀)	12	아베마리아
13	무용회의 초대				

---

84 『매일신보』1936.06.03. 6면.「趙澤元氏 渡歐告別舞踊프로」
85 『동아일보』1936.06.03. 3면.「趙澤元氏 渡歐告別舞踊會 오는五日, 府民舘에서」
86 『매일신보』1936.06.03. 6면.「趙澤元氏 渡歐告別舞踊프로」

이상의 13종목 프로그램에는 기록되지 않았는데,『동아일보』6월 4일자에는 〈만종을 보고〉라는 화보도 신문에 게재되었다. 함께 소개된 〈봄소리〉는 토슈즈를 신고 발레를 하는 모습이다. 〈만종을 보고〉는 후에 〈만종〉으로 명칭이 간소하게 된 작품이다. 조택원은 〈만종〉과 〈포엠〉을 1935년 봄 제2회 발표회 때에 초연한 것으로 회고했다.[87] 그러나 이와 같은 오류가 조택원의 자서전에서는 여러 곳 발견된다. 그나마 〈만종〉은 이 때 보이지만, 〈포엠〉은 아직 사료 안에서 발견되지 않았다. 〈만종〉을 창작한 배경은 아래와 같이 설명했다.

〈만종〉은 연전 졸업반이었던 김생려와의 합작이었다. 당시 김생려는 우리집 2층에 살고 있었는데 몇 달 전 한국에서 독주회를 가진 미국의 세계적인 바이올리니스트 먀샤 엘만이 바이올린용으로 편곡한 쇼팽의 〈야상곡〉에 감명을 받고 밤낮으로 그 곡을 연습하고 있었다. 하루에도 수십 번씩, 나는 귀가 아프도록 그 곡을 들어야만 했다. 내 방에는 밀레의 〈만종〉이 걸려 있었는데 하루는 눈앞의 〈만종〉과 쇼팽의 야상곡이 하나가 되어 내 머릿속에서 한 상념이 떠올랐다. 종소리를 들으면서 경건한 기도를 드리고 있는 화보 속의 부부가 별안간 쇼팽의 음악에 맞춰 움직이는 것이었다.

내 몸 속에서는 쇼팽의 〈야상곡〉에 맞춰 하나의 정연한 움직임이 흘렀다. 하루의 일과가 끝나려는 저녁나절이 되어 일손을 거두려 몸이 더욱 빨리 움직인다. 이 때 멀리서 은은한 종소리가 들려온다. 농부는 하늘의 계시를 받은 듯 일손을 멈추고 고개를 숙여 감사의 기도를 드린다.

나는 화보에서 눈을 떼지 않은 채 김생려의 바이올린 소리에 귀를 기울이고 있었다. 마침내 그 비길 데 없는 평화와 고요와 비현세적인 경건함과 헤아릴 수 없는 자연의 신비가 모두 내 머릿속 무대 위에 재현되었다. 그러나 나는 서양음악을 들으면서 우리 농촌을 머리에 그리고 있었다. 머릿속에서 동·서양의 조화가 이루어지고 있었던 것이다. 이렇게 해서 태어난 〈만종〉은 〈가사호접〉과 함께 파리공연의 성공을 가져온 레퍼토리가 되었다.[88]

---

87 조택원, 앞의 책, 2015, 53쪽.

1936년 6월 5일의 도구고별공연에는 이상의 〈만종〉을 포함하여 14종목의 신·구 삭품이 발표되었다. 이 공연 후에는 또 다시 남조선 순회공연이 있었다. 6월 13일부 터 7월 16일까지 천안, 온양, 조치원, 충주, 청주, 전주, 군산, 강경, 이리, 남원, 김제, 광주, 순천, 여수, 통영, 마산, 동래, 밀양, 경주, 포항, 대구, 공주를 순회하였다.[89] 가 을에 '멀리 구주歐洲에 무용 연구차로 떠나게 되매 그의 고별무용회를 지난 부민관에 서 성대히 거행하고, 이제 다시 전 조선 각지를 순방하며 본보 각 지국의 주최로 고별 무용회를 개최하기로 되었는데 사계에 명성이 높은 조택원씨인 만큼 벌써부터 각지에 서 인기가 불등하여 있다'[90]고 소개하였다. 『매일신보』 청주지국 후원으로 청주에서 공연할 때 '공연 종목은 15종'[91]이라고 했다. 부민관에서보다 지방공연에 다작을 발표 하였던 것으로 여겨진다. 그럼에도 불구하고 조택원은 청주 청년들에게 크게 봉변을 당하였다.

「청주」도구고별이라는 미명을 걸고 조선 각지에 순업을 하려는 모 무용단이 수일 전에 청주 모 극장에 와서도 상연을 하였다는데 일반 관중들은 광고에 비교하여 내용이 빈약할 뿐 아니라 소위 무용예술을 표방할진대 그 자체 흥행하는 자들의 태도가 다소 예술가다운 데가 있어야 할 것임에도 불구하고 그런 면에 있어서는 경성에 있을 때나 지방에 있을 때나 예술가답지 못한 야비한 태도가 많아 도저히 앞날에 예술계를 위하여 용서할 수 없다는 흥분 속에 극장을 나오자 십여 청년 군중에 포위되어 소위 그 주요 인물이란 자가 구타를 당하였 는데, 좌우의 제지로 중상까지에는 이르지 않았으나 청년들은 그의 유숙할 여관을 포위하여 습격하려고 대기 중이었는데, 동단은 그 기미를 알고 그랬는지 구타당한 그 길로 위기를 벗어

88 조택원, 위의 책, 2015, 53~55쪽.
89 『동아일보』 1936.06.12 5면. 「광고: 渡歐告別趙澤元舞踊會」;『매일신보』 1936.06.14. 4면. 「광고: 趙 澤元新作 舞踊公演會. 후원. 每日申報靑州支局」;『조선중앙일보』 1936.06.17. 7면. 「本報 群山支局서 廿日 舞踊會 開催 趙澤元君을 招請하야」
90 『동아일보』 1936.06.13. 5면. 「趙澤元舞踊團 南朝鮮巡廻行脚 十三日의 천안을 위시하야 本報支局主催 下에」
91 『매일신보』 1936.06.14. 4면. 「本報靑州支局後援 趙澤元舞踊 十七日公演」

나 자동차로 밤에 청주를 떠났음으로 대화大禍는 면하였다 하며 청주에서는 이야기 거리가 되고 있다 한다.[92]

　'조선이 낳은 천재무용가'라고 신문 각지에서 조택원을 수식하며 광고하고 추켜세웠는데, 청주의 청년들은 그들의 눈 앞 공연 광경 앞에서 울분을 터트렸던 것이다. 그런데 한편 생각하면, 이번 조택원의 남조선 순회공연 중 유일하세『매일신보』청주지국의 후원이 있었던 행사 후에 이런 일이 벌어졌던 것에는 의문점이 남기도 한다. 순회공연 초창기에 일어난 청주의 사건에도 불구하고 이후『동아일보』가 전반적으로 후원하고, 일부 지역에서는『조선일보』나『조선중앙일보』가 후원하는 가운데 3개월의 일정의 경우는 무사히 마칠 수 있었기 때문이다.

　남조선 순회공연을 마친 후에는 늘 그랬듯이 이번에는 북조선 순회공연을 나갔다. 7월 14일 우선 대전경심관에서 공연을 한 후,[93] 7월 21일과 22일에는 원산으로 올라가서 공연을 했다. 이때 원산의 유지 김진국金鎭國이라는 사람이 조택원의 도구 무용연구비로 30원을 희사했다.[94] 7월 24일 영흥, 25일 함흥,[95] 28일에는 성진,[96] 8월 1일에는 청진의 공회당에서 공연했다.[97] 7일에는 간도間島의 용정공회당에서,[98] 24일에는 안주 미락관에서 개최하였다.[99]

　이후의 소식은 손기정의 마라톤 수상식 사진의 일장기 말소 사건에 연루된『동아일보』와『조선중앙일보』가 정간되었기 때문에 정간 이후로부터 1937년 6월 재개 이전까지의 기사가 단절되었다.[100] 어째든 조택원은 1936년 가을 도구渡歐 예정으로 전국

92　『조선일보』1936.06.21. 2면.「巡廻興行中의 某舞踊團長 靑州靑年에게 逢變. 行動이 野卑하다고 作黨 毆打. 一行은 夜半에 逃走」
93　『조선중앙일보』1936.07.10. 4면.「趙澤元舞踊團 十四日大田서 興行: 大田」
94　『동아일보』1936.07.27. 3면.「舞踊研究費卅圓: 元山」
95　『동아일보』1936.07.23. 5면.「광고: 渡歐告別趙澤元舞踊會」
96　『조선중앙일보』1936.07.31. 3면.「趙澤元一行 舞踊會盛況: 城津」
97　『조선일보』1936.07.28. 7면.「淸津支局主催 舞踊의 밤 開催: 淸津」
98　『조선중앙일보』1936.08.06. 7면.「間島支局後援 趙澤元舞踊會: 間島」
99　『조선중앙일보』1936.08.23. 4면.「本報安州支局主催 趙澤元舞踊會 明二十四日밤에: 安州」

순회공연을 3개월 동안 이어갔지만, 일장기말소사건으로 『동아일보』 후원이 최우선 끊어졌고, 이 때문에 흥행에 실패했다고 한다. '80개 도시의 공연이 끝난 후 결산을 해 보니 양행 여비는커녕 적자를 간신히 면한' 정도가 되어 그해 가을의 구라파행은 실현되지 못했다. 할 수 없이 일본 공연을 통해 도구 비용을 마련하고자 동경으로 떠났다.[101]

2. 프랑스에 다녀온 조택원의 무용 양상

1937년 3월 31일 동경 소재 일본청년회관에서 '제1회무용발표회'를 열어 〈조선무용의 인상印象〉과 박외선과 함께 출연한 〈만종〉이 열광적 인기를 끌었다고 한다.[102] 이 시이바쿠무용연구소 문하생들이 찬조한 이번 공연 수입으로 400원이 손에 쥐어졌기에 조선에서 여권을 신청했으나 장인의 방해로 여권은 나오지 않았다.[103] 다시 동경으로 가서 지인의 도움으로 여권과 배표를 마련하였고, 마침내 '11월 24일 오후 9시 동경을 출발, 26일 오후 3시 신호神戶(고베)항에서 하루나환으로 마르세이유를 향해 출범했다. 약 1년간의 예정으로 파리와 베르린 등 구라파의 중요도시에서 조선무용의 소개와 그곳 무용의 연구를 하고 올 것'이라고 했다.[104]

목표를 향해 돌진하는 조택원의 저돌적 성품으로 수많은 어려움을 극복하고 예술무용 입문 후, 만 10년 만에 예술의 메카 파리를 향해 떠나갔다. 1938년 3월 8일 야마다

---

100 『농아일보』는 8월 29일자로 무기정간 처분을 당하였고, 『조선중앙일보』는 9월 5일부로 자진해서 휴간하였다. 『동아일보』는 약 9개월간의 장기정간 후 1937년 6월 3일자로 속간되었다. 『조선중앙일보』는 재정난이 악화되어 37년 11월 5일자로 폐간되었다. 일장기말소사건, 주선중앙일보, [검색일: 2017. 10.30.] 한국근현대사사전. 〈http://terms.naver.com/entry.nhn?docId=919877&cid=42958&categoryId=42958〉

101 조택원, 앞의 책, 2015, 58~59쪽.

102 『조선일보』 1937.04.01. 6면. 「東京에서 열린 趙澤元舞踊會」

103 조택원, 앞의 책, 2015, 59쪽.

104 『조선일보』 1937.11.18. 2면. 「舞踊家趙澤元氏 歐米舞踊行脚發程」

기쿠山田菊의 소개[105]로 뮤-제 키메박물관홀에서 〈작렬〉, 〈승무의 인상〉, 〈포엠〉 등 10곡을 발표하였다고 한다.[106] '조선무용과 서양식 무용을 발표하여 대 갈채를 받았다'고 하였다.

저는 지난 3월 8일 저녁에 열린 무용회에서 주불駐佛 삼촌대사杉村大使를 비롯하여 조천설주早川雪洲 부처, 오페라의 리파-, 서반아 무용가인 나나 헤레나 양 이외 여러 오페라무용가들 면전에서 〈승무〉, 〈검무〉, 〈굿거리〉, 〈아리랑(창작)〉, 〈가사호접(창작)〉(〈승무의 인상〉 개제改題) 등의 조선무용과 아울러 〈보엠(포엠)〉, 〈나와삼발〉, 〈푸레파라솔〉 등의 서양식 무용을 발표하여 대 갈채를 받았습니다. 조선무용은 피아노를 사용하지 않고 피리 대신으로 프류-트를 사용하고, 다이꼬大鼓로 반주를 했더니만 조선미朝鮮味가 풍부하게 표현되었습니다.[107]

이 공연은 파리국립 P・T・T방송국에서 무용평론가 페르노아 디-보어의 다음과 같은 논평이 있었다.

그이의 무용은 과연 어떤 나라에서 왔는가? …… 우리들 시인詩人이 가장 존경하는 나라에서 왔다는 것을 조씨의 무용으로부터 짐작할 수 있습니다. 더구나 〈검무〉의 검이 절반 꺾어지고, 쇠사슬이 달린 것은 참 예뻤습니다. 종교적인 〈승무〉는 우리들에게 아름다운 리즘을 주었습니다. 동작은 넓이가 넓고 묵상默想의 이 리즘을 비롯하여 한 동작 가운데 춤 전부가 포함되어 있습니다. 그리고 음악은 대체로 보아서 삼박자三拍子였습니다. …(중략)… 조씨의 무용을 보고 나는 몽고蒙古를 상상했습니다. 가령 유현幽玄하고 무게 있게 표현하는 것 같은 마치 티베트 승려 등의 세계의 별의 무용을 상상했습니다.[108]

---

105 조택원, 앞의 책, 2015, 79쪽.
106 조택원, 앞의 책, 2015, 85쪽.
107 조택원, 「구주 무용계 견문기」, 『조광』 37호, 조선일보사, 1938.11, 122쪽.
108 조택원, 위의 글, 123쪽.

4월 3일에는 일본대사관에 마련된 신무천황제神武天皇祭 리셉션에서 300여 명의 각국 외교관이 초대된 무대에서 공연하기도 했다.[109] 그밖에는 작은 모임에서의 소소한 공연을 몇 차례 하였고, 인기배우이자 영화제작자인 하야카와 셋슈早川雪州의 〈마카오〉라는 영화 안무에 참여하며, 대체로 몽파르나스 예술가들의 사교 모임 속에서 파리의 문화를 즐기며 체득하는 가운데 세월을 보냈다.[110] 1937년 11월 24일 고베항을 출발했던 그는 1938년 8월 20일에 다시 고베항으로 입항했다.[111] 배로 이동하는 시간 포함 9개월 정도를 프랑스 여행을 다녀온 것이다.[112]

파리에서 조택원은 당대 유명 무용가 세르주 리파르와 인연을 맺었는데, 그 앞에서 "〈포엠〉과 〈가사호접〉 중 한 두곡을 추어 보였다"고 했다. 춤을 보고 난 그는 다음과 같이 말해 주었다고 한다.

리파르: 언제부터 이런 서구적인 춤을 추었습니까?

조택원: 처음부터입니다.

리파르: 물론 훌륭합니다. 기교도 훌륭하구요. 하지만 어딘지 내 것이 아닌 것 같은 느낌이 좀 드는 군요. 그 솜씨와 정서로 전통적인 한국 춤을 파고 들었으면 하는 생각을 금할 수 없습니다.[113]

처음엔 반발하며 반론을 제기했지만, 결국 조택원은 리파르의 조언을 마음에 새겨 다음과 같은 결심을 하고 되돌아왔다고 한다.

아무리 메마르고 초라하더라도 내 살과 피와 혼이 온전히 안주할 수 있는 곳은 나를 낳아

---

109 조택원, 앞이 책, 2015, 87쪽.

110 조택원, 앞의 책, 2015, 70~108쪽.

111 『매일신보』 1938.09.08. 3면. 「歐洲에 舞踊行脚 趙澤元氏 九月歸城: 東京」

112 조택원, 앞의 책, 2015, 106쪽에는 "파리에서 1년쯤 살다보니…."라고 했고, 『매일신보』 1938.09.08. 3면의 기사에는 "만10개월만인 지난 20일 신호항 입항…"이라고 했다.

113 조택원, 앞의 책, 2015, 101~103쪽.

준 땅밖에는 더 있겠는가. 그 구김살 없고 순수하고 새파란 한국의 하늘이 준 사명은 우리 고유의 춤을 탐구하고 개발하고 창조하는 일이 아니겠는가?[114]

프랑스에서 활동했던 그의 행적에서 알 수 있듯이 조택원은 연습에 매진한 흔적이 거의 없었다. 그는 3월 8일 뮤-제 키메홀에서의 성공을 발판으로 많은 일본인들과의 교류와 도움으로 '대공연 3회, 소공연 4회를 가져'[115] 사례비를 몇 차례 넉넉히 받았다. 이를 가지고 예술가들의 사교 집결지인 몽파르나스에서 민족이나 예술을 화두로 수다 떨기를 주로 즐겼다. 당시 파리에서 공연되는 사하로프, 세르지 리-파, 안톤 도랑 등의 발레공연도 관람했다. 그 외에는 화가 J. F. 밀레(1814~1875)의 〈만종〉이 그려진 파리 근교 바리비종에 다녀온 것이 첫 도구 행각의 실상이었다.

8월 20일에 일본으로 돌아 온 조택원은 9월 7일 조선 경성역에 도착했다. 10일에는 '조선의 고전무용을 널리 소개하고 돌아 온 우리의 무용가 조택원씨를 환영하는'[116] 부민관 식당에서의 환영회에 참석했다.[117] 구주의 무용을 살펴보고 돌아온 자신의 감회와 파리에서 활동하고 있는 음악가와 무용가들의 근황 정보를 공유하는 강연회도 가졌다.[118] 다시 일본으로 건너가서 11월 8일 동경 히비야공회당日比谷公會堂에서 공연하였는데, 최승희의 제자 김민자金敏子와 파트너가 되어 공연하였다. 이 공연에 대한 인상기가 『매일신보』에 게재되었다.

조군의 무용은 개괄적으로 말하여 양행 전에 비해서 훨씬 세련되었다. 칠분의 현대적 감각에 삼분의 고전미는 조선적 정서를 무대에 꽉 차게 하기에 부족함이 없었다. 특히 〈아리랑 환상곡〉과 〈굿거리〉와 〈코리안환상곡〉, 〈승무의 인상〉, 〈검무劍舞의 인印○〉, 〈가사호접袈裟

---

114 조택원, 앞의 책, 2015, 106쪽.
115 『동아일보』 1938.09.08. 3면. 「"할일만흔 것을 이번 여행에 새삼스레 늣겻다" 舞踊家 趙澤元氏 着京」
116 『동아일보』 1938.09.10. 3면. 「趙澤元氏歡迎會」
117 『매일신보』 1938.09.10. 2면. 「趙澤元氏歡迎會」
118 『동아일보』 1938.09.17. 5면. 「講演(十七日 後七, 三十) 歐洲舞踊을 보고와서」

胡蝶〉 등의 고전무용의 현대화에 있어서 그는 미속卑俗에 떨어지지 않고 단순의 우아미優雅味를 살리기에 성공하였다고 할 수 있다. 그가 창조하려고 하고 있는 미美에 아직 철학적인 깊은 것은 없다. 〈가시호접〉에서 이것의 편린片鱗을 보이었는데, 아직 습작 정도라고 보았다. 하여간 조택원군의 귀조발표는 예기豫期한 바를 지나치게 수확收穫을 얻었다고 할 것이다.[119]

조택원의 춤의 특성이 우아미에 가깝고 철학적인 면은 그나마 〈가사호접〉에서 볼 수 있다고 하였다. 그런데, 이 글에는 〈승무의 인상〉과 〈가사호접〉이 각각의 종목으로 기술되어 있다. 이 두 춤의 관계는 본래 〈승무의 인상〉이던 것을 정지용에 의해 〈가사호접〉으로 개명되었으므로 동일한 춤이라고 알려져 있는데, 두 제목의 춤이 나란히 나열되어 있다. 또 〈검무劒舞의 인○〉이라고 표기된 춤은 『동아일보』에 〈검무의 인상〉으로 표기되었고, 이 춤은 김민자가 출연했다.[120] 이 공연을 통해 조택원은 '우리 고전무용의 예술적 재현자'라고 소개되기도 했다.[121]

금번 공연은 우리의 고전무용의 예술적 가치에 대한 보다 깊은 인식과 저의 새로운 출발인 만큼 있는 힘을 다하여 보겠습니다. 파리에서의 연구 결과는 금번 동경 공연에 있어서도 큰 성과를 보았으므로 한층 더 새로운 힘이 솟아 나오는 것을 느낍니다.[122]

또 이 날 11월 8일 동경 히비야공회당에서 조택원의 무용공연을 관람한 김파우金坡宇는 조택원의 춤이 파리의 서구적 영향에 무너지지 않고, '우리 조선의 풍부한 자연성을 좋은 의미로 재 표현하였다'고 칭찬하였다. '파리에서 생활하는 가운데 그는 지기知己의 정신을 양성하였으며 기교技巧 체험의 진보를 얻었다'고 했다. 이 날 공연에 대한 김파우의 구체적인 평가는 다음과 같다.

119 『매일신보』 1938.11.28. 3면. 「巴里歸朝第一會公演 趙澤元舞踊印象記: L記者」
120 『동아일보』 1938.11.11. 3면. 「趙澤元氏 歸國公演會. 超滿員의 大盛況. 東京 各界서 好評藉藉」
121 『동아일보』 1938.11.16. 3면. 「趙澤元一行入京. 東京公演마치고 元氣 더욱 旺盛」
122 『동아일보』 1938.11.16. 3면. 「趙澤元一行入京. 東京公演마치고 元氣 더욱 旺盛」

그의 무용에 많은 여유와 윤택이 보이는 점은 진실로 그동안 노력의 결정이다. 그는 기교에만 아니라 작품의 내면 충실을 위하여서도 전력을 경주하고 있다. 그러므로 그 무용적 율동은 전체로 단순화 하여 있다. 그러면서도 단순한 가운데에도 그의 내면에 잠재한 정신의 표현이 표현의 단순성을 보충하려는 의도를 작품상에 명백히 구체화 하였다. 〈승무의 인상〉, 〈땅스 포퓰레-르〉, 〈검무의 인상〉, 〈가사호접〉, 〈판타지 코레앙〉 등은 이상의 의미의 내면적 경향을 대표하는 것이며, 〈동적조각動的彫刻〉, 〈아리랑 환상곡〉, 〈포엠〉의 제 작품은 외형의 단순화를 보충할만한 것이 조금 부족하기 때문에 다소간 담담淡淡한 점이 보이는 것 같았다. 그러나 그와 반대로 작품이 일반 내면적 정신을 발휘 표현하는 경지에 향하야 돌진하는데 따라서 고전의 정신과 전통을 일층 추구 반영하는 그의 독창적 양식은 밝아 오는 아침 하늘과 같이 점점 명료하게 될 것은 사실이다.

〈가사호접〉, 〈만종〉, 〈아리랑 환상곡〉, 〈포엠(A는 고요한 발자국, B는 희망)〉에 있어서 고뇌, 환멸, 절망, 곤패困敗 등 소극적 감정의 측면과 일맥의 희망, 향락, 동경, 쾌랑성快朗性적 적극면이 합체되어 보이는 것은 그의 우수한 민족 정조의 근대성이 혼연이 융합된 일품逸品이 아닐까 한다.

〈땅스 포퓰레-르〉는 근대적 화란和蘭(네덜란드) 회화繪畵에 일적一適의 율동과 멜로디-를 주사注射하였다는 감感이 있다. 일폭 화면에 인형이 호흡하는 듯 〈승무의 인상〉의 폭넓은 소매자락을 좌우로 힘껏 펴서 들고 굼실거리는 양은 방불 어유하魚遊河하며, 반공半空에 뜬 소리개가 자유로 선회하는 듯, 그의 우아한 형상은 봉건시대의 태평시太平詩를 연상케 한다.

이러한 조선의 전통적무용 예술형식과 민족적 감정과 불가분리 한 특질이 그의 작품의 대부분인 조선무용으로 하여금 최대의 성과를 획득케 한 중요한 원인이라 생각한다.[123]

『동아일보』에 소개된 프랑스 『랑트랑시창』지의 평에 따르면, 뮤-제 키메에서 공연한 조택원의 춤은 '신선미와 자연미가 있는 예술'이라고 했다. 그 내용 일부를 아래 인용한다.

---

[123] 『동아일보』 1938.11.22. 5면. 「趙氏舞踊公演을 보고. 東京 金坡宇」

이 무용은 지나무용支那舞踊도 일본무용日本舞踊도 아닌 자연적이면서도 나이브한 특색을 가졌다. ⋯(중략)⋯ 몇 백년간 잊어버린 채로 있던 이 무용을 그는 깊은 산중으로 찾아갔다. 일직이 어전御前에서 춤추던 80노옹老翁에게서 그는 조선의 무용법을 배웠다. 거기서 그는 천부의 재능과 젊음을 발휘했다. ⋯(중략)⋯ 그는 지금 경성으로 돌아가서 조선무용을 진지한 예술경지에까지 끌어 올리고 있다.[124]

조택원이 프랑스로 떠나기 전의 고단했던 환경으로 볼 때, 과연 깊은 산중에서 살고 있는 어전에서 춤추던 노인을 만나서 그 곳에서 승무나 검무 등을 배울 여력이 있었는지는 의문이다. 어째든 조택원은 파리에서 3월에 공연한 이래 프랑스 무용계에서 주목 받았음을 『레뷰 드 프랑스』지의 페르낭 디보아, 『일류스트라숑』지의 시 아르 치-르, 『랑트랑시창』지, 『에포크』지를 통해 알 수 있다.[125] 이러한 언론의 조명은 파리를 다녀 온 조택원에게 이전과는 매우 달라진 환경을 제공했다. 그 자신도 아래의 인용문으로 볼 때, 프랑스에 가기 전과 후에 대한 체감은 매우 크게 달라졌음을 나타낸다.

도불 전과 ⋯⋯ 있었다. 그것은 일본사회의 나에 대한 평가였다. 프랑⋯⋯⋯의 내 기교는 학도들의 수준을 넘지 못했고, 그동안에 내 기교가 는 것도 아닌데 평가만은 크게 달라진 것이다. 나로서는 절대 불쾌한 일이 아닐뿐더러 오히려 내 천성에도 맞는 일이라 그 후 들뜬 기분으로 일본 각지의 10여 곳과 우리나라의 50여 도시에서 즐거운 공연 활동을 벌였다.[126]

한편, 조택원은 11월 24일과 25일의 경성부민관 공연을 앞두고 『동아일보』에 자신이 프랑스에서 느끼고 체험한 당대의 무용 조류를 다음과 같이 설명하였다. 그 내용

---

124 『동아일보』 1938.11.20. 5면. 「再認識 要求되는 朝鮮舞踊의 眞價. 西歐批評家가 본 趙氏舞踊」
125 『동아일보』 1938.11.20. 5면. 「再認識 要求되는 朝鮮舞踊의 眞價. 西歐批評家가 본 趙氏舞踊」
126 조택원, 앞의 책, 2015, 113쪽.

을 일부 옮겨 본다.

먼저 결론을 말한다면, 서구西歐(프랑스를 중심으로 한)예술은 '다시 고전의 전통에로 돌아간다'
는 일언으로 그친다고 하겠습니다. 대전大戰 이후 구주의 예술 일반에 변동이 많아 여러 가지
주의主義 하에 다각적으로 새 형식을 찾아 나왔는데, 그 영향으로 일본 내지內地(및 조선)에서
는 그 형식만을 취하여 왔다고 생각합니다. 예를 음악에 들면, '드뷔시' 이래 '라벨', '오네가',
'피에레', '포레' 등의 새로운 음악이 악단을 풍미하고 있었고, 무용에 있어서도 독일을 중심
으로 '노이에탄츠'(신흥무용新興舞踊)가 대두하고 있었습니다. 또 잘 모릅니다마는 회화繪畵에 있
어서도 '큐비즘'과 '슈르 레알리즘'이 성황 하였습니다. 일본 내지에서는 이 같은 예술(형식)을
저작咀嚼 못한 채, 그대로 직수입하였기 때문에 곧 혼란을 일으키고 말았다고 생각합니다.
　…(중략)…
각국이 자신의 풍속습관에 따라 각자의 각도로 나가야 할 터인데 이에는 새로운 형식形式
만을 모방하지 말고 고전의 정신을 즉 예를 들면, '바하'부터 '드뷔시'에 이르기까지의 음악을
좀 더 공부해야 할 것입니다. 우리도 우리의 특유한 전통을 잊지 말고 좀 더 이를 연구하는
일면 서양무용을 가미하여 '새로운 시대의 예술'을 창조하지 않으면 안 될 것입니다.[127]

요약하면, 당시의 새로운 음악 경향을 파악하자는 것과 노이에탄츠와 고전발레의
양분 경향을 소개해 주고 있다. 각국의 풍습을 발굴하고 무용화 하되, 형식만 모방하
지 말고, 고전의 정신을 공부함으로써 '새로운 시대의 예술'을 창조해야 한다는 주장
이다. 그러한 기조로 1938년 11월 24일과 25일의 『동아일보』사 주최 조택원 귀조제
1회창작공연歸朝第一回創作公演을 경성부민관에서 개최하였다.[128] 그 프로그램은 아래와
같다.[129]

---

127 『동아일보』 1938.11.18. 5면. 「演藝: 西歐의 藝術一般은 傳統의 精神에로! 舞踊家趙澤元氏 談」
128 『매일신보』 1938.11.11. 4면. 「演藝: 巴里歸朝第一回 趙澤元舞踊會」
129 『동아일보』 1938.11.25. 5면. 「一般의 批判 바라는 創作朝鮮舞踊. 趙氏의 舞踊會는 今夜부터」

〈표 6〉 조택원 파리귀조무용회 프로그램

		공연 작품 제목	출연	안무가
제1부	1	뜌에뜨	조택원, 김민자	조택원 작
	2	매력(魅力)	김민자	김민자 작
	3	아리랑 환상곡(幻想曲)	조택원	조 (파리 초연)
	4	월쓰(番外)	김민자	김민자 작
	5	포엠 A.고요한 발자국 B.희망 (석정오랑·고목동류 작곡)	조택원	조 (파리 초연)
	6	춤	김민자	조
	7	준비(準備)	조택원	조
	8	앙젤류스	조택원, 김민자	조
제2부	1	승무(僧舞)의 인상(印象)	조택원	조
	2	시골처녀(방아타령)	김민자	김민자 작
	3	딴스 포플레르	조택원	조
	4	검무(劍舞)의 인상(印象)	김민자	조
	5	호접가사(蝴蝶袈裟)	조택원	조
	6	판타지 코레안	소택원, 김민자	조 (파리 초연)

이 프로그램 중 '제1부는 서양무용에 속하는 것이며, 제2부는 전부 창작조선무용으로 편성되었는데, 제2부는 특히 조씨가 조선고전의 재음미를 몸소 시험한 것인 만큼 일반의 비판을 바라마지 않는다'[130]고 하였다. 이 프로그램에도 〈승무의 인상〉과 〈호접가사(가사호접)〉가 별개의 종목으로 기재되었다. 이것으로 볼 때 이 두 춤의 변별성과 특징에 내한 연구는 차후 새롭게 천착되어야 할 것으로 생각된다.

이 공연 후, 1938년 12월 13일에 또 부민관에서 제2회 조택원무용회를 개최하여 '새로운 프루를 보이기로' 하였다.[131] 이 기사에서는 조택원을 '참신한 내용을 가진 무

---

130 『동아일보』 1938.11.25. 5면. 「一般의 批判 바라는 創作朝鮮舞踊. 趙氏의 舞踊會는 今夜부터」
131 『매일신보』 1938.12.14. 2면. 「趙澤元舞踊會. 금일밤재공연」

〈화보 12〉『동아일보』1938.11.25.　　〈화보 13〉『동아일보』1938.11.22.　　〈화보 14〉『동아일보』1938.11.22.
　〈듀에트〉, 조택원, 김민자　　　　　　　〈검무의 인상〉, 김민자　　　　　　〈아리랑 환상곡〉, 조택원

용가'라고 소개하였다. 11월의 제1회 귀조공연 후, 각 지방을 순회하고 나서 다시 일본으로 건너가기 전에 제2회 공연을 올린 것이다.[132] '이 공연은 귀국 인사의 뜻일 뿐 프로그램이 짧막 짧막한 피-스에 불과'하므로 다음해 봄 '5월에는 파리 체재 중 힌트를 얻어 고찰 중이던 그랜드 발레를 경성과 동경에서 가질 계획'이라고 발표하였다.[133]

　그리고는 또 다시 국내 순회공연을 갖는데, 1939년 3월 3일 남원,[134] 3월 6일 김천,[135] 3월 9일 울산,[136] 3월 11일에는 대전에서[137] 공연했다. 김민자와 연구생 다수가 참가하였다. 같은 해 5월 6일과 7일에는 엘리아나 파블로바가 경성부민관에서 공연할 때, 조택원이 찬조공연을 통해 엘리아나의 후진양성 공적에 예를 표하였다.[138]

132　『동아일보』1938.12.11. 5면.「第2回趙澤元舞踊會. 十三日밤 府民館에서 開催」
133　『동아일보』1938.12.13. 5면.「朝鮮舞踊發展의 새試驗 鶴舞를 大발레화. 明春五月公演豫定으로 方今 ▨▨山 ▨▨▨▨에 閉頭▨▨▨」
134　『동아일보』1939.02.20. 3면.「趙澤元舞踊▨▨, 南原▨▨▨▨▨ ▨▨▨▨▨ ▨ ▨▨南原 ▨局 ▨催」
135　『동아일보』1939.03.01. 3면.「趙澤元君舞踊 本報金泉支局主催」
136　『동아일보』1939.03.04. 3면.「蔚山支局主催로 趙澤元舞踊公演」
137　『동아일보』1939.03.09. 3면.「本報大田支局後援. 趙澤元舞踊公演」

3. 조택원의 극무용 안무 특징

조택원은 그랑발레 〈학무鶴舞〉를 제작하는데 있어서 안나 파블로바의 〈백조의 죽음
(빈사의 백조)〉에서 영감을 받은 바, 1939년 5월경에 발표하겠다고 하였다. 조선무용의
기초 지식이 있는 조선여성 30~50명을 선발할 가능성과 함께 이 계통의 대가인 한성
준韓成俊의 도움을 받을 것이며, 음악 작곡자의 후원도 바란다고 하였다.[139] 그랜드 발
레 〈학무〉의 완성은 1939년 11월 2일 기사로 발표되었고, 1940년 1월 11일~13일까지
3일 동안 동경 히비야日比谷 공회당에서 조택원의 신작무용으로 발표회를 갖는다고 했
다. 그리고 관동關東, 관서關西의 순회공연을 마치면 2월 중으로 조선에서도 전국 순회
발표 예정이라고 하였다.[140] 이 공연을 위해 조택원은 학의 생태를 연구하는 등 당시
무용사상 유례없는 제작비 3만원을 사용하여 야심차게 작품을 발표하였다. 연출은 무
라야마 도모요시村山知義, 작곡과 지휘는 다카기 도로쿠高木東六, 장치에는 김정항金貞恒,
의상 이토 기사쿠伊藤作, 중앙교향악단中央交響樂團이 직접 연주했던 명실상부한 대 발레
공연을 준비했다.[141] 1938년 12월에 제2회귀조무용공연과 함께 발표를 예고하여 1년
을 꼬박 준비한 야심작이었지만, 원안原案과 안무按舞를 주도한 조택원 자신도 실패를
인정할 수밖에 없었다고 한다.

첫째로 음악이 내 의도에서 어긋났다. 아무리 일류 음악가가 작곡을 해도 결국 일본인은
우리의 굿거리장단과 염불 타령 따위의 리듬을 충분히 살리지 못했다. 우리 굿거리의 그 독

---

138 『동아일보』 1939.05.06. 5면. 「파로바舞踊에 趙澤元氏助演. 六,七日 府民館서」
139 『동아일보』 1938.12.13. 5면. 「朝鮮舞踊發展의 새試驗 鶴舞를 大발레화. 明春五月公演豫定으로 方今
準備 中. 조택원씨의 歸朝饌物」
140 『동아일보』 1939.11.02. 5면. 「趙澤元新作舞踊 그란드바레 鶴完成」;『매일신보』 1939.11.01. 4면. 「그
랜드・쌔레-「鶴」의 準備完了」에는 "10월 30일에 東上했는데, 明年 1월 12,13,14일은 동경에서 공연하
고, 2월에 경성 공연할 터이라고 한다"하였다.
141 『동아일보』 1939.11.02. 5면. 「趙澤元新作舞踊 그란드바레 鶴完成」;『매일신보』 1939.11.01. 4면. 「그
랜드・쌔레-「鶴」의 準備完了」

특한 리듬을 서양음악으로 표현해 놓으니 볼레로의 리듬으로밖에는 되지 않았다. 박자는 같은 6박자이지만 악센트가 달랐다. 의상도 보기에는 훌륭하고 아름다웠지만 마음대로 움직일 수가 없었다. 장치에도 애를 먹었다. 첫 장면의 '경사진 얼음판'이 보기에는 그럴듯했지만 춤은 제대로 출 수가 없었다. 결국 모든 것이 1시간이나 계속되는 큰 작품을 위해서는 엄청난 무리였고 그것이 실패의 요인이었다.[142]

조택원은 '동양의 학, 동양의 정서, 동양의 철학이 담겨 있는 작품이 되도록 〈빈사의 백조〉와는 다르게 그저 화창하고, 명랑하고, 귀엽고, 사랑스럽고, 전적으로 삶을 긍정하고, 찬양하는 전원시'[143]를 제작하고자 아래와 같은 내용을 표현하고자 힘썼다고 한다.

> 〈학〉은 전 4막으로 된 동양적인 발레였다. 1막에서는 어미 학이 새끼들을 품에 안고 가르치고 타이르고 하는 것으로 시작된다. 아버지 학은 먹이를 물어다 준다. 사랑스럽고 서정적인 장면이다. 2막은 이른 봄의 해동기. 여기서는 아버지 학이 새끼들에게 뛰기를 가르친다. 3막은 여름철. 연꽃을 배경으로 꽃과 나비들이 모두 춤을 춘다. 60여 명의 군무가 찬란하게 펼쳐진다. 한창 때 뇌성과 번개가 휘몰아치면서 4막으로 접어든다. 가을이 온 것이다. 이제는 다 자라서 뛰기와 날기가 익숙해진 새끼들이 어머니 학, 아버지 학을 데리고 멀리 날아가며 사라진다.[144]

이 공연은 '짜임새 없고, 산만하고, 시간이 너무 허비되고, 게다가 그 많은 무용가들의 통제가 안 되었고…' 등의 평이 신문의 공통된 의견이었다고 한다.[145] 예술작품으로의 완성도에서 완전히 실패한 셈이다. 그런데 이날 1부의 무용극 〈학〉은 실패한 반면, 함께 공연한 2부의 무용극 〈춘향전〉은 뜻하지 않은 성공을 거두었다고 한다. 조

---

142 조택원, 앞의 책, 2015, 129쪽.
143 조택원, 앞의 책, 2015, 127~128쪽.
144 조택원, 앞의 책, 2015, 127쪽.
145 조택원, 앞의 책, 2015, 128쪽.

곡組曲 형식을 취하고, 음악은 영산회상, 진양, 중모리, 중중모리, 굿거리를 썼다. 6개 조곡으로 구성된 〈춘향전〉은 다음과 같은 소제목을 갖추어서 발표하였다고 한다.

방자표표房子飄飄
춘향난만春香爛漫
몽룡춘흥夢龍春興
광한정연廣寒情緣
옥중춘향獄中春香
재회장한再會長恨[146]

그나마 〈춘향전〉이 성공함으로 인해 1940년 4월 11일과 12일에는 경성부민관에서도 공연을 갖게 되었다.[147] 본래 〈학〉을 1939년 5월경에 발표하겠다고 공표했었는데, 이루지 못했던 배경에는 일본인 무라야마 토모요시村山知義 연출의 〈춘향전〉 영화 제작에 조택원이 이몽룡 역을 맡게 될 것이라고 했다. 〈춘향전〉은 일찍이 문학작품 한글소설로 시작되어, 판소리, 연극, 활동사진, 영화로 다양하게 다루어졌다. 그런데, 무라야마는 당시로서도 엄청난 거액 10만원의 제작비를 들여서 영화 촬영한다는 기사를 냈다.[148] 조택원이 〈학〉을 준비하면서, 〈춘향전〉까지 안무하게 된 이유는 이 영화제작에 참여한 것과 무관하지 않을 것으로 추정된다. 다만 이 영화가 성공적으로 촬영되었는지는 알 수 없지만, 오페라 〈춘향전〉으로 다시 기획되어 연습 중에 1945년 8월 15일의 해방을 맞아 1950년에 현제명玄濟明(1902~1960) 기획으로 훌륭한 공연을 가졌다고 한다. 이 때 조택원은 미국에 있었다고 한다.[149]

어쨌든 조택원은 〈학〉으로 관서지방을 순회한 후, 경성에서는 4월 11일과 12일에

---

146 조택원, 앞의 책, 2015, 129쪽.
147 『매일신보』 1940.03.26. 4면. 「趙澤元氏 無[舞]踊春香傳 公演」
148 『동아일보』 1939.05.07. 5면. 「十萬圓을 던지어 「春香傳」映畫化. 李夢龍役에는 趙澤元氏」
149 조택원, 앞의 책, 2015, 137쪽.

〈춘향전〉을 부민관에서 공연했는데, 춘향 역은 이시가키 하쓰에石垣初枝가 맡았다.[150] 이시가키는 〈학〉과 〈춘향전〉에 모두 출연했고, 이를 위해 6개월 동안이나 한복을 몸에 익히려고 밤낮없이 한복차림으로 생활했다고 한다.[151] 〈춘향전〉의 성공 요인으로는 한국 고유의 음악을 사용한 점과 한국 전통의 정서를 적절히 표현했기 때문이라고 한다.

〈춘향전〉에는 한국 특유의 수줍음이 처음부터 끝까지 흘러 넘쳤고, 심지어 듀엣에서는 두 사람이 손 한번 잡아보지 않는 옛 한국의 사랑이 관중의 흥미를 북돋워준 것으로 생각된다.[152]

같은 해 6월 9일은 포항극장에서 조택원 신작무용 춘향전공연회를 개최하였다.[153] 7월 18일부터 경성보총극장京城寶塚劇場(약칭 경보)에서 영화 상영의 어트랙션attraction으로 조택원과 이시가키의 일행 8명이 〈춘향전〉을 공연했다.[154] 따라서 '〈학〉과 〈춘향전〉의 고국공연은 실현을 보지 못했다'[155]고 한 조택원의 기억은 사실이 아니다. 아마도 대규모로 제작된 〈학〉은 순회공연에 어려움이 컸을 것이다. 당시로서는 수많은 출연진과 거대 장치, 오케스트라가 함께 이동 공연을 계속하기는 어려움이 컸으리라 짐작된다. 게다가 실패한 종목을 가지고 순회공연을 할 일은 아니었음에 틀림없다.

1941년 5월 12일~16일까지 부민관에서 〈부여회상곡扶餘回想曲〉이 공연되었다.[156] 일제는 부여에 관폐대사부여신궁官幣大社扶餘神宮을 세워서 조선과 일본이 그 옛날부터 관

150 『매일신보』 1940.04.05. 4면. 「趙澤元의 春香傳. 十一・十二兩日夜・府民館公演」
151 조택원, 앞의 책, 2015, 127쪽.
152 조택원, 앞의 책, 2015, 130쪽.
153 『동아일보』 1940.06.02. 3면. 「광고: 趙澤元新作舞踊 春香傳公演會」
154 『매일신보』 1940.06.29. 4면. 「趙澤元氏出演」
155 조택원, 앞의 책, 2015, 131쪽.
156 『매일신보』 1941.05.11. 3면. 「國民舞踊의 大祭典. "扶餘回想曲" 十二日부터公演」; 조택원, 앞의 책, 2015, 131쪽에는 1942년 4월 15일부터 공연을 올렸다고 했으나 오류이다. 또 청산철(이철), 「국민무용 〈부여회상곡〉上演」, 『삼천리』 13권 7호(1941.07), 34쪽에는 경성에서 5월 1일부터 6일까지 6일 동안, 대구에서는 2일 동안만 공연되었다고 했다.

계를 맺어 왔음을 과시하려는 일련의 작업을 도모했다. 이에 1300여 년 전부터 백제와 일본이 끊임없는 역사적 내선일체의 관계를 맺어 왔음을 공표하고 선전하여 대중에게 인식시키려고 했다. 조택원을 통해 백제 말 부여의 이야기를 무용극으로 제작하도록 했다. 김호연은 이 작품이 갖는 의미를 다음과 같이 정리하였다.

〈부여회상곡〉은 조선총독부의 내선일체 이념과 이를 그대로 행동에 옮기는 국민총력조선연맹 그리고 예술인들의 체제 순응의 결과가 집결된 프로파간다의 대표적 작품이었다.[157]

대중을 의도하는 방향으로 이끌어 가려는 프로파간다 작품 〈부여회상곡〉의 제작은 '대신 시오하라鹽原 학무국장이 내선일체의 취지를 살려 삼천궁녀의 이야기를 무용으로 꾸미면 전면적으로 도와주겠다고 제의'[158] 해 온데서 시작되었다고 한다. 신문기사에는 '내선예술가들이 동원되어 이 역사의 향기가 높은 부여를 테-마로 하여 고상한 종합예술로서의 무용시를 만들어 내고자 방금 계획을 진행시키고 있다'[159]고 처음 발표하였다. 국민총력조선연맹 주최, 조선총독부 후원, 총기획 청산철靑山哲(조선연예협회 회장 이철), 구성 목산서구牧山瑞求(이서구), 안무 및 연출 조택원, 작곡 및 지휘 석정오랑, 작시作詩 전중초부田中初夫, 의장意匠 배운성裵雲成, 의상 및 무대 김정환金貞桓, 사적고증 고정묘高晶卯, 일체의 의상고증과 조명 천야진합天野進合, 창지휘唱指揮 평간문수平間文壽, 합창단과 연주단 조선교향악단, 출연자는 조택원을 중심으로 한 오케음악무용연구소원, 석정막무용연구소의 무용인들이 찬조출연하였다.[160] '내선일체의 성역聖城 부여의 회상을 바-레로 구성하여 발표할 예정인데, 석정막의 호의로 석정막연구소원 약 20명이 응원 출연한다고 하였다.[161] 첫날 총독과 조선군 사령관, 정무총감 이하의 고관들

---

157 김호연, 앞의 책, 2016, 194~195쪽.
158 조택원, 앞의 책, 2015, 131쪽.
159 『매일신보』 1940.11.29. 2면. 「內鮮一體의 史實을 土臺로 舞踊詩로 될 "夫餘回想曲" 舞臺는 裵雲成氏 가 擔當, 舞踊은 趙澤元氏」
160 『매일신보』 1941.04.02. 4면. 「國民舞踊詩의 祭典 扶餘回想曲 全十二曲. 五月中旬公演決定」
161 『매일신보』 1941.04.20. 4면. 「趙氏按舞 扶餘回想曲 石井漠舞踊研究所生 入城」

이 맨 앞자리에서 공연을 관람했고, 총독이 "명랑하고 평화롭고 우아하고 즐거운 조선 특유의 예술에 감명받았다. 이렇게 위대한 예술을 창조하고 유지하는 사람에게는 국가와 사회가 우러러 받들고 아낌없는 원조를 해야한다"는 담화까지 발표하였다고 한다. 이로 인하여 조택원 자신을 대하는 주변의 반응이 크게 호의적으로 바뀌었다. 〈부여회상곡〉은 12곡으로 구성되었는데, 그 내용은 아래와 같다.[162]

〈표 7〉 무용시(舞踊詩) 부여회상곡

	진행 순서	내용
1	서곡(序曲)	관현악만으로 연주함. 엄숙하고 우아한 고전곡으로 시작하여 일본 풍의 멜로디로 옮겨가고, 어느새 순수 한반도적 멜로디로 전환하여 마지막에 다다라서는 내선 음악을 교묘하게 융합시켜서 대 합창이 더해진다.
2	성명왕(聖明王)의 궁전	오늘은 일본 킨메이천황(欽明天皇)의 칙사 하스비(巴提便)장군을 궁정에 맞이하는 날. 성명왕이 감격하고 시녀들은 명쾌한 음악에 대군무를 한다. 왕에게 광대[유머러스한 坊主]가 애교의 춤으로 왕의 기쁨을 고조시킨다. 성명왕이 하스비를 국빈으로 예를 갖추어 맞아 환영한다. 장군의 춤, 왕의 춤, 왕과 장군을 중심으로 대군무.
3	영혼[魂]의 합류(合流)	이것은 백제와 일본이 1300년 전부터 교류로 맺어 온 존귀한 역사적 사실을 춤을 가지고 표현하고자 하는 것이다. 부여의 처녀와 일본의 젊은이의 봄과도 같은 즐거운 교류를 달고 맑게 만들어내는 것이다
4	성수기원(聖壽祈願)	백제 중흥의 대은인으로서 태양과 같이 올려다보는 킨메이 천황의 성수(聖壽)를 축하하기 위해 백제의 성명왕이 만들어낸 감격의 결정이다. 오늘은 국도 전체로 대법회를 거행하는 날. 향연이 오르는 대불상 앞에는 고승의 목탁 소리에 따라서 음악이 병행된다. 하모니가 잘 맞춰지면 시녀들의 합창이 이루어지고 승려 일동의 군무(단체 춤)와 고승의 독무(단독 춤) 등에 의해 킨메이 천황의 성수 기도를 올린다.
5	야마토(일본) 처녀(大和乙女)	일본의 절대적 지원으로 태평성대를 맺게 된 백제에 야마토 아스카의 수도에서 칙허를 얻어 멀리 부여에 넘어온 세 명의 야마토 처녀가 백제로 유학. 불도를 배우러 왔다. 일본 최초의 외국 유학생 도녀(島女), 풍녀(豐女), 석녀(石女) 세 명의 처녀와 세 명을 안내해 온 백제 사신 2-3명. 춤은 동경과 평화와 환희에 의해 아름답고 힘있게….

---

162 「第二部, 一. 舞踊詩 扶餘回想曲」, 『삼천리』 13권 3호, 삼천리사, 1941.03, 51~54쪽.

	진행 순서	내용
6	고란(皋蘭)의 향기	부소산 서쪽기슭 여승의 절 고란사에 3인의 일본처녀가 고란꽃을 항아리에 띄우고 물을 푸는 일을 돕는 아름다운 장면. 야마토 처녀의 달 아래 춤. 궁녀들의 물 푸는 춤. 세 처녀를 중심으로 여승들의 군무. 부여의 온화한 밤 연출.
7	천하태평무(泰平舞)	오랫동안 안일한 날이 지속되었다. 평화로운 꿈에 세월이 흐르다 부여 시민들은 오늘도 태평성대를 축하하듯이 거리를 춤추며 걸어 다닌다. 민속적 소박한 춤 안에 는 퇴폐적 기운이 맴돌고 있다. 여자 단체 춤과 남자 단체 춤이 있다. 얼마나 그 시대의 정치가 어지러웠는지 춤에 의해서 표현하는 것이다.
8	달맞이[迎月] 연회	의자왕이 평소처럼 보름달 아래 중신들과 시녀를 데리고 영월대에서 달맞이 연회 를 하고 있다. 음울한 분위기 속에서 왕이 광대의 춤을 멈추게 하고, 조용한 곡에 따라 왕과 왕비 의 춤이 있고, 중간에 등장한 2~3명의 무장이 당과 신라군이 습격해 왔음을 알린 다. 영월대는 순식간에 공포에 휩싸이며 음악도 어느 새 이 기분에 맞춰 도망 다니 는 사람들 속에 혼자 개탄하는 왕의 얼굴이, 손이, 발이, 절망의 춤이 되어간다. 슬픈 합창을 따라서 일동 군무를 추며 왕은 그 자리에서 쓰러진다.
9	봉화(烽火)의 춤	의자왕 20년 7월. 돌연! 봉화의 불은 타오르는 적군의 공습이다! 당과 신라의 대연 합군의 침입이다! 봉화대에서는 하늘을 찌르듯이 커다란 봉화가 오르며 급함을 알린다. 그러나 무기 마련을 소홀히 하고 사치에 흘러 일락에만 여유 부리고 있던 의자왕에게는 어찌할 수도 없는 슬픈 일이었다. 막이 오르자 봉화를 든 젊은이들이 봉화 춤을 춘다. 이어서 수많은 피난민들의 군무(단체 춤)가 되지만 이 군중 속에는 왕궁을 뛰쳐나온 수많은 시녀들도 섞여 있다.
10	낙화삼천(落花三千)	낙화암에서 백마강으로 꽃처럼 투신한다. 제9곡 군중 중에 섞인 궁녀들이 비장한 음악을 따라 춤추면서 무대 중앙에 있는 낙화암에 올라가서 백마강으로 뛰어내린다. 마지막 2~3명은 결국 당 병사에게 잡히는데 칼을 들어서 이에 대항하여 마침내 적병을 이기고 몸을 던진다.
11	성기(聖紀)의 합창	벚꽃이 만개한 봄 정원에서 1200년전의 일본 처녀와 백제 남자가 사이좋게 춤추고 있다. 아래쪽에서는 소화성대(昭和聖代)의 내지의 남자와 반도의 여자가 또한 사 이좋게 춤추고 있다. 내선일체는 1000여 년 전에 시작되어 현재까지 힘차고 아름답게 결실을 맺고 있다. 두 쌍 부부가 함께 춤출 때는 명랑한 합창이 된다.
12	내선(內鮮)의 성역(聖域)	부여신궁 앞. 장엄한 가운데에도 친근감이 있는 노래에 의해 막이 오르며 연이어 다음 춤이 전개된다. 선초행진곡(聖鍬行進曲) 국민행진곡(國民進軍歌) 마지막에 전원의 대군무. 대합창으로 막이 내린다. (끝)

이 작품 〈부여회상곡〉은 내선일체의 역사적 사실을 주제로 한 무용극으로 제작되었다. '조선문화의 선양이며 이 오래된 사실史實을 통해서 내선일체의 이념을 보다 한층 강화하고'자 하는 의도로 기획되었다. 수입금 19,450원인데, 지출금 22,800원을 사용했으며, 합창단 40명, 관현악단 45명, 무용가 25명, 전체 도합 130명이 참여한 무대였다고 한다.[163]

〈부여회상곡〉은 프로파간다 역할에는 크게 성공하지 못했을 것이라는 데 동의한다.[164] 그러나 조택원은 개인적으로 친일의 대가를 일제 치하에서는 후하게 받았고, 해방 후에는 톡톡히 치렀다고 생각된다. 그에게는 늘 부족하기만 했던 내 국가의 우리 민족이라는 의식보다는 주변의 개인적 인간관계로 평생을 살았음을 그의 자서전을 통해 볼 수 있다. 특히 일본인과 맺어진 끈끈한 우정은 그의 어려운 시절에 그의 예술을 오히려 지탱해 주고 보호해 주었음을 어렵지 않게 볼 수 있다. 이 작품에 대해서도 '삼천궁녀의 이야기를 가지고 나름대로 하고 싶은 예술적 형식으로 정리'할 수 있었으니[165] 마다 할 이유가 없었을 것이다. 게다가 총독부의 적극적인 지원으로 대작 무용극의 안무에만 신경 쓸 수 있는 환경이 펼쳐졌다. 작곡과 기타 필요한 무대의 스텝은 주변의 뛰어난 예술가들로 채워져서 분업 시스템마저 완벽했으니 완성도 있는 무대를 만들고 싶은 욕망이 어찌 생기지 않을 수 있었을까? 게다가 안무 연출의 사례금까지 지원되는 더할 나위없는 기회였을 것이다.

조택원은 〈부여회상곡〉으로 3년 동안 만주, 중국, 몽고 등 수백 개의 도시를 돌면서 도합 1000회를 넘게 상연했다고 한다.[166] 그러나 대작 〈부여회상곡〉의 스텝과 출연진이 모두 함께 순회공연에 참여했던 것은 아닐 것이다. 신작발표회를 겸한 '전선공연행각全鮮公演行脚'을 실업가 송본무松本茂의 후원으로 11월 하순에 떠난다고 홍보한 것[167]과 〈부여회상곡〉이 5월 공연에서 제2부로 발표된 것[168]으로 볼 때, 이 전국 순회

163 청산철(이철), 「국민무용 〈부여회상곡〉上演」, 『삼천리』 13권 7호, 삼천리사, 1941.07, 33~34쪽.
164 김호연, 앞의 책, 2016, 197쪽.
165 조택원, 앞의 책, 2015, 131쪽.
166 조택원, 앞의 책, 2015, 131~133쪽.

공연은 조택원의 대작 중에서 갈라공연 형식을 취했거나 소품 중 대표작품을 프로그래밍 했을 것으로 보인다.

1942년 5월 18일 징병제에 지원한 입영 병사를 위한 장행회壯行會가 경성부민관에서 열렸는데, 조택원은 소프라노 오경심吳敬心 등과 여기에서도 '노래와 춤으로 한나절 위안을 주었다'고 한다.[169] 또 1943년 3월 29일부터 4월 2일까지는 조선방공협회 후원으로 오랫동안 가다듬어 온 '무상舞想'을 신작 발표한대고 하였다.

> 조택원씨는 오랫동안 무상舞想을 가다듬어 연찬을 거듭하던 중 풍부한 구상으로 신작을 이
> 번 발표하기로 되었는데, 도쿄- 무용계의 중견무인들의 찬조출연이 있을터이고 특히 전 일본
> 음악경연대회에 제2석을 차지한 반도출신 바리톤 가수 하무로葉室英明 씨의 독창으로 금상첨
> 화의 호화공연이 예상된다.
>
> 이 공연 중에는 29일 밤에는 부내 특설방호단, 31일 낮은 상이군인과 전몰장사 유가족, 4월
> 1일과 2일 낮 오후 세시 반부터는 경방단 감시대원을 위한 특별공연을 할 터이며, 일반에게는
> 31과 4월 1일, 2일, 3일 동안에 낮은 오후 12시부터, 밤은 7시부터 공개하기로 되었다.[170]

전란 속에서 조택원이 무용생활을 이어간 단적인 모습이라고 생각된다. 자신을 위해 일거양득의 실리가 있는 공연활동을 이어 간 모습이다.

이번 발표한 조씨의 새 작품은 일본적인 무용의 새로운 전개에 주안을 둔 것으로써 의의를 가졌다. 무풍舞風에 있어서도 봄 물결 같은 서정과 폭풍 같은 장엄한 대곡大曲을 윤택한 사색의 힘과 세련된 육체적 조건으로 능란히 구사하며 기술적인 면에 있어서도 연찬을 거듭한 성과로 예술의 원숙경에 들고 폭넓은 발전을 보았다.

작품 중에서도 '랑케' 곡 〈몸을 따라〉, '슈벨트' 곡 〈동무〉, '김성태金聖泰' 곡 〈학

167 『매일신보』1941.11.10. 4면.「趙澤元舞踊團 新作公演準備」
168 「第二部. 一. 舞踊詩 扶餘回想曲」, 앞의 글, 1941.03, 51쪽.
169 『매일신보』1942.05.19. 2면.「明日의 勝利를 祝禱. 榮譽의 入營압둔 志願兵壯行會」
170 『매일신보』1943.03.27. 2면.「防空戰士도慰問. 廿九日부터 趙澤元氏 舞踊發表會」

춤), 이시이石井五郎 곡 〈아버지의 자장가〉, '쇼팡' 곡 〈폭풍우 뒤〉 등이 씨의 역작에 들었다.

찬조 출연의 서정내徐精乃, 고모리古森美智子, 도리에鳥江克, 구시기茞木好美 등도 정확하고 정렬적인 춤을 추었다.[171]

조선방공협회 후원의 조택원 신작무용발표회 프로그램은 아래와 같았다.[172]

〈표 8〉 조선방공협회 후원, 조택원 신작무용발표회

	제목	작곡가/음악	출연자
1	봄에 기(寄)함	랑게 곡	서정내, 고삼미지자, 거목호미
2	동무들	슈벨트 곡	서정내, 거목호미
3	적은북	金○聖泰 곡	조택원
4	춤	조선민요	서정내
5	동양풍무곡	림스키코루사콥	거목호미, 조택원
6	두려워라	슈만 곡	서정내 조택원
7	애마진군가(愛馬進軍歌)	육군성 찬정(撰定)	거목호미
8	사슴의 아들	일본무용	고삼미지자
9	학(鶴)춤	김○성태 곡	조택원
10	원무곡(圓舞曲)	부랏스 곡	서정내, 고삼미지자, 거목호미
11	아버지의 자장가	석정오랑	거목호미, 조택원
12	힘을 합(合)하자	복정문언(福井文彦) 곡	거목호미, 조택원
13	폭풍우(暴風雨) 뒤	쇼판 곡	조강극(鳥江克)
14	가사호접	김준영 곡	조택원
15	헝가리야 처녀	부람스 곡	거목호미
16	만종	쇼판 곡	거목호미, 조택원

---

171 『매일신보』 1943.03.30. 3면. 「趙澤元新作舞踊. 初日公演부터 大人氣」
172 『매일신보』 1943.03.31. 2면. 「趙澤元新作舞踊會 多彩한 프로로 卅一日로부터府民舘公演」

조택원 자신의 독무는 〈적은북(자은북)〉, 〈학춤〉, 〈가사호접〉으로 기존의 성공작들을 춤추었다. 〈만종〉 역시 자신의 대표작으로 꼽는다. 그 밖의 종목은 서정내와 일본에서 초빙한 무용수가 담당했다.

〈화보 15〉『매일신보』 1943.03.30.
조택원 〈학춤〉

조택원은 돈암동에 조택원무용연구소를 마련하고 1943년 9월 1일 개소식을 갖는다고 홍보하였다.[173] 그리고 9월 23일에는 홍수 지역의 홍수경방단興水警防團에서 주최하는 '생산전사生産戰士들 위로 공연'을 홍수 공설운동장에서 가졌다.[174] 1941년부터 시작된 대동아전쟁이 한참인 때에 조택원은 자신의 무용세계를 구축해 나가고 있었다. 1944년 3월경에는 조택원무용연구소 소속 무용단 결성기념공연도 가졌다고 한다. '제1부에는 그의 신작과 구작을 섞어서 주로 단원들에게 맡기고, 제2부가 조곡組曲으로 〈춘향전〉 6곡이 그의 신경지新境地이다'[175]라고 했다. 이 공연의 의의는 〈춘향전〉이 종래의 현대무용처럼 관객의 이해에 어렵지 않고 오히려 우리들의 아름다운 고전을 조명한다는데 두고 있다.

점점 치열해지는 전화戰禍 속에서 조선군보도부朝鮮軍報道部에서는 〈헤이따이상〉이라는 영화를 제작하였는데, 여기에도 찬조 출연하였다. 이 영화는 '군대는 어떠한 곳인가?'를 일반가정에 알려주는 군대지식보급용이다.[176] 일제의 징용제로도 부족하여 강제징용을 미화할 진정한 프로파간다 영화제작이라 할 수 있다. 또 황주黃州 지역 대일본부인회大日本婦人會 황주지부에서 주최하는 황주 출정군인 유가족 위안공연을 6월 8일 황주공회당에서 가졌다.[177] 같은 해인 1944년 12월 22일~24일에는 매신후생사업단

---

173 『매일신보』 1943.08.13. 2면. 「趙澤元舞踊研究所. 九月一日에開所·研究生은三種」
174 『매일신보』 1943.09.30. 2면. 「興水警防團主催 趙澤元舞踊盛況」
175 『매일신보』 1944.03.26. 4면. 「金正革. 趙澤元의 舞踊」
176 『매일신보』 1944.06.08. 2면. 「軍報道部製作映畫 "헤이따이상" 主題歌도 決定. 公開는 二十二日」

每新厚生事業團과 조선연극문화협회朝鮮演劇文化協會에서 공동주최하는 '세말구제사업기금 조성'을 위한 이동연극예능대회移動演劇藝能大會에도 14개 예능단체와 조택원, 김민자 등이 총 출연하였다. 세민細民(빈민)을 위한다는 이 공연을 위해 경성부에서는 부민관을 무료로 제공했다.[178] 빈민구제기금이 과연 빈민에게 쓰였을지 의문이다.

1945년 4월 6일 『매일신보』에 조택원무용단이 중국에 있는 황군위문 순회공연을 하고 있음을 보게 된다. 조택원은 히라야마 쿠니히코平山邦彦와 함께 총독부 군보도부 재성중화총영사관在城中華總領事館의 지시후원과 경성방송국京城放送局, 경성이화고등여학교京城梨花高等女學校 등의 협조를 얻어 중국에 있는 황군을 위문하고, 아울러 일화친선문화교류日華親善文化交流를 목적으로 한다고 하였다. 여기에 진수방과 조택원무용단원, 경성삼중주단원 15명이 일행이 되어 4월 5일 경성역을 출발하였다. 순회공연 일수는 약 40일간이며, 북경北京, 천진天津, 청도靑島, 제남濟南, 서주徐州, 장가구張家口, 태원太原, 몽강역蒙疆城 이외 남경南京, 상해上海 각지라고 하였다.[179] 5월 22일에 귀환했으니,[180] 앞서 3년 동안 순회공연을 다녔다고 한 것은 심한 과장이었다.

한편, 조택원의 춤에 대한 인식을 살펴보기 위해 잠시 지난 기사로 돌아가 본다. 1939년 1월 13일 조택원은 『동아일보』에 「조선무용의 특이성特異性」이라는 글을 발표하였다. 그랑발레 〈학〉의 발표를 준비하던 중이었다. 세계인들 사이에서 '조선무용이 높이 평가된 것은 어느 정도까지는 처음 보는 이국異國무용에 대한 이국정서'가 작용했을 것으로 보았다. 그러면서도 조택원 자신이 믿기에는 '조선무용만이 가지는 특이한 예술성이 형식미에만 익숙한 구미인들에게 한 경이驚異로 인식되었을 것이라고' 보았다. 조택원은 자신이 생각하는 동양무용과 조선무용의 특이성을 다음과 같이 구분하였다.

177 『매일신보』 1944.06.14. 2면. 「趙澤元舞踊團 遺家族慰安會盛況」
178 『매일신보』 1944.12.19. 4면. 「年末細民同情 移動演劇藝能. 本社厚生事業團과 劇協主催」
179 『매일신보』 1945.04.06. 2면. 「藝能界: 趙澤元舞踊團. 在支皇軍慰問巡演」
180 『매일신보』 1945.05.28. 2면. 「文化往來」趙澤元舞踊團 北支公演을 마치고 二十二日歸還.

세계무용에 있어서의 조선무용의 특이성이 어떤 것인가를 말하기 선에 먼저 동양무용에 대하여 말하여 보겠습니다.

동양무용은 대개 두 가지로 나눌 수 있습니다. 하나는 남양계통의 무용으로 일본 내지 무용의 대부분은 이에 속하는데 이 계통의 것은 맘 속에 어떤 "이데아"를 가진 것이라기보다는 외부의 육체의 여러 가지 변화를 보이는 것이 특징이라 하겠습니다. 그러므로 이것은 거의 전부가 육체의 부자연한 기술에만 그쳐 일종의 아크로바틱한 것에 떨어지고 말아 민속학적으로나 또는 이국정서를 느끼게 하는 데는 재미있을 것이나 예술적 영역에는 들어가지 못한다고 봅니다.

이에 반하여 다른 한 계열에 들어가는 지나支那(서장西藏(티벳)을 포함)나 조선의 무용에는 맘 속에 어떤 "이데아"가 있고, 이를 표현하는 동작이 자연적입니다. 이것은 서양무용에도 어느 정도로 적용되는데 서양의 "발레-"는 후자에 속하나 남양토인의 무용은 전자에 속합니다. 즉 조선의 고전무용은 예술무용의 계열에 속함을 이로써 알 수 있습니다.

그러나 서양의 예술무용과 조선무용과는 동계열에 속하면서도 또한 그 발전의 과정은 나릅니다. 즉 서양의 예술무용은 극도로 발달하여 본래의 가졌던 "이데아"보다도 형식미에로 흘러버렸음에 반하여(최근의 신무용예술의 발흥勃興은 형식미에 흘러버린 무용에 새로운 호흡을 넣으려는 것입니다.) 조선무용은 아직도 "이데아"를 잃지 않았습니다. 여기에 조선무용의 발달할 수 있는 새로운 힘이 있습니다.

서양의 무용비평가들이 본 것은 이 새로운 힘이었습니다. '새로운 소재 ― 이것은 확실히 세계무용에 있어서 자기존재를 주장할 수 있고 또 세계무대에 나설 수 있는 힘입니다'고 필자에게 말한 어떤 서양인의 말은 결코 인사의 말이 아니라고 믿습니다. 남양계통의 무용을 대하였을 때의 그들의 태도와 조선무용을 대하였을 때의 그것과는 판이함을 보아서도 조선무용이 이국정서에만 의하여 환영받지 않음을 알 수 있습니다.

그러나 여기 한 가지 문제가 있습니다. 그것은 이때까지 내려온 그대로의 형식으로는 조선무용이 추어져서는 안 된다는 것입니다. 종래대로 추어진다면 그것은 아무런 전진前進이 아닐 뿐이라 후퇴後退라고 봅니다.

여기서 새로운 조선의 무용가의 나아갈 길이 있습니다.

부기: 조선고전무용과 민속무용과는 엄밀히 구별되어야 할 것으로 필자가 말한 것은 고전
무용을 의미합니다.[181]

긴 인용분이시만, 이 글에는 조택원의 무용관이 잘 드러난다. 말하자면, 조선시대 민속무용이 아닌, 고유의 고전무용에는 일정한 의미 표현을 양식에 내포하고 있는데, 바로 이러한 무용을 소재로 서양식 안무를 함으로써 보다 세련되고 서양무용에 버금가는 조선무용을 만들 수 있다는 것이다. 조택원은 자신의 춤을 '무용'이 아니라 '무상舞想'이라고 주장하며, 생각하는 춤, 사색을 동작으로 표현하는 것을 춤으로 생각 한다고 했다.[182] 최승희는 조선무용의 형태적 요소를 중시한 반면, 조택원은 내용적 요소를 강조하여 연극성을 갖춘 조선무용을 안무하고자 했다. 최승희나 조택원이 한성준에게서 고전무용을 습득한 점으로 볼 때, 조택원이 말하는 고전무용은 한성준이 무대화시킨 전통춤에서 맥락을 찾을 수 있다고 본다. 최승희나 조택원은 승무, 검무를 각자 공통의 소재로 삼았고, 나름의 이야기를 첨가한 조선무용을 안무하여 해외에서 호평을 받았다.

여기에 최승희보다 먼저 파리를 다녀 온 조택원은 그 곳에서 관람했던 그랑발레의 극무용 형식을 조선무용에 먼저 대입한 선구자가 되었다. 이전까지 두 사람 모두 3~6분 정도의 소품위주 창작활동을 지속해 왔다면, 이제 조택원은 최승희에 앞서 생각을 달리한 선구자가 된 것이다. 서양의 고전발레와 같은 동화나 전설의 이야기를 표현하는 설명조의 무용을 창작하게 된 것이다. 그 소재는 조선고전의 어떤 것이어야 하고, 춤의 형식 또한 조선적인 몸짓을 바탕으로 해야 한다. 그 같은 생각으로 야심작을 낸 것이 1940년 1월 11일~13일까지 동경 히비야공회당에서 발표한 〈학〉과 〈춘향전〉이었다. 그리고 1941년 5월 12일~16일까지 부민관에서 초연된 〈부여회상곡〉이다.

---

181 『동아일보』 1939.01.13. 7면. 「朝鮮舞踊의 特異性: 趙澤元」
182 조택원, 앞의 책, 2015, 135쪽.

김해랑의 신무용 계승 양상

김해랑의 신무용 계승 양상

〈화보 1〉 김해랑[1]

김해랑金海郎은 1915년 10월 15일 마산에서 출생했다. 본명은 김재우金在宇. 부친 김두영金斗榮과 어머니 황학래黃鶴來 사이에 1남 2녀 중 1남이니 외아들이다. 마산 갑부의 아들로 태어났으니, 외아들에게 거는 기대는 그 누구보다 컸음에 틀림없다.

그럼에도 불구하고 김해랑은 부산 동래고등보통학교 재학 시 춤에 대한 열망을 품고 1932년 만17세의 나이에 일본으로 유학을 떠났다.

---

1   마산국제춤축제위원회 엮음, 『우리춤의 선각자 춤꾼 김해랑』, 창원: 불휘미디어, 2011, 43쪽.

1. 일본 유학파 김해랑의 무용 환경

김해랑은 일본에서 야마구치山口중학을 나와 니혼日本대학 예술과를 수학했다.[2] 감수성 예민한 사춘기의 김재우라는 소년은 당시 어떤 환경적 자극을 받고 무용을 배우겠다는 일념을 지니게 되었을까?

당시의 무용 환경을 잠시 돌아보자. 최승희는 1926년 만 15세의 나이로, 조택원은 1927년 만 20세에 이시이 바쿠 문하로 각각 찾아 들었다. 그런데 김해랑은 1932년에 일본 땅으로 떠났다. 당시 부산과 마산 그리고 가까운 경남일대에는 어떤 무용 환경이 펼쳐졌던 것일까?

안동교육대학교에서 무용을 지도하며 지방에서 예술 환경을 선도한 김상규金湘圭(1922~1989)는 1935년 경북 군위에서 대구로 유학을 왔다가 최승희의 춤을 접하고, 그 해 일본으로 건너가서 그 또한 이시이 문하를 찾았다고 한다.[3] 일찍부터 무용계의 명성으로 자리한 최승희 아래에도 무용을 배우고자 일본으로 찾아간 장추화, 이석예, 김백봉 등이 있었다. 그처럼 최승희는 조선 열도를 순회하며 공연을 올렸고, 당시 소년 소녀들은 무대 위에서 펼쳐지는 최승희의 환영과 춤에 이끌려 스스로 무용가가 되어보겠다는 열망을 불태우며 일본으로 떠나는 용감한 젊은이들이 속출했다.

그런데 김해랑에게는 위와 같은 동기를 설명해 주는 자료가 없다. 그래서 그를 둘러싼 당시의 사회 환경에서 답을 구해보려 한다. 본명 김재우가 만13세 되던 1930년부터 최승희는 부산을 비롯한 경남일대는 물론 충청도와 전라도에서 남선순업 ― 즉 한반도 남쪽지방을 두루 순회 공연했었다. 이 책 제2장 최승희의 장에서 충분히 살펴보았듯이, 최승희는 1929년 이시이바쿠무용연구소를 떠나서 조선에 들어왔고, 1930년 2월 1일과 2일에 '최승희무용연구소 창작무용 제1회 공연회'를 경성 장곡천정공회당

---

2   마산국제춤축제위원회 엮음, 위의 책, 2011, 36쪽.
3   이동희, 「故 金湘圭 교수를 回憶함」, 송수남 엮음, 『한국 근대춤 인물사(Ⅰ): 최승희에서 김보남까지』, 서울: 현대미학사, 1999, 185~186쪽.

에서 가졌다. 그녀는 제1회 공연을 마치자마자 개성으로 지방공연을 다녀온 후, 다시 단성사에서 3월 31일과 4월 1일에 연구소원들과 함께 창작무용공연회를 가졌다. 그리고 5월 24일에는 부산공회당에서의 첫 공연을 했다.[4]

다음해인 1931년 1월 11일~12일의 최승희무용연구소 신춘발표회를 마치고, 2월 17일과 18일에 또 부산공회당에서 공연을 가졌다. 이 때 '1200여 명이 입장하여 '부산공회당 건설 이래 처음 보는 대만원의 성황'을 이루었다'고 했다.[5] 26일 27일은 마산부수좌壽座에서도 공연을 했다.[6] 또 가을에 접어든 1931년 9월 17일은 대구극장에서,[7] 21일은 밀양 조일극장朝日劇場에서,[8] 22일은 마산의 구마산수좌舊馬山壽座에서 공연을 했다.[9] 다시 1932년 2월 17일과 18일 이틀 동안은 『동아일보』 대구지국의 후원아래 대구극장에서 무용신작발표회[10]를 개최하였고, 19일에는 밀양에서도 공연하려 하였으나 경찰이 허가를 내주지 않아서 취소되었다. 27일에는 『중앙일보』와 『동아일보』의 김해지국 후원으로 김해극장에서 특별공연회를 개최[11]하는 등 남선순회공연을 또 한 차례 마쳤다. 1930년에 시작된 최승희의 남선순회공연중 부산과 마산, 그리고 김해와 통영, 진주, 밀양, 대구 등 그 일대에서 수차례 공연이 개최되었다.

"무용계 명성인 최승희양",[12] 또는 "조선무용계에서 명성이 자자한 최승희양"[13]이라는 특별한 호칭이 따라 붙는 최승희가 부산을 공연차 찾았을 때, 그처럼 인기 높은 사람의 공연에 한 소년 김재우가 관객으로서 참석했을 것은 짐작 가능하다고 생각한다. 지금의 중학교 1학년 정도인 만13, 14세 소년에게 무대 위에서 펼쳐지는 예술무용이

4　『조선일보』 1930.05.23. 5면. 「崔孃 舞踊所 獨立經營: 經費補充으로 地方巡廻 興行」

5　『동아일보』 1931.02.20. 3면. 「崔承喜舞踊 連日大滿員 釜山本報支局主催로서 公會堂建設後初有事」

6　『동아일보』 1931.02.18. 3면. 「本讀者優待 마산지국에서」

7　『동아일보』 1931.09.14. 3면. 「崔承喜舞踊公開」; 『동아일보』 1931.09.15. 3면. 「崔承喜舞踊公開」

8　『동아일보』 1931.09.17. 3면. 「崔承喜舞踊大公演」

9　『동아일보』 1931.09.16. 3면. 「崔承喜舞踊公開」; 『동아일보』 1931.09.16. 7면. 「崔承喜舞踊 馬山서도 公演」

10　『동아일보』 1932.02.20. 3면. 「崔承喜舞踊會 大邱에서 開催 [대구]」

11　『중앙일보』 1932.02.22. 3면. 「崔承喜女史 金海서 出演, 본보독자우대 [김해]」

12　『동아일보』 1930.10.29. 7면. 「崔孃舞踊에 本讀者割引 三十日 대전서」

13　『동아일보』 1930.11.11. 3면. 「舞踊大會盛況. 대전」

라는 것의 낭만과 환상이 가슴을 파고들었으리라. 당시 기생이 추던 춤 환경과는 전혀 다르게 무대 위에서 펼쳐지는 신여성의 아름답고 매력적이며, 현란한 몸짓들, 환상적 조명과 이를 조화시켜 주는 서양음악 등 신문물의 환경을 선도하고 있는 예술무용이라는 존재는 새로운 미래를 설계하려는 소년에게 상당한 문화적 충격이 되었을 것이다. 그의 시각에서는 생경하면서도 가슴 두근거리는 참여에의 유혹과 열망을 불러일으켰으리라고 생각한다.

김해랑이 위의 공연들 중 언제 무용을 처음 접했을지는 알 수 없다. 어쨌든 그는 무용가가 되려는 꿈을 가지고 일본으로 건너갔고, 누구나처럼 이시이 바쿠를 먼저 찾았을 것 같다. 그런데 최승희보다 네 살 아래인 김재우가 이시이를 찾아갔던 1932년 봄에는 조택원이 오히려 이시이바쿠무용연구소를 떠나서 조선으로 돌아온 시기였다. 왜냐하면 그 때 이시이는 실명失明 상태가 되어 정상적인 공연이 어려웠기 때문에 조택원은 고민 끝에 경성으로 귀환했었다.[14] 그런 일본 내의 사정을 잘 몰랐을 김재우는 무용에 대한 부푼 열망으로 작정하고 일본으로 떠나갔던 것이다.

김재우는 후에 '해랑海郞'이라는 예명으로 최현의 춤 길을 연 은사恩師가 되었다. 최현이 기술한 스승 김해랑의 춤 맥은 다음과 같다.

(김해랑 선생은) 이시이 바쿠, 다카다 세이코 등에게서 춤을 전수받으셨고 이시이 바쿠 무용소 문하였던 최승희 춤에서 우리춤의 멋과 낭만을 체득했으며, 본받았습니다.[15]

최현은 김해랑이 이시이와 다카다 두 사람의 스승에게서 춤을 전수 받은 것으로 설명하였고, 최승희에게는 우리춤(조선무용)에 대한 영향을 받은 것으로 설명했다. 그런데, 이 글을 인용하여 정리했을 마산국제춤축제위원회에서 엮은 『우리춤의 선각자 춤

---

14 조택원, 앞의 글, 2015, 46~47쪽.
15 최현, 「金海郞 선생의 춤과 발자취」, 송수남 엮음, 『한국 근대춤 인물사(Ⅰ): 최승희에서 김보남까지』, 서울: 현대미학사, 1999, 151~152쪽.

꾼 김해랑』에는 이시이와 다카다 그리고 '최승희에게서 춤을 배우면서…'[16]라고 하여 김해랑이 최승희에게도 직접 춤을 사사한 것으로 기술하고 있다. 반면 정민은 김해랑의 직접 스승은 다카다 세이코라고 다음과 같이 기술했다.

부산의 동래고등부(지금의 고등학교)를 나와서는 아버지의 염원으로 바다를 건너 일본 유학에 나섰다. 그러나 어릴 때부터 좋아했던 무용예술을 동경해 다카다 세이코(이시이 바쿠와 같이 유럽 출신의 고대 일본의 현대무용가)의 제자가 되고, 마침 그 당시 (한국) 민족무용으로 인기가 높아져 나온 최승희의 영향을 받아 조국인 한국에 돌아가 전통무용과 고전음악, 리듬의 연구를 시작했다.[17]

정민이 알고 있는 스승의 춤맥은 다카다 세이코로부터이다. 김해랑이 일본에서 머물던 1932년부터 1938년까지 최승희에게는 당시 '조선무용'을 개척하여 인기가 점점 솟구쳤던 사실에 비추어 그녀에게 영향을 받은 정도로 정리할 수 있겠다.

만일 김재우가 일본으로 건너가자마자 이시이 바쿠를 찾았다면, 일본 현지에서 당시 실명으로 인해 어려움을 겪고 있던 이시이의 환경에 적잖이 실망했을 것이다. 그래서 다카다 세이코를 찾았다면, 그 곳에는 동갑내기 박외선朴外仙(1915~2011)[18]을 만났을 지도 모른다. 박외선은 마산여고(당시 고등보통학교) 3학년 때 최승희 공연을 보고 춤에 반해서 최승희 추천에 의해 다카다 세이코高田聖子에게 발레와 현대무용을 배웠다

16 마산국제춤축제위원회 엮음, 앞의 책, 2011, 37쪽.
17 정민, 「스승을 회고하며: 故 金海郎의 제자」, 송수남 엮음, 『한국 근대춤 인물사(Ⅰ): 최승희에서 김보남까지』, 서울: 현대미학사, 1999, 151~152쪽.
18 박외선(朴外仙, 1915.12.1.~2011.9.3.): 경남 김해시 진영 출생. 일제 강점기 일본에 유학하여 정식 클래식 발레교육을 받은 최초의 조선인으로 한국인 최초로 일본 체육학교 무용교수이자 무용영화 안무가를 역임했다. 1960년대 미국의 마사 그레이엄(Martha Graham) 현대무용 기법을 국내에 최초로 도입한 장본인으로 한국 최초로 이화여자대학교에 무용과 창설을 주도했다. 국내 최초의 무용 이론서인 『무용개론』(1961)을 집필해서 국내 무용학의 기틀을 다졌다. 1977년 퇴임하면서 자녀들이 있는 미국으로 가 생활하다가 향년 96세의 나이로 별세하였다. 아동문학가 마해송의 아내이자 시인 겸 방사선과 재미(在美) 의사인 마종기(馬鍾基)의 어머니이다. (한국민족문화대백과사전 〈http://encykorea.aks.ac.kr〉)

고 했다.[19] 하지만 1937년 기사에 박외선은 다카다 문하에서 5년을 수학하고 결혼한 다[20]고 했으니, 적어도 1932년부터는 다카다에게서 무용 수업을 받기 시작했을 것으로 생각된다. 거의 비슷한 시기에 동향의 김재우와 박외선이 다카다 세이코에게서 무용의 길을 시작했다고 할 수 있겠다. 그리고 후에 다시 이시이 바쿠를 찾았을지는 알 수 없다.

2. 김해랑의 귀국 무용 활동 전개

일본에서의 무용 학습을 마친 김재우는 1939년에 돌아왔다. 그 해 전국무용경연대회에서 김재우가 아닌 수기겐杉建이라는 이름으로 작품을 안무하였는데, '고전무용' 부문 특별상을 아래와 같이 수상했다고 한다.

> 선생이 귀국한 해가 1939년인데, 그 해에 무용연구소를 개설하셨고, 서울 부민관에서 열렸던 전국무용경연대회에서 당시 '수기겐'이라는 일본명으로 작품을 안무해 고전무용 부문 특별상을 수상해 춤 계의 이목을 집중시켰습니다.[21]

7년 동안이나 일본에서 발레와 현대무용을 공부하고 돌아 온 김재우가 하필 '고전무용'을 안무했을까? 또 〈애수哀愁의 선자扇子〉를 안무하여 상을 받았다[22]고 하는데, 이는 제목으로 볼 때 고전무용이 될 수 없을 것 같다. 이 당시의 고전무용은 요즘의 전통무용에 해당하던 말이며, 후대 1960, 70년대에는 신무용 류를 고전무용이라고도 했었기 때문이다. 즉 〈애수의 선자〉는 1939년에 초연하고, '1940~50년대에 즐겨 안무한

---

19 『경향신문』 1997.05.22. 21면. 「육완순·홍정희 길러낸 한국현대무용의 대모 在美 박외선씨 일시 귀국」
20 『동아일보』 1937.11.06. 5면. 「新進舞踊家 朴外仙孃結婚. 舞踊生活繼續은疑問」
21 최헌, 앞의 글, 1999, 151~152쪽.
22 마산국제춤축제위원회 엮음, 앞의 책, 2011, 37쪽.

덧배기춤'[23]이라고 한다. 다시 말하면, 〈애수의 선자〉는 최승희나 조택원이 했던 것처럼 전통무용(고전무용)인 덧배기춤을 소재로 현대화를 시도한 당시의 '조선무용'과 같은 것이었다.

최현의 표현을 빌리자면, 김해랑의 〈덧배기춤〉은 다음과 같이 대단했다.

> 김해랑 선생이 춘 〈덧배기춤〉은 남성적 기품이 깔려 있는 '한량무'의 일종으로, 멈추고 다시
> 감았다 풀어내는 배김새는 천하일품이었습니다. 그러면서도 선비의 기개가 돋보였습니다.[24]

(화보 2) 『매일신보』 1941.04.23. 4면.

김해랑은 지금의 한량무 일종의 춤이며, 경상도 특색인 덧배기춤을 더하여 〈애수의 선자〉라는 신무용 작품을 발표한 것이다. 1939년 귀국한 김해랑은 이 〈애수의 선자〉로 『조선일보』 주최 전국무용경연대회에서 '고전무용 특별상 대상'을 수상했다고 한 것이 된다. 그런데, 『조선일보』에서 이 경연대회와 관련한 기록은 찾을 수 없었다. 반면 『매일신보』에서 주최한 '전선가요무용경연대회全鮮歌謠舞踊競演大會'의 '남선지방 예선당선자' 명단에서 마산지방 출신 김재우가 1941년 4월 23일에 '향토무용' 부문에 당선되었음을 발견할 수 있다〈화보 2〉참조).[25]

23 마산국제춤축제위원회 엮음, 앞의 책, 2011, 41쪽.
24 최현, 앞의 논문, 1999, 153쪽.
25 『매일신보』 1941.04.23. 4면. 「映畵와 演藝: 本社主催 全鮮歌謠舞踊競演大會 南鮮地方豫選當選者」

5월 25일에는 『매일신보』 회의실에서 준결선이 있었는데,[26] 1900여 명의 참가자 중 선발된 1, 2, 3부의 노래부문 참가자 38명이 부민관에서 결선을 다투었다.[27] 남녀 신인 천재들의 등용문이 될 기회라고 홍보한 전선가요・무용경연대회의 참가자 모집공고는 1941년 2월 26일에 발표되었다. 대회에 출연자로 선발되는 사람들은 명실名實이 함께 반도최고의 가수와 무용가로서 ○○○은 쓰게 되는 것'이라고 했고, '전선 각지에 숨은 빛나는 예술가의 다수 등장을 바라는 바'이라고 했다. 남녀 15세 이상에게 자격이 주어졌으며, 선발 종목은 다음과 같았다.

제1부. 가요곡 「민요 유행가 중 각자 임의로 1곡을 부르고 주최 측에서 지도한 좌기左記
　　　　곡목 중 1곡을 자유 선택하여 불러야함.」
남자: 조선연맹가朝鮮聯盟歌, 황성荒城의 달, 만포선滿浦線 길손, 유쾌한 봄소식
여자: 조선연맹가, 봉선화鳳仙花, 백두산 바라보고, 역마차驛馬車
제2부. 남도가요南道歌謠 「곡목은 자유 선택. 단 1곡에 한함」
제3부. 경기, 서도가요 「곡목은 자유 선택. 단 1곡에 한함」
제4부. 향토무용鄕土舞踊 「자유선택」[28]

여기에서 4부는 '향토무용' 부문의 경연 종목임을 뜻하며, 곡목은 자유선택이었다. 1부로부터 3부까지는 노래부문이다. 남조선에서 노래와 춤의 능력자로 예선 당선자들이 발표된 것인데, 4부인 향토무용부문의 당선자는 마산의 김재우가 유일함을 볼 수 있다. 이 대회에서 김해랑이 덧배기춤을 추었다면, 단연 멋진 결과를 얻었을 것 같다. 그 사진은 다음과 같다.

26　『매일신보』 1941.05.23. 4면. 「全鮮歌謠舞踊競演大會 二十五日 本社會議室에서 準決選」
27　『매일신보』 1941.05.28. 4면. 「映畵와 演芸: 本社主催 全鮮歌謠舞踊競演大會 藝心에 불타는 爭覇 今日! 府民舘서 開幕」
28　『매일신보』 1941.02.28. 4면. 「本社主催. 白花繚亂의 陽春歌舞祭 全朝歌謠・舞踊競演大會. 男女新人 天才登龍門의 絶好機」

〈화보 3〉 김해랑의 〈애수의 선자〉[29]

『매일신보』에서는 이 대회의 준결선자와 최종 결선자 발표를 했는데, 제3부까지만 당선자를 신문에 발표했고, 4부에 대한 언급은 없다. 무용부문에서 김재우가 특별상을 받고, 부민관에서 공연했음에도 불구하고 기록으로 남지 않은 것은 무엇인가 당시 사정이 있었을 것이라고 추측할 뿐이다. 정리하면, 〈애수의 선자〉는 정황 상 1941년 『매일신보』 주최 '전선가요무용경연대회'에 출전한 작품일 가능성이 크다. 그리고 아직은 수기겐杉建이나 해랑海郎이라는 호칭을 사용하지 않았던 것으로 추정된다.

김해랑이 1939년 몇 월에 귀국했는지는 알지 못한다. 그 해 초에 최승희는 프랑스 제1회공연(1월 31일)의 대성공으로 유럽 각국에서의 공연 예약이 쇄도하고, 벨기에에서는 무용경연대회 심사위원으로 활동하는 등 해외 공연의 신기원을 열고 있었다. 물론

---

29   마산국제춤축제위원회 엮음, 앞의 책, 2011, 45쪽.

9월에 시작된 제2차 세계대전으로 최승희는 귀국 길에 올랐었다. 중도에 일정을 바꾸어서 다시 뉴욕과 남미 등지에서 공연하게 되었고, 이 공연 여행을 통해 명실상부한 세계적 무용가로서의 위상이 크게 부각되었다. 1941년 12월 3일에 일본 오사카 항으로 돌아왔다.

한편, 조택원은 1937년 11월 26일에 고베항에서 프랑스로 출발하여 1938년 8월 20일에 다시 고베항으로 돌아 왔다. 대략 오고가는 시간을 포함하여 9개월 동안의 파리 여행으로 공연 활동과 견문을 넓혔고, 이를 통해 일본과 국내에서의 공연활동에 새로운 전기를 마련하였다. 파리귀조공연과 지방순회공연을 펼치며, 프랑스에서 경험한 그랑발레를 한국 전통춤 소재인 〈학무〉로 창작할 계획을 밝혔다. 조택원의 1939년은 이 대작을 준비하던 시기였다. 그리고 마침내 1940년 1월 11일부터 13일에 조택원의 그랑발레 〈학〉과 〈춘향전〉을 발표하였다. 조택원의 무용극(극무용)이 이로써 시작된 것이다.

김해랑은 1939년 일본으로부터 돌아와서 12월에는 고향 마산에 김해랑무용연구소를 개설하였다.[30] 그리고 1940년부터 50년까지 발표한 작품은 〈사랑의 흐름〉, 〈오리엔탈〉, 〈습작〉, 〈영의무〉, 〈헝거리 댄스〉, 〈환희〉, 〈세레나데〉, 〈애수의 부채(선자)〉, 춘향전에서의 〈사랑의 춤〉과 그 외 다수라고 했다.[31] 김해랑의 제자이자 최현의 벗 정민鄭珉(1928~2006)[32]은 위의 작품들을 '여러 번의 리사이틀 팜플렛과 프로그램'에서 보

30　마산국제춤축제위원회 엮음, 앞의 책, 2011, 37쪽.
31　정민, 앞의 글, 1999, 157쪽.
32　정민(鄭珉, 1928~2006): 어릴 때부터 천재소년 가수로 알려져서 일본군대 위문단으로 각 부대의 위문을 다녔다. 위문대 활동 중 부산 보국대에서 최현과 노래 실력을 겨루면서 알게 되었다. 1945년 해방된 해 부산 봉래관에서 있었던 전국노래콩쿨에서 최현과 함께 입상하였고, 무지개악극단에 단원이 되었다. 다음 지평선 악극단을 거쳐 동방가극단으로 옮겼는데, 그 곳의 안무가(코'빙깅사)로 온 심해랑을 만나서 무8을 견문직으로 학습하게 되었다. 1949년 개천절에 제1회 영남예술제가 개최되었는데, 승무로 금상을 수상하였다. 명창 김애정 선생에게 승무와 북을 사사하고, 판소리와 가야금의 명인인 김연수 선생에게 가야금을 사사하였다. 명창 임방울 선생에게 판소리와 북을 사사하고 전사습 선생에게서 설장고와 판굿을 배웠다. 박금화(朴錦花), 최정숙(崔貞淑), 정금옥(鄭錦玉), 무기(舞妓) 김초향(金初香)의 제자로부터 살풀이와 승무(僧舞), 검무(劍舞), 입무(入舞), 북, 판소리 등을 사사하였다. 1950년에는 이승만 대통령과 미국 아이젠하워 대통령 연회에서 승무를 공연하였다. 1955년에는 일본으로 가서 고

았다고 했다.[33] 이상의 제목으로 본다면, 최승희와 조택원에 의해서 기존 공연되었던 창작 소품들과 대개 유사한 맥락 속에서 안무된 것이라고 여겨진다.

3. 김해랑의 신무용 작품 양상

마산국제춤축제위원회에서 저술한 자료집에는 〈세레나데〉, 〈오리엔탈 댄스〉, 〈헝가리안 댄스〉는 1937년 작품이라고 한다. 그렇다면 이들은 일본에서 창작한 작품이라는 의미인데, 그 진위여부를 파악할 수 없다. 참고로 〈세레나데〉는 1927년 10월 이시이 바쿠의 두 번째 내한 공연에서 최승희가 춤추었던 작품명이다. 그리고 한국에 돌아온 1929년 12월에 처음 공연한 춤 종목이기도 하다. 1936년 박외선 제1회 무용발표회에서도 사용된 제목이다.

〈오리엔탈〉은 최승희 제1회 신작무용발표회(1930.02.01.~02)에 발표된 작품명이다. 또 〈헝가리안 댄스〉는 최승희가 1931년 1월 10일 신춘무용공연회와 5월 1일부터 3일까지의 제3회 신작무용공연회에서 올렸던 리스트의 헝가리 광상곡을 사용한 〈광상〉 또는 〈광상곡〉의 아류일 수 있을 것 같다. 이것이 아니고 브람스 작곡의 〈헝가리 댄스〉라면, 조택원의 1943년 3월 공연에서 거목호미가 이 곡으로 〈헝가리안 처녀〉를 발표한 바 있다. 즉 기존의 작품들을 모방하여 발표한 것일 수 있다는 의미다.

또 〈애수의 선자〉와 〈춘향전〉은 1939년에 안무한 작품이라고 하는데, 앞서 살폈듯이 1939년에는 『조선일보』에서 주최한 무용경연대회가 없었고, 1941년 『매일신보』에서 주최한 '전선가요·무용경연대회'에서 특별상을 수상했음을 보았다. 여기에서 〈애

전발레와 오페라 등에서 크게 활동하였다. 1961년 일본 오사카에서 '정민 한국 고전 전통 예술 학원'을 개원하였고, 1965년에는 전통예술원에서 후진을 양성하고 공연했으며, 재일 한국 무용인 협회 이사장, 해외 무용가 협회 이사장을 역임하였다. 2006년 1월 사망. 2006년 11월 19일 국립국악원 예악당에서 고 정민선생 추모공연 '외로운 예술혼, 푸르른 춤사위'가 있었다.

33 정민, 앞의 글, 1999, 157쪽.

수의 선자〉가 발표된 것이라면, 초연 년도는 1941년으로 수정되어야 한다. 〈춘향전〉
역시 조택원이 1940년 1월에 일본 히비야공회당에서 초연하여 성공한 작품이라는 사
실에 입각한다면, 김해랑의 〈춘향전〉이 그보다 앞서 초연되었을지 의문이 든다. 이상
과 같은 이유로 인해 마산국제춤축제위원회에서 제시한 이 표의 초연 년도 표기는 신
뢰하기 어려운 문제가 있다.

그래도 1945년 이후의 작품은 최현과 정민 등의 기억에 의해 제시된 것이므로 이후
의 김해랑 작품 연보를 나열해 보겠다.[34] 1950~1953년까지의 무용극은 안제승의『한
국신무용사』를 참고하여 표를 제시한다.[35]

〈표 1〉 김해랑의 해방 후 작품 연보

초연	작품명	원작자	비고
1945	봉선화, 독서, 여양춘	–	1940–50년대 즐겨 안무
1947	운임지	유치진 작	1940–50년대 즐겨 안무
	시집가는 날, 꼭두각시놀음, 사랑의 흐름, 환희, 습작, 영의무	–	1940–50년대 즐겨 안무
1950.가을	아리랑	나운규 작 영화를 바탕	1막 5경 무용극. 부산극장 초연 1964년 8월 광복19주년 및 한국무용협회 경남지부 결성기념 '합동공연예술제' 마산 강남극장 공연
1951.01	견우직녀		무용극
1952.12	춘향전, 황창랑		무용극
1953.05	단심의 곡(丹心-曲)		무용극
1955	춘우(春雨)	–	1950년대에 즐겨 안무
1960	호동왕자와 낙랑공주(자명고)	–	1960년대 즐겨 안무
	화랑무	–	

---

34 마산국제춤축제위원회 엮음, 앞의 책, 2011, 41~42쪽.
35 안제승, 앞의 책, 1984, 54쪽.

초연	작품명	원작자	비고
1964	번뇌의 참선	–	광복 19주년 및 한국무용협회 경남지부 결성기념 '합동무용예술제' 마산강남극장 임성남, 송범, 주리, 최현, 한순옥, 김행자 등 특별출연
	회심(回心)	–	

〈봉선화〉, 〈독서〉, 〈여양춘麗陽春〉은 1945년도 초연이라고 한다. 〈아리랑〉에 대해이 책에서는 1947년 초연으로 기록했는데, 무엇을 근거로 한 것인지 알 수 없다. 또이 책에는 '1950년 서울부민관에서 초연했고, 그 후 제자들과 마산 강남극장에서 수차례 공연하였다'[36]고도 했다. 그런데 최현은 '무용극 〈아리랑〉을 1950년대 발표했고, 이후 〈견우직녀〉, 〈춘향전〉, 〈황창랑〉, 〈단심의 곡〉 등을 안무하여 부산 일대의 여러 극장을 순회하며 활발한 공연활동을 전개했었다'고 하였다.[37] 김해랑의 공연 사진에서 그의 춤을 참고 할 수 있겠다.[38]

〈화보 4〉 〈헝가리안 댄스〉(1945) 김해랑, 이달선[39]

---

36 마산국제춤축제위원회 엮음, 앞의 책, 2011, 50쪽.
37 최윤찬, 「한국무용을 위한 창작방법론 연구: 최현의 창작관을 통하여」, 중앙대학교 석사학위논문, 2002, 13쪽; 안제승, 앞의 책, 1984, 54쪽.
38 마산국제춤축제위원회 엮음, 앞의 책, 2011, 43~45쪽.

〈화보 5〉〈아리랑〉(1957)
김해랑, 김송자[40]

〈화보 6〉〈춘향전〉(1952) 김해랑, 김행자[41]

〈화보 7〉〈번뇌와 참선〉(1964) 김해랑[42]

부산에서 활동한 김해랑의 1950~1953년 무용극들에 대해서 안제승은 다음과 같이 논평했다.

계속해서 부산극장, 삼일극장, 중앙극장, 영남극장 등 여러 극장을 돌며 활발한 공연활동을 벌였다.

이를 보고 그의 주변 사람들은 그의 이런 객기客氣 때문에 물려받은 옥답沃畓은 고사하고 기둥뿌리마저 송두리째 뽑혀 나갔다고 개탄했다. 그럴 수밖에 없었다. …… 그의 공연은 속된 말로 파리를 날리고 있었던 것이다.

문제는 바로 작품의 질에 있었다. 그는 김아무개金某롱의 전통성을 재건하련다고 했지만 실상은 선래무용先來舞踊의 멋이나 흥은 고사하고 무대무용으로서의 체제도 성격도 갖추지를

---

39 마산국제춤축제위원회 엮음, 앞의 책, 2011, 45쪽.
40 마산국제춤축제위원회 엮음, 앞의 책, 2011, 44쪽.
41 마산국제춤축제위원회 엮음, 앞의 책, 2011, 44쪽.
42 마산국제춤축제위원회 엮음, 앞의 책, 2011, 43쪽.

못했다. 창작물을 표방했지만 그렇다고 신무용의 발랄하고 역감力感 넘치는 현대 감각도 들어내질 못했다.[43]

김해랑의 의욕적인 활동에도 불구하고 당시의 작품은 '아마추어 솜씨'가 운운될 만큼, 흥행이나 예술적 완성도는 보잘 것 없었던 듯하다. 이 공연 〈아리랑〉에 출연했던 최현의 기억에도 무용이 예술적으로 승화되지 못하고 연극에 가까운 묵극이 되었던 듯하다.

> 음, 〈아리랑〉, 나도 출연했지요. 평이 안 좋았어요. 그 때 뭐 무용극이 있었나요? ……제 기억으로도 작품이 서툴렀어요. 서툴렀지만, 그 때만 하더라도 선생님들도 한 연구실이나 스승 밑에서 체계적으로 공부한 게 아니고 띄엄띄엄 한 것이지요. 그래도 선생님이 최초로 마산 강남극장에서 했는데, '일종의 연극행위를 했다' 그렇게 보거든요. 왜냐하면 춤이라는 것은 상징적으로 표현을 해야 되는데, 그걸 사실적으로 했으니까요. 나운규가 정신병자가 돼 가지고 어쩌고 말이야……
>
> 그게 전체적으로 가령 한 시간 반이라든지 그렇게 한 게 아니고 단편적인 어떤 장면을 극화했던 거지요. 그뿐만 아니라 〈저하늘의…〉 뭐더라, 그런 무용극적인 요소를 몇 가지 더 했지요. 〈춘향전〉도 했고……[44]

이렇게 김해랑의 무용극 공연은 1950년 가을부터 1953년 5월까지 이어졌는데, 전쟁기 동안 자신의 예술세계를 펼치려는 의도는 분명했으나, 작품의 질적인 면으로나 흥행에서 모두 실패한 것을 확인할 수 있다.

그밖에, 최현은 김해랑의 40~50년대 춤 작품에 대해 다음과 같이 묘사했다.

---

43 안제승, 앞의 책, 1984, 54쪽.
44 문애령, 『한국현대무용사의 인물들』, 서울: 눈빛, 2001, 280~281쪽.

이 무렵의 춤은 우리 춤과 일본 신무용의 경향이 혼합된 춤으로 매우 부드럽고 섬세한 게 특징이었습니다. 또는 춤 속의 이상이나 서양음악과의 접목 등은 한국무용의 형식을 개방하는 데 기여했습니다. 형식의 개방화는 다시 말해 춤의 현대화를 말합니다. 〈시집가는 날〉, 〈꼭두각시놀음〉 등도 춤의 개방화·현대화의 소산들입니다. 필자는 선생의 작품들을 가리켜 '우리 춤의 근대화를 지향한 다리 역할'이라고 말한 적이 있습니다.[45]

한편, 최현과의 춤 길동무인 정민은 김해랑 작품에 대해 다음과 같이 설명했다.

'말을 넘어 선 움직임 안에 있는 드라마와 정확하게 계산된 풍부한 음악성' 김해랑 선생은 그 때 이미 전통있는 세계 명작발레인 프티파와 이바노프가 안무한 〈백조의 호수〉의 무대 공간 사용법과 미학 등과 같이 계산된 안무법을 갖고 있었다. 지금 일본에서 발레를 안무하는 내가 보아도 그 당시 선생의 무대미학을 지금도 존경해 마지않는다.[46]

최현과 정민의 글로써 김해랑의 무용가로서의 뛰어난 안목과 소양이 한국 춤의 근대화를 성공적으로 이끈 예지적 측면을 엿보게 된다. 또 김해랑은 '그 당시 (한국) 민족무용으로 인기가 높았던 최승희의 영향을 받아 조국인 한국에 돌아가 전통무용과 고전음악, 리듬의 연구를 시작했다'[47]고 했으니, 그에 따라 김해랑은 일찍부터 춤과 소리의 산실인 권번에 출입하면서 기예技藝를 익혔다. 또 경상도 지방의 들놀이, 부산 동래야류, 덧배기춤, 고성과 통영 오광대춤 등을 섭렵해서 후학들을 지도했다. 남성무의 대범함, 활달함과 춤사위 속에 흐르는 샘물 같은 섬세함, 초월적인 경지인 움직임의 생략법을 잘 구사하는 특징이 있다. 김해랑의 호방한 춤의 근본은 경상도지방 춤 특성을 반영한 것이라고 한다.[48]

---

45 최현, 앞의 글, 1999, 153쪽.
46 정민, 앞의 글, 1999, 158쪽.
47 정민, 앞의 글, 1999, 157쪽.
48 최현, 앞의 글, 1999, 152쪽.

4. 전쟁 이후 김해랑의 무용 활동기

1950년 6월 25일에 시작된 한국전쟁으로 인해 무용계마저 남북으로 갈라져서 재편되었다. '문철민, 박용호, 장추화, 최가야 등은 월북했고, 한동인은 납북되었으며, 김막인과 함귀봉은 행방불명되었다.[49] 반면 김백봉, 안제승, 전황, 한순옥, 권려성, 김백초, 장홍심, 임정옥 등 우수한 무용가들이 북한을 등지고 월남하였다. 이 기간의 특징을 강이문은 다음과 같이 정리하였다.

> 6·25동란으로 하여 해방 후 태동한 기성층의 인멸湮滅로 자동적으로 신세대가 개안開眼하
> 고 집결하여 임기응변이나마 무용창건을 부르짖고 아장걸음이나마 한국 신무용의 후계자로
> 자임하고 나선 슬기로운 기혼이라 하겠다. 그러나 의욕과는 달리 여기에는 시종 새로운 것의
> 태동이나 방향감각이 확정된 작업 실적은 찾아 볼 길이 없었으며, 그저 막연한 이상 속에
> 전기의 잔영을 반추反芻했을 뿐이다.[50]

김해랑은 1950년까지 마산과 서울을 오가며 문하생들을 키워냈다. 6·25 전쟁 중에는 피난 차 마산에 모여든 무용인·음악인들과 함께 유엔군 위문단을 꾸려 활동했으며, 부산으로 피난 온 한순옥(1932~)을 자신의 연구소로 초빙하여 연구소 운영을 함께하자고 제안하며, 공연활동도 함께 했다.[51] 최승희 문하에 17세로 입문했던 한순옥은 2년 동안에 한국무용은 물론 인도무용, 발레, 현대무용, 신흥무용, 리듬, social dance 등 여러 장르를 섭렵하였다. 그러던 중 최승희무용단이 러시아 공연을 떠났고, 이후 그녀는 1·4후퇴를 계기로 남하하였다.[52]

---

49   김영희 외 4인, 앞의 책, 2014, 379쪽; 강이문, 「한국신무용사 연구」, 민족미학연구소 엮음, 앞의 책, 2001, 236쪽에는 김막인 등 일부 무용가는 학살되었으며, 박이랑은 병사하였다고 했다.
50   강이문, 위의 책, 2001, 241쪽.
51   이은주, 『춤 33인』, 서울: 푸른미디어, 2007, 156쪽.
52   이은주, 앞의 책, 2007, 150~154쪽.

전쟁이 어느 정도 종막으로 향하기 시작하던 1952년부터 무용가들은 열악한 환경 속에서도 개인 연구소를 내고, 공연을 준비하였다. 1952년 1월 21일 기사에는 구원민 具遠民과 조용자, 옥파일이 주동이 되어 '합동바레-스튜디오'를 부산 광복동 2가 9번지 장미양장점 내에 개소하고, 춘기 대공연을 2월 하순에 올릴 예정이라고 발표하였다.[53] 이 무렵 김백봉은 서울 가회동 공가公家의 대청을 빌려 장고 한 틀을 갖춘 개인 연구소를 개소했다.[54] 5월 경에는 김백초가 경운동에 스튜디오를 마련했으며, 연이어 서울 거리에 무용연구소가 우후죽순처럼 불어났다고 한다.[55]

1952년 4월 21일에는 부산 광복동 미군전용극장인 문화극장文化劇場에서 미국대통령의 특사 마이어Clarence E. Meyer 일행을 환영하는 「음악 및 무용의 밤」에 박귀희와 김소희가 고전무용과 창극을 연행하고, 조용자는 창작무용을 공연했다.[56] 진수방은 미국 뉴욕으로 유학을 떠나기에 앞서 7월 27일에 도미고별무용공연을 문화극장에서 가졌다. 〈칼멘〉, 〈항가리안무용〉, 〈시비아나〉, 〈평화가 오면〉 등의 프로그램을 공연하는데, 제자 노덕자盧德子의 찬조가 있을 예정이라고 했다.[57] 이처럼 전쟁의 지속과 휴전협정에 따른 정치적 행보와는 무관하게 무용가들은 개인무용연구소를 개설하고 연구생들과 함께 개인공연을 펼쳐나갔다.

김해랑도 1953년에는 서울로 터전을 옮겨와서 그해 12월 한국무용예술인협회(현 한국무용협회 전신) 초대이사장으로 추대되었다.[58] 1956년 7월에는 김민자, 조용자, 진수방과 함께 한국무용예술인협회 최고위원이 되었다. 이때 고전무용분과 이사에는 강선영

---

53 『경향신문』 1952.01.21. 2면. 「바레스트디어開所」
54 안제승, 앞의 책, 1984, 55쪽. 공식적인 김백봉무용연구소는 낙원동164번지에 개소했다. 3월 4일에는 "여자연구생 50명을 모집"하는 단신을 냈고,[『경향신문』 1953.03.04. 2면 「女子研究生募集. 金白峰舞研所서」 3월 15일에는 정식 개소식이 3시에 본 연구소에서 행해진다는 집회소식을 냈다.[《경향신문》 1953.03.15. 2면 「集會. ▲金白峰舞踊研究所開所式」
55 안제승, 『한국신무용사』, 55쪽.
56 『동아일보』 1952.04.21. 2면. 「『마이어』氏歡迎音樂會」
57 『동아일보』 1952.07.26. 2면. 「陳壽芳渡美舞踊會」
58 『경향신문』 1953.12.11. 1면. 「人事」▲金海郎氏(韓國舞踊藝術人協會理事長) ▲金敏子氏(同理事) ▲陳壽芳氏(同理事) ▲金白峰氏(同理事) ▲宋范氏(同理事) 協會結成人事次來社.

姜善泳과 김천흥金千興, 민족무용분과 이사에는 김윤학金潤鶴, 발레분과에는 이인범李仁凡, 조광趙光, 현대무용분과 이사에는 송범宋范과 김백초金百草가 되었다. 협회 내 분과의 재편은 무용의 전문성이 과거에 비해 분명하게 드러난 구성이었다.

김해랑은 1955년 8월 11일~12일에 8·15광복 10년 기념 무용예술제를 기획하고 주관하였으며, '강선영, 임성남, 김진걸, 송범, 김백봉, 주리, 한순옥, 최현 등'이 공연에 참가하였다.[59] 시공관市公館에서 연행된 한국무용예술인협회 제2회합동무용공연의 프로그램은 아래와 같다.[60]

〈표 2〉 광복10년기념 무용예술제

연목		무용제목	출연진
제1부	1	포로네스(쇼팡 곡)	임성남 발레단, 임성남, 김근수, 황수련, 문선희, 김해송, 최선희, 이순복, 송준영, 고천산
	2	소녀의 마음	신영자(愼暎姿)
	3	산조	강선영
	4	또 다시 어데로	조광, 옥후현(玉後玄)
	5	환희	권려성(權麗星)
	6	호타 아라고네스	정무연(鄭舞燕)
	7	사랑(춘향전 중에서)	최윤찬, 한순옥
	8	호도까기 인형 중에서	김은수, 최선희, 문선희
	9	오작교의 춘색	김진걸(金振傑) 외 8명
제2부	1	피그마리안	조광, 옥후현
	2	단종 애사 중에서	김진걸 외 12명
	3	추억의 정화	정무연
	4	노몽(老夢)	최윤찬
	5	장미의 정	임성남, 최선희와 문선교(교체)
	6	조국에 바친 여인	강선영
	7	진로(眞路)	강선영

---

59 마산국제춤축제위원회 엮음, 앞의 책, 2011, 85쪽.
60 강이문, 앞의 책, 246쪽.

당시의 공연프로그램 모습이다〈화보 8, 9〉[61].

〈화보 8〉 광복10주년 무용예술제(표지)

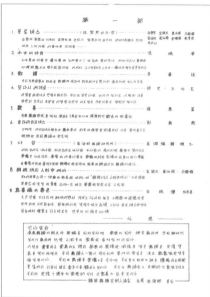

〈화보 9〉 광복10주년 무용예술제(제1부 차례)

이 공연에 대해 조동화는 임성남과 조광, 옥후현 등의 외국무용을 크게 칭찬한데 비해 우리 신무용 류에 대해서는 '민속무용의 부패腐敗'라는 혹평을 쏟아냈다.

기한바 성과는 민속무용의 부패로 말미암아 마이너스 효과를 내었으니 유감된 일이다. 이 번 민속무용은 물론 현 한국무용 수준 이하였음을 먼저 말하지 않을 수 없는 민망함이 있다. 어쩌면 이렇게 똑같이 낡은 것이었는지… 기괴한 일이다. 말하자면 골동骨董도 아닌 고물古物 의 진열장이었을 그뿐이다. 이런 제물祭物을 받으시는 광복신光復神에 저윽히 죄송함과 두려움 을 금치 못한다.

---

61 한국무용예술인협회 주최, 『광복10주년 무용예술제 한국무용예술인협회 제2회공연』 프로그램, 시공관, 1955.08.11.~12. 원필녀(고 최현의 부인) 자료제공.

민속무용의 본질은 묵극적 넋두리거나 이야기 줄거리를 운반키 위한 동작이 아니다. 여기에 제한된 기법으로 이루어지는 민속무용의 잡성雜性과 묘미妙味, 안이성安易性과 심오성深奧性의 다면 성격이 있는 것이고, 더 근본된 것으로 민속조民俗調란 작품의 고대성古代性이 아닌 기교형태技巧形態를 말하는 것쯤은 알만한 일들이었다고 믿었다. 더구나 현기증을 일으키는 것은 템포의 완만성이다. 거기에 함축含蓄과 상징象徵함이 없는 무언극無言劇을 몇 시간씩 관객에게 강요하는 따위는 무용의 테러이고 행패라 아니할 수 없다.[62]

이 글에서 말하는 '민속무용'은 한국 전통무용을 기초로 창작한 신무용을 말하고 있는데, 앞서 제2장에서 설명했듯이 조동화는 후대에 신무용이라고 부르게 된 장르의 춤을 민속무용이라고 부르고 있다. 그 중에서도 특히 극적 형식 무용의 난맥상을 도저히 참아낼 수 없었던 것으로 보인다. 안제승은 다음과 같이 평하였다.

이 나라의 중진급 무용인을 거의 총 망라하다시피 하면서 시공관에서 개최된 8・15 10주년 기념예술제(1955.8.12. 조선일보)는 그 방대한 힘을 한 곳으로 응결凝結 시키지 못한 채 기성 작품의 안이한 나열로 경연競演을 벌리고 있는 듯 한 인상만을 풍겨줌으로써 또 하나의 졸작을 빚어내고 말았으며, ……[63]

합동 무용공연의 실상은 무용계의 응집력을 보여 주지 못하고, 기성 무용가의 작품 나열에 그친 결과가 되었다. 또 1956년 8월 13일~17일까지는 광복절과 정・부통령 취임기념행사도 기획・주관하였다.[64] 이 무렵 김해랑은 이대 체육과와 서울대에 출강했다.

1956년 11월에는 다시 마산으로 내려가서 김해랑무용연구소를 개설하여 지역 무용

---

62 『동아일보』 1955.08.16. 4면. 「民俗舞踊의 腐敗. 발레-舞踊은 成功作. 趙東華」
63 안제승, 앞의 책, 1984, 61쪽.
64 마산국제춤축제위원회 엮음, 앞의 책, 2011, 54~57쪽;『동아일보』 1956.08.09. 4면. 「『文總』서 行事多彩. 光復節과 正・副統領就任記念」

예술의 토대를 닦는 일에 매진했다고 한다.[66] 1961년 12월 한국무용협회 경남지부를 창설하여 지부장을 지냈고, 1962년 7월 7일에는 한국무용협회 마산지부가 결성되어 초대 지부장을 맡았다. 그해 12월 15에 제1회 경남도 문화상 무용부문에 수상하였다.[67]

〈화보 10〉 광복19주년기념 및 한국무용협회경남지부결성 합동무용예술제 프로그램(표지)[65]

1964년 8월 19일과 20일에는 '광복 19주년 및 한국무용협회 경남지부 결성 기념 합동예술제를 마산 강남극장에서 개최'하였다. 이 때 〈번뇌의 참선〉과 〈회심〉을 창작 발표하고, 임성남, 주리, 최현, 한순옥, 김행자가 참가하였다. 이 공연에 부치는 서문에서 김해랑은 '위대한 민족예술의 수립은 궁극적으로 창작 창조創作 創造에 있다'[68]고 했다. 신무용 기수로서의 그의 무용관을 드러낸 것이라고 여겨진다.

1966년 12월 20일 한국무용협회는 김해랑에게 공로상을 수여하기로 결정했다.[69] 한국무용협회가 제정한 제3회 무용상 중 공로상을 29일 국립극장에서 수여한 것이다.[70] '무려 10회의 작품발표회를 갖고 경남지방의 각종 예술행사와 예술활동에 총력을 기울였으며, 오직 한국무용의 어제와 오늘과 내일을 위해 헌신하신 고고한 분으로 무용활동과 후진육성의 공적은 실로 지대하다할

---

65 한국무용협회 경남지부 주최, 『광복19주년기념 및 한국무용협회경남지부결성 합동무용예술제』 프로그램(마산 강남극장, 1964.08.19.~20). 원필녀 사진자료제공.

66 마산국제춤축제위원회 편, 앞의 책, 2012, 24쪽.

67 『경향신문』 1962.12.11. 7면. 「9個部門에 11名. 慶南文化賞수상자決定」

68 마산국제춤축제위원회 엮음, 앞의 책, 2011, 59쪽.

69 『경향신문』 1966.12.21. 5면. 「功勞賞 金海郎씨, 新人賞 金仁周양 올해舞踊賞」

70 『동아일보』 1966.12.22. 5면. 「3回舞踊賞. 功勞 金海郎씨 新人 金仁周양」

것이다'라고 수상자를 소개하였다.[71]

그리고 1969년 7월 24일 암으로 별세하였다. 마산시민장으로 부산시립공원묘지(영락공원)에서 54세를 일기로 영면에 들게 되었다.[72]

5. 김해랑의 신무용 발자취

이상 김해랑의 삶과 무용 활동을 역사적 맥락에서 정리해보았다. 최승희나 조택원 춤 길의 후발 주자로서 춤의 세계에 입문했음은 주지의 사실이다. 1932년에 일본으로 유학을 떠나서 다카다 세이코와 이시이 바쿠에게서 현대무용과 발레를 학습했다고들 한다. 하지만 당시의 정황상 이시이 바쿠보다는 다카다 세이코에게서 무용의 기반을 세웠을 것으로 추정했다. 실제로 어떤 과정 속에서 어느 정도 무용을 학습했는지는 알려진 바가 없지만 1939년에 귀국하여 고향 마산에 무용연구소를 개설하고 제자 양성에 힘을 쏟았다고 한다.

이후 1945년 8·15해방까지 김해랑의 행적은 외부에 의미 있는 모습으로 드러나지 못했다. 김해랑이 무용계 중요 일원으로 매스컴에 등장하는 시기는 6·25전쟁이 모두 끝난 1953년 마산에서 서울로 이주한 이후이며, 그해 12월 '한국무용예술인협회 이사장'으로 취임하면서이다. 1945년부터 1953년 6·25전쟁이 끝나기까지의 한반도 무용계는 '신기루의 몽환에 쌓인 기간으로 혼돈한 시기'[73]에 있었다고 한다.

그렇게 김해랑은 전쟁 후 1953년 서울로 입성하여 1956년 말까지 활동하며, 최현과 정민의 춤 활동 근거지를 서울에 남겨주고 마산으로 되돌아갔다. 어떤 이유가 있었는지는 알 수 없다. 당시 정황상 그의 활동 기간에 한국무용예술인협회와 한국무용가협

---

71 마산국제춤축제위원회 엮음, 앞의 책, 2011, 63쪽.
72 마산국제춤축제위원회 엮음, 앞의 책, 2011, 40쪽.
73 강이문, 앞의 책, 2001, 220쪽.

회가 둘로 나누어 진 것은 협력단체를 충분히 통합으로 이끌지 못한 리더로서의 아쉬움이 남았을 것이다. 하지만 그의 잘못은 분명 아니었다.

『한국무용예술인협회』와『무용가협회』가 둘로 나누어지지 않으면 안됐던 원인은 그들 속에 있었던 것이다. 이념理念 상의 상이相異는 아니고, 세칭 실력파와 명예파의 대립적인 배신과 중상中傷, 시기猜忌에 의한 불친목不親睦이 그것이었다.[74]

실제로는 '임성남발레단의 창단공연에 다른 연구소 학생이 출연하면서 사소한 감정대립이 확대되어 양분된 것[75]'이라고 한다. 한국무용가협회에는 '송범, 이월영李月影, 김진걸, 임성남, 김백봉, 진수방, 권려성, 김순성金順星, 주리, 파조 등이 모여 1956년 7월 14일 발족했다. 진수방이 회장에 선출되었고, 8·15광복기념과 협회결성 자축공연 합동공연을 열 예정이라고 했다.[76] 결국 김해랑은 명예파로 남게 되어 불명예스럽게 8·15광복절기념공연을 두 단체가 각각 치렀다. 행사를 마치고 11월에 마산으로 낙향했다는 사실은 내면의 아픔을 시사한다.

어쩌면 지금쯤 그 누구도 기억하지 못했을 무용계의 '김해랑'이라는 이름은 최현과 정민이라는 제자가 무용계에 큰 족적이 되었기 때문에 오늘에 전해지게 되었을 것이다. 그만큼 그가 행한 일 중 가장 탁월한 선택은 최현과 정민을 길러낸 일이 아닐까 싶다. 이 둘의 능력을 일찍 간파하고 무용의 세계로 인도하여 거목이 될 수 있도록 길러 낸 일은 결과적으로 그의 생애를 다시 조망할 수 있는 오늘을 제공하고 있다고 여겨진다. 최현이 꼽는 김해랑의 문하생으로는 최현 자신을 포함, 정민(본명 정순모), 이필이李畢伊(1935~2009),[77] 한순옥韓筍玉(1932~),[78] 김행자, 정양자 등이라고 한다.[79] 하지만

---

74 『경향신문』 1956.12.24. 4면. 「新紀元 이룩한 努力. 「新舞踊」二十年을 맞은해. 趙東華」
75 김영희 외 4인, 앞의 책, 2014, 380쪽.
76 『동아일보』 1956.07.20. 4면. 「會長에 陳氏選任. 韓國舞踊家協會發足」
77 이필이(李畢伊, 1935~): 마산 출생. 아버지 이찬종과 어머니 구막이 사이에 3남 4녀 중 셋째다. 1949년 성지여학교 진학하고 당시 교사로 부임한 최승희의 제자 이미라에게서 무용에 입문했다. 무용의 길을 찾아 서울로 상경하여 김천흥 문하에서 포구락, 살풀이춤을 전수받았다. 1957년에 마산으로 내려가서

한순옥 자신은 최승희의 제자임을 분명하게 밝히고 있으며, 김해랑무용연구소에는 김해랑의 요청으로 1년 정도 연구소를 함께 운영하기 위해 갔던 강사라고 하였다.[80] 최현은 자신보다 3세가 어린 한순옥을 강사로 인정하지 않았거나 인식하지 못했던 것 같다.

정민은 '1955년에 일본으로 가서 오사카 호무라法村의 도모미友井발레단에서 발레리나 도모미 유키코友井由起子의 파트너로 활약하였고, 영국 로얄 발레 학교 교사 프라이 안쇼에게 고전발레를 사사하고 세계적인 무희 알리기산드 다니로브에게 돈키호테, 백조의 호수 등을 사사'하는 등 일본 발레리노와 안무가로 두각을 나타냈다. 1961년 일본 오사카에 '정민한국고전전통예술학원'을 개원하고 후진 양성과 공연을 양립하며 활동했다. 재일 한국무용인 협회 이사장, 해외 무용가 협회 이사장을 역임했다.[81] 일본에서 한국을 빛낸 무용가이자 안무가로 폭넓게 활동한 인물이다.

무용학원을 개설하였고, 김해랑에게 춤을 사사했다. 이후 최현과 이매방에게도 사사했다.

78 한순옥(韓筍玉, 1932~): 평양 출생. 한석권과 배정수의 1남 4녀중 셋째로 태어났다. 16세에 최승희무용연구소를 찾아가서 무용에 입문. 6·25전쟁으로 가족과 함께 피난을 내려왔다. 김해랑이 한순옥을 찾아와서 함께 활동할 것을 제의하였고, 이로 인해 최현과 함께 많은 공연을 하게 되었다. 춘향이 역에 한순옥, 이도령 역은 최현이 맡았다. 마산에서 1년 동안 활동하고, 부산으로 옮겨 학원을 운영하며 강습회를 여는 등 활동하였다. 예그린 악극단의 한국무용 주임, 국립무용단의 지도위원, 무용협회 부회장을 역임하였다. 리틀엔젤스를 13년 동안 지도하였다.

79 최현, 앞의 글, 1999.

80 유인화, 『춤과 그들』, 서울: 동아시아, 2008, 137쪽; 이송, 앞의 책, 2004, 107쪽.

81 정민, 창원시, 디지털창원문화대전, 창원향토문화백과.

최현의 현대기 신무용 완성

최현의 현대기 신무용 완성

〈화보 1〉 최현(崔賢)[1]

최현, 그는 우리춤의 명인이다. 1929년 12월 26일 태어나서 2002년 7월 8일 이승을 떠나갔다.[2] 73세로 떠나간 그의 생애에서 그가 우리 춤을 만난 때는 1946년 만17세 때였다. 최현의 본명은 최윤찬崔潤燦이다. 최현은 예명이고, 호는 석하夕荷, 학천鶴天, 삼원三圓, 운애雲崖가 있다. 이들 중 '夕荷'는 성경린이 지어준 호인데, 무용평론가 김영태는 최현에게는 '석하夕霞'가 더 어울린다고 했다.[3] 실은 제자들이 고인이 된 그를 기림에 있어 계속 사용해 온 호이기도 하다. 하지만 지난 15년 동안이나 '夕霞(석하)'로 표기해 온 것을 허행초 모임에서 바로 잡아 2017년 『무

---

1 원필녀(고 최현의 부인) 사진자료 제공. 이하의 사진도 모두 원필녀의 소장 자료임을 밝히며, 제공 관련 표기를 생략하기로 한다.
2 최현의 생애 관련 내용은 윤명화, 『崔賢의 예술생애와 작품 연구: 상호텍스트성(Intertextuality)을 중심으로』, 동덕여자대학교 박사학위논문, 2010을 기초로 서술되었다.
3 김동호, 「최현 선생님을 기리며」, 이태주·손기상 편집, 『무용가 최현 회고사진집』, 서울: 허행초 사람들의 모임, 2017, 142쪽.

용가 최현 회고 사진집』에서부터는 '夕荷'로 쓰기 시작했다.[4]

최현은 부친 최재용崔在龍과 모친 이말염李末念 사이에서 장남으로 부산에서 태어났다. 2남 5녀의 넷째이니, 누나가 셋이고 남동생 하나, 여동생이 두 명이었다. 10세까지는 인생의 무게가 남다를 것 없이 평탄할 수 있었다. 부친이 일본 상선회사 무역선 선장으로 일했으므로 오히려 남부럽지 않은 유복함을 누리며 성장할 수 있었다. 그런데 부친이 얼마간의 투병생활 끝에 1938년 7월 4일 작고하니, 이미 8세가 된 영선국민(초등)학교 입학 무렵부터 가세가 어려웠다. 결국 영선국민학교 4학년에 재학 중이던 최현은 학업을 계속할 수 없는 지경이 되었고, 소년 가장의 길로 들어섰다. 가혹한 운명의 어두운 터널 같은 고난의 길이 시작되었다.

최현은 12세에 생계를 잇기 위한 직업 전선에 나서야 했다. 처음엔 밤사이에 마을에 화재나 범죄가 없도록 살피고 지키는 야경꾼으로 시작하여, 철공회사의 심부름꾼, 양복 공장의 바느질공, 당구장의 보조원, 땔감으로 쓰는 나무짐꾼, 노동판의 일꾼 등등 닥치는 대로 일을 해야만 가족이 살아 갈 수 있었다. 이런 생활은 16세가 된 1944년까지 계속되었다. 최현은 이 해에 부산 동남쪽 적기만赤崎灣을 구축하는 공사에 동원 부역하게 되었다. 근로보국대에 수용된 것이다. 1920년대 중반부터 부산광역시 남구 우암동과 감만동에 해당하는 적기 지역에 만을 구축하는 공사가 있었는데, 최현은 1944년 보국대로 끌려가서 4개월간의 매축 노역에 동원되었다.

> 서면 밑에 맨땅에다 짚을 깔고 한 막사에서 50~60명이 있는 것이 숙소였다. 식생활은 콩깻묵이 전부였고 하루 종일 자갈 등을 등에 메고 바닷가를 메우는 고된 작업이었다.[5]

이 때 최윤찬 소년은 자신의 '노래잘하기'라는 타고난 재능을 발견했다. 누구에게도

---

4   이태주·손기상 편집, 위의 책, 2017, 9쪽.
5   김영희 조사, 「수려한 춤사위속의 孤高한 춤꾼 崔賢」, 『서울시립무용단 제12회 정기공연: 한국名舞展』 프로그램북, 서울: 세종문화회관 대강당, 1982.06.03.~04, 119쪽.

배운 적 없는 그의 노래 실력은 어느 사이 보국대 헌병대에 알려져서 하루 종일 노래만 부르게 되었다고 한다. 사실 최윤찬은 이 노래 실력으로 인해 일제치하 보국대에서부터 예술가의 길을 운명적으로 만나게 된다. 1945년 8월 15일의 해방 조국에서 그의 노래 실력은 인생전환의 큰 계기가 되었다.

보국대에서 만난 정민鄭珉[본명 정순모(鄭淳模), 1928~2006]과 함께 노래의 천재적 재능을 발견한 것은 예술의 길로 들어서는 출발점이 되었다. 1945년 해방 조국 가을의 어느 날 무지개악극단에서 주최하는 전국가요경연대회가 부산 봉래관에서 있었다. 여기에 참가한 정민(1등)과 최현(특등)은 나란히 수상을 차지하였다.[6] 둘은 무지개악극단 단원이 되어서 '악극도 배우고, 무대 예술에 관한 여러 가지를 배울 수 있었다. 또 옛 광대들도 만나면서 눈이 열리고 귀가 뚫리기 시작했다'[7]고 한다.

그런데 무지개악극단은 1년 만에 해체되었고, 최현은 지평선악극단, 동방가극단으로 자리를 옮겨가며 영남일대를 순회 공연하였다.[8] 그러던 1946년 어느 날 김해랑金海郞(1915~1969)이 한 가수를 따라서 최현과 정민이 소속된 지평선악극단에 들렀다.[9] 지방 순회공연 중인 가극단을 위해 김해랑은 자신의 창작품 헝가리무곡 5번 외 수곡을 안무하였다고 한다.[10] 이 때 김해랑과 친분 관계를 맺었는데, 그의 권유로 부산에 공연 온 전옥의 백조악극단으로 옮겨갈 계획을 세웠다. 하지만, 동방가극단 단장이 이를 미리 알아채고 부산 동아극장에서의 공연이 끝난 후 감금시킨 채 밀양공연을 떠났다고 한다. 최현은 밀양에서 단원들이 잠든 사이에 몰래 빠져 나와 탈출했지만, 이번에는 불량배들에게 잡혀서 삼량진으로 끌려갔다. 삼량진에서는 다행히 최현의 노래실력을 인정한 불량배들이 부산으로 보내주었고, 최현은 그 길로 백조악극단을 찾아 갔으나 이미 부산에서의 공연을 끝내고 떠난 후였다. 그래서 최현은 다시 김해랑을 찾

6   김영희 조사, 「수려한 춤사위속의 孤高한 춤꾼 崔賢」, 위의 글, 119쪽.
7   문애령, 『한국현대무용사의 인물들』, 서울: 눈빛, 2001, 273쪽.
8   마산국제춤축제위원회 엮음, 『우리춤의 사상가 崔賢』, 창원: 불휘미디어, 2012, 22쪽.
9   문애령, 앞의 책, 2001, 273쪽.
10 마산국제춤축제위원회 엮음, 『우리춤의 선각자 춤꾼 김해랑』, 창원: 불휘미디어, 2011, 88쪽.

아깄다고 한다.[11]

김해랑은 자신을 찾은 최현에게 '공부를 하여 훌륭한 예술가가 되어야 한다'고 근엄하게 충고하였다.[12] 하지만 최현은 부산에 계시는 어머님에 대한 생각으로 직장을 구하려 했다. 그러나 김해랑의 설득으로 다시 마산에 가서 정착한 채 춤에 정식 입문하게 되었다.

1. 근대의 도제식 교육

최현은 정민과 함께 1946년 5월 김해랑의 문하에 들어갔다. 도제식 학습의 시작으로 의식주는 물론 학비까지 모두 김해랑이 맡아주었다. 최현은 당시를 다음과 같이 회상했다.

모든 것을 다 선생님이 시켜 준 거예요. 학비 다 대주고 먹여주고 입혀주고, 46년 5월에 들어갔으니까. 그 때는 꾸지람 듣고 매 맞을 때는 괴로웠으나, 부산에서 고생하고 계시는 어머니를 생각하고 참았어요. 공부하고 있기가 죄송하더군요. 그래서 때로는 도망도 가고 다시 붙들려 가기도 하는 극적인 상황이 여러 번 있었어요. 그렇지만 끈질긴 스승의 제자 사랑하는 마음 덕에, 정상적인 교육과정을 거칠 수 있었어요. 선생이 아니었으면 제가 어떻게 됐겠는가, 인생의 바른 길잡이가 돼 주셨으니 스승은 위대하다고 생각하지요. 뭘 가르쳐서, 춤을 잘 춰서, 돈이 많고 그런 게 문제가 아니라, 길을 못 찾고 있는 한 사람의 젊은이에게 길을 열어주었다는 그 은혜는 죽을 때까지 잊을 수 없지요. 보답도 해야 되고요. 정순모와 함께…[13]

11 김영희 조사, 「수려한 춤사위속의 孤高한 춤꾼 崔賢」, 앞의 글, 120쪽.
12 문애령, 앞의 책, 2001, 274쪽; 김영희 조사, 「수려한 춤사위속의 孤高한 춤꾼 崔賢」, 위의 글, 120쪽.
13 문애령, 앞의 책, 2001, 274쪽.

최현은 가족들을 부산에 남겨둔 채 경제적으로 돌볼 수 없었던 장남으로서의 부담감이 적지 않았던 것 같다. 최현은 마산에서 1947년 3월부터 정순모와 함께 마산상업중학교에 입학하여, 이곳에서 중고등학교를 다니며, 무용의 기초를 닦았다. 여기에서 익힌 춤 솜씨로 정민은 1949년 제1회 영남예술제에서 금상을 수상했으며,[14] 최현은 1951년과 1952년의 제2, 3회 영남예술제 무용부 경연에서 당당히 수상을 했다.[15]

한편 '스승의 집에서는 장작패기나 청소 같은 허드렛일을 하며, 집안의 사소한 심부름까지도 해야 했다. 명절에도 집에 갈 수 없는 처지에다 꾸지람과 매질이 가해지는 상황까지도 감수해야 했다. 공연 외에는 바깥출입을 엄격히 통제 받으며 지냈다.'[17] 이에 불만이 쌓여 터질 때는 부산의 고향집을 향해 떠나려 했던 적도 수차례 있었다.[18]

〈화보 2〉 마산 김해랑무용연구소 함안 공연(1946)
김해랑(좌측), 정민(좌), 최현(우)[16]

그러나 그 때마다 스승 김해랑의 인생 선배로서의 바른 길 인도가 오늘의 최현을 만들었다.

최현은 김해랑의 후원으로 마산상업고등학교를 1953년에 졸업했다. 마산상업고등학교는 1921년 12월에 개교하여, 1947년 9월에 6년제 36학급의 마산상업중학교로 개명하였고, 1951년 마산상업고등학교와 마산동중학교로 분리 개편되었다.[19] 따라서 최현은 김해랑 문하에서 1947년 마산상업중학교에 입학하여 1950년에 4학년을 다니고 있었고, 1951년 9월의 학제 개편에 따라 바

---

14 이송, 『거장과의 대화: 예술가와 함께하는 짧은 여행』, 서울: 도서출판 운선, 2004, 65쪽.
15 마산국제춤축제위원회 엮음, 앞의 책, 2012, 38~39쪽.
16 마산국제춤축제위원회 엮음, 앞의 책, 2011, 13쪽.
17 이송, 앞의 책, 2004, 64쪽.
18 마산국제춤축제위원회 엮음, 앞의 책, 2012, 25쪽.
19 마산상업고등학교(용마고등학교) 검색. (한국민족문화대백과사전 〈http://encykorea.aks.ac.kr〉)

로 고등학교 과정으로 편입되어 1953년 3월 21일에 졸업하였다.[20] 학교과정은 야간반에 속했고, 전쟁의 혼란기라서 제대로 된 출석 수업이 이루어지지 않았다고 한다.[21] 하지만 담임 이두현李杜鉉(1924~2013)과의 숙명적 만남으로 인해 교내 연극부장으로 활동하였고, 나중에는 민속학자 이두현을 통해 탈춤의 세계를 접하는 중요한 계기가 마련되었다.

6·25전쟁의 발발은 많은 예술 인재들을 한반도 남쪽 부산 일대로 모여 들게 했다. 김해랑의 집은 전국의 무용가와 문화예술가들의 사랑방처럼 열려 있었고, 이를 계기로 김해랑은 자신의 무용공연활동을 적극 전개했다. 마산 갑부 김해랑은 1950년 가을에 부산극장에서 무용극 〈아리랑〉을 공연했다. 1952년 1월에는 〈견우직녀〉, 1952년 12월에는 〈춘향전〉과 〈황창랑〉을, 1953년 5월에는 〈단심丹心의 곡〉을 부산극장, 삼일극장, 중앙극장, 영남극장 등 부산의 여러 극장에서 상연했다.[22] 최현과 정민은 이들 무용극 공연에 참여하면서 예술적 소양을 쌓아 나갔다. 최현은 당시 학생신분이었지만 김해랑의 발표무대에는 빠지지 않고 출연했으며, 한국 전쟁 때는 육해공군의 위문단에서도 활동했다.[23]

김해랑 문하에서의 최현 활동 중 무용 외에 빼놓을 수 없는 것은 영화배우를 시작한 것이다. 1951년, 김재우(김해랑의 본명)가 원안을 내고, 신경균 감독이 제작한 영화 〈삼천만의 꽃다발〉에 최현이 주인공으로 데뷔했던 것이다.

당시 고등학생이었던 최현의 파격적인 발탁은 6·25 동란 속에서 영화인들이 대거 마산으로 피난 왔던 것이 하나의 계기로 작용했고, 스승 김해랑의 적극적인 추천이 있었기 때문에 가능했다. …… 이 영화의 원안을 김해랑이 직접 썼고, 김해랑무용연구소가 영화에 특별출연을 한 사실을 감안하면 충분히 납득할 수 있다.[24]

---

20 마산국제춤축제위원회 엮음, 앞의 책, 2012, 32쪽.
21 최강석, 「영화배우로서의 최현」, 마산국제춤축제위원회 엮음, 앞의 책, 2012, 45쪽.
22 안제승, 『한국신무용사』, 서울: 승리문화사, 1984, 54쪽.
23 마산국제춤축제위원회 엮음, 앞의 책, 2012, 32쪽.

영화는 복혜숙 선생이 어머니 역할을 하고 제가 주연하고… 1950년에 〈삼천만의 꽃다발〉

이라는 영화가 내 데뷔작이에요. 마산이라는 도시가 소도시죠, 선생한테 가서 공연을 참 많이

했어요. 철마다 공연하고 학교 가서는 연극도 하고, 졸업할 때는 연극부장도 했어요. 노래

부르지, 춤추지, 우리 선생님이 마산의 명사니까, 마산 사회에서는 제가 알려진 것이죠. ……

그 때 민주영화사에 있던 신경균이라는 감독이 마산서 영화를 하나 하자, 제작자가 돈도 없는

데 해서 고생이 많았지요. 마산서는 그거 하나로 끝났고, 53년에 대학을 합격해서 서울 올라

와서 다시 영화를 한 것이죠.[25]

〈삼천만의 꽃다발〉은 '제2육군병원이 기획하고, 신경균 감독이 8개월에 걸쳐 국립
마산결핵병원의 협조로 촬영한 35㎜ 흑백 영화이다. 김해랑무용연구소 팀이 특별 출
연하였다. 최현, 황여희, 복혜숙, 정백연, 정진업, 김수돈, 김규숙, 박영 등이 출연하였
다. 1951년 10월 15일 부민관에서 개봉하였다.'[26] 줄거리는 6 · 25 전선에서 부상한 이
건영(최현 분)이 육군병원에 입원하고, 간호장교 혜영(황여희 분)이 실명한 건영을 헌신
으로 간호하던 중 애정이 싹트게 된다. 이 무렵 건영의 어머니(복혜숙 분)가 면회를 와
서 자신의 한 쪽 눈을 아들을 위해 이식해 주어서 건영은 광명을 찾게 되었다. 그로
써 두 사람이 애정의 결실을 약속했다는 내용이다.

김해랑은 6 · 25전쟁 동안 마산 갑부로서 모두가 삶의 위기 속에 위축되어 있던 때
에 무용공연 활동을 활발히 펼쳤다. 게다가 영화에까지 참여하는 열정을 보였던 것이
다. 이런 모든 활동은 경제적 뒷받침 없이는 이루어 질 수 없는 일이었기에, 점점 그
의 재산이 줄어드는 것은 누구나 예견할 수 있는 일이었다.

고등학교 졸업을 하기 전에는 선생님이 다 도와주셨지만, 그 때는 점점 있는 재산이 줄어

---

24   최강석, 앞의 논문, 2012, 45쪽.
25   문애령, 앞의 책, 2001, 275쪽.
26   삼천만의 꽃다발 검색, (한국향토문화전자대전 〈http://www.grandculture.net/ko/Contents/Index〉)

들고 있었어요. 그 집에는 아무도 돈 버는 사람이 없었으니까. 계속 쓰고만 있었단 말이지요. 우리 둘 객식구까지 교육시키기가 어려웠겠지요. 자기 아들·딸도 있었으니까. 누나 모시고 있고 조카들 교육시키고 그러니 가산을 탕진할 수밖에 없었어요.[27]

최현이 본 스승 김해랑의 경제적 상황은 수입 없이 소비에 치중되어 있었기에, 바닥으로 곤두박질치고 있었다. 뿐만 아니라 전쟁 중에 관객도 없이 공연했던[28] 무용극 〈아리랑〉으로부터 〈단심의 곡〉까지가 실질적인 경제적 실추의 근본 원인이었을 것이다. 전란으로 모든 사람이 어려운 시절에 어쩌면 김해랑의 무용극 공연은 낭만적 무용예술의 수호자이자 계승자 역할을 자처 했을지 모른다. 그러나 개인적으로는 무모한 소비활동으로 인해 종국에는 '끼니마저 잇지 못하는 그를 위해 문하생들은 찬거리를 가져오기도 하며 수발을 들었으나 어렵고 힘들기는 마찬가지였다'[29]는 지경에 이르렀다.

이렇게 최현은 1946년 5월에 김해랑의 문하로 들어가서 중학교와 고등학교의 정규 학습과정을 거칠 수 있었다. '야간에는 학교를 다녔고, 낮에는 스승 김해랑의 집에서 스승과 스승이 집으로 초대한 명사들에게 춤을 사사받았다.'[30] 그리고 이두현을 통해 연극을 알게 되었고, 영화 〈삼천만의 꽃다발〉의 주연이 되었다.

1951년 당시 마산상업고등학교 시절엔 연극부장을 하면서 담임선생님인 이두현의 도움으로 수많은 번역극과 창작극을 하면서 각 분야의 예술가들과 친분 관계가 두터웠다. 1952년 그는 음악, 춤, 연극에 뛰어난 재질을 인정받아 신경균 감독에게 출연 교섭을 받아 복혜숙, 황여의와 함께 김찬영 촬영기사 등과 같이 주연으로 처음 데뷔하였다. 극영화 〈삼천만의 꽃다발〉이 그것이다.[31]

---

27   문애령, 앞의 책, 2001, 275쪽.
28   안제승, 앞의 책, 1984, 54쪽.
29   김소영, 「민족 울분 춤사위로 엮은 한평생」, 마산국제춤축제위원회 엮음, 앞의 책, 2011, 99쪽.
30   최강석, 앞의 논문, 2012, 45쪽.

최현은 김해랑의 도제교육 체계 안에서 살았고, 6·25전쟁은 보다 다양한 예술과
예술인들을 만나는 인맥구축의 기회를 제공한 운명적 출발점이 되었다.

2. 스승 김해랑과 최현의 서울행

최현은 마산상업고등학교를 1953년 3월 21일 졸업하고는 마산에서 유명한 이화여
대 교수에게 성악 레슨을 받으며 오페라 연출가의 꿈을 갖고 서울음대에 지원하려 했
다. 그러나 스승 김해랑의 반대로 실현시키지 못하고, 또 서울 미대 지원도 생각했지
만 결국에는 사범대학으로 지원하게 되었다. 대학 지원 동기 중 전쟁 상황은 그 무엇
보다 최현에게 중요한 환경적 요인이 되었다.

그 때 낙동강 전투[32]가 막바지라 나도 징용검사 받는다고 열한 번쯤은 끌려갔을 거에요.
그 때마다 학생이라고 보류가 되고, 그런데 서울사범대학만은 졸업할 때까지 징병이 연기됐
어요. 교육인재를 길러내야 되기 때문에… 근데 뭐 돈이 있어야 올라오지요. 학비가 없으니
까 아르바이트도 하고……

군대를 가야하는데 십년동안 공부했던 게 너무 억울했어요. 그래서 같은 국립대학이니까
부산대학에 편입했어요. 국문과에 편입해서 연극도 하면서 일 년간 부산에서 학점 받아서
서울 사대로 올라왔어요. 그렇게 제 서울 생활이 1954년부터 시작되었어요.[33]

---

31 김영희 조사, 「수려한 춤사위속의 孤高한 춤꾼 崔賢」, 앞의 글, 1982, 121쪽.
32 낙동강전투: 낙동강방어선전투. 국군과 유엔군이 1950년 8월, 9월 낙동강 부근 방어선에서 북한군의 공
    격을 방어한 전투이다. 국군과 유엔군은 북한군의 집중 공격을 받은 마산·대구·경주 축선을 고수하여
    국토의 약 10%에 불과한 부산교두보를 간신히 확보하였다. 가장 위기의 순간에 유엔의 집단안보체제에
    따라 편성된 유엔군이 한국군과 함께 방어함으로써 세계 공산주의의 위협을 성공적으로 저지할 수 있었
    던 전투로 자유민주주의 국가의 일대 반격작전이 되었다. (한국민족문화대백과사전 〈http://encykorea.
    aks.ac.kr〉)
33 문애령, 앞의 책, 2001, 276쪽.

졸업 후 최현은 서울사범대학에 지원하여 합격했으나 학비 문제를 해결할 수 없어서 아르바이트를 하며, 부산대학교에서 편입생으로 1년 동안 학점을 이수한 후, 1954년에야 서울사범대학으로 옮겨 다닐 수 있게 되었다. 스승 김해랑은 1953년에 이미 서울로 근거지를 옮겼고, 최현은 학비 문제를 해결하기 위해 부산에서 1년 동안 아르바이트와 학업을 병행하며 생활했다. 부산대학교에서도 연극반에 들어 한재수 연출로 〈햄릿〉을 공부하면서 연극에 남다른 정열을 쏟았던 시기이다. 오필리아의 오빠역할을 담당했다고 한다.[34]

1953년 7월 27일 6·25전쟁의 휴전협정이 체결되자 피난지로 떠났던 무용가들은 물론 여러 예술가들 역시 서울로 속속 복귀하였다. 이 때 김해랑도 고향 마산을 떠나서 서울로 터전을 옮겨왔다. 그리고 그해 12월에 한국무용예술인협회를 결성하고 초대 이사장으로 취임하였다. 따라서 최현이 1954년 서울대학교 사범대학 체육교육전공으로 서울에 입성했을 때는 이미 스승 김해랑이 한국무용예술인협회 이사장으로서 활동 근거지를 마련해 두고 기다린 셈이 되었다. 현재의 한국무용협회 전신인 한국무용예술인협회는 전쟁을 치르고 서울로 복귀한 무용가들을 규합하여 상호 친목과 무용예술가들의 이익을 대변하기 위해 결성된 단체였다. 이사장 김해랑과 함께 이사에는 김민자, 진수방, 김백봉, 송범이 협회의 주축이 되었다.[35]

조선무용예술협회 이념을 계승한 한국무용예술인협회에서는 1954년 9월 해방 9주년 기념과 협회 창립 자축을 겸하여 광복9주년기념 무용발표회를 가졌다. 시공관에서 협회의 전 구성원이 참여하는 '종합무용제'로 개최하였다. 이 공연에 대해 조동화는 다음과 같이 평가했다.

8·15기념공연에서 현역 무용가가 총동원되어 경연된 것은 우리 무용계에 좋은 표준을

---

34 김영희 조사, 「수려한 춤사위속의 孤高한 춤꾼 崔賢」, 앞의 글, 1982, 121쪽.
35 『경향신문』1953.12.11. 1면. 「人事」▲金海郎氏(韓國舞踊藝術人協會理事長) ▲金敏子氏(同理事) ▲陳壽芳氏(同理事) ▲金白峰氏(同理事) ▲宋范氏(同理事) 協會結成人事次來社.

만들 기회를 주었다. 첫째 확실한 신구인新舊人의 교체, 둘째로 민속무용의 절망적인 패지敗地, 셋째로 전체 기교技巧 아성亞性 등을 발견한 것이다.[36]

이 공연은 전쟁을 끝낸 무용계가 서울에서 보여준 단합대회 양식이 되었을 것이다. 그런데 여기에서 주목되는 것은 일본에서 활약했던 해외파 임성남의 〈장미의 정〉이 발레의 진미를 보여주었던[37] 반면, 민속무용으로 기술한 한국 신무용은 '절망적 패지'라 고 일컬을 정도의 모습이라는 평이다. 또 '이번 발표회는 당시의 무용가는 한 사람도 참가하지 않고 전혀 새로운 사람으로 이에 대치된 사실'이 눈에 띄는 사건이라고 했다.

이번 발표회는 8년 전 '조선예술무용협회'의 창립공연 이래 처음 보는 동원과 자기 과시의 긴장과 박력 있는 공연이었다. 특히 이번 공연은 지난번 결성된 '한국예술인협회'의 주최일 때 더욱 그 취지나 성격까지 흡사한 것이 있어 감개무량하였다. 다만 이번 발표회는 당시의 무용가는 한 사람도 참가하지 않고 전혀 새로운 사람으로 이에 대치된 사실 등, 주목 이상 사조적인 변천 같은 것으로 볼 때 더 큰 의의가 있는 것이 아닐까 한다. …… 각자 자신 있는 작품으로 경연된 것은 침체하던 것처럼 보이던 무용계에 새로운 계기를 가져온 것도 기대하기 때문이다.[38]

전쟁의 상흔을 딛고 떨쳐 일어선 신예의 젊은 무용가들이 각자의 전공 작품으로 공 연에 참여하였다. 그래서 전체적으로는 경연 형식이 되어버린 상황을 짐작할 수 있 다. 이때의 프로그램을 실증할 수는 없지만, 아마도 김해랑은 이 공연에 최현과 정민 이 출연하는 〈독서〉를 올리지 않았나 싶다. 최현은 '서울에 올라와서는 〈독서〉라는 거, 시공관에서 공연했다'고 했다.[39] 〈독서〉는 1948년에 김해랑이 안무하고 최현과 정

---

36   『경향신문』 1954.12.19. 4면. 「舞踊: 新舊人의交替 古典舞踊의 藝術的昇華. 趙東華」
37   안제승, 앞의 책, 1984, 57쪽.
38   강이문, 『한국무용문화와 전통: 강이문춤비평론집1』, 민족미학연구소, 2001, 243쪽(『서울신문』 1954. 09.05.의 신문평 재인용).

민이 초연한 작품이라고 한다.[40] 김해랑 작품연보에는 1945년에 창작한 것[41]으로 기록되어 있기도 하다. 서당에서 생도들이 글을 읽다가 스승이 자리를 비운 틈에 신바람 나게 놀다가 스승이 돌아온다는 소식에 얼른 제자리로 돌아가서 공부하는 척하는 코믹한 이야기 춤이다. 옛 서당 풍경을 무용화하여 현대의 교실을 상상하게 하는 작품이다.

1955년 8월 11일과 12일 시공관에서는 한국무용예술인협회 제2회 합동무용공연이 있었다. 최현은 이 공연 중 제1부에서 〈사랑(춘향전 중에서)〉, 제2부에서는 〈노몽老夢〉에 출연하였다.[42] 〈사랑〉은 한순옥과 듀엣으로 출연했는데, 이 작품은 〈춘향전〉을 각색한 것이다. 〈노몽〉은 '노인의 꿈을 다룬 것으로 여겨지며, 〈허행초〉의 전신이 된 작품'으로 추정된다고 했다.[43] 이 해에 최현은 서울대학교 사범대학 체육교육과 학생이면서 혜화동에 최윤찬무용연구소를 개설하였다.

1956년 8월 13일부터 17일까지 5일간 시립극장에서는 8·15 광복 11주년 기념과 정·부통령 취임축하의 합동무용제가 개최되었다. 이번의 최현은 김문숙과 〈사랑〉에 듀엣으로 출연했으며,[44] 제1부 소품집 편에 참여했다. 이 공연은 3부로 나뉘어 아래와 같은 프로그램으로 진행되었다.

▲제1부＝소품집小品集

▲제2부＝모던바레― 모윤숙毛允淑 시 〈렌의 애가哀歌〉

▲제3부＝무용극舞踊劇 김광섭金珖燮 시 〈새하늘〉[45]

39　문애령, 앞의 책, 2001, 285쪽. 〈독서〉의 다른 이름은 '책방도령'이라고 한다. 김영희 조사, 앞의 글, 1982, 120쪽에 의하면 1955년에 공연하였다고 하나, 강이문, 앞의 책, 2001, 246쪽을 통해 〈독서〉는 1954년에 공연한 것으로 여겨진다.

40　최현우리춤원 주최, 『최현선생 15주기 추모공연: 崔賢춤展2017』 프로그램, 국립극장 달오름, 2017. 06.28.·30. 중에서.

41　마산국제춤축제위원회 엮음, 앞의 책, 2011, 41쪽.

42　강이문, 앞의 책, 2001, 246쪽.

43　윤명화, 앞의 논문, 2010, 30쪽.

44　윤명화, 앞의 논문, 2010, 30쪽.

45　『경향신문』 1956.08.13. 4면. 「文總서 八一五記念 合同舞踊祭開催」

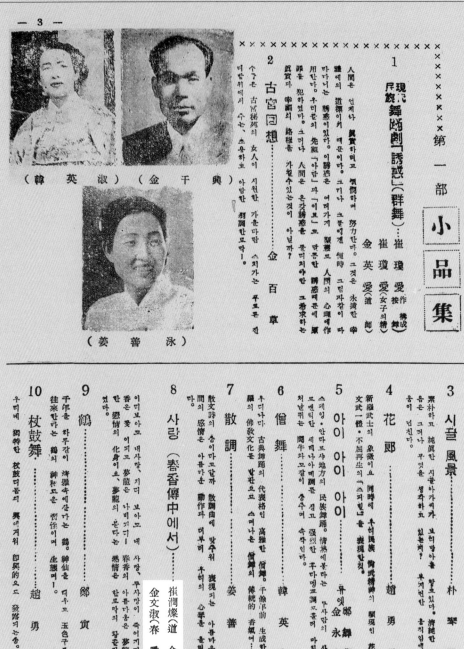

즉 최현은 서울에 올라온 1954년부터 1956년까지 3회의 광복절기념 합동무용제에 모두 출연했는데, 당시 이사장인 김해랑의 작품에 무용수로 참가했던 것이다. 〈사랑〉은 김해랑의 〈춘향전〉 중 소품에 해당하므로 최현 자신의 '안무'로 볼 수 없다.[46] 솔로로 공연한 〈노봉〉 역시 김해랑의 작품 중에서 소품을 발표한 것이라고 여겨진다. 최현은 김해랑무용연구소의 제1기 연구생 자격으로 이들 공연에 참가하였기에, 당시 한국무용예술인협회에서 김해랑과 동등 자격으로 활동한 젊은 이사들에 비해 회원정도의 낮은 자격이 부여된 듯싶다.

1929년생인 최현이 동갑인 임성남의 성공에 가려진 이유가 여기에 있었던 것으로 여겨진다. 또 그밖의 진수방(1921년생), 조용자(1924년생), 강선영(1925년생), 송범(1926년생), 김백봉(1927년생), 한순옥(1932년생), 권려성(1932년생) 등의 승승장구에 미치지 못했던 이유가 여기에 있었을 것으로 짐작된다. 결과적으로 이 때 최현의 무용 활동은 스승 김해랑의 그늘 속에 머물러 있던 시기였기 때문이다.

그런데 한국무용예술인협회는 1956년 7월을 기점으로 한국무용가협회와 둘로 나뉘게 된다. 문제의 발단은 임성남발레단의 창단공연이 1956년 6월 15일~17일까지 있었는데, 이때까지 기존 무용단 혹은 다른 연구소에 소속되어 있던 연구생들이 유력한 선생을 따라 철새처럼 이적하여 해당 공연에 참가한 것이 문제가 되었다. 도의적道義的인 옳고 그름의 논란이 시작되었다. 또 이사회에서는 김해랑 회장의 실언이 가중되어 이사회가 흥분의 도가니로 치달았고, 끝내는 김백봉, 송범, 임성남 등이 자리를 박차고 퇴장하는 사태에 이르렀다. 게다가 이 틈을 이용하여 정관 개정을 서둘러 최고위원에 김해랑, 김민자, 진수방, 조용자를 선출하고, 분과위원장에는 강선영·김천흥(고전무용분과), 김윤학(민족무용분과), 이인범·조광(발레분과), 송범·김백초(현대무용분과)를 선임했다.[47] 그리고 이후 송범과 진수방마저 불복하여 탈퇴를 선언했고, 결국 7월 18일에 탈퇴한 무용인들이 새로운 협의체를 결성함으로써 한국무용가협회가 탄생하였

---

46   마산국제춤축제위원회 엮음, 앞의 책, 2012, 250쪽.
47   『동아일보』 1956.07.21. 4면. 「『舞協』任員改選」

다. 이 같은 협회의 분규로 광복 11주년 합동무용제는 '인재고갈과 협력체제의 미흡에다 연습부족까지 겹쳐서 졸연拙演이 되고 말았다'는 평가가 있었다.[48]

최현은 이 공연에서 〈사랑〉이라는 소품으로 김문숙과 함께 출연했으며, 김해랑은 이 공연 이후 11월에는 서울 생활을 접고 마산에 다시 김해랑무용연구소를 개설하여 지역사회 무용예술 활동에 기여하게 되었다. 호기롭게 서울로 입성한 김해랑의 서울 활동은 4년 만에 스스로 물러나게 된 아픔이 따랐다. 그러나 제자 최현에게는 서울 무용계 일원으로서 활동할 근거와 발판을 마련해 준 셈이 되었다.

정민은 1955년 일본으로 돌아갔다. 본래 가족들이 모두 일본에 있었지만, 정민은 한국에서 머물며 무용 활동을 계속했었다. 특히 최현과 함께 8년간 김해랑의 문하에서 사숙하며 무용을 익힌 후, 서울 종로에 정민무용연구소를 개설했었다. 그러나 전쟁 후 경제상황이 좋지 않았으므로 예술활동을 위해 일본으로 가서 정착하게 되었다고 한다.

일본에서는 발레단에 입단해서 활동하였고, 가극 〈칼멘〉의 주역으로 출연하는 등 활발한 활동을 이어갔다. 1965년에는 전통예술원에서 후진을 양성하고 공연했으며, 재일 한국 무용인 협회 이사장, 해외 무용가 협회 이사장을 역임하였다.[49] 어쩌면, 정민도 또래인 임성남에 대한 평론의 대대적인 칭찬에 경도되어 발레를 전공하고자 다시 일본으로 떠났을지 모른다.

이상으로 볼 때, 최현의 1956년까지의 무용 활동은 김해랑의 활동에 참여하거나 보조하는 수동적인 것이었다고 할 수 있다. 최현이 자체 작성한 활동 연보에도 1954년부터 1956년까지의 광복절행사 참여에 대한 사항은 기록되지 않았다.[50] 최현 스스로도 김해랑의 안무 활동과 자신의 독립 무용 활동을 분명하게 구분하려는 의도를 갖고 있었기 때문이라고 여겨진다.

---

48 안제승, 앞의 책, 1984, 62~63쪽.
49 정민(鄭珉) 검색. (한국 향토문화 전자대전 〈http://www.grandculture.net/ko/Contents/Index〉); 이송, 앞의 책, 2004, 66쪽.
50 최윤찬, 앞의 논문, 2002, 42쪽(부록Ⅱ. 활동연보).

3. 최현의 독립과 영화배우 활동

최현은 춤 벗 정민이 일본으로 떠나가고 없는 서울에서 1956년 이병일 감독이 '맹진사댁 경사'를 영화로 제작한 〈시집가는 날〉에 주연으로 출연하게 되었다. '김문숙이 영화출연 교섭을 해 왕십리영화촬영소에서 카메라 테스트'를 거쳤다.[51] 최현은 60여 명 중에 선발되었으며, 이 작품은 영화배우로서 성공을 안겨주었다. 이 영화와 함께 본명 최윤찬에서 예명 최현을 사용하기 시작했다.[52] 1957년 동남아반공연맹 주최 홍콩 등지의 순회공연을 다녀왔는데, '돌아온 그에게 때 아닌 영화계에서 출연 교섭이 왔다.' 그리고 '58년도에는 영화출연이 너무 잦아서 혜화동 연구소를 폐쇄하였다.'[53] 1962년까지 최현이 출연한 영화작품은 다음의 표와 같이 11편이 발견된다고 한다. 이 표는 최광석의 연구로 작성된 것이다.[54]

〈표 1〉 최현이 출연한 영화 작품 목록

영화제목	감독 출품연도	내용	배역	흥행 성적	특기 사항
삼천만의 꽃다발	신경균 1951.10	전쟁중 남녀의 헌신적 사랑과 모성애를 부각시킨 통속물	주연	성공	마산을 배경으로 마산 문예인들의 적극적인 협조와 참여로 완성됨
혈로	신경균 1954.06	6·25전투를 다룬 반공 군사물	조연		
시집가는 날	이병일 1956.11	권선징악을 다룬 고전	주연	대성공	제4회 아시아 영화제 희극부문 특별상 수상 제8회 백림영화제 출품 제6회 시드니영화제 출품

---

51 김영희 조사, 앞의 글, 1982, 122쪽.
52 윤명화, 앞의 논문, 2010, 209쪽.
53 김영희 조사, 앞의 글, 1982, 122쪽. 최현의 무용 교육경력 이력서에 의하면, 최윤찬무용연구소는 1955년 7월에 개소하였다.
54 최광석, 「영화배우로서의 최현」, 앞의 책, 2012, 46쪽.

영화제목	감독 출품연도	내용	배역	흥행 성적	특기 사항
어느 여대생의 고백	신상옥 1958.07	당시 시대의 약자인 여성의 인권을 주창함	조연	성공	
춘향전	안종화 1958.10	고전 소설을 영화로 만든 고 전극	주연		<춘향전> 최초로 총천연색으 로 제작한 작품
자유결혼	이병일 1958.10	남녀간의 자유로운 연애결 혼을 찬양함.	조연		제5회 아시아 영화제 소년특 별 연기상 수상(박광수)
애모(愛慕)	신경균 1959.01	기생의 삶을 다룬 통속물	조연	양호	
불멸의 성좌	유진식 1959.09	시나리오 작가를 내세운 예 술가 영화	주연		
독립협회와 이승만	신상옥 1959.12	이승만 대통령의 청년기 독 립운동사를 다룸	조연		제작자인 임화수의 강요에 의 해 당시 영화인들이 대거 출 연함
저 언덕을 넘어서	박성복 1960.01	형제애를 다룬 통속극	조연		
성웅 이순신	유현목 1962.04	이순신의 전기를 영화로 만 들어 애국심을 고취한 전기 시대물	조연		

위와 같은 최현의 영화배우로서의 활동은 1962년까지를 살필 수 있지만, 자신의 마음속에서는 1966년에야 영화를 접고 무용에 전력한 것으로 꼽고 있다.

가만히 생각하니까 '이게 바람직하지 못하다' 제가 배우로서 모든 조건을 갖추었는가 회의가 들었어요. 또 그때만 해도 어려울 때였어요. 주연해 봤자 주는 출연료라는 게 형편없었어요. 배우라는 게 옷값도 많이 들어가고 그러니까 안 되겠더라고요. 이것도 아니고 저것도 아니고 해서 본 자세로 돌아가는 것이 선생님에 대한 예의라고 생각해서 무용으로 되돌아섰지요.[55]

55 문애령, 앞의 책, 2001, 278쪽.

〈화보 4〉 〈시집가는 날〉(1956)　　　〈화보 5〉 〈자유결혼〉(1958)　　　〈화보 6〉 〈춘향전〉(1958)

　　영화배우로서의 삶을 그렇게 1966년에 접었고, 최현은 이후 무용가로서의 길에 돌입하였다. 〈표 1〉에서 보는 바와 같이 적어도 1962년까지는 영화 출연에 집중했던 시기였다. 1956년 말, 스승 김해랑 마저 마산으로 떠났고, 서울에서 홀로 대학생활을 해야 하는 최윤찬은 학비 마련을 위해 연구소 밖 아르바이트를 전전해야 했다. 영화배우를 하면서 한편으로는 서울대학교 사범대 학생들을 위한 무용교양강좌 강사와 서울음대 강사 등의 일을 겸직 했다.[56] 이로부터 약 10여 년 동안은 궁중정재에서부터 민속무용 각반에 이르기까지 학습하였고, 이 일은 차후 무용 생활의 중요한 기반이 되었다.[57] 대학은 1959년에 졸업했다.

56　문애령, 위의 책, 2001, 276쪽.
57　윤명화, 앞의 논문, 2010, 209쪽.

그러므로 1951년 김해랑에 의해 시작된 영화배우로서의 작품 활동은 1962년까지 계속되었으며, 당시의 최현이 33세가 되기까지 12년 삶 동안의 주력 업무였다고 할 수 있다. 이후 1963년 봄부터는 국립무용단의 공연 활동에 봄·가을로 참여하기 시작했고, 1965년부터 1994년까지는 서울예술고등학교에서 무용 꿈나무들을 길러내는 것을 주 업무로 삼았다.

4. 국립무용단과 최현의 춤

최현은 1963년부터 1966년까지 국립무용단에서 안무자의 전공 성향에 따라 한국무용, 현대무용, 발레 등 전방위 무용수로서 출연하였다. 1970년대 초기부터는 지도위원으로 안무 활동에 참여했으며, 때로는 직접 출연도 하였다. 그리고 마침내 1995년 서울예술고등학교의 교직에서 정년퇴임과 맞물려서 국립무용단의 예술단장겸 예술감독으로 1월에 취임하였다. 그러나 1년도 채 못 되어서 단원과의 불화와 투서 사건으로 9월 5일에 사표를 냈다.[58] 이후 개인 활동을 주로 하다가 2000년의 국립무용단 정기공연 '사인사색, 나흘간의 이야기'에서 〈군자무〉를 다시 올린 바 있다.

국립극장 소속 국립무용단은 1962년 2월 6일 중앙공보관에서 오후 2시에 임성남을 단장으로 결단식을 가졌다.[59] 부단장에는 송범, 단원은 모두 13명으로 1년에 최소 2~3회의 그랜드 발레, 무용공연을 가질 계획으로 출범하였다.

◇ 국립무용단 (13명)
단장 = 임성남
부단장 = 송범

---

58 『한겨레신문』 1995.09.07. 15면.「국악원무용감독·국립무용단장 사표」
59 『동아일보』 1962.02.06. 3면.「알림」

단원 = 진수방, 김백봉, 강선영, 정인방, 조용자, 권려성, 주리, 이인범, 이월영李月影, 김진
    걸, 김문숙[60]

이 때 김백봉은 무용단 결성의 원활한 추진을
위해 일단 가입하되 3월 21일의 개관 공연만 마
치면 바로 사퇴하겠다는 사전 약속 하에 단원이
되었던 것이므로, 22일 사퇴하였다고 한다.[61] 따
라서 실제 창단 멤버는 12명이었다고 한다. 이렇
게 한국 무용창작 집단으로서의 국립무용단은 당
시 서울에 연구소를 가지고 있는 무용가 13인이
모여 창단 발기한 단체였다. 정부의 재원지원으
로 안무비, 출연비, 작곡비 등을 지급받는 정도의
단체 활동이 가능했었다.[62]

국립극장 개관예술제에 국립무용단은 3월 31일
부터 4월 4일까지 공연했으며,[63] 발표할 작품은
임성남 안무의 〈백白의 환상〉(쇼팽 곡)과 〈쌍곡선

〈화보 7〉『경향신문』 1962.03.28. 2면.
국립무용단 제1회 공연 광고

雙曲線〉(거슈인 곡)을, 송범 안무의 〈영靈은 살아있다〉(김종진 곡)를 상연하기로 했다. 쇼
팽 협주곡의 〈백의 환상〉은 순수 클라식 발레이고, 〈영은 살아있다〉는 한국무용과 현
대무용을 믹스한 그랜드 발레다.[64] 임성남발레단과 송범코리아발레단이 KBS교향악단
(홍연택 지휘)의 연주로 공연했다.[65] 김문숙, 권려성, 김진걸, 이월영, 주리가 이 공연에
참여한 것으로 홍보되었다.[66]

60 『동아일보』 1962.02.05. 4면. 「6일에 結團式 國立오페라단·國立舞踊團」
61 안제승, 앞의 책, 1984, 81쪽.
62 서연호, 『김백봉: 신무용의 르네상스를 이루다』, 서울: 도서출판 월인, 2014(A), 119쪽.
63 『경향신문』 1962.03.21. 4면. 「새단장 끝내고: 華麗한 開館 「프로」마련 國立劇場 21일밤에 첫공연」
64 『동아일보』 1962.02.23. 4면. 「公演作品을 決定 =國立舞踊團=」
65 안제승, 앞의 책, 1984, 81쪽.

이때의 송범과 임성남은 발레와 현대무용 장르를 넘나들고 있었다. 따라서 최현은 이들이 발표하는 발레와 현대무용공연에 장르 구분 없이 무용수로서 출연했다. 국립무용단과 최현의 춤 인연을 한 눈으로 볼 수 있도록 표로 제시해 본다. 이 표는 최윤찬(최현)의 석사학위 논문에 제시된 부록Ⅱ의 활동연보[67]와 윤명화의 박사학위논문의 부록Ⅰ의 최현 연보[68]에서 국립무용단과 인연된 내용을 뽑아 정리한 것이다.

〈표 2〉 국립무용단에서의 최현 활동

제 회	공연 일자	작품 이름	안무자	최현 배역	비고
제2회	1963.03.13.~17.	사신(死神)의 독백(獨白)	임성남	하데스	고원(高遠) 시/ 최일수(崔一秀) 구성
제3회	1963.10.23.~27.	산제(山祭)	강선영	진(주역)	원작 모윤숙
제4회	1964.06.20.·24.	허도령	임성남	허도령(주역)	연출,안무 임성남/ 작곡 장일남
제5회	1965.03.10.~14.	배신(背信)	김진걸	사도	구성 송범
제8회	1966.10.12.~16.	심산유곡(深山幽谷)	송범	선비(주역)	구성 송범
일본엑스포70	1970.05.17.~19.	연연(戀戀: 춘향과 이도령 이야기), 무도(巫圖), 희화(戱畵: 가면극)	최현	이도령 등	엑스포70 한국민속예술단 참가(레퍼토리 13종 중 3)
해외순회공연	1970.11.24.~12.19.	결혼날(①달과 여인 ②사랑 ③청사초롱 ④결혼날), 연가(춘향과 이도령)	최현	*	제6회아시아경기 대회(태국 방콕)
유럽 및 아프리카순회	1971.09.15.~11월	*	*	*	유럽 7개국. 대한무역진흥공사 에서 한국주간행사
유럽순회공연	1972.08.24.~12.23.	*	*	*	제20회 뮌헨올림픽 국제민속예술제

66 『경향신문』 1962.03.28. 3면. 「광고: 국립무용단 공연」
67 최윤찬, 앞의 논문, 2002, 42~44쪽.
68 윤명화, 앞의 논문, 2010, 208~215쪽.

제 회	공연 일자	작품 이름	안무자	최현 배역	비고
새국립극장 개관기념	1973.11.21.~25.	별의 전설(傳說)	송범	옥황상세	한국무용협회 주최. 국립무용단공연
제13회	1974.06.12.~16.	한국무용제전 <탈놀이>	최현	–	16 소품 중1
토요민속제전	1975.04.05.	국립소극장 <흥과 멋>	최현	독무 출연	6 종목 중 1
해외공연	1978.10.19.~22.	*	*	안무 출연	제3회 홍콩아시아예술제
제24회	1979.12.13.~17.	무용극 <시집가는 날>	최현	맹진사	
제26회	1980.09.25.~29.	<시집가는 날> 발췌공연	최현	맹진사	1970년대 무용극 3편 중 1
시연회	1980.10.20.	해외순회공연 시연회	최현	무용극	
해외순회공연	1980.10.	*	*	*	동남아 9개국 12개도시
제27회	1981.05.28.~06.01.	무용극 <황진이>	강선영	벽계수	
제28회	1981.11.16.~20.	무용극 <마의태자(麻衣太子)>	최현	경순왕	2막6장
무용단 기획공연	1982.06.01.~02.	연정(戀情)	최현	이미미 초연 출연	신무용60년 재현무대
중남미순회공연	1982.08.04.~10.14.	선녀춤	최현	이문옥외 11명	–
제31회/ 귀국공연	1982.10.20.~21.	선녀춤	최현	이문옥외 11명	제2부 세 번째 공연
제62회	1993.04.17.~22.	우리춤, 우리맥 <군자무>	최현		국립무용단 지도위원 역임 원로들의 전통춤판
무용단장 취임	1995.01.	국립무용단 최현 단장 취임	–	–	『한겨레신문』 1995.09.07
무용단장 사퇴	1995.09.05.	단원들과의 불화와 투서사건으로 사표제출	–	–	
제79회	2000.04.19.~22.	'4인 4색, 나흘간의 춤이야기' <최현춤의 악동>, <연가>, <군자무>	최현	역대 단장 송 범, 조흥동, 최 현, 국수호	배정혜단장 기획. 국립극장 개관50주년 기념공연

이상의 표를 중심으로 최현과 국립무용단이 만난 인연 길을 따라가 보겠다.

떠들썩했던 국립무용단 창단과 개관공연 때에는 최현의 이름이 등장하지 않는다. 그는 제2회 국립무용단 정기발표회인 1963년 3월 13일부터 17일까지 공연된 임성남 안무의 〈사신의 독백〉(1막 3장. 45분)에서 하데스 역으로 첫 인연을 열었다. 초대 국립무용단 단장이었던 임성남은 '시와 무용이 하나의 주제 밑에서 2차원의 세계로 합일·승화될 수 있는 예술세계로 표현시키는데 부심했다'고 하였다. 작품 내용은 '인간의 생사生死를 관리한다는 신도 인간들이 영원으로 승화해가는 숙명은 어쩔 수 없다. 다만 인간이 자유, 정의를 위해 희생할 수 있는 고귀한 정신만이 오래 남을 수 있다'는 것이라고 한다. 이 작품에는 임성남과 김혜식金惠植, 김학자金學子, 최현, 그리고 임성남의 연구생 22명이 출연하였다. 이 공연에서 임성남은 극형식의 무용시를 발표한다고 했다.[69] 이날 송범은 발레 〈검은 태양〉을 송범무용연구소 연구생들과 발표했다. 이 공연에서 임성남의 〈사신의 독백〉은 '기발하고 성격 있는 안무'라고 다음과 같이 칭찬받았다.

전반부 전자음악과 후반부 정윤주鄭潤柱 작곡에 의한 임성남 안무 〈사신의 독백〉[고원(高遠) 시(詩)·최일수(崔一秀) 구성]은 신神도 인간의 죽음만은 어쩌지 못하여 영원永遠에게 물어야하며 결국 정의正義나 자유自由를 위한 일들만이 남게 된다는 현대적 이미지를 희랍신希臘神들의 이름에 빙자한 추상抽象발레. (프로그램에는 「무용시」라고 했으나 그것은 무용시가 아니고 「시극적무용詩劇的舞踊」. 무용시의 형태는 그런 것이 아니다.) 다른 두 가지 음악의 연결성과 춤추는 사람들의 무리는 있었지만 기발하고 성격있는 안무로써 관객을 끝까지 사로잡고 놓지 않았다. 이 작품의 특이성은 춤추는 사람이 실성實聲으로 직접 시를 읊어 춤의 분위기를 암시하고 서술하는 일이었다. 물론 이것은 시도적인 의미에 있어서 가치 있는 일이다. 그러나 그것이 특수 음향효과 이상으로 춤의 동작을 지배하고 영향을 주어서 오히려 춤을 다시 가무체歌舞體의 원시原始로 되돌아가는 느낌이었다.[70]

---

69 『경향신문』 1963.03.07. 8면. 「國立舞踊團 2回公演:〈死神의 獨白〉·〈검은 太陽〉 13日부터 5日間 國立劇場서」

천혜의 가창력과 연기력을 가지고 있던 최현의 목소리는 이 '시극적무용'에서 하디스 역을 그 누구보다 잘 표현했을 것이라고 생각한다.

국립무용단 제3회 공연(1963.10.23.~27)에는 강선영 안무·구성·연출의 〈산제山祭〉에 출연하여 강선영과 2인무를 추기도 했다.[71] 민속적 바탕에다 현대적 감각을 표현한다는 목표 아래 '강선영씨를 비롯한 한순옥, 최현, 서비연, 은방초, 신영자, 이현자 외 50명이 출연하는 호화판….'이라고 출연진이 소개되었다. 〈산제〉에는 '서구적인 것과 민속적인 음률을 안배했고 내용은 더욱 현대적인데 기조를 두어 드라마틱하게 취급했다'고 그 안무의도를 밝혔다. 음악 역시 '한韓·양洋합주로 최창권崔彰權(양악), 김기수(국악) 양씨가 작곡해서 극적劇的인 분위기를 조성하는데 힘썼다'고 하니[72] 한국적 소재인 전통(민속)을 기반으로 한 현대식 창작의 열의가 충천했음을 알 수 있다. 〈산제〉는 모윤숙 원작인데, '통속적인 삼각관계를 성황당과 연결시킨 관광용(?) 농촌풍속도農村風俗圖'를 표현한 것이라고 했다.[73] 평론가 김경옥은 〈산제〉를 다음과 같이 평했다.

제2부『산제』는 원작시原作詩에 의한 안무라고는 하나 전근대의 농촌풍속을 무용화 한 것으로서 이미 여러 번 보아온 장면의 연결이다. 그러나 그 장면과 춤들이 우선 우리에게 친근감을 주어서 즐겨볼 수 있는 대목들이 많았으며, 군무의 대형배열과 리듬의 절도성, 흥의 적당한 고조, 특히 상징 장치의 조화감 등에 의해 강선영 무용의 수준을 높이고 있었다.[74]

제3회 국립무용단 공연은 민속무용부의 김문숙과 강선영이 각각 1부와 2부의 안무자로 나섰는데, 김문숙의 〈영지影池〉가 중견무용가들의 참여에도 불구하고 기량조차 발휘하지 못하는 공연이 되어 처참하게 실패했던 것으로 평가되었다. 그에 비해 강선

70 『동아일보』 1963.03.19. 7면. 「舞踊評: 奇拔하고 性格있는 按舞. 第2回國立舞踊團공연. 東」
71 성기숙(기록), 박민경(편집), 『태평무 인간문화재 강선영』, 서울: 연낙재, 2008, 75쪽.
72 『경향신문』 1963.10.14. 5면. 「민속적 바탕에다 현대감각을 표현: 국립무용단 제3회 공연」
73 『동아일보』 1963.10.28. 7면. 「舞踊評: 너무나 큰 失望. 國立舞踊團 民俗舞踊部公演. 趙東華」
74 『경향신문』 1963.11.02. 5면. 「舞踊評: 空轉과 後退. 國立舞踊團의 새試圖. 金京鈺」

영의 〈산제〉는 좋은 공연이라고 하기는 다소 부족하지만, 그나마 시골 풍경의 정겨움이라도 얻을 수 있었다는 조동화의 평과 함께 '군무의 대형배열과 리듬의 절도성, 흥의 적당한 고조, 특히 상징 장치의 조화감'이 수준 있는 공연을 만들었다고 한 김경옥의 평이 있었다.

국립무용단 제4회 공연(1964.06.20.~24)에는 황휘黃輝 대본 박용구朴容九 연출, 주리 안무, 최창권 작곡인 〈푸른도포〉와 이두현李杜鉉 대본, 임성남 안무, 장일남 작곡인 〈허도령〉을 공연했다.[75] 전자는 코믹발레, 후자는 판타지 발레였다.[76] 최현은 하회가면을 만든 허도령의 일대기를 줄거리로 한 〈허도령〉에 출연했다.[77] 김경옥은 한국발레의 창조를 위한 가치 있는 실험이라고 평가했으며, '하회가면에 연유해서 새로운 창작가면무극을 시도한 보람이 있었다.' '국립무용단 본래의 의미가 발현된 것이라고 하겠다'라는 논평을 했다.[78] 이번에 최현은 한국가면극을 발레로 창작한 작품에 출연한 것이다.

임성남의 「허도령」은 씨氏 자신의 과거의 작품에 비하면 손색이 있었다. 장일남의 작곡이 도대체 공연 며칠 앞두고 떨어졌다니까 춤과 반주음악이 괴리되지 않을 수 없었을 것이다.

이두현李杜鉉의 대본도 한국적인 정감을 불러일으키는데 충분한 줄거리였으나 무용적이기보다 연극적 구성이었다. 그러나 전 장면을 일괄하는 무드와 특히 개막의 군무는 한국 발레라는 인상을 각명시키는데 좋은 성과를 거두었다.

그리고 임성남 김혜식의 사자춤은 리듬을 고조시키면서 우리를 민속적 흥분으로 끌어들이는데 충분했다. 김절자의 초냉이도 우리 탈춤의 본질을 잘 드러내었다. 하회가면에 연유해서 새로운 창작가면무용극을 시도한 보람이 있었다.[79]

---

75   『경향신문』 1964.06.22. 5면. 「집중공연계획 仲夏의 예술계: 무용」
76   서서호, 『한국 무대무용의 선구자 송범』, 서울: 도서출판 월인, 2014(B), 99쪽.
77   『동아일보』 1964.06.16. 7면. 「국내서 첫 코믹·발레: 국립무용단 〈푸른도포〉 공연」
78   『동아일보』 1964.07.04. 5면. 「舞踊評: 價値있는 實驗. 國立劇場舞踊公演. 金京鈺」
79   『동아일보』 1964.07.04. 5면. 「舞踊評: 價値있는 實驗. 國立劇場舞踊公演. 金京鈺」

대본가 이두현은 민족가면무용극 〈하회허도령〉을 국립무용단 정기공연에 올리는 것이 확정되자, 그에 앞서 1월 27일부터 '오광대탈춤의 보존자인 인간문화재 장재봉張在奉(1896~1966)[80]'과 오정두吳正斗(1899~1983), 김진수金振守를 초빙하여 국립무용단 단원들에게 '묘기를 전수'하도록 했다.[81] 여기에 최현은 부산출신으로서 마산에서 무용을 수련하였으며, 고교시절 담임이었던 이두현과의 깊은 인연으로 경남의 춤인 오광대 춤까지 전수하게 되었다. 최현은 경남 출신으로서 남부지방의 오광대 춤을 습득하는 데 있어서 타인의 추종을 불허했으리라 생각한다. 당시 전통무용을 현대적 기법으로 무용화하려는 임성남 안무에 최현이 주연 허도령을 맡은 배경이기도 할 것이다.

국립무용단 제5회 공연(1965.03.10.~14) 1부는 송범 구성, 김진걸金振傑 안무의 〈배신背信〉, 2부는 이두현 고증에 의한 강선영 구성·안무의 〈열두무녀도十二巫女圖〉가 공연되었는데, 최현은 〈배신〉에서 사도 역으로 출연하였다. 〈배신〉은 '〈춘향전〉, 〈토스카〉와 유사한 비극으로 젊은 연인들이 권력의 횡포로 사랑을 잃게 되는 내용을 그린 작품이다.'[82] 이 공연은 '국립무용단 개편 후 첫 공연일 뿐 아니라 고전무古典舞만으로 프로그램을 짰다'[83]고 홍보하였다. 김경옥金京鈺은 송범의 〈배신〉에 대해 우리춤의 생리나 형태를 이해하지 못한 묵극默劇에 가까운 작품이었다고 했다. 반면 강선영의 〈열두무녀도〉에 대해서는 '재료를 그냥 전열展列시켜놓은 감이 있으나 한국무용의 명일明日을 위한 좋은 과제를 제시해 주었다'고 하며, '최현이 두드러진 진경進境을 보여주고 있다'고 칭찬했다.[84]

국립무용단의 제8회[85] 공연(1966.10.12.~16)에서 최현은 송범 안무의 '아늑한 정감이

80　장재봉(張在奉, 1896~1966): 경상남도 통영 출생. 1964년 12월 중요무형문화재 제6호 「통영오광대」 문둥이·양반·말뚝이의 예능보유자로 인정받았다. 29세 때 맏형 용기(龍基)에게 통영오광대놀음을 배워 문둥이·둘째양반·말뚝이·비비양반·할미양반역을 하였고, 1962년 제3회 전국민속예술경연대회에서 개인상을 수상하였다. 후계자로 장경진(張敬珍)·이기숙(李基淑)·이희봉(李希奉)·강영구(姜永九)가 있다. (한국민족문화대백과사전 〈http://encykorea.aks.ac.kr〉)

81　『경향신문』 1964.02.01. 5면. 「방울새: 舞踊家들에게 탈춤을 傳授」

82　서연호, 앞의 책, 2014(B), 99쪽.

83　『경향신문』 1965.03.08. 5면. 「고전무용만을 엮어…: 국립무용단 10일부터 공연」

84　『동아일보』 1965.03.30. 5면. 「연극에 가까웠던 〈배신〉: 국립무용단의 공연. 김경옥」

듬뿍 담긴 작품' 〈심산유곡深山幽谷〉에 주역무용수로 출연했다. 하늘의 꽃선녀와 사랑을 나누는 지상의 선비 역할이었다.

지상을 그리워하던 하늘의 꽃선녀(김인주)가 아름다운 꽃이 만발했다는 소식을 듣고 내려와 선비(최현)를 만나게 된다. 선비의 피리 소리에 반한 그녀는 사랑을 나누었지만 재회의 약속을 남기고 승천한다. 선비는 자신의 피리를 선물로 준다. 옥황상제(송범)는 선녀가 지상에 내려간 일을 탈선으로 여기고 그녀를 지상으로 추방한다. 그러나 그녀가 방황 끝에 선비를 찾아냈을 때는 이미 그가 '물의 요정'(한순옥)의 성의 노예로 전락된 상태이다. 큰 충격을 받은 선녀는 자살한다.

옥황상제는 꽃선녀와 물의 요정을 불러 춤으로 대결시키고, 선비로 하여금 그 광경을 보도록 한다. 환시幻視를 통해 그 광경을 바라보던 선비는 비로소 지난날 꽃선녀와의 언약을 기억해낸다. 그가 그녀를 찾았을 때, 그 자리에는 피리만 놓여 있다. 선비 역시 충격으로 자살한다. 마지막에 옥황상제는 그들의 아름다운 사랑에 감동해 두 영혼을 모두 하늘로 불러올린다는 감동적인 이야기다.[86]

이상과 같이 최현은 1963년부터 1966년까지 국립무용단의 극무용에서 배역에 충실한 무용수로 5회 출연하였다. 안무자의 전공 성향에 따라 한국무용, 현대무용, 발레 등 전방위로 활동한 바 임성남의 극무용에서는 하데스 역과 허도령의 역할을 소화하였다. 강선영·김진걸·송범의 안무에도 각각 주어진 배역에 충실하였다.

그리고 1969년 7월 경에 창립[87]된 '사단법인 한국민속무용단'의 이사로 취임하였다. 이들의 전신인 한국민속예술단의 멕시코 올림픽대회에서의 파견 공연 성공에 힘입어 발족한 단체인데, 당시의 조직체계와 이들의 해외 활동 및 해단이 국립무용단으로 계

85　『경향신문』1966.10.03. 5면. 「국립무용단공연」
86　서연호, 앞의 책, 2014(B), 101~102쪽.
87　『매일경제』1969.07.16. 4면. 「민속무용단창립」

승되었음을 안제승은 다음과 같이 설명하였다.

단장: 조택원

고문: 박용구

이사: 김문숙, 김백봉, 임성남, 전황, 최현

운영위원장: 안제승

단원: 제18회 멕시코 올림픽대회 파견 민속예술단 단원 20명(김말애, 박연진, 박정숙, 심상
호, 이영희, 천현실(이상 1968년 당시 경희대 재학), 김영숙, 박서옥, 박영애, 이예신, 조승
미, 현숙희(이상 1968년 당시 한양대 재학), 변귀문, 서송숙, 조경희, 지주현(이상 숙명여대 재
학), 박정자, 정복희, 최혜숙(이상 무용협회 회원))

이 단체는 어려운 여건 속에서도 수당과 봉급을 지급하며 매일매일 정해진 시간에 회동하
여 일정시간의 연습을 실시하는 등 상설 직업무용단으로서의 체모를 갖추고, 1970년 'EXPO
파견 민속예술단' 또는 1971년 '유럽 파견 민속 예술단'의 핵심체가 되는 등의 활발한 활동을
벌려 오다가, 1973년 장충동에 새로운 국립극장 건물이 들어서고, 명실상부한 '국립무용단'의
결성을 보게 되자 단을 고스란히 인계해 주는 것으로 자연 해단하고 말았다.[88]

한국민속무용단의 첫 사업은 1969년 10월 1일부터 20일까지 일본 10개 지역의 '재
일교포위문 대합동공연'을 올리는 일이었다.[89] 다음은 일본 엑스포70에 파견 공연하는
것이었는데, 이 때 기존 국립무용단과의 파견 단체 선정 및 실력 우열의 논란이 대두
되기도 했다.[90] 그러나 결국 5월 17일부터 19일까지 엑스포70 한국의 날 행사에 참가
할 단체는 한국민속무용단으로 결정되었다.

88 안제승, 앞의 책, 1984, 117쪽.
89 『매일경제』 1969.07.16. 4면. 「민속무용단창립」
90 『매일경제』 1970.02.10. 7면. 「이상있는 「국위선양」. EXPO70 파견민속예술단 구성의 문제점」

당초 문공부는 국립무용단, 한국민속무용단, 국립국악예술학교[91] 등 희망 단체의 시연試演을 통해 단원을 선정할 예정이었으나 국립무용단은 오는 6월 한국에서 열릴 국제「팬」대회와 오는 11월 「방콕」에서 열리는 「아시아」올림픽 민속공연 준비를 위해 참가희망을 철회했고, 국악예술학교는 3월 중에 재일교포위문공연을 떠나 5월 현지에서 합류한다는 조건으로 한국민속예술단을 엑스포70에 파견하기로 한 것이다.[92]

국립무용단은 최고 실력자들이 모인 단체라는 점에서 민간단체와 시연까지 겨루게 된 점에 자존심을 지키고자 부심하던 중 새로운 진로를 찾았고, 그 밖에 응모한 국악협회 세 개 단체[93] 중 국악예술학교는 합동 공연을 하는 것으로 일단락이 지어졌다. 한국민속무용단의 공연 레퍼토리는 3월 6일 13종목으로 다음과 같이 확정되었다.[94]

〈표 3〉 엑스포70 한국의 날 한국민속무용단 공연 레퍼토리

안무자	작품	비고
김백봉	수연(壽宴), 춘연(春娟), 녹음방초(綠陰芳草), 선(線), 화선(花扇)	5편
전황	염고(艶鼓)-장구, 무혼(武魂)-검무, 농악(農樂)	3편
최현	연연(戀戀)-춘향과 이도령 이야기, 무도(巫圖), 희화(戱畵)-가면무	3편
김문숙	기원(祈願)-초혼(招魂)을 소재로 한 승무(僧舞), 촛불 행렬, 바리춤, 장삼춤, 향고(香鼓), 관등놀이, 멋(살풀이춤)	7편

---

91 국악예술학교의 오류이다. 당시 국악예술학교는 현재의 국립전통예술고등학교를 말한다. 1958년 11월 박헌봉, 박귀희, 김소희 등의 노력으로 '국악학원기성회'가 조직되었고, 1960년 3월 10일 문교부로부터 '국악예술학교'의 설립인가를 받아, 1960년 5월 12일 종로구 관훈동에 개교하였다. 1964년 4월 남산 교사로, 1968년 4월 종로구 운니동 교사로, 1970년 9월 석관동 교사로 이전했다. 출범 당시 6년 과정이었던 교과과정이 1971년 고등학교 3년 과정으로 개편되었고, 그해 9월 '한국국악예술학교'로 교명을 개칭한 후 성악과 1학급, 기악과 2학급, 무용과 3학급을 두었다. 1973년 2월 28일 재단법인 국악학원 설립인가를 받아 박귀희가 초대 이사장으로 취임했다. 1983년 5월 30일 재단법인에서 학교법인 국악 학원으로 조직이 변경되었고, 1984년 12월 17일 '서울국악예술고등학교'로 교명을 변경했다. 1992년 10월 29일 서울 금천구 시흥3동 현 신축 교사로 이전했고, 2008년 3월 1일 교명이 현 '국립전통예술고 등학교'로 전환되었다. (한국민족문화대백과사전 〈http://encykorea.aks.ac.kr〉)

92 『동아일보』 1970.02.21. 5면. 「萬博參加藝術團에 『民俗무용단』선정」

93 『매일경제』 1970.02.17. 7면. 「實力 과시위해 열띤 리허설. 심사 응해야하는 「수치」도 감수」

94 『경향신문』 1970.03.07. 5면. 「僧舞『祈願』등 13종목. 시대감각에 맞춘 創作品 골라」

공연 소요시간은 87분을 예상하였다. 한국민속무용단(조택원 단장)은 엑스포70에서 한국을 대표하여 성황리에 공연을 마쳤다. 최현은 김문숙과 짝이 되어 〈연연〉을 안무하고 출연했다. 〈연연〉은 〈춘향전〉 중에서 춘향과 이도령이 사랑을 나누는 대목의 극무용인데, 이후 안무된 〈연緣〉(1983), 〈사랑가〉(1985)와 함께 남녀 한 쌍의 사랑 장면을 연출하는 2인무의 동일계통 작품이라고 할 수 있다. 최현은 '여성을 부드럽게 이끄는 한국의 선비나 도령의 이미지'를 구현하였는데, 자신의 '섬세함과 우아함', '고고함'을 표현하는데 성공하였고, 반복적 모티브로 채택한 주제였다[95]고 한다.

멕시코 올림픽에서의 한국민속무용단 공연활동의 성공은 '국위선양과 국제선린의 효과'를 자랑하며, '69년의 일본 전국 순회공연, 70년의 EXPO 참가, 71년의 유럽 및 아프리카 순회공연, 그리고 72년의 뮌헨 올림픽 파견으로 이어지는 연례행사를 감당하였다.[96]

한편, 국립무용단은 서울「펜」대회를 치렀는데, 두 단체의 분산 상태에서 각각 운영하는데 따른 비경제적인 문제가 대두되었다. 이에 문공부가 주선하여 두 단체를 통합하도록 종용했다. 국립무용단 민속무용 25명, 한국민속무용단 25명을 통합하여 국립극장 소속의 국립 단체가 되도록 했다.[97] 1970년도 펜대회 이후로부터 시작된 양쪽 무용단의 재정난 해소를 위한 개편작업이 임성남과 조택원에 의해 통합의 기본적 원칙 합의를 도출하였고,[98] 그 결과로 국립무용단이 한국민속무용단을 흡수하여 한국무용단으로 전공을 분명히 하였다. 기존의 임성남을 중심으로 한 발레단은 국립발레단으로 별도 활동을 개시하였다. 국립무용단장 임성남이 뉴욕 아메리칸발레시어터에서 1968년 1월부터 1969년 4월까지 연수한[99] 후, 귀국하여 처음 공연한 1970년의 제12회

95 윤명화, 앞의 책, 2010, 131쪽.
96 안제승, 앞의 책, 1984, 117쪽.
97 『동아일보』 1970.09.01. 7면. 「國立・韓國무용단 統合」
98 『경향신문』 1970.09.05. 5면. 「統合 서두르는 舞踊단체. 財政難타개에 안간힘. 국립무용단・민속예술단이 하나로」
99 『동아일보』 1968.01.05. 7면. 「林聖男氏 向佛. 빠리서 무용 硏究次」;『동아일보』 1969.05.31. 7면. 「林聖男씨어제歸國. 歐美무용계살피고」

정기공연(1970.06.03.~07)은 '임성남씨의 귀국 공연이면서 국립극장 개관 20주년 국립발레단 특별공연'이라고 소개했다.[100] 국립무용단과 국립발레단의 정식 발족은 1972년이지만,[101] 이미 국립극장 소속 한국민속무용단은 국립무용단으로 인식되는 한편, 임성남 이하의 국립무용단은 국립발레단으로 인정되어 1970년부터 그 명칭이 사용되었다.

1971년 가을 한국민속예술단[단장: 한숙(韓肅), 총무: 윤치오(尹致五)] 소속으로 나간 유럽 순회공연에서는 최현, 김문숙, 전황, 김윤덕(金閏德)이 화관무, 탈춤, 승무를 공연하는 스타플레이어로 대접 받았다.[102] 한국민속무용단의 해외 공연의 성공은 국립무용단이 오늘에 이르도록 매년 1, 2회씩 지속적으로 해외 파견 공연을 나가는 일로 이어졌다.[103]

최현은 1974년부터 1982년까지 국립무용단 지도위원으로 활동했다[104]고 한다. 하지만 1972년부터 국립무용단 해외공연을 통해 이미 최현의 역할이 일정 정도 자리 잡아가고 있었음을 파악하게 된다. 그리고 조택원에 의해 1969년 12월 창설된 한국민속무용단은 '어려운 여건 속에서도 수당과 봉급을 지급하는' 유일무이한 국내 사설단체로 출발했지만,[105] 재정의 고갈로 1971년 2월부터는 단원들에게 월급 1만원~1만5천원 가량을 지급하지 못하는 형편이 되었다.[106] 또 국립무용단에 이미 수용되었으나 국립무용단 또한 그동안 공연 출연료만 있었을 뿐, 월급이 없었던 단체이므로 국립극장에서는 '민족문화진흥책'을 건의함으로써 전속 무용단과 오페라단에도 월수당이 지급될 수 있도록 제도를 마련하는 움직임이 일었다.[107] 1972년 장충동에 새 국립극장 준공을

---

100 『동아일보』 1970.06.08. 5면. 「무용評: 새로운 境地 추구. 林聖男과 國立발레團 公演」
101 안제승, 앞의 책, 1984, 137쪽.
102 『동아일보』 1971.10.19. 5면. 「절찬속에 그리스 公演. 韓國民俗藝術團. 東洋의 古典을 再發見」네덜란드, 영국, 스웨덴, 오스트리아 그라즈, 그리스 피레우스, 로마, 마드리드, 레바논 베이루트, 일본 동경을 거쳐 귀국할 예정.
103 안제승, 앞의 책, 1984, 117~118쪽.
104 최현우리춤원, 『1994 虛行抄: 崔賢 춤 作品展』 프로그램북, (국립중앙극장 대극장, 1994.12.02.~03.), '최현의 발자취' 중에서.
105 안제승, 앞의 책, 1984, 117쪽.
106 『경향신문』 1971.03.26. 5면. 「舞踊家: 收入찾아 일에 쫓기는 아르바이트 風潮. 金曜連載…文化界뒤안길」
107 『경향신문』 1971.07.15. 5면. 「전속舞踊・오페라團에도 手當. 國立극장서 建議, 民族文化진흥책으로」

서두르는 가운데 전속단체인 국립창극단과 무용단, 오페라단 단원에게 월급제를 적용하는 것이 발표되었다.[108] 또 문공부에서는 해외 공연에 능동적으로 대처할 수 있는 '민속예술상비반民俗藝術常備班'을 국립무용단에 민속예술단을 흡수시켜 설치하는 것을 검토 중이라고 했다.[109] 뮌헨 올림픽을 위한 예술축제에서 송범을 단장으로 한국민속무용단도 1972년 8월 30일~9월 2일까지 뮌헨에서 공연을 가졌다.[110] 최현은 여기 해외 공연에 직접 참가하지는 않았던 것 같다. 하지만 국립무용단의 지도위원으로서 파견 무용수들을 위한 레퍼토리 지도에 참여했으리라 짐작된다. 뮌헨 국제민속예술제에 파견할 민속예술단원을 공모하였고, 여기에 합격자는 국립무용단 유급멤버로 채용하기로 문공부가 공약했다. 40여 명의 모집 공모 합격자들을 지도해야 할 지도위원이 필요했을 것이고, 그렇다면 전 해까지 민속예술단원으로 활동한 이들이 지도에 누구보다 적합했을 것이기 때문이다.

장충동에 신축된 새 국립극장은 1973년 6월말 준공예정이었고, 7월에 개관하여 국립극장 산하 교향악단, 극단, 창극단, 오페라단, 한국무용단, 서양무용단이 개관기념축하공연을 준비 중이라고 했다. 이들 단체 외에도 합창단이 신설되고, 예그린악단은 가극단으로, 한국민속무용단은 전속 한국무용단에 공식 흡수되어 580명의 대가족이 공연에 충실하겠다고 국립극장장 김창구金昌九가 계획을 밝혔다.[111]

국립무용단(송범 단장)에서 새 국립극장 개관기념 공연으로 준비한 〈별의 전설〉은 견우와 직녀 이야기를 소재로 한 무용극이었다.[112] 원작 서항석徐恒錫(1900~1985), 대본 안제승, 안무 송범, 음악 박범훈이 맡은 〈별의 전설〉은 1941년 〈견우직녀〉, 1942년 〈은하수〉로 발표된 우리 연극사상 최초의 음악극을 무용극으로 제작 발표한 것이다.[113]

---

108 『경향신문』 1972.01.10. 5면. 「突破口 찾는 舞臺中興. 綜合극장 年內完工 서둘러」
109 『경향신문』 1972.02.12. 5면. 「民俗藝術團 常設기구로. 文公部 海外公演 대비검토. 레퍼터리 연구開發」
110 『경향신문』 1972.04.10. 5면. 「뮌헨五輪 더욱 빛낼 매머드藝術祝祭. 민속예술단공연」
111 『동아일보』 1973.01.31. 5면. 「五八○명 大家族으로 公演충실. 開館앞둔 國立劇場長 金昌九氏. 團員 生計보장…國樂・칸타타로 첫豪華무대」
112 『경향신문』 1973.11.20. 5면. 「「별의 傳說」 국립무용단공연」
113 서연호, 앞의 책, 2014(B), 127~128쪽.

〈별의 전설〉(1973)은 제1막 지상편, 제2막 산신제, 제3막 천상편으로 구성되었다. 배역은 송범·은방초·정재만(이상 견우), 김문숙·최혜숙·박순자(이상 직녀), 최현(옥황상제), 최희선(무녀), 한순옥(꽃의 정), 박정목(용왕), 정재만(학), 국수호(사슴) 등이 출연했다. 군무는 사냥꾼, 연꽃, 마을처녀, 살풀이, 까치, 무녀, 8선녀, 선녀들, 달밤, 시녀 등 국립무용단원들이 출연했다. 안무자 송범은 '전통무용의 흥겹고 아름다운 형태를 최대한 보존하면서 극적 표현을 살려 나가는 데 치중했다'고 말했다.[114]

1974년 11월의 국립무용단 제14회 정기 공연 무용극 〈왕자 호동〉에 앞서 제13회는 6월 12일부터 16일까지 4일 동안 한국무용 고유의 레퍼토리를 총 망라한 '한국무용제전'이 국립극장 대극장에서 열렸다. '전통적인 한국무용을 현대적 감각으로 재창조하여 서구적 무대양식을 통한 표현에 중점을 둔' 공연으로 '〈화관무〉, 〈태평무〉, 〈부채춤〉 등 한국무용의 기본적 레퍼토리를 총 망라했다'고 소개하였다. '안무는 송범, 한영숙, 강선영, 김진걸, 김문숙, 최현, 최희선, 한순옥, 은방초, 이숙향, 송수남씨 등이 맡았다'고 하였다.[115] 최현은 이 공연에서 〈탈놀이〉를 안무하고 직접 출연했다.[116] 한편, 이 시기 최현은 국립가무단에서 공연하는 뮤지컬 〈시집가는 날〉의 안무를 담당했었다.[117]

국립극장에서는 1975년 4월부터 6월까지 매주 토요일 오후 3시 30분부터 공연하는 '토요민속제전'을 국립극장 소극장에서 진행하였다. 4월의 첫 토요일인 4월 5일에 최현은 〈흥과 멋〉을 공연하였다.

▲5일＝판소리(박귀희 한농선 〈흥보가〉) 민요(안비취 〈회심곡〉), 묵계월 〈산타령〉, 이은주 〈뱃노래〉), 무용(한순옥 〈검무〉, 최현 〈흥과 멋〉)[118]

---

114 서연호, 앞의 책, 2014(B), 129쪽.
115 『경향신문』 1974.06.12. 5면. 「국립무용단 「舞踊祭典」. 固有의 주요 레퍼터리 망라」
116 최윤찬, 앞의 논문, 2002, 부록Ⅱ. 활동연보.
117 최윤찬, 앞의 논문, 2002, 부록Ⅱ. 활동연보.

최현은 한국무용의 특징으로 '흥과 멋'을 첫 번째로 꼽는 사람이다. 그는 아래와 같이 흥과 멋의 특징을 설명하고 있다.

> 멋은 구체적이지 않은 용어지만 흥은 나름대로 우리 춤의 특징을 표현하고 있다고 생각한다. 흥에 겨워 춤을 추고 있으면 더욱더 고조되어 망아경까지 갈 수 있다. 이 망아경의 경지는 예술가들이 추구하는 정점이다. 자신의 몸을 움직여 무언가 표현하는 순간 자아를 인식하지 않고 그저 그 작품 속으로 녹아들어 가는 순간 우리는 망아경을 느끼게 된다. 무용의 이런 점이 또 다시 무대로 불러들이는 마술이 아닌가 싶다.[119]

〈흥과 멋〉이라는 최현 안무의 소품은 한국 전통춤 고유의 즉흥춤을 예술로 승화시킨 것이라고 여겨진다. 흥에 겨워서 고조되는 춤이 망아경에 이르되 그 안에서 발현되는 멋을 '맺고 어르고 푸는' '정중동'의 원리 속에서 구현한 작품이었다. 이 작품은 최현에 의하면, 1968년 12월 19일 '신문화60년 기념의 해' 끝자락 행사로 참여한 무용예술제전에서 초연하였다.[120] 윤명화는 〈흥과 멋〉이 1956년 한국무용협회 3회 수상 축하공연에서 안무·초연된 것으로 표기했다.[121] 이때는 아직 한국무용협회가 발족되지 않았던 시기이며, 최현의 스승 김해랑이 협회장으로 있던 한국무용예술인협회가 한국무용가협회와 분규의 시점에 있었다는 점이 고려되어 관련 공연의 실증자료의 제시가 필요할 것으로 생각한다.

다음, 최현의 활동연보에 의하면 1975년 4월에 국립무용단과 함께 최현은 일본의 10개 도시를 순회 공연한 것으로 기재되어 있다. 이후 1979년 12월 13일부터 17일까지 국립무용단의 무용극 〈시집가는 날〉을 안무하고 출연하기까지 최현은 대체로 국립무용단 밖에서 개인 활동을 다방면으로 펼쳐 나갔다. 그리고 마침내 최현 안무의

118 『동아일보』 1975.04.03. 5면. 「每土曜日마다 民俗祭典. 國立劇場小劇場에서 6月까지」
119 최윤찬, 앞의 논문, 2002, 30쪽.
120 최윤찬, 앞의 논문, 2002, 42쪽(부록Ⅱ. 활동연보).
121 윤명화, 앞의 논문, 2010, 209쪽.

〈화보 8〉 무용극 〈시집가는 날〉 국립극장 옥외 광고판

무용극 〈시집가는 날〉이 국립무용단 제19회 정기공연에 올려졌다. 오영진 吳泳鎭(1916~1974)의 원작 〈맹진사댁 경사〉를 무용극으로 제작한 것인데, 최현과 〈시집가는 날〉은 영화(1956)로 인연을 시작하여 국립가무단의 〈시집가는 날〉(1974)과 국립무용단의 무용극(1979)까지 안무하는 인연이 계속되었다. 최현은 수차의 경험이 쌓여 비교적 쉽게 안무 구상이 가능했다고 한다. 무용극 〈시집가는 날〉을 위해 최현은 다음과 같은 점에 관심을 기울였다고 한다.

영화와 뮤지컬 〈시집가는 날〉에서는 구수하고 맛스러운 대사가 중요했던 만큼 안무에서는 탈춤의 몸짓, 판소리의 추임새를 도입하여 대사를 대신할 수 있는 표현으로 승화시켰다. 또한 무용수들에게는 극중 인물의 성격을 파악하게 하여 연기적인 몸짓을 통해 표현의 한계를 극복하고 동작 전달을 극대화하도록 했다. 움직임에서는 단조롭고 예쁘게만 추어 오는 전통춤을 거부하고 절도 있고 생동감 있는 표현으로 주인공 이쁜이와 신랑 미언이, 맹진사, 빨래터의 여인들 등 각 등장인물에게 개성을 불어 넣을 수 있도록 했다.[122]

원작 오영진, 극본 김지일金志一, 작곡 박범훈朴範薰이 참여했고,[123] 이쁜이 역에는 김향금과 이문옥,[124] 김도령(미언) 역에는 정재만과 국수호, 갑분이 역에는 이지영과 이미

122　최윤찬, 앞의 논문, 2002, 16쪽.
123　『매일경제』 1979.12.15. 8면. 「소식: ◇국립무용단 제19회공연 「시집가는 날」」
124　『경향신문』 1979.12.10. 5면. 「무용극으로 꾸미는 〈시집가는 날〉 주연 맡은 김향금씨」

미가 맡았다. 최현(맹진사), 한순옥, 박순자(한씨), 이화숙(맹노인), 박정목(치윤), 최희선, 이숙향, 홍금산, 장윤봉(풍속도 여인), 장용일(맹효원), 강이섭(참봉) 등이 출연하였다.[125] 본 줄거리는 '맹진사댁 규수와 정혼하게 된 김판서댁 아들 미언은 계교를 꾸며 자신을 못생긴 병신이라고 헛소문을 퍼뜨리게 함으로써, 맹진사로 하여금 그의 딸을 피신시키고 대신 종 이쁜이를 신부로 가장시켜 성례시키게 한다는 이야기이다.'[126] 한국적 해학과 웃음을 기조로 한국 신극의 시나리오로 제작되었다. 이것을 기초로 연극과 영화, 뮤지컬, 그리고 무용극으로, 다방면의 예술장르에서 다루어진 것이다.

최현은 〈시집가는 날〉의 성공 배경으로 의상의 혁신과 창작국악을 음악으로 사용한 점을 들었다.

이 작품에서는 혜원의 풍속도에 나오는 서민 여인의 의상을 참조하여 치마에 허리를 동여 매고 치마 아래로 고쟁이를 보이게 하는 등 의상에 혁신을 가져 옴으로써 다양하고 움직임이 많은 춤으로 전개해 갈 수 있었다. 이 작품을 통해서 일본에서 유학하고 귀국한 박범훈과 함께 기존 한국무용 음악의 틀을 벗어나기 위한 시도를 했는데, 박범훈이 작곡한 국악기와 양악기를 접목한 창작 국악곡의 도움을 받아 한국적 특성을 살리면서 각 장면의 이미지와 분위기를 성공적으로 처리할 수 있었다.[127]

윤명화는 기존의 무용극에 비해 〈시집가는 날〉은 '무용성이 두드러진 작품'이며, '새로운 형식을 도입, 탈놀이의 불림과 사설을 삽입하여 동작이 가질 수 있는 모호함을 극복하려 했다'고 했다.[128] 윤명화는 이 작품을 분석한 결과 다음과 같이 각 장르의 예술적 결합이 이 작품을 성공으로 이끌었다고 평가했다.

---

125 『동아일보』 1979.12.12. 5면. 「국립무용단 공연. 「시집…」13일부터」; 『경향신문』 1979.12.13. 5면. 「舞踊劇시집가는 날 13일부터 國立극장」; 윤명화, 앞의 책, 2010, 68쪽.
126 맹진사댁경사(孟進士宅慶事)(한국민족문화대백과사전 〈http://encykorea.aks.ac.kr〉)
127 최윤찬, 앞의 논문, 2002, 16~17쪽.
128 윤명화, 앞의 논문, 2010, 78쪽.

〈시집가는 날〉은 완성도 높은 원작과 대본을 현시대에 맞는 무용극으로 수정한 김지일, 이러한 대본을 주체적으로 수용하고 변용하여 안무하고 맹진사를 맡아 연기와 춤 솜씨를 발휘한 최현, 참신한 음악적 발상으로 장면마다 개성 있는 곡을 작곡한 박범훈, 간결하고 상징적인 무대 미술로 여백의 미를 살린 최연호, 맡은 배역에 따라 감정 이입을 극대화하여 춤과 연기를 조화롭게 표출한 무용수들의 화합을 통해 해학과 풍자적인 작품으로 성공한 작품으로 평가할 수 있다.[129]

〈시집가는 날〉은 다음 해인 1980년 9월 25일부터 29일까지 국립무용단의 제26회 공연으로 〈별의전설〉(송범 안무), 〈심청〉(김백봉 안무)과 함께 부분 재공연되었다. '최현, 국수호, 이문옥, 이지영이 작품의 주역을 이루며 맹진사, 미언이, 이쁜이, 갑뿐이로 나와 춤추게 된다'고 하였다.[130] 송범이 국립무용단 단장이 되고 난 후 중점 사업으로 안무된 무용극 중 가장 호평을 받은 하리라이트 작품이 바로 이들 3편이었다. 이 공연 후, 10월 20일에는 국립무용단 해외순회공연 시연회가 있었다.

이번 시연회 때 보인 레퍼토리는 화려함의 극을 달리는 화관무, 한영숙 안무의 살풀이, 부채춤, 김백봉 안무의 장구춤, 최현 안무의 무용극, 김천흥 안무의 봉산탈춤 노장과장, 강선영 안무의 무당춤, 전황 안무의 농악 등이 있다.[131]

송범은 '화관무 · 살풀이 · 무당춤 등 개성 강렬한 안무로 정착'하는 레퍼토리를 통해 '러시아 무용이나 스페인 무용에 못잖은 민속무용으로 떨칠 수 있는 한국무용을 구성한다는 의욕'을 보인 것이라고 한다.[132] 12월 14일과 15일에 싱가포르 문화성 초청으로 싱가포르 예술제에 국립무용단이 창극단과 함께 참가하여 성황을 이루고 큰

---

129 윤명화, 앞의 논문, 2010, 79쪽.
130 『경향신문』 1980.09.27. 5면. 「文化短信: 「별의전설」 등 3편 國立무용단 公演」
131 『경향신문』 1980.10.25. 5면. 「國立 · 서울시립 두 舞踊團長이 말하는 최근의 공연舞臺 특징」
132 『경향신문』 1980.10.25. 5면. 「國立 · 서울시립 두 舞踊團長이 말하는 최근의 공연舞臺 특징」

호평을 받았다. 홍콩, 인도, 태국 등 동남아시아 8개국을 먼저 순회하고 마지막 공연지로 싱가포르 예술제에 참가한 것인데, '한국민속춤의 섬세하고 다이너믹한 율동과 대금 등의 애조 띤 선율은 중국 문화의 영향을 강하게 받은 이 지역 가무에서는 찾아볼 수 없는 것으로 이번 공연이 한국 전통예술의 독특한 측면을 보여주었다'고 하였다.[133] 최현의 활동연보에는 1980년 9월에 '동남아 9개국 순회공연'을 다녀 온 것으로 표기했는데, 이는 12월에 다녀 온 것으로 수정해야 할 것이다.

1981년 5월 28일부터 6월 1일까지의 제27회 정기공연에서 강선영이 안무한 무용극 〈황진이〉에 벽계수 역으로 출연하였다.[134] 국립무용단원 80명 중 자체 오디션을 통해 이문옥과 이화숙이 황진이 역으로 선정되었다. 그리고 환상의 황진이 역에는 양성옥과 이홍이를 추가 선정하고, 어린시절의 황진이 역할에는 이주연을 추가하여 총 5인의 황진이를 선발했다. 자유분방한 황진이의 성격을 보여주려는 안무자 강선영의 의도에 의한 것이라고 한다.[135] 〈황진이〉에서는 2인무가 많은 비중을 차지하는데, 황진이와 '선비 벽계수와의 2인무는 살풀이장단으로, 도를 닦는 지족선사를 파계시키는 데서는 승무, 황진이가 외경해 마지않았고 진실로 사랑했던 서화담과의 2인무는 장단이 빠른 태평무로서, 이사종과의 풍류는 창으로 각각 닦여'진다고 이문옥 황진이가 말했다. '최현, 국수호, 강이섭, 조흥동, 박정목 등 노련한 남성무용수들이 황진이의 상대역'으로 출연하였다.[136]

1981년 11월 16일부터 20일까지 하반기 국립무용단 정기공연으로 〈마의태자麻衣太子〉를 안무하고, 경순왕 역으로 출연하였다. 〈마의태자〉는 무용극이므로 춤사위보다는 극적 줄거리 전달에 역점을 두었다고 한다. 최현은 다음과 같은 줄거리를 채택했다고 한다.

133 『동아일보』 1980.12.17. 5면. 「國立舞踊團・唱劇團 싱가포르公演 성황」
134 윤명화, 앞의 논문, 2010, 211쪽.
135 『동아일보』 1981.05.19. 7면. 「舞踊劇 황진이 5人 1役. 國立舞踊團 配役구성 새試圖」
136 『경향신문』 1981.05.25. 11면. 「舞踊劇 「黃眞伊」 공동主役 맡은 李文玉・李和淑(國立舞踊團 首席舞踊手)씨」

〈마의태자〉는 고려의 진취적인 창건으로 멸망하는 신라와의 대결 속에서 쓰러져가는 나라의 운명을 어쩔 수 없이 지켜보아야 했던 신라의 마지막 태자의 운명을 그린 작품이다. 천년을 이어 온 나라가 그 숨결을 끊을 때 이름 없는 민초라 해도 통분과 회한으로 몸부림치는데, 일국의 태자의 몸으로 어찌 견딜 수 있는 비극이겠는가를 생각하며 죽음으로도 그 고뇌를 씻지 못해 돌이 된 마의태자의 한과 낙랑공주의 애끓는 사랑을 묘사했다.[137]

〈마의태자〉는 춘원 이광수가 창작한 역사소설이다. 본 작품에서는 신라의 마지막 왕인 경순왕의 태자 김충의 충성스런 국가관을 크라이막스로 끌어가기 위한 방법으로 궁예의 이야기로부터 소설을 시작한다. 소설 속 '마의태자' 김충에 대한 이야기는 아래와 같다.

경순왕이 등극하지만, 귀족들의 세력 다툼에 국력은 점점 약화되어 간다. 왕건은 딸 낙랑공주를 경순왕의 아들 김충과 결혼시키기로 하고 딸을 신라로 보낸다. 낙랑공주는 김충의 의로운 마음에 탄복하여 그를 사랑하게 된다. 그러나 김충은 공주와 결혼하기를 거부한다. 경순왕은 신라를 다스릴 힘이 없자 고려에 항복하고, 낙랑공주는 경순왕과 결혼한다. 나라가 망하자 김충은 베옷을 입고 금강산에 들어가 은거한다. 어느 날 왕건과 낙랑공주가 금강산에 온다. 낙랑공주는 깨달은 바 있어 출가하고, 중이 되어 김충과 재회한다. 왕건은 김충을 마주 치자 용서를 빌고, 김충은 왕건을 용서한 후 홀연히 사라진다.[138]

이 작품은 유치진柳致眞에 의해 다시 조명되는 희곡작품이 된다. 개골산(금강산)에 들어간 마의태자가 '태자봉'이 된다는 이야기로 끝나는 점[139]으로 볼 때, 최현의 〈마의태자〉는 유치진의 〈마의태자〉를 근간으로 무용극을 제작 발표한 것이라고 볼 수 있다.

---

137 최윤찬, 앞의 논문, 2002, 17쪽.
138 마의태자(麻衣太子), 한국현대장편소설사전 1917~1950(고려대학교출판부, 2013.2.5.) 네이버지식백과.
139 마의태자(麻衣太子)(한국민족문화대백과사전 〈http://encykorea.aks.ac.kr〉)

따라서 무용극 〈마의태자〉는 신라의 망국으로 인해 태자가 갖게 되는 고뇌에 집중하고 여기에 낙랑공주의 짝사랑을 모티프motif로 사용한 것이다. 최현은 이 작품에서 다음과 같은 점에 중점을 두어 무용극으로 완성했다고 한다.

> 〈마의태자〉는 무용극이기 때문에 춤사위보다는 극적 줄거리 전달에 역점을 두어 연기적 몸짓 위주로 전개해 나간 작품이다. 전체적으로 깨끗이 처리된 선의 아름다움을 살리고자 했으며 이를 위해 음악은 장단의 흥과 멋을 배제하고 극적 분위기를 살린 선의 아름다움을 강조하도록 했고, 한국의 전통적 문양과 장식을 도입한 산뜻한 시각적 효과를 살린 무대미술로 안정감을 추구하였다. 이 작품의 하이라이트라 할 수 있는 마의 태자와 낙랑공주의 사랑은 깨끗한 선의 흐름이 강조된 춤사위와 절제된 감정의 앙상블을 통해 표현하고자 했으며, 마의 태자의 박력 있는 춤사위를 위해서 전통 무예 동작으로부터 많은 동작을 끌어들이기도 했다.[140]

'국립무용단이 무용극 정립의 새로운 무대로 마련했다는 〈마의태자〉는 신인 여성 무용수의 과감한 기용으로 활력을 불어 넣고, 중견무용수가 공연 전체의 리듬을 리드해 나감으로써 안정된 2막 6장 전막의 공연'[141]이 발표되었다.

국립무용단이 1962년 처음 창설된 이후, 최현은 1973년까지 여러 장르의 타인 작품에서 무용수로서 주로 활동했다. 국립극장이 장충동 새 장소로 옮긴 후부터 최현은 한국민속무용단의 해외활동 경력을 통해 국립무용단의 지도위원으로 활동하게 되었다. 송범은 1968년도 멕시코올림픽 민속무용제전에 참가하면서 '한국무용을 전공으로 삼게 되었다.'[142] 그리고 한국민속무용단이 국립무용단에 수용되면서 한국무용단을 이끄는 단장이 되었다. '〈백조의 호수〉같은 작품을 우리나라 한국무용으로 만들어 보고

---

140 최윤찬, 앞의 논문, 2002, 18쪽.
141 『매일경제』 1981.11.16. 9면. 「무대: 崔賢씨 안무·출연 겸해」
142 문애령, 앞의 책, 2001, 163쪽.

싶다'는 꿈을 실현하기 위해 국립무용단에서 무용극 작품을 발표하게 되었다. 그 일환으로 국립무용단 지도위원 최현 역시 무용극 〈시집가는 날〉과 〈마의태자〉를 무용극으로 안무할 기회가 왔던 것으로 생각된다. 〈시집가는 날〉은 춤사위 개발이 두드러진 작품이었다면, 〈마의태자〉는 무용극의 줄거리와 선의 흐름에 집중했다는 점에 특색을 찾을 수 있다.

〈마의태자〉 이후로 국립무용단 정기공연에 최현이 참여한 것은 1993년 4월 17일부터 22일까지의 원로들의 춤판에서이다. 당해 1월 국립무용단장으로 취임한 조흥동의 데뷔 행사가 된 '우리 춤, 우리 맥'에 무용계 원로들의 전통춤판을 열고 여기에 최현이 8명의 원로와 함께 초대된 것이다. 국립극장 장충동 신축 이전 20주년 기념공연으로 마련된 이 공연은 지난 31년간 국립무용단 지도위원을 역임한 춤꾼들의 흥취와 멋이 흐르는 무대가 되었다.[143] 〈구원제〉와 〈장고춤〉은 조흥동 안무, 〈군자무〉 최현 안무, 〈살풀이〉 김문숙 출연, 〈태평무〉 강선영 안무 조흥동 출연, 〈부채춤〉 김백봉 안무, 〈산조춤〉 김진걸 출연, 〈덧배기춤〉 최희선 출연, 〈농악〉 전황 안무로 9명의 원로무용가와 50명의 국립무용단 단원이 출연한 공연이었다.[144] 전반적으로 자주 무대에 오르던 그대로의 춤이 공연된데 비해 최현의 〈군자무〉는 군계일학群鷄一鶴이었다.

전통춤사위에 발레 형식을 대입한 독특한 구성으로 가장 많은 박수를 받았다고. 사군자를 그리는 1명의 선비가 매梅·난蘭·국菊·죽竹으로 분扮한 4명의 여자 무용수와 번갈아 가며 화려한 춤을 선보였는데, 관객들은 이해가 쉽고 기발한 이 작품을 통해 한국춤의 장래를 엿볼 수 있었다고 호평.[145]

신문들에서는 이 날의 작품들을 '원로들의 전통춤판'이라고 했지만, 대체로 1950년

143 『경향신문』 1993.04.13. 15면. 「무용계 원로들의 전통춤판. 국립극장대극장서 17~22일까지」
144 『경향신문』 1993.04.16. 31면. 「주말매거진. 문화캘린더. 무용: ◆우리 춤, 우리의 맥」
145 『경향신문』 1993.04.22. 13면. 「국립무용단 공연 관객 만원에 희색」

〈화보 9〉〈군자무〉 매: 최정임, 란: 이미미, 국: 이문옥, 죽: 양성옥

대에 전통춤을 기반으로 현대적 무대에 알맞게 창작된 신무용들이 주조를 이룬 것이
었다. 그리고 1968년 멕시코올림픽 민속예술축제에서 세계의 격찬을 받았던 성공적인
작품들이었다. 이들 중 최현만이 새로운 주제의 새 작품을 발표하였고, 내용과 질적
인 면에서도 관객의 이목이 집중 쏠렸던 것이다. 무용예술사에서 제정한 제1회 무용
예술상 올해의 작품상 수상으로 그 성과가 이어졌다.[146] 〈군자무〉에 대해 안무가 최현
은 아래와 같은 안무 의도를 가지고 작품을 냈다고 한다.

　　〈군자무〉는 옛 사대부들의 인격의 요체인 매화, 난초, 국화, 대나무梅蘭菊竹 속에 숨어있는
　　고고함을 표현하고자 한 작품이다. 매, 난, 국, 죽이라는 네 명의 여인이 춤맵시로 도화공의

146 『경향신문』 1994.02.16. 17면. 「무용예술상 작품상 받아」

혼을 뒤흔든다는 내용으로 전개되는데, 매화는 고고하고 화사한 꽃잎으로, 난초는 풀 끝이 휘어져 하염없는 모습으로, 국화는 언제나 남모르게 와서 안겼다 가는 가을꽃 향기로, 대나무는 요요姚姚함과 곧은 기질을 나타내는 모습으로 네 명의 무용수 개개인의 특징과 성격에 맞는 움직임을 만들었다.

최현이 안무에서 가장 중요하게 생각하는 부분은 여백미를 주면서도 균형 있고 세련되게 채워가는 조형감각이다. 이러한 감각 때문인지, 박용구는 〈군자무〉를 가리켜 "극장춤의 틀과 전형을 통해서 도예공의 탐미적 판타지로 전개하는 명작"이라고 언급한 바 있다.[147]

1993년 〈군자무〉 초연의 성공은 1994년 최현의 첫 개인발표회(12월 2일~3일, 국립극장 대극장)를 갖는데 심리적 안정감과 새로운 도약의 발판이 되었을지 모른다. 1994년은 최현이 무용에 입문한지 어언 48년이 되는 해인데, 마침내 본인의 이름을 내건 첫 개인발표회를 갖게 된 것이다. 여기에 〈군자무〉를 다시 공연 종목에 올렸다.

그리고 1995년 국립무용단 감독이 되어서 지방순회공연을 나갔을 때도 소품의 하나로 발표하였다.[148] 또 〈군자무〉는 최현의 성공작품으로서 1998년의 '최현춤전'에도 올렸으며, 국립무용단 제79회 정기공연(2000.04.19.~22.)에서도 다시 공연하였다. 국립극장 개관50주년 기념공연 '4인 4색, 나흘간의 춤이야기' 중 한 이야기가 〈군자무〉였다. 배정혜 단장이 역대 국립무용단 단장(송범, 조흥동, 최현, 국수호)의 대표작을 공연하도록 한 것이다.

마지막으로 국립무용단과 최현의 인연은 국립무용단 단장으로서 1995년 1월부터 9월초까지 맺어진다. 앞서 서울예술고등학교 무용과 과장으로 재직하다가 만 65세의 새해에 국립무용단 단장으로 취임하였다. 국립극장 산하 단체의 단체장으로 선임되었음을 1994년 12월 20일자 신문에서 볼 수 있다.[149] 최현이 국립무용단 단장으로 취임

---

147 최윤찬, 앞의 논문, 2002, 19~20쪽.
148 『연합뉴스』 1995.04.04. 「국립극장 전속단체 11일부터 지방순회공연」
149 『경향신문』 1994.12.20. 17면. 「국립극장 산하단체장 선임」;『동아일보』 1994.12.20. 25면. 「국립 국악관현악단장에 朴範薰중앙대교수 임명」

한 1995년 1월부터 9월의 사퇴 기사가 있기까지 국립무용단의 대내외 활동은 다음과 같이 전개되었다.

〈표 4〉 1995년 최현 단장 취임 후의 국립무용단 활동

취임	1995.01.	국립무용단 최현 단장 취임	무용단장	『한겨레신문』 1995.09.07
축하공연	1995.01.25.	국립국악관현악단 창단 축하공연 <축헌무>	국립무용단	국립극장 대극장 2층 로비
출장공연	1995.03.01.	광복50주년 3·1절 문화축제	국립무용단	총독부건물 철거 고유제 국립중앙박물관 광장
출장공연	1995.03.18.	세계풍물놀이연합회 창립 축하공연 참가	국립무용단 풍물패	롯데월드민속관
출장공연	1995.04.11. /13/14	국립극장 전속예술단체 지방순회공연	국립무용단	충주문화회관 김해체육관 광양효자음악당
출장공연	1995.05.02. ~06.14.	2002년 월드컵유치 홍보 해외순회공연	국립무용단 34명	중남미 7개국
출장공연	1995.07.18.	세계무용연맹 창립 KIDE `95 개막 한국의 밤 '한국 한국인 한국의 춤–5천년의 향기'	국립무용단 <사랑가> <축연무> 최현 안무	토월극장
하계예술캠프	1998.07.31. ~08.01	화관무 살풀이 등 전통 소품 공연	국립무용단	설악산 대명콘도 야외공연장
산하공연	1995.08.31.	정동극장 정오의 예술무대(한국 춤 소품)	국립무용단	정동극장
사직	1995.09.05.	단원들과의 불화와 투서사건으로 사표제출	무용단장	『한겨레신문』 1995.09.07

최현은 국립무용단 단장으로 취임하자마자 1월 25일의 국립국악관현악단 창단기념 축하공연을 위해 〈축헌무〉를 안무하였다.[150] 3월 1일에는 '구 조선총독부 건물철거를 공식 선포하고, 경복궁 복원을 기념하기 위한 '광복 50주년 3·1절 기념문화축제'가 오

전 국립중앙박물관 광장에서 성대히 펼쳐졌다.' 역사적인 날에 국립무용단은 국립국악관현악단과 함께 고유제告由祭를 연출하며 〈터벌림춤〉 등과 의식무를 추었다고 한다.

사물놀이 주자 이광수씨의 '비나리'에 이어 세종문화회관에서 3·1절 기념행사를 마친 인사들이 박물관 광장에 도보로 도착한 후, 국립국악관현악단과 국립무용단 단원 1백여 명이 고유제를 지냈다. 고유제는 천지신을 맞이하고자 터를 정화하는 터벌림춤, 제사장이 궁터 지신에게 잡귀축멸과 건물철거를 고하는 제문낭독, 천지신을 즐겁게 하기 위한 의식무로 진행됐다.[151]

3월 18일에는 세계풍물놀이연합회가 창립되어, 롯데월드 민속관 놀이마당에서 창립총회를 갖고 축하공연을 가졌는데, 이 연합회에 국립무용단 풍물패도 전국 시도립 단체의 풍물단과 함께 참가하였다. 또 4월 11일과 13일, 14일에는 국립극장 산하단체로서 지방순회공연을 다녀왔다. 11일에는 충주문예회관, 13일에는 김해문화체육관, 14일에는 광양의 효자음악당에서 최현 안무의 〈군자무〉 등의 창작소품을 공연하였다.[152] 5월 2일부터 6월 14일까지는 2002년 월드컵유치 홍보 해외순회공연을 국립무용단 단원 34명과 함께 다녀왔다. 공연내용은 〈화관무〉, 〈무당춤〉, 〈부채춤〉, 〈농악〉 등과[153] 〈사랑가〉, 〈단오놀이〉 등의 창작춤이다.[154]

7월 18일에는 세계무용연맹 한국지부 창립 개막 축하공연을 위해 국립무용단의 최현 단장은 〈사랑가〉와 〈축연무〉를 안무하여 여러 주요 무용단과 함께 참가하였다.

KIDE '95의 개막을 알리는 공연은 18일 오후 7시 30분 예술의 전당 토월극장에서 '한국의

---

150 『연합뉴스』1995.01.18. 생활문화면. 「국립국악관현악단 창단공연」
151 『연합뉴스』1995.03.01. 생활문화면. 「광복50주년 기념 3.1절 기념 문화축제열려」
152 『연합뉴스』1995.04.04. 생활문화면. 「국립극장 전속단체 11일부터 지방순회 공연」
153 『연합뉴스』1995.04.19. 생활문화면. 「문체부, 월드컵유치 위해 중남미 순회공연」
154 『연합뉴스』1995.04.28. 생활문화면. 「국립무용단 중남미 7개국 순회공연」순회공연 일정: △5월 4. 6일 브라질 △11~12일 파라과이 △16~17일 아르헨티나 △22~23일 에콰도르 △30~31일 코스타리카 △6월 5~6일 트리니다드 토바코 △10~11일 엘 살바도르.

밤'으로 펼쳐진다. '한국 한국인 한국의 춤-5천년의 향기'를 주제로 국수호 교수(중앙대)가 총괄 연출하는 이 무대에는 국립무용단의 〈사랑가〉, 〈축연무〉(안무 최현), 서울시립무용단의 〈서울까치〉(안무 배정혜), 서울예술단의 〈천도〉(안무 임학선), 국수호 디딤무용단의 〈북의 대합주〉(안무 국수호), 한국현대무용단의 〈학〉(안무 육완순), 유니버설발레단의 〈모차르트 K379〉(안무 로이 토비아스) 등 한국의 대표적인 무용단체들이 그들의 대표적인 레퍼토리를 선보인다.[155]

이상과 같이 최현은 국립무용단 단장으로서 활발히 활동하였으나, 2002년 월드컵 유치를 위한 중남미 순회공연을 다녀온 후, '무용단 내부에 좋지 않은 기류가 흐르는 것'을 감지하였다. 그는 누군가의 음모와 지령에 의해 투서 사건이 발생했다고 여겼다.

> 2002년 월드컵 유치를 위한 순회공연을 위해 중남미에 갔어요. '피파'회원들과 파티도 하고… 9월에 돌아왔는데, 무용단 내부에 좋지 않은 기류가 흐르더라고요. 제가 하늘을 우러러 정말 부끄러움이 없는 사람인데, 여러 가지 음모들이 있었어요. 진정서 써서 내고, 그게 모두 지령에 의한 각본이었어요. 저는 그런 걸 못 참거든요. 제가 양심에 가책이 되지 않는 한은… 그래서 사표 내버렸어요. 일 년을 못 채우고 한 9개월 정도 했지요. 묶여 있을 팔자가 아닌가 봐요.[156]

1995년의 최현은 국립무용단과의 좋고 나쁜 인연 속에 한해를 보내었다. 최현은 국립무용단과 1963년 봄부터 시작된 인연 길에서 여러 안무가들의 창작의 세계를 몸으로 직접 경험했고, 자신의 무용세계로 재창출해내는 거름을 삼았다고 생각된다. 국립무용단이 지난 세월 지향했던 무용예술-신무용, 극무용(무용극), 창작무용 등에 직접 참여함으로써 안무자들과의 만남이 이루어졌고, 그 만남을 통해 자신의 춤에 대한 확신과 창작의 다양성을 익히고, 또 생산하는 계기가 되었으리라고 여겨지기 때문이다.

---

155 『연합뉴스』 1995.07.01. 생활문화면. 「〈무용〉 7월 무용계 공연·행사 풍성」
156 문애령, 앞의 책, 2001, 287쪽.

5. 창극단(가극단)에서의 최현 안무

최현은 7·80년대에 국립가무단과 국립창극단 공연작품의 안무자로 12회 참가하였다. 12회 중 2회는 국립극장에 창설된 국립가무단을 위한 정기공연 작품 2편에 안무가로 참여했고, 나머지 10편은 국립창극단의 작품에 안무자로 활동했다. 이를 표로 제시하면 다음과 같다.

〈표 5〉 국립창극단(가무단)에서의 최현 안무 작품

제 회	공연 일자	작품 이름	스태프	자료번호
가무단 1회	1974.05.21.~26.	뮤지컬 <대춘향전>	박만규(극본), 김희조(작곡), 이기하(연출), 최현(안무)	CPO00070
가무단 2회	1974.11.12.~17.	뮤지컬 <시집가는 날>	오영진(작), 박만규(각색), 김희조(작곡·지휘), 이기하(연출), 최현(안무)	CRP01343
창극단 26회	1977.03.24.~27.	창극 <심청가>	허규(연출), 김소희(창지도), 김희조(작곡), 최현(안무)	CLF00034
창극단 28회	1978.05.12.~16.	창극 <강릉매화전>	이재현(극본), 허규(연출), 김소희(창지도), 김영동(작곡), 최현(안무)	CPO00320
창극단 30회	1979.03.22.~26.	<광대가>	허규(작.연출), 김소희(작창), 최현(안무), 이상규(음악)	CPR02025
창극단 31회	1979.10.07.~11.	<가로지기> (변강쇠타령)	허규(극본·연출), 박귀희(작창), 최현(안무)	CPR02145
창극단 32회	1980.04.09.~13	창극 <대춘향전>	이원경(연출), 김소희(작창), 최현(안무), 김영동(음악)	CPR02262
창극단 36회	1982.05.08.~13	창극 <심청>	이진순(편극·연출), 김소희(작창), 최현(안무)	CPO00537
창극단 40회	1983.05.28.~06.02.	창극 <토생원과 별주부>	허규(편극·연출), 정광수(연창), 최현(안무)	CPR02827
창극단 43회	1984.04.04.~12.	창극 <심청가>	허규(연출), 정권진(연창), 최현(안무)	CPO00600
창극단 44회	1984.06.15.~20.	창극 <서동가> (선화공주이야기)	이재현(극본), 이원경(연출), 김소희(연창), 최현(안무)	CPR02966

최현은 국립무용단 지도위원일 때, 예그린악단으로부터 국립가무단으로 영입된 이 단체를 위해 뮤지컬 〈대춘향전〉과 〈시집가는 날〉의 안무를 담당하였다. 국립가무단 창설 제1회 공연이었던 뮤지컬 〈대춘향전〉은 박만규朴滿圭 극본에 김희조金熙祚 작곡·지휘, 이기하李基夏 연출, 최현 안무, 국립교향악단이 협연하는 가운데 이 단체의 초연작품을 1974년 5월 21일부터 26일까지 국립극장 무대에 올렸다.[157] 국립무용단과 국립극단, 국립합창단도 이 공연에 특별출연하였다.[158] 같은 해 11월 12일부터 17일까지는 오영진吳泳鎭 작 뮤지컬 〈시집가는 날〉을 제2회 국립가무단 공연으로 올렸다. 이 역시 김희조 작곡과 지휘, 박만규 각색, 이기하 연출, 최현 안무로 공연하였다.

1943년 〈맹진사댁 경사〉라는 시나리오로 『국민문학지國民文學誌』에 발표된 이 작품은 50년 대 영화 〈시집가는 날〉로 크게 성공했으며, 그 이후 〈맹진사댁 경사〉로 여러 차례 공연되기 도 했다. 오씨(오영진)는 이 작품의 희극성喜劇性을 뮤우지컬로 발전시킬 수 있다고 판단, 60년 대에 재집필해서 뮤우지컬 〈시집가는 날〉로 완성해 냈다.[159]

1956년 영화 〈시집가는 날〉의 주역 미언 역을 담당했던 최현은 국립가무단의 뮤지컬 〈시집가는 날〉을 위해 '탈춤의 춤사위를 활용하여' 안무했다고 한다. 최현은 '희극 적 표현을 위한 무용인데, 육체의 많은 부분을 감싸는 한복으로서는 역시 여러 가지 부자유스럽다는 것'을 안무과정에서 느끼며 차후 이 문제를 연구 과제로 제시한바 있 다.[160]

국립가무단은 예그린악단을 모태로 1972년에 재창단된 단체이다. 예그린악단은 1961년 한국전통예술의 국제화를 목표로 뮤지컬을 도입한 단체인데, 1960년대 말 일

---

157 『동아일보』 1974.05.20. 5면. 「뮤지컬 '大春香傳」 공연. 21~26日 國立劇場서」
158 국립가무단 제1회 뮤지컬 〈大春香傳〉 공연포스터. (국립극장 공연예술 디지털 아카이브 자료번호 CPO00070).
159 『동아일보』 1974.11.08. 5면. 「뮤우지컬 「시집가는 날」 공연. 12~17日 國立劇場서」
160 국립가무단 제2회 뮤지컬 〈시집가는 날〉 프로그램 내지2면(창작노오트). (국립극장 공연예술 디지털 아카이브 자료번호 CPR01343).

단 해체되었다가 1972년 국립가무단으로 재출범하였고, 1977년 11월 세종문화회관 개관을 계기로 서울시립가무단으로 옮겨갔다. 그리고 1999년 7월 세종문화회관이 재단법인으로 되면서 서울시뮤지컬단이라는 현재의 명칭을 사용하기 시작했다.[161] 국립가무단에서의 최현의 안무자 역할은 여기까지였다.

이후 최현은 국립창극단의 안무자로 10회차 활동하게 되는데, 허규許圭(1934~2000) 연출의 창극과 마당극에서 능력을 발산하기 시작했다. 뮤지컬 〈시집가는 날〉에서 탈춤의 춤사위를 활용하여 작품의 풍자성과 희극성을 표현해 내었던 최현의 안무활동을 지켜 본 허규는 창극에 보다 적합하다고 연출가 입장에서 여겼을 것이라고 생각한다. 뮤지컬 공연 안무는 작품의 성격상 전통을 소재로 할 뿐, 그 형식은 서양화를 지향하는 편이므로, 춤의 전통기법이나 복식이 오히려 조화롭지 못했을 가능성도 있다. 그러나 국립창극단의 전통을 지향하는 현대화 작업에서 최현의 안무자로서의 역할은 보다 빛을 발휘할 수 있었을 것이다. 연출가 허규의 안목으로 최현이 꼭 필요했을 것이라 여겨진다. 허규는 '1970~80년대 정치적으로 암울했던 시기에 마당극이라는 열린 무대의 정치풍자극 태동에 영향을 미친' 연출가이자 작가로서, '전통의 현대적 계승과 재창조 작업'을 평생 실험했던 인물[162]이기에 최현과의 작업은 창극에 활력이 되었으리라 생각된다.

최현의 국립창극단을 위한 안무는 1977년 제26회 정기공연으로부터 시작되어 1984년 제44회 공연까지 이어졌다. 〈심청〉을 소재로 한 창극을 3번 안무했고, 〈토생원과 별주부〉 이야기를 소재 한 창극 2편, 그 외 〈대춘향전〉, 〈강릉매화전〉, 〈가로지기〉,

---

161 서울시뮤지컬단(한국민족문화대백과사전 〈http://encykorea.aks.ac.kr〉).
162 허규(許圭, 1934~2000): 연출가·극작가·방송극 피디·창극 연출가. 1970년대 후반에 국립창극단의 창극 연출을 맡아 창극 속에 다양한 민속예능을 융합시킴으로써 창극의 양식적 발전을 이끌었다. 2시간 내외로 연행되던 창극을 5시간으로 확대하는 등 창극의 외연을 확대하였다. 그동안 잊혀졌던 「강릉매화전」을 복원했으며, 19세기 판소리 이론을 정립하고 대본을 집대성한 신재효의 일대기를 「광대가」란 제목으로 무대화하여 호평을 받았다. 1981년에는 국립극장장으로 취임하여 1989년 1월까지 활동했는데, 야외극장과 실험무대 개설, 전속단체의 지방순회공연의 확대, 연수원 제도의 부활, 장기공연체제 확립 등의 업적을 남겼고, 특히 전통예술 발전에 큰 공헌을 했다. (한국민족문화대백과사전 〈http://encykorea.aks.ac.kr〉)

〈서동요〉 등 다양한 창극의 안무를 담당했다.

국립창극단에서 맺은 허규와의 인연을 시작으로 민간 창극의 안무자로 1980년대에 수차례 활동하였다. 극단민예, 극단마당, 극단여인극장 등등 마당극 공연 그리고 1989 년 창단된 광주시립국극단 공연의 안무를 1997년까지 맡았다. 표로 제시하면 아래와 같다. 이 표는 최윤찬(최현)의 석사학위 논문에 제시된 부록Ⅱ의 활동연보[163]에서 발췌 한 것이며, 네이버뉴스라이브러리의 신문자료[164]와 국회도서관에서 검색한 『조선일보』 를 통해 날짜를 확인하고, 활동 작품에 대해 각각 검증 정리한 것이다.

〈표 6〉 민간극단 창극(마당극)과 광주시립국극단에서의 최현 안무 작품활동

날짜	작품	주최	활동 내역	스태프
1962.09.06.~09.	토끼전	한국아동극연구회	공연(국립극장)	주평(각본.연출), 권길상·김수길(음악), 손상림·최현(무용), 장종선(장치)
1980.05.01.~07.	배뱅이굿	민예극장	세실극장	박성재(작), 허규(연출), 최현(안무)
1981.01.~04.09.	토선생전	극단마당	세실극장	안종관(작), 박용기(연출), 박범훈(음악), 최현(안무)
1981.04.17.~06.30.	서산닭장수	극단마당	세실극장	오길주모노드라마(연출), 이동규(극본), 전수덕·김은도(장고·북), 최현(안무)
1981.12.18.~19.	허생전	MBC, 극단마당	MBC창사 20주년 특집 마당놀이 공연 (문화체육관)	이근삼(극본), 손진책(연출), 최현(안무)
1984.05.10.~14.	탑	극단여인극장	제70회 공연 (세종문화회관 별관)	노경식(작), 강유정(연출), 최현(안무)
1984.05.24.~28.	가로지기타령	극단민예	판굿공연 (분예회관대극장)	허규(작), 손진책(연출), 박범훈(작곡), 최현(안무)

---

163 최윤찬, 앞의 논문, 2002, 42~44쪽.
164 네이버뉴스라이브러리 키워드검색 〈http://newslibrary.naver.com/search/searchByKeyword.nhn〉

날짜	작품	주최	활동 내역	스태프
1985.05.16.~22.	삼시랑	극단실험극장	창단25주년기념공연 (문예회관대극장)	노경식(극화), 김동훈(연출), 최현(연희지도), 조은미(안무)
1987.03.04.~06.	새불	88서울예술단	창단공연. 총체극. (세종문화회관대극장)	오태석(작·연출), 이기하(총감독), 김영재·강준일(음악), 최현(안무)
1987.09.	자유혼	극단여인극장	서울연극제 (문예회관대극장)	윤정선(작), 강유정(연출), 최현(안무)
1989	놀보전	광주시립국극단	창단공연	안무
1989.09.04.~22. 동구권창극순회공연 11.29.(귀국공연)	심청전	한국국제문화협회 주관. 극단미추 단원 판소리보존연구회원 국립국악단원	<순회공연> 9월4일 헝가리 데브레센; 6일 부다페스트; 7일 스제게드; 13일 유고의 베오그라드, 17.8일 류블랴나, 22일 자그레브 <귀국공연> (문예회관대극장)	손진책(총연출), 최현(안무), 국립국악원 민속반주단(연주)
1990.06.09.~07.15.	창극 소태산 (少太山)	원불교 성업봉찬회	소태산 대종사 탄생1백돌 기념 무대 순회공연	김지일(극본), 손진책(연출), 최현(안무)
1990.08.26.~27.	아리랑	동아일보	70주년기념공연 창극	유현종(작), 김지일(극본), 손진책(연출), 최현(안무)
1990.09.03.~14.	아리랑	〃	소련 모스크바 외 5개 지역 순회공연	〃
1990.10.31.	심청전	광주시립국극단	제2회 공연	최현(안무)
1992.04.	홍보전	광주시립국극단	정기 공연	〃
1995.10.30.~31.	심청전	광주시립국극단	광주비엔날레, 정기공연	〃
1996.10.	놀보전	〃	정기공연	〃
1997.05.	춘향전	〃	〃	〃

광주시립국극단은 1989년 6월 1일 '남도소리와 전통국악예술을 발전시켜 광주시민의 문화욕구를 충족시켜, 한국의 높은 예술성을 대내외에 널리 알리기 위해 설립된 단체이다.'[165] 이를 위해 최현은 공연작품의 안무를 담당했다.

국극은 창극의 다른 이름이다. 창극은 판소리와 같은 창을 중심으로 연극처럼 대화 기법으로 연출하는 민속음악극이다. 넓은 의미로는 판소리와 그것이 분창分唱, 사실극화된 것을 함께 일컫는 말이지만, 판소리와는 규모와 형식의 차이가 크다. 창극은 아름다운 음악과 연극뿐만 아니라 무용, 화려한 무대, 관현반주 등 여러 가지 종합예술 형태를 고루 갖춘 서양의 오페라나 오페레타와 비교될 수 있는 극음악양식이다.[166]

창극을 위한 최현의 안무 활동은 1977년 시작되어 1997년까지 20년 동안 지속되었다. 연출가 허규와의 인연을 시작으로 전통 판소리와 신창극의 다양한 경험을 축적하였다. 전통판소리 문화의 현대적 기법 모색에 춤으로 함께 참여하고 다양하게 시험하면서 최현의 예술세계가 일정 부분 구축되었으리라 생각한다.

6. 최현의 개인적 무용공연활동

최현의 개인 활동으로서의 춤 공연의 참여 양상은 크게 제3기의 변화상을 드러낸다. 우선 제1기는 1954년 서울로 진출한 때로부터 1974년까지의 무용 활동기라 하겠다. 서울로 진출한 최현은 스승 김해랑이 1956년 말에 마산으로 낙향할 때까지 자신의 개인무용공연활동이나 작품 활동에 실질적 의미를 부여하지 않았다고 여겨진다. 영화배우로서의 활동에 주력하는 동안, 무용에 대해서는 학비마련을 위한 궁여지책이

---

165 광주시립국극단: 광주광역시 북구 운암동 광주문화예술회관 내에 있는 시립 국극단. 1989년 창단 당시 초대 단장은 조상현(중요무형문화재 제5호 판소리 기능보유자)이고, 제2대 단장 성창순(중요무형문화재 제5호 판소리 기능보유자)가 재직 때에 최현이 안무를 담당한 것으로 보인다.

166 창극(唱劇): 창을 기본으로 하는 우리나라 고유의 음악극. 창극은 판소리의 극적인 성격이 부각되고 들을 거리 위주에서 보고들을 거리로 바꾼 종합적인 무대예술이다. (한국민족문화대백과사전 〈http://encykorea. aks.ac.kr〉).

되었다고 판단된다.

　이때는 스승 김해랑으로부터 독립했으나, 〈춘향전〉의 이도령과 춘향의 사랑대목을 2인무로 다져나가는 한편, 탈춤을 무대화한 시기로 볼 수 있다. 이두현과의 인연으로 일찍부터 가면극에 관심을 가질 수 있었다. 이는 1962년 7월 18일부터 8월 1일까지 15일 동안 봉산탈춤 특별강습회 강사로 활동한 경력[167]과 이후 〈태양과 문둥이〉(1964년 초연), 〈초라니〉(1965년 초연) 등의 안무 작품을 실제 공연한 것을 통해 알 수 있다. 타인 공연에 찬조 출연하는 경우는 〈춘향전〉, 혹은 〈춘향〉, 〈춘향무〉로 듀엣(2인무) 중 이도령의 역할을 하였다. 최현은 1950년대에 영화배우로 활동한 10여년 경력을 바탕으로 무용극에 대한 관심을 내면적으로 다져 나갔다.

　제2기는 1974년 조택원의 〈신로심불로〉를 전수받아 공연하면서 '자신의 춤태를 완성'[168]시킨, 즉 자신의 춤 관과 양식에 2차 변화를 갖게 된 시기라 하겠다. 최현은 자신의 춤이 '〈신로심불로〉를 추면서부터 남성의 정체성을 굳건하게 지켜온 독보적 남성 무용가로 평가받기 시작했다'[169]고 기술했다. 〈신로심불로〉를 발판으로 최현은 〈비상飛翔〉이라는 명작을 탄생시켰다. 1975년 4월 21일 혜화동 우석대학병원에서 위궤양 수술[170]을 받은 후, 신체적 자유를 춤으로 실현시키고자 하는 내적 동인을 갖게 되었

---

167 『경향신문』 1962.07.19. 4면. 「鳳山탈춤講習會. 林聖男무용연구소서」 강사: 임성남, 강선영, 최현, 손상림 외, 봉산탈춤의 권위자 김진옥(金辰玉), 한국가면극보존회 회원 이두현 교수.

168 최윤찬, 앞의 논문, 2002, 14쪽.

169 최윤찬, 앞의 논문, 2002, 14쪽.

170 김영희 조사, 「수려한 춤사위 속의 孤高한 춤꾼 최현」, 앞의 글 1982.06.03.~04, 123쪽. 이 기록은 최현의 위궤양 수술을 1974년 4월 21일이라고 거론한 최초의 글이다. 또 최현은 이 기록에 "격려와 위로를 해준 무용가들에 대한 고마움에 한사람 한사람 문안 온 분들의 명단을 적어놓기도 했다"고 하였다. 그리고 최현(본명 최윤찬)자신의 석사학위 논문에도 1974년에 위궤양수술을 받았다고 하였다. 따라서 이 사실에 대해 의심의 여지가 없어 보이지만, 당시에 병문안을 갔던 제자들, 특히 서울예고를 졸업하고 사회 초년생 혹은 대학 신입생이 막 되어 1975년 4월에 사복을 입고 찾아갔었던 사실이 근래 증언되었다(백정희, 원필녀, 윤성주와의 면담 2018.04.18. 19시. 국립극장 해와달 카페에서. 그렇다면 1975년 4월에 위궤양수술을 받았다는 것을 의미한다. 게다가 실제 최현의 공연 및 안무활동은 1974년에 크게 몰려있는 반면, 1975년에는 4월 5일에 국립극장 토요민속제전에서 〈흥과 멋〉을 공연한(『동아일보』 1975.04.03. 5면. 「每土曜日마다 民俗祭典. 國立劇場小劇場에서 6月까지」 이후에 활동 공백이 보이고 있으므로 이 때 수술했을 가능성도 고려될 수 있다.

다. 그리고 1976년 봄 〈비상〉이라는 작품을 통해 마침내 자신의 춤 세계를 세상 밖으로 표출시켰다.

따라서 최현의 개인적 무용 작품활동의 제2기는 1976년 TBC 향연에서 초연된 〈비상〉을 통해 시작되었다고 보아야겠지만, 그 자신에게 있어서 조택원의 〈신로심불로〉 전수와 위궤양수술은 중요한 사건이 되므로 이로부터 변화 시점을 잡는 것이 좋겠다고 생각했다. 1994년에 제1회 최현춤 작품전 〈허행초〉가 발표되기 이전까지를 제2기로 가늠할 수 있다. 이 시기 최현은 〈비상〉을 통해 전통춤 명무의 반열에 올랐고, 각 기관이나 개인공연의 초청인사로 활동했다. 소품 〈연緣〉과 〈비원의 숨소리〉, 〈연정戀情〉, 〈신로심불로〉, 〈사랑가〉, 〈추정秋情〉, 〈군자무君子舞〉 등이 이시기에 안무 및 찬조 혹은 특별 출연으로 공연된 작품들이다.

제3기는 최현의 개인무용작품전 〈허행초〉가 발표된 1994년부터 2001년 11월 30일과 12월 1일에 공연된 〈비파연〉까지이다. 제3기는 약 8년 동안이지만, 오롯이 자신의 다양한 작품을 무대에 올려 노익장을 발휘한 시기이다. 전통춤을 뿌리로 현대 예술화 작업에 성공한 최현의 작품 〈허행초〉, 〈비원〉, 〈녹수도 청산을 못잊어〉, 〈달의 정〉, 〈고풍〉, 〈상〉, 〈남천〉, 〈남색끝동〉, 〈울음이 타는 강〉, 〈신명〉, 〈봄이오면〉, 〈살풀이 춤〉, 〈헌화가〉, 〈미얄할미〉, 〈비파연〉 등이 바로 이 시기에 처음 발표되거나 재안무되었다.

제1기로부터 제3기에 이르는 최현의 개인적 무용공연활동의 전개 양상과 그 의미를 짚어보기로 하겠다.

1) 최현의 개인 무용공연활동 제1기(1957~1973)

최현은 1957년 3월 11일에 한국예술사절단 동남아 순방기념 환송 공연을 자신의 첫 무용 활동으로 기록하였다.[171] 조용자와 권려성이 주축이 된 한국예술사절단의 무

---

171 최윤찬, 앞의 논문, 2002, 42쪽(부록Ⅱ. 활동연보).

용가로 참여하여 3월 19일과 28일 두 번으로 나누어서 배편으로 동남아 순회공연을 떠났다.[172] 그리고 돌아와서 '반공친선한국예술단 환국환영의 밤'(동아일보 주최)을 6월 1일 저녁 7시부터 중앙청 내 야외음악당에서 서울시민에게 전석무료로 공개 공연하였다.[173] 5월 28일자『동아일보』에는 환국환영의 밤에 출연할 무용가로 34세의 조용자趙勇子와 29세의 최현, 26세의 권려성權麗星을 소개하였다. 당시 최현에 대해 다음과 같이 소개하였다.

무용가

최 현씨

▲ 경남부산출신 29세 ▲ 4286년 마산상업 졸 ▲ 4290년 서울사범대학 4년 재학중

▲ 마산 김해랑무용연구소에서 8년간 수학 ▲ 최현무용연구소 창설[174]

이 공연은 밤10시까지 행해졌고, 제1부는 교향악, 제2부는 무용으로 편성되었다. 2부의 무용공연에서 〈궁녀무〉, 〈즉흥무〉, 〈북춤〉, 〈무녀무〉, 〈춘향무〉, 〈꼭두각시〉, 〈장고무〉가 연행되었는데, 이 중 최현은 〈춘향무〉에 조용자와 듀엣(2인무)으로 출연하였다.[175] 이 역시 김해랑의 작품을 가지고 활동했다면, 스승이 안 계신 자리에서 춤 잘 추는 최현은 좋은 파트너 무용수로서 당당하게 출연했으리라 생각한다.

하지만, 한국예술사절단의 1957년 동남아순회공연 때의 전체 레퍼토리는 '참담한 졸작으로 평가'되었다. 게다가 〈춘향무〉 일명 〈춘향전〉은 상식 이하의 수준이라는 평가까지 있었다.

---

172 『경향신문』 1957.03.18. 3면. 「19日28日 二次로나눠出發. 亞洲反共國家巡禮藝術團一行」

173 『동아일보』 1957.05.24. 4면; 1957.05.26. 4면. 「반공친선한국예술단 환국환영의밤」

174 『동아일보』 1957.05.28. 4면. 「교향악과 무용의 일대향연: 반공친선예술단환국환영의 밤. 지휘자 출연자의 푸로필」

175 『동아일보』 1957.06.03. 3면. 「박수와 환호성의 도가니: 예술의 일대향연: 본사주최. 반공친선한국예술단환국 환영의 밤 盛大」

민족정신의 정화요, 한국여성의 귀감인 춘향전이라는 무용극은 무용가 스스로가 저지른 상식이하의 것으로 서글프기 짝이 없다. 한국의 무용이란 이것 뿐 이었을까하는 생각이 든다. 우리의 민족성을 죽이는 결과가 되지 않기를 바랄뿐이다[176]

'아세아 반공국 순례 예술사절단'의 환송 무용공연이 3월 11일과 12일 시립극장에서 있었는데, 이 공연을 본 평론가는 '국가체면문제'라고 하며, 각계의 사람들과 함께 '작품의 졸렬성'을 지적하고 나섰다. 실은 조용자와 정인방을 중심으로 한 무용단의 구성이 말썽이었다. 또 '아마추어 정도의 학생·어린이 등의 인원으로 조직'되었고, '역량 있는 무용인들은 전적으로 거세되었다'고 했다.[177] 뒤늦게 김백봉과 송범에게 정부 관리자 측에서 특별대우를 조건으로 가담을 종용했으나, 이 두 사람은 '인원의 재편과 레퍼토리의 재구성'을 요구했고, 종내는 관철되지 않아서 참가를 거절했다고 한다.[178] 여기에서 최현은 조용자(춘향 역)의 짝 이도령 역을 담당했었다. 나이로 본다면 당시 임성남이나 김백봉과 동갑이거나 두 살 차이가 났었음에도 불구하고 서울대학교 재학생인 최현을 향해 신문에서는 어쩌면 아마추어라고 깎아 내렸는지 모르겠다. 따라서 이상의 결과로 볼 때, 이 시기까지의 최현의 위상은 아직도 김해랑 문하의 한 사람일 뿐이며, 아마추어로서 해외 순회공연에 참가했던 것으로 여겨진다.

최현의 제1기 개인 무용공연활동의 양상을 한눈에 볼 수 있도록 표로 제시하면 아래와 같다. 이 표는 최현의 본명인 최윤찬 석사학위논문에 게재된 개인의 공연활동 경력을 아래의 표로 정리한 것이다.[179] 최현의 활동연보 중에서 국립무용단, 한국민속예술단에서 무용수로 공연에 참여한 것과, 국립창극단과 가극단, 민간 창극단에서 안무자로 활동한 앞의 내용을 제외한 개인 무용공연활동을 정리하였다. 이 표는 네이버 뉴스라이브러리의 신문자료[180]와 국회도서관에서 검색한 『조선일보』, 그리고 추가 자

---

176 『경향신문』 1957.03.18. 3면. 「舞踊關係. 人的構成 말썽. 中堅側서 作品等問題로 不參抗議」
177 『경향신문』 1957.03.18. 3면. 「舞踊關係. 人的構成 말썽. 中堅側서 作品等問題로 不參抗議」
178 안제승, 앞의 책, 1984, 65쪽.
179 최윤찬, 앞의 논문, 2002, 42~45쪽(부록Ⅱ. 활동연보).

료를 통해 보충 정리한 것이다. 이하 개인 무용공연활동 제2기와 제3기의 표도 마찬가지 방식으로 각각 정리하겠다.

〈표 7〉 최현의 제1기 개인 무용공연활동 연표

공연일자	최현 출연 작품	공연(축제)명	지역 및 장소
1957.06.01.	춘향무	동아일보 주최. 반공친선한국예술단 환국환영의 밤	중앙청 광장 야외음악당
1964.08.19.~20.	춘향전, 태양과 문둥이	한국무용협회 경남지부 결성 광복 19주년 합동무용예술제	마산 강남극장
1964.12.20.	태양과 문둥이	무용협회 공로상 수상 축하공연 (조택원)	국립극장
1965.11.21.	창작민속무용 초라니	서울예술고등학교무용발표회	시민회관
1967.05.16.~17.	제3부 춤추는 춘향전	5·16 혁명 및 민족상수상기념 대예술제전(즐거운 한국인)	장충체육관
1967.06.24.~25.	흥과 멋	제17회 6·25맞이 무용예술제	중앙국립극장
1968.12.19.	흥과 멋	문화공보부 지원 신문화 60년 기념 무용예술제전(한국무용협회 주최)	부산 동보극장
1969.05.09.~10.	2부 〈이조여인상〉 중 춘향	한국무용협회 주최 전국창작무용	국립극장
1970.06.28.	봉산탈춤	한국가면극협회	서울 PEN 대회
1971.06.07.~08.	달 (송범, 최현, 김진걸 찬조)	인간문화재 한영숙 민속무용발표회	국립극장
1974.10.05.~06.	(찬조출연)	동아일보사 주최 정승희무용발표회	예술극장

일찍부터 탈춤에 관심을 가졌던 최현은 1964년 마산에서 김해랑이 한국무용협회 경남지부를 결성하고 광복19주년 합동무용예술제를 마련하자, 여기에서 〈태양과 문둥이〉를 안무하고 공연하였다. 장재봉으로부터 학습한 오광대의 문둥이춤이 최현의 창

---

180 네이버뉴스라이브러리 키워드검색 〈http://newslibrary.naver.com/search/searchByKeyword.nhn〉

작무용 〈태양과 문둥이〉로 새롭게 탄생했던 것으로 여겨진다.

1965년 가을에는 무용극 〈초라니〉를 구상하여 11월 21일에 서울예술고등학교 제2회 무용발표회에 한국 창작민속무용 〈초라니〉를 발표하였다.[181] '초라니'는 '초랭이'라고도 하며, 고성오광대와 하회별신굿에 등장하는 배역 중 하나이다.[182] 최현의 민속무용극 〈초라니〉는 조선 청파靑坡 이육李陸(1438~1498)이 성종 연간에 쓴 『청파극담靑坡劇談』의 이야기 하나를 소재로 무당춤과 탈춤을 이용한 코믹한 무용극이다.[183]

〈흥과 멋〉(1967), 〈봉산탈춤〉(1970) 역시 탈춤을 기반으로 흥을 유발시키는 안무 작품이다. 그 외에는 일찍부터 연행해 왔던 〈춘향〉 듀엣을 통해 서정적 춤을 지속적으로

〈화보 10〉 제2회 서울예고무용발표회(1965.11.21.) 프로그램 표지

발전시켜 나간 것으로 여겨진다. 또 1971년 한영숙 민속무용발표회에 찬조출연한 〈달〉을 안무한 것으로 알려져 있다. 어떤 내용과 양식의 춤인지는 알 수 없으나, 달을 소재로 한 것으로 볼 때, 또 하나의 서정적 춤을 탄생시킨 것이 아닐까 생각된다.

최현은 1951년 〈삼천만의 꽃다발〉로 시작된 영화배우로서의 활동을 1962년까지 계속해갔다. 1962년 2월 국립무용단이 결성된 이후, 그 해 8월 최현은 임성남무용연구

---

181 『동아일보』 1965.11.20. 5면. 「〈서울藝高〉舞踊發表會」
182 초랭이: 초랑이·초란이·초라니라고도 한다. 양반의 하인으로 등장하는 인물이다. 하회별신굿탈놀이에 등장하는 초랭이는 무색 바지저고리에 쾌자를 입고 머리에는 벙거지를 쓴다. 고성오광대(固城五廣大)놀이의 초랭이는 머리에 수건을 매고 더그레를 입는다. 네이버 두산백과, 〈http://terms.naver.com/entry.nhn?docId=1164270&cid=40942&categoryId=33108〉
183 서울예술고등학교, 『제2회 서울예고무용발표회』 프로그램. 장소: 시민회관, 1965.11.21. 2시, 7시.

소에서 임성남, 강선영, 손상림 등과 함께 봉산탈춤강습회 강사로 활동했다.[184] 이때부터 최현이 무용계로 발길을 돌리는 모습이 포착된다. 그 인연을 계기로 최현은 국립무용단 제2회 정기공연 〈사신死神의 독백獨白〉(1963.03.13.~17.)에 무용수로 참가하였다. 임성남이 안무한 〈사신의 독백〉은 시극詩劇 형식의 창작발레인데, 최현은 하데스 역의 무용단원으로 출연하였다.[185] 이후 국립무용단 정기공연 제4회 〈허도령〉(1964.06.20.~24.), 제5회 〈배신〉(1965.03.10.~14.), 제8회 〈심산유곡〉(1966.10.12.~16.)에 참가하여 강선영, 송범, 김진걸의 안무에 출연하였다. 그리고 1973년 11월 21일부터 25일까지 국립극장 신축이전 개관기념공연 〈별의전설〉(송범 안무)에도 주역인 선비 역으로 출연하였다.

이 당시의 최현은 1965년부터 서울예술고등학교 무용과 강사로 활동하고 있었고, 1967년부터 1974년까지는 서울대학교 사범대학 체육교육과에도 강사로 출강하였다. 또 1969년과 1970년에는 이화여자대학교 체육대학 무용학과에도 강사로 출강하던 시기이다. 최현은 자신의 개인 무용활동 제1기 때에 장재봉張在奉(1896~1966)[186]에게서 통영오광대를, 김진옥金辰玉(1894~1969)[187]에게서 봉산탈춤을 또 양주별산대, 동래야류를 배웠다. 진주권번의 기생들에게도 춤을 배웠고, 한영숙韓英淑(1920~1989)에게는 〈태평무〉, 〈살풀이〉, 〈승무〉를, 이매방李梅芳(1927~2015)에게도 '극히 짧은 시간이지만 방법을 터

---

184 『경향신문』, 1962.07.19. 4면. 「鳳山탈춤講習會. 林聖男무용연구소서. 8월1일까지 15일 동안」
185 국립무용단 제2회 정기공연, 〈검은태양〉·〈사신의 독백〉프로그램, 국립극장 공연예술 디지털 아카이브〈http://archive.ntok.go.kr/archive_web/category〉자료번호: CPR00052.
186 장재봉(張在奉, 1896~1966): 경상남도 통영 출생. 1964년 12월 중요무형문화재 제6호 「통영오광대」 문둥이·양반·말뚝이의 예능보유자로 인정받았다. 29세 때 맏형 용기(龍基)에게 통영오광대놀음을 배워 문둥이·둘째양반·말뚝이·비비양반·할미양반역을 하였고, 1962년 제3회 전국민속예술경연대회에서 개인상을 수상하였다. 후계자로 장경진(張敬珍)·이기숙(李基淑)·이희봉(李希奉)·강영구(姜永九)가 있다. (한국민족문화대백과사전〈http://encykorea.aks.ac.kr〉)
187 김진옥(金辰玉, 1894~1969): 황해도 봉산구읍에서 태어났다. 7세 때부터 애기탈을 놀았고, 이윤화(李潤華: 취발이·첫목중의 명연희자)와 박천만(朴千萬: 목중·마부역)에게서 탈춤을 배웠다. 광복 후 월남하여 서울에서 살았고, 1958년에는 직접 가면을 만들고, 봉산출신자들을 모아 탈춤을 가르쳐서, 건국 10주년기념 전국민속예술경연대회에 참가하여 광복 후 처음으로 일반에게 〈봉산탈춤〉을 선보였다. 그 뒤에도 전국민속예술경연대회에서 연기상과 공로상 등을 받았다. 1967년에 〈봉산탈춤〉이 중요무형문화재 제17호로 지정될 때 첫목중과 노장역의 예능보유자로 지정되었다. (한국민족문화대백과사전〈http://encykorea.aks.ac.kr〉)

득했고, 지도도 받았다'고 했다. 김천흥金千興에게서는 국립국악원 연구원으로 1년 있으면서 '궁중무용 〈처용무〉'를 배웠다고 했다.[188] 최현과 김천흥의 만남은 이두현과 함께 한국가면극연구회를 조직하면서 만난 것으로 추정된다.[189]

2) 최현의 개인 무용공연활동 제2기(1974~1993)

최현의 무용공연활동은 1970년대 들어서 제1기 대비 활발한 움직임을 보였다. 그 발판은 1969년 7월에 결성된 사단법인 한국민속무용단이 되었던 것으로 생각한다. 한국민속무용단의 레퍼토리가 최현에게도 직접 체현될 기회가 되었음은 물론, 해외공연을 통해 무용수로서의 최현의 춤 실력이 다른 무용가들 사이에 드러날 기회가 되었기 때문이다.

한국민속무용단 단장 조택원은 자신이 가장 아끼는 작품 〈신로심불로〉를 최현에게 주었다. 조택원은 '최현만이 자신의 남성미와 유장미 넘치는 신무용의 결정품으로 멋들어지게 표현할 수 있고, 또 그만이 제대로 지켜줄 수 있다'[190]고 했다. 조택원은 1974년 7월 29일 예술원의 연예분과 회원(당시 67세)으로 추대되었고,[191]

〈화보 11〉 조택원 금관문화훈장 수상 기념 공연, 노인 가면을 착용한 최현의 〈신로심불로〉

---

188 문애령, 앞의 책, 2001, 284쪽.
189 『경향신문』1976.12.24. 5면. 「週間연재: 보람에 산다. 하나의 力作이 나오기까지(11) 4회 舞踊공로싱 받은 人間文化財 金千興씨, 處容舞·鳳山탈춤 등 再現위해 半世紀. 海外公演만 10여차례 열심히 資料 수십 곧 待望의 文獻도」
190 최윤찬, 앞의 논문, 2002, 14쪽; 장승헌 편집, 『무용가 최현 회고사진집』, 서울: 허행초 사람들의 모임, 2017, 76쪽(김문숙). 조택원은 생전에 자신이 "가장 아끼는 작품인 〈신로심불로〉는 최현군 외에는 전수할 무용가가 없어!"라고 김문숙에게 말했다고 한다.
191 『경향신문』1974.07.31. 7면. 「李順石·趙澤元씨藝術院회원 추대」

같은 해 10월 21일에는 문화의 날 기념식에서 금관문화훈장을 받았다.[192] 11월 5일에는 국립극장 지하 그릴에 모여서 조택원의 문화훈장 서훈축하회를 가졌으며,[193] 1975년 1월 24일과 25일에는 한국무용협회에서 주관하는 조택원 금관문화훈장 수상기념 공연을 국립극장에서 갖게 되었다.[194] 이 공연에서 최현은 조택원에게서 〈신로심불로〉를 전수받아 공연했다. 이처럼 조택원과 최현은 한국민속무용단 해외 공연활동을 통해 서로의 실력 인정을 충분히 공유할 기회를 가졌다.

최현 자신도 1975년 1월 조택원 금관문화훈장 수상기념 공연을 위해 '〈신로심불로〉를 전수받으면서 자신의 춤태를 완성시킬 수 있었다'[195]고 고백하였다. 〈신로심불로〉를 공연한 후, 최현은 1975년 4월 위궤양수술을 받았는데,[196] 병원에서'퇴원할 때 하늘을 훨훨 날고 싶은 '새'의 의지'[197]를 가슴에 새겼다고 한다. 여기에 착상된 작품 〈비상飛翔〉이 1976년 봄에 탄생하였다. 조택원의 〈신로심불로〉를 전수받으며 최현 스스로의 춤세계를 구축해 나갈 준비를 다졌다고 할 수 있다. 최현은 자신의 명작 〈비상〉을 다음과 같은 의도를 가지고 안무했다고 하였다.

〈비상〉은 드높은 창공을 나는 학의 고고함과 자유분방함에 주안점을 두었으며, 선비의 도량, 한량으로서의 풍류, 장인기질의 샘솟음과 같은 이미지를 표현하면서 남성춤의 호방한 기개와 절묘한 기품을 살리고자 했다. 또한 〈비상〉을 통해서 우리춤의 맥을 이어가고자 했는데,

---

192 『매일경제』 1974.10.21. 7면. 「文藝中興을 宣言. 21일 文化의날 기념식」
193 『동아일보』 1974.11.04. 5면. 「文化短信: 무용인 趙澤元씨 文化勳章敍勳축하회」
194 『동아일보』 1975.01.22. 5면. 「金冠文化勳章 수상 趙澤元씨 紀念公演. 24·25日 국립劇場」
195 최윤찬, 앞의 논문, 2002, 14쪽.
196 최현이 위궤양 수술을 한 시기가 바로 이무렵이라고 여겨지는데, 이유는 '육완순과 컨템퍼러리 무용단원들이 복도에서부터 음악을 틀고 떠들썩하게 춤을 추며' 병실에 들어와 쾌유를 비는 마음을 전했는데, '그 위로가 잊을 수 없었다'고 하였다.[김영희 조사, 「수려한 춤사위 속의 孤高한 춤꾼 최현」, 앞의 글, 1982, 124쪽] 최현에게 큰 감동을 안겨주었던 한국컨템퍼러리무용단은 1975년 창단되었으므로[한국컨템퍼러리무용단, [검색일: 2018.06.11.]. (한국민족문화대백과사전 〈http://encykorea.aks.ac.kr〉)] 최현의 위궤양 수술과 관련하여 많은 기록들이 1974년 4월에 행한 것으로 전사해 왔다. 그런데, 최현의 주요 활동 사항과 관련하여 이로부터 바로잡는다.
197 최윤찬, 앞의 논문, 2002, 19쪽.

특히 움직임 면에서 경상도 지방의 덧배기춤(덩실 덩실 어깨춤을 추며 넘실대는 파도처럼 감고 풀고 하는 동작이 많은 춤)을 골격으로 춤의 당기고 푸는 묘미를 살리려고 노력했다.[198]

최현은 한국민속무용단이 국립무용단의 한국무용단으로 영입되고, 국립극장이 장충동으로 옮겨 오면서 발레단과 완전히 분리된 국립무용단의 지도위원이 되었다. 그리고 1974년의 국립가무단의 뮤지컬 〈대춘향전〉과 〈시집가는 날〉 안무를 맡았으며, 이후 국립창극단 안무에 10회 참여하였고, 1980년대에는 민예극단, 극단 마당, 광주시립국극단의 창극 안무자로 다수 활약하였다.

최현의 개인 무용활동 제2기는 조택원의 〈신로심불로〉의 전수로부터 〈비상〉을 낳게 된 사건에 연유하여 출발한다. 〈비상〉

〈화보 12〉 TBC 향연에서 〈비상〉을 추는 모습

은 처음 TV프로그램 'TBC 향연'에 발표되었고, 그 성공으로부터 자신감을 충전하여 다시 자신의 무용작품 〈연緣〉(1978)과 〈비원의 숨소리〉(1978), 〈사랑가〉(1985)에 직접 출연하며 공연활동을 펼쳐나갔다.

1978년 5월 세종문화회관 개관기념예술제, 11월의 한길무용회 공연과 1983년 6월의 정승희무용발표회(국립극장대극장), 1984년 6월 이매방 무용50년기념 특별공연, 1985년 4월의 한국무용연구회가 주최하는 제1회 한국무용제전 전야제(민예회관대극장) 등등 아래의 〈표 8〉과 같이 최현의 개인 무용공연 활동 제2기는 무용계의 다양한 행사에서 자신의 무용작품(레퍼토리)으로 찬조 및 특별출연을 주로 한 시기이다.

198 최윤찬, 앞의 논문, 2002, 19쪽.

〈표 8〉 최현의 제2기 개인 무용공연활동 연표

공연일자	최현 출연 및 안무	공연(축제)명	지역 및 장소
1975.01.24.~25.	신로심불로	조택원 금관문화훈장 수상 기념공연 및 일본 창작무용 집단 내한 공연	국립극장
1976.01.20.	신로심불로	이매방 창작무용발표회	부산 시민회관
1976	비상(飛翔) 외 다작발표	TBC 향연	TBC TV
1976.12.20.	비상	한국무용협회 주최 신무용 50주년기념대공연	국립극장
1977.11.12.	신로심불로	한국무용협회 주최 조택원추모공연	국립극장
1978.05.08.~09.	비상, 연(緣)	세종문화회관 개관기념예술제 한국무용의 밤	세종문화회관 소강당
1978.11.06.	비상, 비원의 숨소리	한길무용회	광주학생회관
1982.06.01.~02.	연정(戀情) 이미미 초연 출연	국립무용단 기획공연 신무용60년재현무대	국립극장 실험무대
1982.06.03.~04.	비상	서울시립무용단 제12회 한국명무전	서울세종문화회관 대강당
1982.11.13.	비상	한국무용협회 주최 지방순회 무용예술제	대구시민회관 대강당
1983.04.	연(緣)	무용한국 창간16주년 기념 대공연	–
1983.06.03.~04.	고로초롬만 살았으면 싶어라에 정승희와 2인무(특별출연)	정승희무용발표회	국립극장 대극장
1984.01.14.~18.	한국전통무용공연. (최현 동행)	정승희 이탈리아 순회공연	–
1984.06.09.~10.	신로심불로	이매방 무용50년 기념 특별공연	문예회관 대극장
1984.11.13.	신로심불로	국립극장 84무용예술큰잔치	국립극장 대극장
1984.11.24.	비상	대한민속문화사업회 주최 한국명무전	부산시민회관 대강당
1985.04.30.~05.05.	사랑가(최현.김매자)	한국무용연구회 주최 제1회 한국무용제전 전야제	문예회관 대극장
1985.05.01.	헌화가	호암아트홀 개관기념 기획 대공연 헌당서시獻堂敍詩	호암아트홀

공연일자	최현 출연 및 안무	공연(축제)명	지역 및 장소
1985.06.08.~09.	헌화가(獻花歌)-비상	이매방 전통무용공연. 북소리Ⅱ	문예회관 대극장
1985.10.10.	비상	제7회 대한민국무용제 전야제	문예회관 대극장
1986.03.23.	비상	한길무용회춤판	문예회관 대극장
1986.09.20.	영고(迎鼓)	86 서울아시안게임 식전행사	잠실주경기장
1987.03.04.~06.	'새불' 안무	88예술단 창단 공연 '새불'	세종문화회관 대극장
1987.10.11.	추정(秋情)	제9회 대한민국무용제 전야제	문예회관 대극장
1988.03.11.	비상	국립국악원 한국명무의밤	국악당 소극장
1988.10.02.	안녕	88서울올림픽대회 폐회식	잠실주경기장
1989.09.02.~23.	창극 심청전	동유럽순회공연	헝가리, 유고 등
1990.04.21.~29.	창극 심청전	국제문화협회 주최 일본지역 공연	동경 국립극장 외
1991.06.07.	춤·살풀이 춤·산조 태평무(일명 비원)	원필녀 무용발표회 국립국악원 124회 무형문화재 정기공연	국악당 소극장
1992.06.09.~11.	(무용극) 꿈의 춘향	서울시립무용단 상반기 정기공연 (초청 객원안무)	세종문화회관 대극장
1992.10.20.	(?)	92문화의날 기념식 축하공연	문예회관 대극장
1993.04.17.~22.	군자무	국립극장 신축 20주년기념공연 우리 춤·우리 맥	국립극장 대극장
1993.07.16.	(창무극) 춘향	일본 길상여중고 창립55주년기념 초청공연/ 서울예고 무용과	무장야(武蔵野) 시민문화회관

이상의 〈표 8〉에서 확인할 수 있듯이, 최현은 제2기에 접어들면서 국립무용단 지도 위원 이외의 활동으로 창극단 안무와 함께 여러 축제나 개인 공연에 초대되거나 혹은 특별찬조 출연함으로써 개인의 역량을 다각도로 발휘하였다. 이 시기 최현은 국립창 극단과 민간극단의 창극 안무에 특히 집중된 공적인 활동 양상을 보였으며, 반면 외 부 공연에서는 〈비상〉, 〈연〉, 〈사랑가〉, 〈추정〉 등을 통해 자신의 춤 스타일을 다지

며 축적해 나갔다.

특히 1976년은 최현에게 있어서 매우 중요한 시점인데, '최현무용연구소'를 개설하여 제자들과 함께 TBC-TV(동양방송국)에서 다양한 작품발표의 기회가 주어졌다.[199] 1977년 3월 2일에는 삼성그룹 이병철 초대회장의 후원으로 '최현무용단崔賢舞踊團' 창단을 공식화했다.[200] '서울 서대문구 영천동 독립문빌딩에 연습·공연장, 입체음향시설, 조명, 녹화 시설까지 거의 완벽하게 갖추는 한편, 김천흥(국립국악원), 한영숙(수도사대), 한순옥(국립무용단), 김매자(이대)씨 등 쟁쟁한 무용계 인사들을 상임지도교수로 두어 출발부터 기대를 모으고 있다'고 소개되었다.[201]

최현은 이 무용단을 통해 '한국무용의 재출범'을 선언했다. 재출범을 주장하는 근거는 아래와 같았다.

> 50년전 한국무용을 했다는 사람들이 거의가 일본에서 신무용이라는 서양 댄스를 배운 분들이에요. 그분들에게서 우리의 고유의 것이 변색돼 가지고 지금까지 내려옵니다.
>
> 대학·대학원생들 20명으로 무용단을 발족시킨 그는 서양무용이 외형적이며 너무 기교技巧에 치우치는 반면 우리 무용은 '온 육체가 마치 감전感電상태에 있는 것 같은 반응을 가져오는 내면적 예술이라는 데에 근본적인 차이가 있다'며 앞으로 우리 춤의 고유성固有性과 본질의 천착에 노력. 연간 2회의 공연, 월1회의 감상회, 세미나, 미발굴未發掘 춤의 발견 전수傳授, 강습회講習會 등의 활동을 활발히 전개해 나가겠다고 포부를 밝힌다.[202]

---

199 장광열, 「문화예술 패트론 이병철 회장 「TBC 향연」과 「최현무용연구소」지원」, 『무용가 최현 회고사진집』, 서울: 허행초 사람들의 모임, 2017, 92쪽.

200 당시 신문에는 일제히 1977년 3월에 '최현무용단'이 창립되었다고 하는데, 1982년 최현의 전기를 구술·채록한 김영희 조사, 「수려한 춤사위 속의 孤高한 춤꾼 최현」, 앞의 글, 1982, 127쪽에는 1976년 3월에 창단한 것으로 기록되어 있다. 1년여의 시간차이가 있는데, 추측컨대 이는 TBC 향연에 출연할 단원을 이미 운영 중이었다가 독립문빌딩에 연구소가 개설되면서 신문에는 새로 창단한 것으로 홍보된 것이 아닐까 여겨진다.

201 『경향신문』 1977.03.07. 5면. 「崔賢무용단 새로 설립. 입체 音響시설 갖춘 公演場도」

202 『동아일보』 1977.03.09. 5면. 「스케치: 傳統舞의 回復외친 두 舞踊團의 出帆」

〈화보 13〉 최현무용단 사업계획

　　연간 2회의 정기공연과 월 1회의 감상회, 세미나, 미발굴 춤의 발견 전수傳授, 강습회 등의 활동을 활발히 전개하겠다고 포부를 밝혔었다.[203] 최현무용단의 사업계획은 〈화보 13〉의 8가지로 명시하였다.

　　최현무용단은 삼성그룹 이병철회장의 전폭적인 지원으로 1976년 4월부터 매주 화요일 저녁 7시 25분에 방송되는 동양방송 'TBC 향연' TV에 고정출연하면서 무용계의 새 희망으로 부상하였다. 최현 개인에게도 '20년간 가슴에 응어리졌던 나의 꿈을 흔쾌히 실현시킨' 뜻깊고, 가슴 설레는 성과였다.[204] 최현무용단 개설에 대한 인사말씀의

---

203 『동아일보』 1977.03.09. 5면. 「스케치: 傳統舞의 回復을 외친 두 舞踊團의 出帆」
204 최현, 『최현무용단(CHOI HYUN KOREAN DANCE COMPANY)』, 서울: 최현무용단, 1977, 5쪽. 원필녀 자료제공.

〈화보 14〉 TBC 향연. 〈사랑가〉(최현, 김매자)

주제는 「되돌아가 다시 떠나겠습니다」였다.

이것을 실현하는 구체적 방법은 사업계획에서 밝힌 대로 '전국에 산재한 민속춤과 전통, 의식, 생활무용 등을 조사 발굴하여 새로운 한국무용의 자양으로 하여 한국무용의 전통적 맥락을 확립한다'는 것이었다. 즉 ④ 조사를 바탕으로 ⑤ 기능전수[205]를 이루고, 이를 정기 공연과 월례감상회, 그리고 TV공연을 통해 발표하는 계획이었다. 또 '매월 무용이론가, 학자와 일선 무용가 그리고 관계 자매예술가가 참여하는 무용세미나를 개최하여 무용의 학술적 이론적 체계를 확립하며, 한국무용의 당면 과제인 음악, 의상 등의 개발 등에 기여할 기회를 마련한다'는 ⑥ 연구발표는 더욱 이례적이며, 선구적인 계획이었다.[206] 김천흥, 한영숙, 한순옥, 김매자 등 '쟁쟁한 무용계 인사들을 상임지도교수'[207]로 모시고 대학, 대학원생들 20명의 단원에게 우리춤의 본질을 재현하는 춤을 지도하였다.[208]

최현이 생각하는 한국무용은 이시이 바쿠의 첫 내한공연을 기점으로 한 '서구적 무용의 첫 소개'인 서양식 신무용과 차별을 둔 것이었다.[209] 또 '우리의 전통적인 춤으로

---

205 최현, 위의 책, 1977, 2쪽. "기능전수: 순차적으로 전통무용의 기능보유자를 초빙하여 그들의 기능을 전수 받아 새로운 한국무용의 모태를 삼으며, 전통을 바탕으로 한 양식·형태·사위의 개발로 한국무용의 표현 기법을 확대한다. 현재 제1차로 김숙자씨의 무속무용과 정일동씨의 부속장단을 전수받고 있다."

206 최현, 앞의 책, 1977, 2쪽.

207 『경향신문』 1977.03.07. 5면. 「崔賢무용단 새로 설립. 입체音響시설 갖춘 公演場도」

208 최현, 앞의 책, 1977, 14~34쪽. 단원: 박서옥(1948), 임학선(1950), 김은이(1953), 장향미(1954), 위정희(1953), 김명숙(1954), 임현선(1954), 이영란(1954), 손경순(1954), 김혜옥(1954), 김일옥(1955), 원필녀(1956), 나미원(1957), 김인순(1957), 이경님(1957), 곽동현(1945), 최창주(1947), 이홍구(1950), 김기섭(1950) 이상 19명. 연구단원: 이상주, 박유희, 강혜경, 허진순, 송인경, 장윤희, 한미경 이상 7명.

209 『동아일보』 1976.03.20. 5면. 「新舞踊 50年의 발자취. 1926年에 첫선…舞臺藝術化의 契機」

부터 무대예술화에 계기'가 된 조택원의 신무용 〈가사호접〉[210]과 같은 종류와도 다른 무용이 되고자 했다. 최현은 최현무용단을 통해 '우리 춤의 고유성固有性과 본질의 천착에 노력'하겠다고 하였다.

> 순차적으로 전통무용의 기능보유자를 초빙하여 그들의 기능을 전수받아 새로운 한국무용의 모태를 삼으며 전통을 바탕으로 한 양식, 형태, 사위의 개발로 한국무용의 표현기법을 확대한다.[211]

최현은 기존에 레퍼토리화 되어버린 당시의 신무용을 부정하고, 한국무용의 새로운 길을 모색하는데 저본底本이 될 '전통춤'에 대해 관심의 폭과 깊이를 더하였다. 1960년대부터 탈춤에 대해 남다른 관심을 가졌던 최현은 1970년대 중반 이후에 일어나는 '전통에 대한 재인식'[212]에 누구보다 앞장섰다. '이것은 전통춤의 단순한 재현이 아닌 보다 새롭게 창조되어지는 현대적 창작춤'[213]을 추구하는 일이라고 여겼다.

하지만 이 연구소는 독립문의 해체[214] 및 도시설계 구획정리로 입주 건물이 '1년 2개월' 만에 철거되면서 최현무용단을 위한 보금자리도 사라지게 되었다. '아현동에 연구소를 빌려보려고 했지만 여의치 못했다'고 한다.[215] 게다가 TBC 향연의 동양방송은 '1979년 12·12 사태 이후 신군부세력에 의한 언론통폐합 조치에 따라 1980년 11월 30일에 한국방송공사로 강제 통폐합 되었다.'[216] 이 과정 속에서 TBC 향연과의 인연

210 『경향신문』 1976.06.08. 5면. 「한국 新舞踊의 先驅. 他界한 趙澤元씨의 예술과 생애. 첫 創作발표 「袈裟胡蝶」은 국내 효시」
211 장광열, 「문화예술 패트론 이병철 회장 「TBC 향연」과 「최현무용연구소」지원」, 앞의 책, 2017, 92쪽.
212 김영희 외 4인, 『한국춤통사』, 서울: 보고사, 2014, 413쪽.
213 최윤찬, 앞의 논문, 2002, 9쪽.
214 『경향신문』 1979.07.23. 7면. 「獨立門 해체작업 완료. 銅錢 5개 발견 감식의뢰」
215 김영희 조사, 「수려한 춤사위 속의 孤高한 춤꾼 최현」, 앞의 글, 1982, 124쪽.
216 동양방송(東洋放送): 동양방송 또는 TBC(Tongyang Broadcasting Company)는 1964년 5월 9일부터 1980년 11월 30일까지 존재했던 한국의 지상파 민영방송사이다. [검색일: 2018.06.10.], 위키백과 〈https://ko.wikipedia.org〉

도 정리될 수밖에 없었다.

한편, 최현의 〈비상〉은 1976년 초연 작품으로서 1978년 5월 8일과 9일의 세종문화
회관 개관기념예술제에 초대되었다. 또 1982년 6월 3일부터 4일까지 연행된 서울시립
무용단 제12회 한국명무전에 명무의 한 사람으로서 초대되었다. 그밖에도 이매방 전
통무용공연. 북소리Ⅱ(1985.06.08.~09.), 제7회 대한민국무용제 전야제(1985.10.10.), 한길
무용회춤판(1986.03.23.), 국립국악원 한국명무의밤(1988.03.11.)에 〈비상〉을 공연하였다.
〈비상〉을 통해서 원로무용가들과 어깨를 나란히 하게 되었다고 해도 과언이 아닐 것
같다. 그리고 마침내 1993년 한국무용협회에서 명무로 지정되기에 이르렀다.

1987년 10월 11일에 있었던 제9회 대한민국무용제 전야제의 원로 명무 공연에서
최현은 〈추정秋情〉을 새로 안무하여 발표하였다. 이 작품은 스스로에게 만족을 주지
못한 듯 다시 공연되지 않았다. 후에 〈신명神命〉을 재안무하면서 〈추정〉의 음악을
〈신명〉에 가져다 썼다는 후담이 있다.[217] 이날 최현은 박동규朴東奎(당시 서울대학교 교수)
와의 인터뷰에서 "선생님은 어떤 것을 보여주고 싶으셨습니까?"라는 질문에 다음과
같이 대답했다.

> 저는 역시 그 우리의 어떤 전통성, 그 전통의 어떤 품위라든지, 우리춤이 갖는 어떤 품격,
> 그리고 어떤 춤의 언어의⋯ 춤이라는 언어가 하나의 상징하는 거기 때문에, 그런 것들이 얼
> 마나 품격 있게 다듬어졌느냐, 그런 어떤 처인 언어들을 좀더 후배들에게, 에~ 바르게 이번
> 무대를 통해서 좀 깨우쳐주고 싶은 생각이 들었습니다.[218]

최현은 가야금 산조 음악을 사용하여 옛 선비의 가을을 대하는 심정을 전통의 몸짓
과 움직임으로 표현하였다. 보다 사실적으로 묘사해 본다면, 옛 선비와 같은 품격있

---

217 원필녀와의 면담 인터뷰, 2018.09.07. 오후 8시경. 서울 아만티호텔 커피숍.
218 전은자 소장, VTR영상 〈함께봅시다; 세계를 향한 가을 춤잔치: 제9회 대한민국무용제〉 1987.10.11. 6
시. 문예회관대극장.

는 인물이 남성의 사랑방으로 설정되었을 공간에서 가을정취를 홀로 즐기는 모습이다. 춤이 절로 흥겹지만 절제된 감성이 돋보이고, 춤을 마침에서는 긴 두루마리를 펼치며 독서로 되돌아가는 옛 사람의 모습을 표현하였다. 전통의 춤사위를 가지고 자신이 표현하고자하는 이야기를 표현한 안무의 짜임새가 탄탄하였다. 그래서 최현은 자신의 춤이 갖는 전통의 품위, 또는 춤 언어를 후배들에게 보일 수 있었다. 전통의 몸짓을 이용한 극적劇的 표현의 창작무용이라는 사실에는 변함이 없었다.

1988년 서울올림픽에서 최현은 10월 2일의 폐막식 최종작품 〈안녕〉을 안무하였다.[219]

〈화보 15〉 『동아일보』 1988.09.29. 23면.
「폐회식 무엇을 어떻게 보여주나; "개막식 못지 않은 감동의 무대" 준비」

---

219 『동아일보』 1988.09.14. 23면. 「88개회식祝典: 한국예술가 「재주」 총집합. 민속놀이서 현대무용까지 9작품 연출. 〈宋煐彦기자〉」

최현의 〈안녕〉과 〈귀향〉은 폐회식뿐만 아니라 서울올림픽 전체를 마감하는 행사가 되어 대미를 장식했다.

유등流燈놀이와 띠뱃놀이의 전통풍속을 응용하여 배에 청사초롱을 띄어 보낸 것은 세계의 시선을 사로잡았으리라 생각된다.

1991년 최현은 부인 원필녀의 첫 무용발표회를 위해 〈춤·살풀이〉, 〈춤·산조〉, 〈태평무〉를 자신의 스타일로 안무하여 공연에 올렸다. 그동안 축적해왔던 전통춤에 대한 최현의 관심을 이 공연을 통해 천명한 셈이었다. 〈춤·살풀이〉의 전반부는 진

---

220 『동아일보』 1988.09.29. 23면. 「폐회식 무엇을 어떻게 보여주나; "개막식 못지 않은 감동의 무대" 준비. 열두발 상모 리본체조로 동서화합 상징. 청사초롱 물결 속 아리랑합창. 韓-스페인 합동민속무용 펼쳐. 〈尹正國 기자〉」

도솟김굿의 씻김과 천도의 과정이 이어지도록 안무된 작품이다. 최현은 일찍부터 각종 콩쿠르에 나가는 학생들을 위해 살풀이춤을 다양한 양상의 작품으로 안무해 왔다. 대개 인간이 갖고 있는 내면의 상처(한)로부터 시작하여 그 상처를 씻어주고 풀어내어 치유해 주는 굿의 풀이로 안무해 왔다. 현재 추어지고 있는 〈살풀이춤·한〉으로 계승된 작품이다.[221]

〈춤·산조〉 역시 그동안 다양하게 안무해 온 여러 작품의 정수로 발표된 것이다. 가야금 혹은 거문고 산조 음악을 사용한 〈연정〉(1982), 〈남색끝동〉(1994),[222] 〈남천〉(1997)은 여성을 위한 작품으로 구상되었다. 〈추정〉(1987)과 〈신명〉(1999)으로도 안무되었다. 〈태평무〉는 왕과 왕비가 추는 2인무이다. 이 날 공연에서는 임관규가 왕을 원필녀가 왕비를 담당했다. 1976년 TBC 향연에서 〈비원〉으로 초연 발표하였는데, 최현이 왕을 담당하고, 장향미가 왕비를 추었다. 이후 박은영과 한칠에 의해 공연된 바가 있으며, 1994년 12월 2일의 '허행초, 최현춤작품전'에서는 왕비와 상궁2인, 그리고 궁녀들이 등장하는 극형식의 군무작품으로 재구성된 바 있다.[223]

〈군자무〉는 1993년 4월 17일부터 22일까지 국립무용단 제62회 정기공연 '우리춤·우리의 맥' 중 제2부에 발표된 작품이다. 1993년 초연 이후, 〈군자무〉는 최현의 생전에 6회 정도 공연되었는데, 이 작품에 출연한 이들은 다음 표와 같다.[224]

---

221 국립국악원 124회 무형문화재 정기공연, 『元弼女 무용발표회』 국악당 소극장, 1991.06.07. 원필녀의 프로그램 제공과 각 춤(〈춤·살풀이〉, 〈춤·산조〉, 〈태평무〉)에 대한 주요 정보를 제공하였다.

222 〈남색끝동〉은 1994년 9월 9일과 10일에 있었던 '원필녀 창자춤'(국립극장소극장) 공연을 위해 창작되었다. 가야금산조를 반주로 힐 이 춤은 처음에는 원필녀를 위한 독무로 창작되었으나, 후에는 군무로 재 안무되어 수차례 발표되었다. 이에 독무의 명칭을 구분하기를 주장한 원필녀의 의견을 최현이 수용하여 〈여울〉이라고 명명하였다. 원필녀와의 전화 면담, 2018.10.29. 오후 2시경.

223 원필녀 자료제공, 『1994 虛行抄: 崔賢 춤 作品展』 프로그램북, 국립중앙극장 대극장, 1994.12.02.~03.

224 윤명화, 앞의 논문, 2010, 106쪽.

〈표 9〉 최현의 생전 〈군자무〉 공연 및 출연진

공연일	공연제목	도화공	사군자(매·난·국·죽)
1993.04.17.~22.	국립무용단 제62회정기공연. '우리춤, 우리맥'	손병우	최정임·이미미·이문옥·양성옥
1994.12.02.~03.	개인무용발표회 '허행초'	〃	〃
1995.04.11./13/14	국립극장 전속예술단체 국립무용단 지방순회공연 충주문화회관/ 김해체육관/ 광양 효자음악당	〃	〃
1998.07.13.~14.	최현 고희기념춤판	최현	정혜진·강미선·윤미라·전은자
2000.11.02.	최현 춤전	〃	강경수·강미선·윤미라·전은자
2000.04.19.~22.	국립극장 개관50주년 기념공연 '4인 4색, 나흘간의 춤이야기'	황재섭	옹경일·이현주·여미도·장현수

　　윤명화는 '〈군자무〉는 사군자의 그림과 그 속에 담긴 정신을 원텍스트로 네 여인과 도화공의 춤으로 형상화 한 작품으로 판타지적인 극적 전개를 통해 가장 한국적인 것을 살려낸 작품'이라고 평가하였다.[225] 이미영은 '〈군자무〉를 통해 최현의 예술작품에서 법고창신法古創新의 정신을 발견하게 된다'고 하였다. 또 매·란·국·죽의 개성적 움직임을 창출해 냄으로써 '인·의·예·충의 정신'을 통한 '〈군자무〉의 양식적 특성'을 표현한 것으로 추정하였다. '인·의·예·충의 정신은 하늘의 네 가지 덕인 원元·형亨·이利·정貞과도 상통한다'고도 하였다.[226]

　　이미영의 이상과 같은 생각과는 달리, 원 작자 최현은 이 작품에서 '매·란·국·죽이라는 네 명의 여인이 춤 맵시로 도화공의 혼을 뒤흔든다'[227]고 설명하였다. 최현은 화공의 손을 빌어 표현되는 매·란·국·죽을 통해 사계四季를 대표하는 자연의 본성과 미적 형상을 묘사하고자 한 것으로 이해할 수 있다. 아름다움과 멋, 흥을 표현

---

225 윤명화, 앞의 논문, 2010, 111쪽.
226 이미영, 「사군자로 본 최현의 작품 "군자무" 특성연구」, 『한국무용연구』 33 No.2, 한국무용연구학회, 2015, 242쪽.
227 최윤찬, 앞의 논문, 2002, 19쪽.

〈화보 16〉 1998 최현춤전 〈군자무〉
도화공: 최현, 매: 정혜진, 란: 강미선, 국: 윤미라, 죽: 전은자

하는 방식으로써 자연 소재를 통해 누구나 공감할만한 이야기를 전개시켜 나갔다. 또 국립무용단 단원의 특출한 개인기를 충분히 살려낸 최현 안무에서는 남다른 춤의 격조가 표출되었다. 그런 면에서 원작자 최현은 이 작품에 대해 '인·의·예·충'과 '원·형·이·정'과 같은 유가적 정신 및 『주역』까지 생각하며 안무했을까에 대해서 의문이 든다. 이는 스승의 춤을 향한 일방적인 존경과 사랑의 표현이기는 하겠지만 다른 한편으로는 연구자 자신의 현학적 발로일 수 있다고 생각한다.

한편, 이상의 활동 외에도 제2기의 최현은 1990년 12월부터 1992년 5월까지 한국의집 민속극장 예술총감독을 역임하였다. 〈조용한 아침의 나라〉, 〈봄을 기다리는 여심女心〉, 〈봉산탈춤(미얄할미)〉, 〈부채춤〉, 〈살풀이〉, 〈성주城主받이 굿〉, 〈법고法鼓〉, 〈농악〉, 〈포구락〉, 〈가인전목단〉, 〈승무〉, 〈바라춤〉, 〈강강술래〉, 〈연등놀이〉, 〈북과 여인〉이 한국의집 민속극장의 춤 레퍼토리로 홍보 책자에 소개되었다.[228] 한국의집 민속극장은 1981년 한국의 전통문화를 소개하기 위해 건립된 공연극장이다. 우리 고유의 가歌·무舞·악樂으로 이루어진 8가지의 다양한 공연을 매일 저녁 4개 국어의 설명과 함께 관람할 수 있다고 소개하였다.[229] 여기까지를 2기로 보았다.

3) 최현의 개인 무용공연활동 제3기(1994~2001)

최현(서울예고 무용과장)은 〈군자무〉를 통해 1994년 2월 15일 오후 7시 서울문예회관 대극장에서 무용예술사 제정 제1회 무용예술상 올해의 작품상을 수상했다.[230] 전년도 국립무용단 정기공연에서 발표한 신작 〈군자무〉의 성공을 확인시켜주는 상이라고 할 수 있다. 〈군자무〉는 가장 한국적이며, 동양적인 여백의 미학을 춤 공연작품으로 구현해낸 명실상부한 성공작이었다. 보통의 경우라면, 64세 원로무용가에게서 신작을

---

228 한국의 집 편, 『韓國의 傳統 音樂과 舞踊』(한국의 집, 제작 연도 미상).
229 한국의집 민속극장 〈https://www.junggu.seoul.kr〉
230 『경향신문』 1994.02.13. 17면. 「인물광장, 動靜: 무용예술상 작품상 받아」

기대했을 리 만무한데, 최현은 사상초유의
작품을 세상에 내 놓았고, 관객 모두를 놀라
게 했다. 그로 인해 무용예술상 작품상을 수
상했고, 이로부터 1994년 최현은 예술적 삶
의 인생 그래프에 가파른 상승선을 그려내기
시작했다. 같은 해 10월 17일 대통령으로부
터 화관 문화훈장도 수상했다.[231]

〈화보 17〉 무용예술사 제1회 무용예술상 수상

최현 개인의 무용공연활동 제3기는 1994
년 12월 2일 '1994 허행초: 최현 춤 작품전'
을 필두로 2001년 12월 1일의 '최현춤전
2001. 비파연'까지로 잡았다. 1994년의 〈명
성황후〉는 국수호의 개인공연에 특별출연한 경우이므로 표기만 한다. 우선 제3기의
개인 공연활동 연표를 제시한다.

〈표 10〉 최현의 제3기 개인 무용공연활동 연표

공연일자	최현 출연 및 안무	공연(축제)명	지역 및 장소
1994.04.22.~24.	명성황후 대원군 역	춤-30년, 국수호, 그가 걷고 있다	국립극장 대극장
1994.09.09.~10.	남색끝동, 동천(冬天), 울음이 타는 강	원필녀 창작춤[232]	국립극장 소극장
1994.10.21.~11.08.	비상	제16회 서울무용제 명작무	문예회관 대극장
1994.12.02.~03.	허행초, 비상, 군자무, 비원, 녹수도 청산을 못잊어	1994 허행초: 최현 춤 작품전	국립극장 대극장
1996.06.13.~14.	달의 정	우리춤 50년 뿌리찾기	세종문화회관
1996.11.23.	달 있는 제시	세계무용연맹 한국본부. 무용과 의상의 만남	문예회관 대극장

---

231 『경향신문』 1994.10.18. 19면. 「대한민국 문화예술상 수상자등 선정」

공연일자	최현 출연 및 안무	공연(축제)명	지역 및 장소
1997.06.02.	적향(안무)	강미선의 실험춤판 '아소 님하!'	국립극장 소극장
1997.08.08.	기원무	울릉도, 독도박물관개관 축하	독도박물관
1997.12.15.	고풍 · 남천(안무)	정혜진의 춤 '기억–소처럼 슬픈 눈을 하고'	문예회관 대극장
1997.12.27.	비원, 상, 고풍, 연가, 남천, 비상	우리민속 한마당. 여섯 개의 최현 춤 향연	민속박물관 강당
1998.07.13.~14.	남색끝동, 군자무, 허행초, 울음이 타는 가을 강	최현춤전 고희기념공연	서울 문예회관 대극장
1998.10.25.	비상	제 20회 서울무용제 '20-20' 축제. 전야제 명무공연	서울 문예회관 대극장
1999.04.16.~18.	남색끝동, 상(想), 비상, 연가, 봄이오면, 최현류(살풀이춤), 신명	알과핵소극장 개관기념 초청공연. 최현춤전	서울 소극장 알과핵
1999.05.30.~31.	비상(안무)	전순희의 춤 '침향'	국립극장 소극장
1999.09.30.~10.03.	헌화가	서울예술단 가무악. 향가–사랑의 노래	예술의전당 토월극장
1999.11.11.	신명	국립국악원 목요상설 윤성주의 한국춤	국립국악원 우면당
2000.03.07.	신명	김해랑 선생 추모공연	문예회관 대극장
2000.04.19.~22.	군자무	국립극장 개관 50주년기념공연 '4인 4색, 나흘간의 춤'	국립극장 대극장
2000.11.02.	남색끝동, 비상, 미얄할미, 허행초, 연가, 군자무	최현춤전 2000	국립중앙극장 해오름
2000.05.19.~21.	비상	MCT. 우리시대의 무용가 2000.	예술의전당 토월극장
2000.12.14.~15.	신명	우리시대의 무용가 2000	LG아트센터
2001.05.18.	신명	우리춤. 어제와 오늘의 대화	서울 정동극장
2001.11.30.~12.01.	비파연	최현춤전 2001. 비파연	호암아트홀

---

232 『경향신문』 1994.09.02. 33면. 「문화가 산책: 詩에 담긴 여인의 恨 춤사위로 풀어. 3편의 창작춤 준비
무용가 崔賢 · 원필녀(元弼女)부부」

정년퇴직을 한 해 앞두고 있던 최현은 1994년 12월 2일과 3일에 '최현 춤 작품전'
〈허행초虛行抄〉를 국립극장 대극장에서 신작 발표하였다. 1946년 김해랑무용연구소에
입문한 후, 만 48년 만에 자신의 이름을 건 첫 무용발표회를 갖게 된 것이다. 최현은
첫 발표회를 마련하는 마음을 아래와 같이 표현하였다.

> 춤을 출수록 춤이 무서워요. 한발만 잘 못 디뎌도 전체 구조가 무너지는 건축물과도 같죠.
> 한번을 하더라도 작품을 남겨야겠다는 고집 때문에 이제까지 개인전 욕심을 낼 수 없었죠.
> …(중략)… 춤은 엄격한 나의 스승, 인생의 길잡이예요. 당연한 철학을 나이 예순에야 깨달은
> 거죠. 채우기보다 비움의 미학을 허행초에 담았습니다. …(중략)… 춤꾼은 팔 하나를 들어도
> 그냥 드는게 아녜요. 땅을 하늘로 들어 올린다는 마음이죠. …(중략)… 한 치도 비뚤어짐 없
> 이 살며, 인생이 담긴 춤을 추면되는 것이죠.[233]

이 '1994 허행초: 최현 춤 작품전(1994 虛行抄: 崔賢 춤 作品展)'의 프로그램은 다음 표와 같
다.[234]

〈표 11〉 최현 춤 작품전 레파토리와 작품내용 및 출연진

	작품 제목	작품 내용	출연진
1	비원(祕苑)	중양절(음력 9월9일)에 궁중에서 왕비와 상궁, 나인들이 망중한의 투호놀이를 즐기다가 밤이 되어, 젊고 아름다운 왕비의 왕세자 수태를 염원하는 기원무를 춤추는 가운데, 화합과 태평성대의 날이 저문다.	박숙자 외 8인. [디딤무용단 찬조출연]

---

233 『경향신문』 1994.11.25. 33면. 「文化人 포스트: 입문48년 첫 개인발표회. 한국무용가 최현씨. "춤은
    나의 스승… 이제야 깨달았죠"〈劉仁華 기자〉」
234 최현우리춤원, 『1994 虛行抄: 崔賢 춤 作品展』 프로그램북, 국립중앙극장 대극장, 1994년 12월 2일·3
    일. 오후 7시, 후원: 동아일보사, 협찬: 삼성미술문화재단.
235 최윤찬, 앞의 논문, 2002, 20쪽.

	작품 제목	작품 내용	출연진
2	비상(飛翔)	하늘을 날고 싶은 [새]의 의지를 독무로 안무한 작품. 1976년 TBC 향연에서 초연. 1993년 한국무용협회 명작무 지정. 남성춤의 호방한 기개와 절묘한 기품으로 선비의 도량은 물론, 한량으로서의 풍류, 학의 고고함과 자유분방함을 표현. 경상도의 '덧뵈기 춤'을 골격으로 당기는 맛과 푸는 묘미가 일품이다.	최현
	<휴식>		
3	녹수(綠水)도 청산(青山)을 못잊어	조선 중기 문인 임제(林悌, 1549~1587, 호: 백호, 겸재)가 평안도사로 부임하는 길에 평소 흠모하던 황진이 무덤을 찾아 시 한수를 읊었다. "청초 우거진 골에 자는 듯 누었는가 홍안은 어디 두고 백골만 묻혔는가 잔 잡아 권할 이 없으니 그를 슬퍼 하노라" 임백호는 황진이를 그리며 무덤가에서 잠이 들고, 꿈 속에서 황진이가 백호가 만나 몽환의 2인무를 춘다. '녹수도 마냥 청산을 못잊는 건 두 마음이라…	최현(임백호 역) 김현자(황진이 역)
4	군자무(君子舞)	사군자(四君子): 아직 미개하여 저 난의 곡선을 붓으로 치지 못합니다. 산 속으로 심심산천 계곡으로 저벅저벅 걸어가면 하늘로 치솟은 대나무가 길을 냅디다. 국화 향을 어찌 빵떡 머리에 옮겨 담겠습니까 얼굴을 곧추 세운 매화의 살얼음 그 분홍 한지(韓紙)를 저는 접지 못합니다. 매・란・국・죽과 노는 도공 하나 무대에 놓아 두시겠습니까 성님, 몸이 성치도 않으신데 이 미개인을 위해 동양화 한 폭 어찌니 이토록 춤이 아니겠습니까?	손병우(도화공 역) 최정임(매(梅) 역) 이미미(난(蘭) 역) 이문옥(국(菊) 역) 양성옥(죽(竹) 역) [국립무용단원 찬조출연]
5	허행초(虛行抄)	허욕이나 가식으로부터 마음을 비울 때 만나는 허심탄회함, 사심이나 욕심이 들어설 수 없는 정화의 세계를 표현한 작품. 최현의 인생을 대변하는 춤. 지팡이를 든 노인(자신)과 어린 꼬마들의 등장을 통해 자신이 걸어온 삶의 연륜을 되돌아보게 되듯이 그간 춤을 추어오면서 생에 대한 진솔한 이야기를 실어 낸 작품.[235]	최현(노인 역) 김영랑・박영신・송연은 (꼬마들 역)

〈화보 18〉〈허행초〉

　이상의 프로그램 표에서 볼 수 있듯이 최현의 생애 첫 춤 개인작품전에는 5개의 소품을 발표하였다. 그 중 최현 춤 작품전에 초연된 신작은 〈녹수도 청산을 못잊어〉, 〈허행초〉이다. 이미 위의 〈표 11〉에서 각 작품의 내용을 프로그램 북을 통해 제시했듯이 〈비원〉은 창덕궁 후원後苑에서 중양절인 음력 9월 9일에 있을 법한 궁궐 안에서의 놀이와 왕비의 왕세자 수태受胎를 염원하는 기원무를 결합시킨 내용의 춤이다. 1976년 TBC 향연에서 초연된 〈비원〉을 기초한 안무작품이다. 〈비상〉은 1976년 초연되어 80년대에는 수차례 개인 특별초청으로 공연되었고, 1993년에는 마침내 명작으로 지정된 작품이다. 〈군자무〉는 1993년 4월 국립무용단 제62회 정기공연에 초연되어 당해의 작품상 수상과 함께 최현 개인의 공연활동에 전기를 제공한 주요 작품이라는 것은 이미 밝힌바와 같다.

　〈녹수도 청산을 못잊어〉는 평안도로 부임하던 임제와 무덤 속 황진이의 꿈 속 만남과 사랑을 극적劇的으로 전개시킨 이야기 춤이다. 〈허행초〉 역시 최현 자신의 인생을 반조反照하는 한 노인의 형상을 통해 '명경지수와 같은 물에 비친 자신의 모습을

들여다보는', '사심이나 욕심이 들어설 수 없는 정화의 세계를 표현'한 작품이라고 기술하였다.[236]

최현의 첫 개인발표회를 소개하는 『경향신문』의 유인화 기자는 최현을 다음과 같이 소개하였다.

> 한국무용가 최현씨(64, 서울예고 무용과장)의 체온은 늘상 40도를 웃도는 것 같다. 춤의 정열에 못 이겨 흐느끼는 그의 눈길. 언제나 열병을 앓고 있다.
>
> 깐깐한 춤꾼, 완벽주의자, 멋의 예인藝人, 선비. 그를 지칭하는 대명사는 한결 같이 맑고 순수한 것뿐이다.
>
> 품격 높은 춤. 춤 멋을 추구해온 최씨가 드디어 생애 첫 개인발표회를 갖는다.[237]

1946년 만17세에 처음 출발한 최현 춤 인생의 노정에서 어느새 만64세가 되었고, 마침내 갖게 된 그의 첫 개인발표회는 많은 사람들의 기대와 찬사 속에 최현 우리춤의 세계를 독자적으로 구축하였다고 평가되었다.

1995년은 최현에게 있어서 국립무용단장으로 취임했다가 단원과의 불화가 원인이 되어 사직한 희망과 시련이 교차했던 시간이었다. 그러나 1996년 4월 최현은 세계무용연맹 한국본부 회장[238]을 맡으면서 다시 춤을 향한 전열을 가다듬었다.

1996년 6월 13일(목)과 14일(금)에 있었던 서울시립무용단의 '우리 춤 50년 뿌리찾기'에서 최현은 〈달의 정〉 안무를 맡았다. 당시 서울시립무용단장 배정혜에 의해 초대되어 세종문화회관 대강당에서 서울시립무용단원들에 의해 공연되었다. '한국 근대 춤 50년사의 레퍼토리를 한자리에서 선보이는 무대를 마련'한 것이라고 했다.[239] 이

---

236 최윤찬, 앞의 논문, 2002, 20쪽.
237 『경향신문』 1994.11.25. 33면. 「文化人 포스트: 입문48년 첫 개인발표회. 한국무용가 최현씨. "춤은 나의 스승… 이제야 깨달았죠" 〈劉仁華 기자〉」
238 세계무용연맹 한국본부, 『새로운 세계춤을 위하여Ⅰ: 무용과 의상의 만남』 프로그램북(문예회관대극장, 1996.11.23.~24. 오후 7시).
239 서울시립무용단, 『우리 춤 50년 뿌리찾기』 프로그램북, 세종문화회관 대강당, 1996.06.13.~14. 오후 7

때 공연된 프로그램은 아래와 같았다.

〈표 12〉 서울시립무용단 '우리 춤 50년 뿌리찾기' 공연 프로그램

	안무자	작품 명	근대춤 레퍼토리로서의 의미
1	송 범	강강술래	1972년 '강강술래'라는 작품으로 무대화 시킨 송범의 신한국무용 작품.
2	이숙향	밤 길	1962년 한국의 전통 춤사위를 바탕으로 박성옥에 의해 만들어져서 이숙향에 의해 재안무된 신한국무용.
3	최희선	무당춤	1957년 무대화시킨 최희선의 신한국무용.
4	이매방	삼고무	무형문화재 제27호로 지정된 승무 중에 나오는 한 개의 북을 삼고무, 오고무, 구고무로 창작되어 발전된 이매방의 신한국무용.
5	김백봉	검무	1953년 섬광이라는 작품으로 무대화시킨 김백봉의 신한국무용
6	배정혜	시집가는 날	한국 전통 혼례를 소재로, 삶의 진솔한 모습들을 전통춤사위를 바탕으로 만든 배정혜의 신한국무용
7	강선영	태평무	1988년 강선영에 의해 무형문화재 제92호로 지정된 전통춤을 군무로.
8	박병천	진도북춤	남도들노래에서 나오는 북춤을 박병천에 의해 무대에 재현된 전통춤.
9	최 현	달의 정(精)	천수를 다한 노인이 달을 보며 망연자실 환상에 젖는데, 천상에서 선녀가 내려오고 학이 뛰어 논다. 노인춤+선녀춤+학춤이 합설된 신한국무용.
10	배명균	가족	1969년 '각서리'로 안무된 배명균의 신한국무용
11	전 황	농악	1960년 농악무로 전황이 무대화시킨 신한국무용

이 공연을 총괄한 배정혜 서울시립무용단장은 한국 근대춤의 재정립을 목표로 이 공연을 실시한다고 하였다. 지난 시절 '혼돈 속에서 행해지던 한국민속무용, 또는 신무용, 한국전통무용, 관광홍보무용, 창작무용 등으로 무분별하게 불려지고, 추어지던 한국춤의 레퍼토리를 이번 공연을 통해 미약하나마 첫 단계 작업으로 재정립을 시작해 보는 의미에서 원로선생님들의 작품을 모시게 되었다'고 하였다.[240] 이로써 그들의 대표작품들을 한 무대에서 공연하도록 하여 서울시립무용단의 레퍼토리를 폭넓게 확

시 30분.

240 서울시립무용단, 위의 책, 1996.

보한다는 계획이었다.

원로무용가들은 대체로 자신의 기존 레퍼토리 작품 1종을 서울시립무용단원에게 지도하여 공연하도록 했다. 그런데 최현은 조택원으로부터 전수받은 〈신로심불로〉를 응용하여 〈달의 정〉이라는 새로운 작품을 안무한 것으로 보인다. 〈달의 정〉을 소개한 내용은 아래와 같다.

> 휘영청 달이 밝다.
> 천수天壽를 다한 노인은 영생永生을 꿈꾸며 달을 안고 앉았다. 모든 삼라만상은 달빛에 빨려 들어간다. 달은 차면 기울고, 기울다간 다시 중천을 환하게 밝힌다. 인간은 태어났다가 죽음 앞에 서면 왜 되돌아 올 줄 모르는가? 노인은 망연자실 환상 속에 젖다가 이내 자신의 눈을 씻는다. 천상에서 선녀들이 내려오고 있었기 때문이다. 하늘하늘한 옷자락이 운무雲霧에 가렸다가 다시 나타나고 선녀들의 황홀한 춤은 현실 아닌 환각의 풍경이다. 달의 정精은 선녀들 속에서 해탈하는 과정이요, 생수生水로 목욕하는 삶의 애착이다.[241]

죽음에 가까운 노인이 달을 바라보며 환상에 잠겼고, 선녀들이 하늘에서 내려오고 학이 뛰어노는 장면은 몽환적이다. 실제로는 신로심불로에서 볼 수 있는 노인의 춤과 선녀춤, 그리고 학춤을 결합시킨 합설무合設舞에 해당한다. 그러나 최현에게는 이러한 춤들을 결코 평범하게 놔둘 수 없음은 물론, 낭만의 세계로 승화시키는 힘을 갖고 있다. 밝은 달밤에 이루어진 한 노인의 환상이 관객에게는 '생수로 목욕하는 삶의 애착'처럼 문학적 감수성을 자극했을지 모른다.

세계무용연맹 한국본부 회장이 된 최현은 1996년 11월 23일과 24일에 '무용과 의상의 만남'이라는 독특한 주제의 융복합 공연을 세계무용연맹 한국본부 이름으로 주최하였다. 최현은 프로그램 인사말의 제목을 '의상은 춤의 창窓, 그 만남을 위해'라고 붙였다. '무용과 의상의 만남은 무용과 패션의 동등한 위상을 확인하는 실험적 작업'이

---

241 서울시립무용단, 위의 책, 1996.

므로 '무용과 의상이 50대 50의 비율'로 참여하여 무대가 제작되었음을 강조하였다. 최현은 23일 허영 디자이너의 의상을 착용하고 〈달 있는 제사〉를 춤추었다. 이용악李庸岳(1914~1971)의 시 〈달 있는 제사〉를 '어머니께 드리는 사랑'으로 전화轉化시켜 자신의 어머니를 그리는 춤 이야기로 만들었다.[242] 이용악의 〈달 있는 제사〉는 본래 '타국에서 유랑하다 돌아가신 아버지 제삿날, 아버지에 대한 그리움을 표현한 시이다. 아버지의 부재로 인한

〈화보 19〉 〈달 있는 제사〉

어머니의 상실감을 아프게 바라보는 화자가 이야기를 끌어가고 있다'[243]고 하였다.

　　　달 있는 제사

　　　　　　　　이용악

　　달빛 밟고 머나먼 길 오시리

　　두 손 합쳐 세 번 절하면 돌아오시리

　　어머닌 우시어

　　밤내 우시어

　　하아얀 박꽃 속에 이슬이 두어 방울

242　세계무용연맹 한국본부, 위의 책, 1996.
243　달 있는 제사(이용악), 다음백과 해법문학 현대시 고등, 천재교육 편집부, 〈http://100.daum.net/encyclopedia/view/24XXXXX53209〉

그런데, 『무용가 최현 회고 사진집』에서는 최현의 〈달 있는 제사〉를 '자신이 남에게 잊혀진 존재가 되지 않기 위해 몸부림치며, 삶의 의문을 춤으로 풀어낸' 것이라고 설명했다. 최현의 춤이야기를 독자에게 적절히 전달한 것 같지는 않다. 최현은 어머니의 제삿날, 달 속에 그려지는 어머니의 환영(특별출연 원필녀)과 대화하며 절절한 그리움을 무용극으로 표현했다. 어머니의 환영이 커다란 보름달 안으로 빨려 들어가듯 사라진 후, 자신의 그리움과 대화를 펼치듯 춤을 전개해 나가고, 마침내 어머니께 올린 향불 앞으로 되돌아와서 춤을 끝낸다.

1997년 8월 8일에는 울릉도에서 독도박물관 개관 축하공연이 있었는데, 이 때 우리 민족, 우리 국가에 대한 염원을 담아 〈기원무〉를 연행했다. 1997년 12월 27일 토요일에는 국립민속박물관에서 관람객을 위한 우리민속 한마당 '여섯 개의 최현 춤 향연'을 공연하였다. 제자들에게 기존 작품 6편을 공연하도록 했다.[244]

〈표 13〉 '여섯개의 최현 춤 향연'(국립민속박물관) 프로그램

	작품 제목	출연진	내용
1	비원(祕苑)	원필녀, 홍승숙, 손미정	태평성대를 맞은 궁궐에서 왕비가 달을 향해 나라의 화합과 태평성대 치국을 염원하는 기원무
2	상(想)	정진욱	고달픈 운명의 여인이 마음 속에 쌓인 앙금과 분노를 춤으로 이겨내고 춤 선율에 녹여내어 마음의 정화를 맞는다
3	고풍(古風)	정혜진	산조의 선율 따라 넘치는 신명으로 동양의 옛스러움, 활달함과 섬세한 선, 궁형의 발랄함은 흥과 멋이 공존하는 은은한 우리만의 품격이자 정서.
4	연가(戀歌)	김호동, 윤명화	조선 시대 한 선비와 아름다운 처녀가 밀회하는 2인무
5	남천(南天)	백정희	텅빈 무대, 소반에 다기(茶器), 구석에 모래 묻은 여인의 종아리, 얼굴은 안보이지만 헝겊핀 꽃은 뒷모습만. 그리고 또 남천에 나는 길 잃은 미아가 되어 어디만치 가고 있을까, 허리 위 절반은 바닷물에 적신 채.
6	비상(飛翔)	원필녀	1976년에 안무된 작품. 푸른 창공을 훨훨 날고 싶은 인간 염원의 의지를 독무로 안무한 것.

---

244 국립민속박물관 주최, 『관람객을 위한 우리민속 한마당: 여섯 개의 최현 춤 향연』 프로그램북, 국립민속박물관 1층 강당, 1997.12.27.

이상의 '주옥같은 작품들은 그 주제가 옛 여인들의 정한을 다루고 있다. 여인들의 애환은 그들이 체험했던 마음의 응어리, 그리고 운명적으로 만났던 슬픔과 한, 삶의 여정旅情들인데 그러한 응어리진 매듭을 때로는 신명으로 때로는 흥으로 도도한 낙천樂天의 제 모습으로 풀어보는 춤 향연'이라고 소개했다.[245]

〈비원〉은 1994년 초연작인데, 원작은 중양절 궁중의 나인들이 투호놀이를 즐기고, 밤이 되면 왕비의 수태를 염원하는 기원무라는 무용극적인 작품이었다. 국립민속박물관에서는 왕비와 시중드는 상궁 2인의 춤으로 축약하였고, 태평성대를 춤추는 〈태평무〉의 일종으로 재구성하였다. 그밖에 〈상〉, 〈고풍〉, 〈연가〉, 〈남천〉은 각 제자들의 외모와 성품, 역량을 고려하고 안무하여 지도한 개인별 맞춤 작품들이다.

1998년 7월 13일과 14일에는 문예회관 대극장에서 두 번째 '최현춤전'이 있었다. 70세 고희古稀 기념 공연이었다. 이 프로그램 첫 머리에는 최현을 아래와 같이 소개하고 있다.

그는 아름다운 예인藝人이었다.

최현은 이 시대 춤의 마지막 인사요, 비상의 날개였다.

이 세상에서 정신 하나로 사는 부자는 많지 않다.

그의 칠십 몸은 두 날개뿐,

왜 그에게 마지막 낭만주의자라는 꼬리표가 붙어 다니는가.[246]

최현의 70평생 삶과 성품을 시詩로써 함축하여 소개하고 있다. 이번 최현춤전에서는 〈남색끝동〉, 〈교방무〉, 〈군자무〉, 〈울음이 타는 가을 강〉, 〈허행초〉가 올려졌다. 이번 최현춤전에 올려진 〈남색끝동〉에는 정혜진, 여미도, 전순희, 안남주, 이현주가 출연했다. 이 작품의 안무의도에는 다음과 같은 설명이 있었다.

---

245 국립민속박물관 주최, 앞의 프로그램북, 1997.
246 최현우리춤원 주최, 『최현춤전』 프로그램북, 문예회관 대극장, 1998.07.13.~14.

조선조 양반 계층 여인들의 한恨을 다룬 이 작품은 규방가사閨房歌辭 문학에도 나타나듯 여인의 공통된 운명을 춤으로 다룬 것이 특색이다. 오늘의 문명사회에서도 일부 계층에는 아직도 한恨의 골이 깊게 패어 지워지지 않고 남아 있다.

춤의 전개는 폐쇄된 심창沈窓[247] 안에서 가사를 영위하는 여인들의 자태와 그 무언의 의지, 그러나 뜰 위의 하늘이 있기에 숨을 쉬고 한을 이겨내는 조선조 여인들의 단아한 자태, 고고한 정신이 〈산조의 울림〉으로 희열의 날개를 만경창파에 다채롭게 띄운다.[248]

예원학교와 서울예술고등학교 출신의 제자들이 대부분 여성이기 때문일까, 조선조 여인에게 주로 내재해 있다고 믿는 한恨, 그리고 그 한을 이겨내는 삶의 이야기 춤인 〈상〉이나 〈남천〉, 그리고 군무 〈남색끝동〉 등이 유사 주제로 안무되었다.

〈교방무〉는 재일무용가 정민의 딸 정미기가 부친 정민(본명 정순모)에게서 전수받은 춤이다. 정민은 최현과 함께 김해랑의 문하에서 형제처럼 동고동락하며 함께 지냈던 친구이다.[249] 정민은 마산의 권번에서 김초향에게 춤을 배웠는데, 당시 배운 춤을 딸에게 전수한 것이라고 한다. 정민은 마산 권번에서 배운 춤을 옛 조선의 교방과 연관시켜 〈교방무〉라고 이름하였다. 입춤의 한 종류를 무대예술로 승화시킨 것이라고 생각한다. 그 외 〈남색끝동〉, 〈군자무〉, 〈울음이타는 가을 강〉, 〈허행초〉는 모두 기존 작품이다. 〈군자무〉는 1993년 4월 17일부터 22일까지 국립무용단 제62회 정기공연 '우리춤·우리의 맥'에서 초연하였다. 〈남색끝동〉과 〈울음이타는 가을 강〉은 1994년 9월 9일과 10일 '원필녀 창작춤'(국립극장 소극장)에서 초연되었다.

〈허행초〉는 1994년 12월 2일과 3일에 '1994 허행초: 최현 춤 작품전'(국립극장 대극장)에서 초연된 작품이다. 〈허행초〉는 시인이자 무용평론가인 김영태의 작시作詩인데, 최현의 춤세계를 표현한 시이다. 이 시를 가지고 최현은 〈허행초〉라는 춤작품을 발표한

247 심창(沈窓)은 심창(深窓)의 오류인 듯함.
248 최현우리춤원 주최, 앞의 프로그램북, 1998.
249 송수남 역음, 『한국 근대춤 인물사(Ⅰ)』, 서울: 현대미학사, 1999, 158쪽.

것이다. 그리고 '마음을 비우고 예술을 위해 헌신한 '가난하지만 아름다운 삶'을 표현한 이 작품에 공감한 차범석·이태주·이종덕·손기상씨 등 문화계 인사들이 '허행초사람들'이라는 모임과 '허행초 상賞'을 제정하기도 했다.[250]

1999년 4월 16일부터 18일까지 3일 동안 세 번째 '최현춤전'은 알과핵소극장 개관 기념 초청공연이었다. 이 공연에는 〈남색끝동〉, 〈상想〉, 〈비상〉, 〈연가〉, 〈봄이오면〉, 〈살풀이춤(최현 류)〉, 〈신명〉이 공연되었다.[251] 〈남색끝동〉에는 여미도, 전순희, 이현주, 옹경일 4인이 출연하였다. 고희기념 '최현춤전'에서는 5인이었는데, 이번에는 정혜진과 안남주가 빠지고 옹경일이 참여하였다. 〈상〉은 정진욱이 그대로 출연하였고, 이번 〈비상〉은 원필녀가 출연하였다. 〈연가〉에는 고희기념 '최현춤전'과 마찬가지로 김호동과 윤명화가 담당했다. 〈봄이오면〉, 〈살풀이춤(최현 류)〉, 〈신명〉은 이 공연에서 초연된 작품이다. 〈봄이오면〉에는 강미선이 출연하였다. 한국체육대학교 무용과 교수였던 강미선 특유의 봄꽃처럼 생동하는 향기를 춤으로 표현한 작품이다. 프로그램에는 '꽃은 여자였다. 여자는 벌을 불러들이는 향기, 그것은 자연이었다'고 춤 내용을 설명하였다. 〈살풀이춤(최현 류)〉에는 원필녀가 출연했다. '흰 갑사 소복으로 단장, 다소곳 머리숙인 여인, 삶의 깊은 시름과 맺힌 응어리 여한餘恨은 무악巫樂 시나위 음율의 영적 감흥으로 풀어 내린다.'고 소개하였다. 최현은 1969년부터 1990년까지 문체부 문화재전문위원으로 활동[252]해 왔다. 이 때 한영숙, 이매방, 이동안, 김숙자 등 여러 선생들의 살풀이춤의 장점을 취득해 왔었다. 이를 예술적 표현영역으로 확대시킨 최현 류 〈살풀이춤〉이 이로부터 출범한 것이다.

공연의 마지막을 장식한 춤은 〈신명〉이다. 최현이 직접 출연한 초연 작품으로, 이 춤에 대해서는 다음과 같이 소개되었다.

---

250 『연합뉴스』 2002.07.08. 「무용계의 선비 고 최현씨」 정성호 기자.
251 공연기획 MCT 주최, 『소극장 알과핵 개관기념 초청공연 4월의 우리춤Ⅱ: 최현춤전』 프로그램북, 소극장 알과핵, 1999.04.16.~18.
252 국립민속박물관 주최, 『관람객을 위한 우리민속 한마당: 여섯 개의 최현 춤 향연』 프로그램북, 국립민속박물관 1층 강당, 1997.12.27.

▲ 〈화보 20〉 소극장 알과핵에서의 〈신명〉
▶ 〈화보 21〉 ‘윤성주의 한국춤’에서의 〈신명〉

신명은 춤의 신지핌, 신실림, 신오름이 신령과 인간과의 일체감이 불러일으키는 영적 상태를 의미한다. 곧 신명은 춤을 유발시키고 그 춤은 관중과 교감된다. 일상적 삶 속에서 깸과 의식세계 정신 저 너머에서 얻는 앎이 춤의 환시탐색幻視探索 허행虛行의 꽃 봉우리다.[253]

신명은 흥을 불러일으키고, 흥은 춤을 이끌어나가는 동력이 된다. 이번 〈신명〉에서는 부채와 서첩을 소도구로 사용하여 춤을 추었다. 그러나 같은 해 11월 11일 '윤성주의 한국춤'에 특별출연한 최현은 〈신명〉에서 무구舞具 부채와 서첩을 자주색 살풀이수건으로 바꾸었다. 음악도 1987년 제9회 대한민국무용제 전야제 때 사용했던 〈추정秋情〉의 음악 산조를 사용하여 개작 안무했다.[254]

그리고 개작 안무된 〈신명〉은 2000년 3월 7일 '김해랑 선생 추모공연'과 2000년 12월 14일과 15일, '우리시대의 무용가 2000'에서도 추어졌다. 또 '우리춤, 어제와 오늘의 대화'(2001.05.18.)에서도 자주색 긴 수건을 든 최현의 〈신명〉이 추어졌다. 한국무용협회로부터 명작무로 지정받은 〈비상〉은 이제 여러 제자들에게 전수시키고, 최현 자신은 새로운 작품 〈신명〉을 안무하여 춤과 온전히 하나 됨을 또한번 세상에 공포하였다.

1999년 9월 30일부터 10월 3일까지는 서울예술단의 〈향가 - 사랑의 노래〉 공연이 있었다. 〈서동요〉와 〈찬기파랑가〉, 〈헌화가〉가 상연되었는데, 이중 최현은 〈헌화가〉의 안무를 맡아 노인으로 직접 출연하였다. 수로부인 역은 서울예술단의 김윤미가 담당했다. 최현의 〈헌화가〉 안무 의도는 아래와 같이 소개되었다.

최씨는 '진달래꽃을 단순히 꽃으로 해석하지 않고 예술가가 추구하는 아름다움으로 풀었다'며, '수로부인도 이 세상 사람이라기보다는 인간의 상상력 속에 나타나는 미의 극치로 풀이했다'고 안무 의도를 설명했다.[255]

253 공연기획 MCT 주최, 앞의 프로그램북, 1994.
254 원필녀와의 면담 인터뷰, 2018.09.07. 오후 8시경. 서울 아만티호텔 커피숍.
255 『경향신문』 1999.09.15. 23면. 「칠순 앞둔 한국무용가 최현씨 '헌화가' 안무 출연. '꽃바치는 노인' 열정의 춤사위. 서울예술단의 가무악 '향가-사랑의 노래'지도」

'까다로운 안무자'로 유명한 최현은 아침부터 단원들과 땀 흘리며, 손동작 하나에도 철저히 주문하며 작품의 완성에 최선을 다했다.

2000년 11월 2일 네 번째 '최현춤전 2000'은 국립중앙극장 해오름극장에서 공연되었다. 이 날 공연한 종목과 출연진은 아래와 같다.

〈표 14〉 '최현춤전 2000'(국립 해오름극장) 프로그램

	작품제목	출연진	내용 요약
1	남색끝동	강경수, 안남주, 윤명화, 최원자, 이정은	조선조 규방 여인들의 恨
2	비상(飛翔)	최현	인간의 날고 싶은 의지
3	미얄할미	장용일, 정은혜, 윤명화, 김수경, 김현희	봉산탈춤 7째마당
4	허행초	최현 / 서대하, 한송이, 채송이, 김수산	춤의 허심, 춤이 만개된 정상의 지점, 비운 마음 속의 길
5	연가(戀歌)	정은혜, 김호동	조선조 선비와 물오른 처녀의 밀회
6	군자무	최현 / 강미선, 윤미라, 전은자, 강경수	매란국죽을 화폭에 담는 선비의 고매함

'최현춤전 2000'에는 기존작품 〈남색끝동〉, 〈비상〉, 〈허행초〉, 〈연가〉, 〈군자무〉가 봉산탈춤의 〈미얄할미〉와 함께 공연되었다. 〈미얄할미〉는 기존 과장에 동네사람들이나 미얄할미의 친구를 등장시키는 등 이야기를 확장하여 해학을 더한 재안무 작품이다.[256]

그리고 마침내 최현은 백거이白居易가 쓴 악부시 〈비파행琵琶行〉을 각색한 이세기 대본의 〈비파연琵琶緣〉을 생의 마지막 작품으로 남겼다. 이세기는 〈비파연〉을 다음과 같이 소개하였다.

---

256 원필녀의 정보제공.

아마도 이 작품은 강상江上의 한 시인과 음악을 아는 비파 타는 여인이 펼치는 한편의 시사
詩詞로써 시가 아닌 춤이 지니는 정취를 무대에서 새롭게 구사해 보려는데 있다.

「비파연」은 당唐대 최고의 시인인 낙천樂天의 '서로 만나 흉금을 트니 마음을 아는 자가
어찌 일찍 사귄 자에만 한하랴[相逢何必曾相識]'는 구절에서 모티브를 얻고 있으나 시대 상황과
관계없이 한 선비의 청고와 지조는 어느 나라, 어느 시대를 막론하고 어디서나 비슷하다고
생각된다.

이른바 인생의 희락과 이별을 아쉬워하는 애절감, 남성들의 송백 같은 우정 등 비파소리에
감동받은 시인이 비로소 인생의 영고榮枯가 무상함을 깨닫고 순수 시의 정점에 이르는 과정이
작품의 핵심이 되고 있다. 이는 드라마틱한 무용극이 아니라 가장 지순하고 절제된 한국춤의
극치로써 최현춤의 무르익은 경지가 한편의 서정시로 탄생되는 순간이 될 것이다.[257]

그리고 최현은 〈비파연〉의 작품의도를 다음과 같이 요약 설명하였다.

현대인들은 물질에 취하여 시와 낭만을 잃고 계산적이고 이기적으로 살아가지만 인간의
심저에 도사린 가장 고귀한 정과 감동을 그리워하고 있다. 이 작품은 그런 사람들의 말라붙
은 인정에 단비처럼 뿌려 죽었던 감정을 움직여 되살려 내려는데 있다.

이 춤은 아마도 강상의 한 시인과 비파 타는 여인이 펼치는 한폭 동양화일 뿐 아니라 그
한폭의 명화는 우리의 가슴에 아로 새겨져 메마른 정서를 일깨워 줄 것이다.[258]

백거이의 〈비파행〉은 7언七言 88행의 장구 시인데, 이를 재창조한 〈비파연〉은 약
60분짜리 대작으로 제작되었다. 〈비파행〉에는 백낙천(낙천은 백거이의 호)이 이미 구강
군사마九江郡司馬로 좌천되어 와 있었기에, 손님을 배웅하는 이야기로써 시가 시작된

---

257 최현우리춤원, 「우리 시대의 마지막 선비 최현: 이세기」, 『최현춤전: 琵琶緣』 프로그램북, 호암아트홀,
   2001. 12. 21.~22.
258 최현우리춤원, 위의 프로그램, 2001. 「琵琶緣」, 〈작품의도〉

〈화보 22〉 〈비파연〉

다. 주인 낙천이 심양강에 나가 객을 전송하고자 배 위에서 회포를 푸는 중이었다. 주인과 객이 배 안에서 술로 회포를 풀건만 음악소리조차 없어 막막한 지경인데, 어디선가 아득히 비파소리 들려와서 주인과 객이 함께 비파소리에 마음을 빼앗긴 이야기로 전개된다. 88행의 시가 전개되면서 백낙천의 좌천과 장안에서 유명했던 한 기녀의 노후가 묘사되며, 인생 영화의 무상함을 읊는다.

〈비파연〉은 소설가 이세기의 대본에 따라 2부로 크게 나뉘어 연행되었다. 제1부는 백낙천이 관직을 수행하다가 좌천하게 되는 이야기를 묘사하였고, 제2부는 구강군사마로 좌천하여 예랑을 만나게 되는 내용이다. 음악은 당시 한양대 음악대학 교수인 이상규 작곡이다. 〈비파행〉은 비파 소리에 대한 감흥에 큰 비중을 두었던데 비해, 〈비파연〉은 춤으로 연행하기 위한 상황 설명식 묘사가 주를 이룬다. 영고한 인생의 무상함을 깨달은 한 선비와 함께 묘사되는 동양화 한 폭을 한국춤으로 그려내고자 했기 때문이라고 여겨진다.

이상과 같이 최현의 개인 무용 활동 제3기는 새로운 한국무용작품에의 도전과 정복의 시간으로 노익장을 발휘하였다. 그러나 2002년 4월 '일본 토가 페스티벌'의 초청으로 작품을 준비하던 중 쓰러져서 간암 판정을 받았고, 마침내 7월 8일 오후 7시 53분쯤 서울대병원에서 승천하였다.[259] 장례는 11일 오전 10시 대학로 마로니에 공원에서 무용협회장으로 치러졌다. 경기도 파주시 통일동산 경모공원에 잠들어 있다.

---

259 『연합뉴스』 2002.07.08. 「무용계의 선비 고 최현씨」정성호 기자(sisyphe@yna.co.kr); 『국민일보』 2002.07.08. 「원로 한국무용가 최현씨 별세」연합.

7. 최현의 무용 교육자 행로

최현이 김해랑을 처음 만난 것은 1946년이다. 만 17세의 5월에 마산의 김해랑 집으로 들어가게 되었다. 그리고 1947년부터 지금의 중학교 과정을 시작했으니, 일반적으로 정규과정을 밟아 온 다른 아이들과는 4, 5세 정도가 더 많았다. 그래서 그는 서울대학교 사범대학 체육교육과의 학부생일 때에도 한편으로는 서울 음대 강사를 병행했다. 음악과의 '현제명 박사께서 오페라 하는 학생들에게 동작 하나라도 표현법을 가르쳐야 된다'[260]고 불러들였다고 하였다.

최현의 이력서에 의하면, 그의 교육자로서의 공식적인 경력은 1955년 7월 최윤찬무용연구소를 개설하면서 시작되어 서울예술고등학교 무용과장으로 1995년 3월 정년퇴임하기까지로 기록되어 있다. 최현우리춤원에 비치된 최현 이력서에는 아래와 같이 최현의 교육관련 경력이 정리되어 있다.

⟨표 15⟩ 최현의 무용 교수 활동

활동 연대	교육경력	직위
1955.07 ~1958	최윤찬(최현)무용연구소 개설	소장
1961 ~ 1962	서울대학교 음악대학	강사
1965 ~ 1985	서울예술고등학교	강사
1967 ~ 1974	서울대학교 사범대학 체육교육학과	강사
1969 ~ 1970	이화여자대학교 체육대학 무용학과	강사
1974 ~ 1982	국립무용단	지도위원
1976 ~ 1979	최현무용단 창설(전통의 본질 찾기 목적)	단장
1980 ~ 1981	중앙대학교 예술대학 무용학과	강사
1981 ~ 1985	서울예술전문대학 무용학과	주임교수
1983.03.29. ~ 1985	최현무용연구실(강남구 반포동)	실장

---

[260] 문애령, 『한국현대무용사의 인물들』, 서울: 눈빛, 2001, 276쪽.

활동 연대	교육경력	직위
1990.10 ~ 1992.05	문화부 문화재보존협회 한국의집민속극장	예술총감독
1994.06 ~ 1995.03	서울예술고등학교 무용과	교사(무용과장)

　　최현의 공연 경력은 비교적 상세히 정리되어 있었는데 반해, 교육관련 경력은 외형적으로 다소 빈약한 모습이다. 하지만 표의 내용을 자세히 들여다보면, 최현은 1965년 이래 서울예고(예원학교 포함)를 중심으로 1995년까지 30년 동안이나 교육 활동에 자신의 인생 황금기를 고스란히 받쳐왔음을 볼 수 있다.

　　최현은 자신의 생을 마감하기 직전인 2002년 6월에 석사학위를 취득하였다. 병고와 싸우며 작성되었을 이 논문은 최현의 춤 예술 자서전으로서 후학의 연구에 큰 도움을 주고 있다. 이 논문에는 자신의 교육활동 내력을 다음과 같이 소개하였다.

> 　　서울대학교 사범대학 체육과에 입학한 이후로 지금까지 학생들을 가르쳐왔는데, 춤 교육자로는 어느 무용가보다도 많은 경력을 쌓을 수 있었다. 한때는 무용연구소를 설립해서 제자들을 양성한 바 있고 서울예전의 교수로 봉직했으며, 1965년 서울예고에 부임한 이후 30여 년간 어린 제자들을 양성했으며 그곳에서 정년퇴임을 했다. 그 이후로도 예원학교, 세종대학, 한성대학, 한국체대, 서울대학, 이화여대 등에 출강해 왔으며, 최근에는 무용원의 객원 교수로 초빙 받아 대표작품인 〈신로심불로〉와 〈비상〉 등을 전수해 왔다.[261]

　　인용문으로 본다면, 〈표 15〉 최현의 무용 교육 활동 표에는 정년퇴직 후 대학에 출강한 경력이 생략되었다는 것을 알 수 있다. 최현은 서울예고 퇴직 후에도 여러 대학에 출강하며 더욱 활발히 활동했음을 나타낸다. 그럼에도 불구하고 〈표 15〉에는 1995년 정년퇴직 이후의 기록이 없는 것이다. 아마도 1995년 이후로는 경력을 더 이상 추가 기록하지 않았던 것으로 보인다.

---

261 최윤찬, 앞의 논문, 2002, 15쪽.

한편 신문을 검색하면, 최현의 정규 교육활동 외에도 단기 연수 강사로 일찍부터 활동했던 것을 찾을 수 있다.

〈표 16〉 신문에 나타난 최현의 단기 강습 활동

활동 연대	교육경력	직위
1962.07.18. ~ 08.01.	봉산탈춤강습회 강사: 김진옥, 이두현, 임성남, 강선영, 최현, 손상림	강사
1965.06.12	서울예고서 한국무용 특강 연구과목: 봉산탈춤, 오광대, 궁중무, 승무, 고무 등 강사: 이론 이두현 / 기획 임성남 실기 김진옥, 김천흥, 한영숙, 강선영, 최현	강사
1982.08.01. ~ 07.	제9회 전국 무용연수회(마산, 대전) 한국무용, 발레, 현대무용 강사: 최현은 최희선, 김성일, 조흥동, 문일지, 정재만, 김상규(金湘圭), 김정욱(金貞郁), 한순옥, 강이문(姜理文), 홍정희 등	강사

1962년 7월 18일부터 8월 1일까지 15일 동안 행해진 '봉산탈춤강습회'는 임성남무용연구소에서 있었다. 이 강습의 목적은 '봉산탈춤의 진수를 계승하는 길과 민족 발레를 모색해서 현대화하는데'있다고 하였다. 강사로는 임성남, 강선영, 최현, 손상림 제씨를 중심으로 봉산탈춤의 권위자인 김진옥, 그리고 한국가면극보존회원인 이두현교수로 이루어졌다.[262] 최현과 이두현교수와의 인연은 마산상고 시절부터 제자와 담임선생님으로 맺어졌음은 앞서 기술한바와 같다. 일찍부터 연극에 관심을 갖고 있던 이두현과 최현이 임성남과 강선영, 손상림 등 제씨를 위해 봉산탈춤의 권위자 김진옥을 소개하고 그로부터 봉산탈춤을 배울 수 있도록 주선한 것이라고 생각된다.

임성남은 전통 봉산탈춤을 배워서 민족 발레를 모색할 목적을 가졌다고 했다. 한국적인 춤(발레) 창작을 위해 자신의 연구소를 강습 장소로 제공하며 제자들과 함께 강

---

262 『경향신문』 1962.07.19. 4면. 「鳳山탈춤講習會. 林聖男무용연구소서. 8월 1일까지 15일 동안」

습회에 참여했을 것으로 생각한다. 바로 이때부터 최현의 춤 실력이 무용가들 사이에 검증되었으며, 이후 1963년 3월 13일부터 5일 동안 개최된 국립무용단 제2회 공연부터 최현이 무용수로 처음 출연하는 계기가 되었을 것이다. 그리고 국립무용단 제3회, 제4회, 제5회, 제8회 등 지속적으로 공연에 출연하면서 극무용의 주역을 담당하기도 했다. 당시 대부분의 무용가들은 자신의 춤작품 창작을 위한 소재 개발 차원에서 전통춤을 배웠던 실상을 여기에서도 발견하게 된다.

임성남은 1964년에 서울예술고등학교의 무용과장으로 부임하였다.[263] 이에 1965년 6월 '민속무용을 과학적인 방법으로 연구 보존保存 발표하기 위한 한국무용 특강 계획을 세웠다'고 하였다. 즉 서울예고 무용과 학생들에게 '봉산탈춤, 오광대五廣大, 궁중무宮中舞, 승무고무僧舞鼓舞 등'을 지도할 계획을 발표한 것이다. '이론은 이두현, 기획지도는 임성남이 담당하고 강사는 김진옥, 김천흥, 한영숙, 강선영, 최현'이 맡는다고 하였다.[264] 최현과 서울예술고등학교와의 인연이 이렇게 시작된 것으로 보인다. 서울예고 무용과 학생들은 1965년 11월 21일 제2회 서울예고무용발표회를 가졌는데,[265] 이 때 봉산탈춤과 오광대를 학습한 내력으로 최현 안무의 〈초라니〉를 학생들이 성공적으로 공연하였다.

1982년 8월 1일부터 7일까지 제9회 전국무용연수회를 한국무용협회(회장 김진걸)에서 주관하여 마산과 대전에서 개최하였다. 학생·교사·무용가를 대상으로 한국무용·발레·현대무용을 지도하기로 했다. 최현은 최희선, 김성일, 조흥동, 문일지, 정재만, 김상규金湘圭, 김정욱金貞郁, 한순옥, 강이문姜理文, 홍정희 등과 함께 강사로 참가하였다.[266]

이상과 같은 최현의 단기 강습활동과 춤의 전문적 전수 활동은 신문에 발표된 것 외에도 많이 행해졌을 것으로 추정된다. 하지만, 기록되지 않은 것에 대해서는 언급

---

263 임성남 검색(한국민족문화대백과사전 〈http://encykorea.aks.ac.kr〉)
264 『동아일보』 1965.06.12. 5면. 「韓國舞踊特講 서울藝高서」
265 『동아일보』 1965.11.20. 5면. 「〈서울藝高〉 舞踊發表會」
266 『동아일보』 1982.07.14. 11면. 「전국 舞踊연수회」;『경향신문』 1982.07.23. 7면. 「전국 무용연수회」

을 자제하기로 하겠다.

다음, 최현이 걸어 온 무용교육자로서의 행로는 어떠한 모습으로 제자들에게 비쳐지고 기억되었는지, 최현의 제자들이 바라 본 교육자 최현에 대하여 알아보기로 하자.

이미영(현 국민대학교 무용전공 교수)은 예원학교 입학시험 때에 최현을 처음 만났다. 그리고 예원과 서울예고학생 시절을 거쳐 88서울예술단에서 최현을 다시 만났고, 최현의 부름으로 서울예고 강사를 지낸 경력을 갖고 있다. 이 과정에서 제자 이미영은 스승 최현에 대해 느끼고 습득한 교육자 최현의 인상을 자신의 기억을 통해 정리하였다. 이미영이 기억하는 최현은 어린 예비 무용가들에게 있어서 '무엇보다 몸의 균형성과 가능성을' 먼저 살폈다고 한다. 그는 '키가 크고 작은 것 보다는 한 쪽 어깨나 고개가 비뚤어져 있거나 허리가 구부정한 모습, 자신 없이 시선을 바닥에 떨구는 것을 견디지 못하였다'고 한다. 바른 자세와 바른 마음을 강조했다고 한다.[267]

다음은 음악성과 즉흥성을 매번 강조하였다고 한다. 최현 본인이 직접 장고와 구음을 하면서 학생을 지도함은 물론, 직접 시범을 보일 때에는 매번 동작의 순서를 바꾸어서 학생들이 동작순서와 틀에 매이지 않도록 유의하고, '내적 정서표현 즉 무용수의 내재율에 초점을 맞추었다'고 한다. 이로써 이미영을 비롯한 학생들은 동작순서 외우기를 마침내 포기하고 즉흥의 몸짓과 표현을 위해 힘썼다고 한다.[268] 안무에 임하는 최현은 '한번 안 되는 동작은 세세한 동작일지라도 될 때까지 다시 여러 번 반복 훈련하여서' 성공에 이르도록 요구하니 무용수들의 어려움이 컸다고도 한다.

이밖에 이미영이 기억하는 최현의 교육자로서의 어록은 아래와 같다.

① 춤은 살아 숨 쉬는 움직임, 그 감동을 전달하는 것이다.[269]
② 머리끝부터 손끝까지 깨어있어라!

---

267 이미영, 앞의 논문, 2015, 224쪽.
268 이미영, 위의 논문, 2015, 224쪽.
269 이미영, 앞의 논문, 2015, 224쪽.

③ 마치 공간이 흰 화폭처럼 생각하여 손끝에 붓을 쥐고 그림을 그리듯 글씨를 쓰듯 춤을 추어라!

④ 카메라가 앞, 뒤, 좌, 우 어디에서나 찍고 있다고 생각해야 한다. 거울 속에 비친 앞모습만 빠져있지 말아라!

⑤ 앞뒤로 팔을 들어 올릴 때도 몸속에서 마치 실을 뽑아내듯 조심스럽지만 부드럽고 자연스럽게 곡선의 춤을 추어라!

⑥ 춤추는 마음 바탕이 거울처럼 투명해야하며, 그 거울은 춤추는 사람의 인격이요 자세이다!

⑦ 바른 시선과 몸은 마음의 거울이다. 비뚤어진 어깨, 팔, 시선, 걸음 등을 바르게 하도록 해야 한다![270]

최현은 학생들에게 항상 바른 자세와 바른 마음을 기본으로 갖추도록 요구하였고, 다음은 춤을 표현하는 데 있어서 세심하게 정성을 다하는 자세를 요구하였다. '팔을 들어 올릴 때, 몸속에서 마치 실을 뽑아내듯 조심스럽지만 부드럽고 자연스럽게 곡선의 춤을 추라!'고 했듯이, 이 말은 곧 한국춤을 출 때의 가장 기본적인 마음가짐과 자세를 강조한 것이다.

김명숙(이화여대 무용과 교수)은 '객석에서 느낄 수 있는 그의 안무가적 자질은 집요하다고까지 표현할 수 있는 완벽한 작가정신과 풍부한 음악적 해석력, 손끝에서 발끝까지 자신의 에너지를 공간 속으로 품어내는 섬세한 움직임으로 대변할 수 있다'[271]고 하였다. 서울예고 학생들의 표현력과 안무력을 배양하는데 도움이 될 수 있도록, 최현은 무용극 〈춘향〉을 학생들에게 지도하였다고 한다. 이 점에 대해 김명숙은 아래와 같이 의미를 부여하였다.

---

270 이미영, 앞의 논문, 2015, 228쪽.
271 김명숙, 「최현의 작품 특성 연구: 「비상(飛翔)」, 「허행초(虛行抄)」를 중심으로」, 『무용예술학연구』 제10집-가을, 한국무용예술학회, 2002, 45쪽.

서울예고 재직시절 고등학교 학생의 작품으로는 처음으로 무용극을 도입하여 학생들을 지도하기도 하였다. 이는 기본기를 바탕으로 무대위에서 극적 표현력과 연기력을 학생들로부터 이끌어 내기위한 하나의 교육방편으로 여겨진다. 어린 학생들에게 무용극의 출연 경험은 자신이 표현해야 할 인물에 대한 탐구와, 표현력을 증가시키는데 밑거름이 되었으며, 안무적 능력을 배양시키는데 좋은 경험이 되었다고 할 수 있다. 서울예고 재직 당시 최현의 대표작으로는 「춘향전」등이 있는데, 1993년 일본 초청공연에서 큰 찬사를 받기도 하였다.[272]

1993년 7월 16일 일본 무장야武藏野 시민문예회관에서 공연한 〈춘향〉을 말하고 있다. 일본의 길상吉祥여중고 창립 55주년을 기념하여 서울예고 무용과 학생들을 초청하여 공연하도록 했다. 이 때 최현은 학생들의 극적劇的인 표현력과 연기력, 안무 능력 배양 등을 위해 무용극을 처음 도입하였다. 그리고 음악에는 안숙선과 국립창극단을 참여시켜서 최고 수준의 공연이 되도록 극의 전개를 적극 도왔다. 또 무대장치와 소품들이 많고 무대 장면이 자주 바뀌는 대형 규모의 공연을 통해 학생들에게 프로 정신을 심어주었다고 한다.[273] 이에 현지의 반응이 뜨거웠음은 물론 교육적 실효를 원만히 거두게 되었다고 한다.

국수호는 국립무용단 활동 중에 최현을 만났다. 그는 최현의 춤을 '아름다운' 것으로 보았다.

> 아름다운 춤의 역사를 창조하시는 분이 그동안 보아 온 최현선생님에 모습이라고 나는 생각한다. 그 완벽함을 요구하는 춤사위에 춤 배우는 제자들 눈물 안 흘린 사람 없으리라 생각하고, 그 멋진 생활의 모습에 감탄 안한 제자 없을 것이다.
>
> 국수호: 사단법인 디딤무용단 이사장[274]

---

272 김명숙, 위의 논문, 2002, 49쪽.
273 이미영, 앞의 논문, 2015, 225쪽.
274 이태주·손기상 편집, 앞의 책, 2017, 119쪽.

아름다운 춤을 창작하기 위해 최현은 완벽한 춤사위를 무용수들에게 요구했던 사실을 국수호는 경험으로써 말하고 있다. 최현은 계획한 춤사위의 모습이 완벽하게 완성될 때까지 요구하는 성품이기에 안무에 있어서는 엄격하기로 유명하다. 그로인해 '춤배우는 제자들 눈물 안 흘린 사람 없다'는 말이다. 하지만 무용을 지도하거나 안무하는 경우 외에 생활인 최현의 모습은 감탄이 절로 나는 멋쟁이라고 칭찬하고 있다.

평론가 김태원은 최현에 대해 다음과 같이 평하였다.

> 그의 교육자적 공적은 아무리 강조해도 모자람이 없다. 일흔이 가까워서도 선생은 오랫동안 몸담았던 예원학교, 세종대, 한국체대, 예술종합학교 무용원에 꾸준히 출강하였으며, 때론 젊은이도 하기 힘든 릴레이식 강의를 하기도 했다. 나는 선생을 만날 때마다 그가 '교수'가 되었더라면 얼마나 좋았을까를 늘상 생각했다. …(중략)… 그가 죽는 날까지 교육자의 기능을 포기 못한 점으로 미루어, 또 사실상 자신이 가질 수 있는 순수 창작적 열정보다도 자신이 키우고 있는 제자들의 개성을 어떻게 살려주고 또 그들이 어떻게 성장할 수 있을까에 대한 관심이 내심 더 깊었던 것을 본다면, 선생은 오늘날 의미에 있어서 순수 창조자나 안무가라기보다는, 교육과 창작을 병행하며 춤의 전통을 지켜나가는 서양식 '발레 마스터ballet master'에 더 가까웠던 인물이라고 할 수 있다.[275]

김태원은 최현이 '순수 창작적 열정'보다는 '제자의 개성을 살려 성장시키는데 관심을 갖는' 진정한 교육자임을 갈파하였다. '교육과 창작을 병행하며 춤의 전통을 지켜나가는' 최현은 한국무용 마스터라고 하였다. 그런 의미에서 이미미의 스승 최현을 향한 깊은 존경과 사랑의 글은 진정한 교육자이며 안무가이기도한 최현의 진면목을 다시 기억하게 한다.

---

275 김태원, 「촌철메모: 최현, 혹은 모호하게 신비화된 한 원로 춤꾼」, 『공연과 리뷰』 39, 현대미학사, 2002, 157쪽.

선생님과의 만남은 25년 전으로 거슬러 올라갑니다. 서울예고 시절, 대학 시절, 국립무용단에서의 활동, 그 밖에 제 삶의 많은 부분을 선생님은 가르쳐 주셨고 일깨워 주셨습니다.

선생님은 늘 맑고 투명한 인품으로 제게 나타나셨고, 안무하시는 작품은 저의 마음을 흔들어 놓으셨습니다. 선생님이 가지고 계신 그 무엇은 저를 흥분하게 하였으며, 어린 가슴에 춤에 대한 한 폭의 그림을 심어 주시곤 했습니다.

대학시절… 조금은 춤에 눈뜬 저에게 선생님은 예술작품의 가치에 대해, 생활의 규범과 솔선수범에 대해 생각할 수 있는 여유를 주셨습니다. 사회에 나왔을 때 선생님은 창조정신의 진미와 지혜를 으뜸으로 제게 심어주셨습니다.

선생님의 가르침, 고결한 품성, 삶의 아름다움을 가꾸는 교훈은 언제나 저의 믿음이었고, 제가 소임 받은 임무였습니다. 선생님은 생활에서도, 안무하고 춤추신 무대에서도, 강단에서도 변함없는 진실한 모습으로 저에게 거울이었습니다. 지금도 제 앞의 거울 속에는 제 삶의 지표가 된 선생님의 훈훈한 사랑이 온기를 더해 줍니다.

선생님 작품에 출연하게 된 감사한 마음, 선생님의 제자로써 사랑받은 은공에 머리 숙여집니다.

이미미: 전 국립무용단 수석무용수[276]

최현을 거울삼아 살아 온 많은 무용전공 제자들의 마음을 대변하는 이미미의 스승 사랑은 고운 해바라기 같다.

---

276 이태주・손기상 편집, 앞의 책, 2017, 112~113쪽.

8. 현대기 최현의 신무용 예술성 구축과 완비

1) 최현의 신무용론과 한국 창작무용론

무용평론가 김태원은 최현에 대해 다음과 같이 기술하였다.

> 선생(최현)은 조택원·송범으로 이어진 신무용의 마지막 주춧돌로서, 섬세한 낭만적 감성
> 과 춤의 품격으로 동양적 심미성과 세계관을 다소의 마임성과 캐릭터성이 섞인 몸짓으로 재
> 현하려한 무용 교육자이자 안무가였다 할 수 있다.[277]

김태원은 신무용이 1970년대 말부터 예술성을 상실해가기 시작했지만, 최현은 '80
년대와 90년대까지 예술성을 현장에서 끈질기게 이어 온'이로 보았다.[278] 그래서 김
태원은 최현을 '신무용의 마지막 주춧돌'이라고까지 말한 것이다.

김태원이 거론하고 있는 신무용은 최현의 윗세대 '조택원, 송범, 김백봉, 김진걸' 등
에 의해 연행되어 왔던 특정 형식의 춤을 말한다.[279] 즉 한국 전통춤을 소재로 현대
프로시니엄 무대에 적합하도록 변형, 혹은 새롭게 창작 안무한 춤을 말하고 있다. 그
리고 신무용은 전통춤을 뿌리로 한 주제를 사용하며, 현대적 형식미를 추구하는 경향
의 것이라고 한다.

그런데 최현은 자신의 춤 경향을 '창작 한국무용'이라는 점에 두고 있었다. 창작 한
국무용은 1970년대 중반 이후의 예술무용의 사조 및 경향을 이르는 것으로 설명하였
다. 1970년대 중반 이전은 신무용기로, 후반부터는 창작 한국무용기로 구분해야한다
고 주장했다. 신무용기는 4단계로 세분화시켰는데, 이시이 바쿠의 첫 내한 공연을 기

---

277 김태원, 앞의 글, 2002, 157쪽.
278 김태원, 위의 글, 2002, 154쪽.
279 김태원, 앞의 글, 2002, 154쪽.

준으로 1925년 이전을 구분하였고, 이후는 1926년에서 1945년까지, 1946년에서 1953년까지, 그리고 1954년부터 1970년대 중반까지로 구분하였다. '1925년 이전'이란 1902년 협률사에 서구식 극장(프로시니엄) 무대가 생기고, 이 무대에 전통춤이 그대로 올랐던 것을 말한다. 그리고 1910년 이후 일본 식민지 하에서의 서양무용이 무분별하게 수용되어 이러한 공연장에서 공연한 춤을 신무용이라고 불렀다는 것이다. 최현은 이 시기에 새로운 극장 형태의 무대에 맞는 새로운 춤의 방법론을 모색하는 계기가 되었다고 보았다.[280]

하지만 이 책 제1장에서 밝혔듯이, 무용이 프로시니엄 무대에서 행한 예술 활동으로 인정되는 시기는 이시이 바쿠의 내한공연 때부터임은 변하지 않는 사실이다. 따라서 무대에 맞는 새로운 춤의 방법론을 모색하는 시기는 1926년 이후로 보아야 한다. 1929년 말 최승희의 귀국 후, 최승희 창작무용 발표회가 1930년과 1931년에 각각 2회씩 있었다. 이때 '최승희무용연구소 창작무용 제1회 공연회'[281] 또는 '최승희 신작무용 제2회 공연회',[282] '최승희무용연구소 제3회 신작무용공연회',[283] '최승희 제2회 신무용 발표회'[284] 등의 이름으로 공연되었다. 따라서 여기에서의 신무용은 새 무용작품이라는 의미로 쓰였음을 알 수 있다.

1926년 이후부터 1945년까지의 신무용에 대해 최현은 '이시이 바쿠의 공연에 자극받아 일본에서 유학한 무용가들은 귀국 후, '조선고전무용의 현대화'를 모토로 내세워 우리춤을 서구식 형식에 맞는 현대화 작품을 시도하기 시작했다'고 하였다.[285] 하지만 이 말은 역사적 사실과 다르다. 이시이 바쿠 공연에 자극받아 일본으로 유학을 갔던

---

280 최윤찬, 앞의 논문, 2002, 4쪽.
281 『매일신보』 1930.02.01. 2면. 「諸般準備를 맛친 崔孃의 舞踊公演 滿都士女가 손곱이 기디리는 그닐은 왓다!」
282 『조선일보』 1930.10.15. 5면. 「崔承喜孃 新作舞踊公演: 오는 이십일일·이량일밤 시내 단성사에서 개최. 本社學藝部 後援으로」
283 『동아일보』 1931.05.01. 5면. 「新作公演을 압두고 崔承喜孃 猛練習. 힘과 詩味 가득한 푸로그람」
284 정병호, 앞의 책, 1997, 109~110쪽.
285 최윤찬, 앞의 논문, 2002, 5쪽.

최승희는 1929년 고국으로 돌아와서 무용시舞踊詩와 같은 현대무용 공연을 주로 했었다. 그리고 최승희나 조택원이 '조선고전무용의 현대화'를 추진하게 된 때는 그 이후이다. 최승희는 일본으로 재도일再度日한 후, 석정막 문하에서 뜻밖의 공연(전 일본 여류 무용가 대회)에 갑자기 투입되었는데, 여기에서 최승희는 '조선춤' 〈에헤야 노아라〉(1933)를 추었고, 생각지 못한 대단한 호평과 인기를 얻었다. 그로 인해 최승희는 '조선고전무용의 현대화'의 필요성에 비로소 눈을 뜨기 시작했었다. 그에 비해 조택원은 최승희의 성공을 바라보며, 자신의 춤 방향을 설계해 나가는 입장이었는데, 1937년 11월부터 1938년 8월까지 약 9개월 동안 프랑스 파리에 다녀 온 이후로 조선무용의 가치에 새롭게 집중하기 시작했다. 이러한 역사적 사실에 대해서는 이 책 제2장과 제3장에서 자세히 논의하였다. 이처럼 일제강점기까지의 '신무용'이란 용어는 대개 예술 활동으로써의 새 무용 작품, 신작 무용이라는 간단한 의미로 사용되었을 뿐이다.

1946년 해방기부터 1953년까지의 신무용에 대해서는 '6·25이후 미군정부 아래 무용인의 찬동과 지원에 따라 조선교육무용연구소가 서울에 발족'됨으로 인해 '신무용에서 순수무용으로의 변화 조짐이 보이게 되었다'고 하였다.[286] 여기에서 조선교육무용연구소는 1946년 9월에 '함귀봉, 조택원, 정지수, 조익환, 한동인, 장추화 등의 협찬과 미군정청·문교부의 적극적 지원 아래에 개설'[287]되었다. 따라서 '6·25이후'는 '8·15이후'로 수정되어야 한다. 조선교육무용연구소의 적극적인 활동으로 학교무용이 점차 안정적인 발전을 보일 무렵 6·25전쟁이 발발하였다. 이 때 함귀봉과 문철민 등 중요 인물들이 월북함으로 인해 한국의 교육무용은 성장의 기회를 잃게 되었다.[288] 이 시기는 일제강점기에 비해 최승희나 조택원같은 푯대 없이 부유하는 개인 무용가들이 우후죽순처럼 나타났다가 사라지던 때였다. 그나마 몇몇 의지를 가진 무용가들의 발레, 현대무용, 신흥무용 등 전공활동이 분화되기 시작하던 때였다.

---

286 최윤찬, 앞의 논문, 2002, 7쪽.
287 안제승, 앞의 책, 1984, 37쪽.
288 김영희 외 4인, 앞의 책, 2014, 377쪽.

1954년부터 1970년대 중반의 신무용 역사는 '1950년대 이후 분단국가 시대를 맞이하면서 정치적 사회적 문화적 혼란과 격동의 시대를 맞이하게 되었다'고 하였다.[289] 이상과 같이 최현은 신무용의 역사를 4단계로 나누어 문제점을 제시하려 하였다. 그러나 지금까지의 논의 내용으로 볼 때, 신무용에 대한 뚜렷한 관점이나 성과가 없다는 서술상의 한계를 발견하게 된다. 오히려 아래의 마지막 논의로써 최현이 말하려는 신무용은 어떤 것인가를 알게 된다.

> 1960년대 말기의 활발한 무용계 상황은 1970년대로 이어지면서 한국무용사의 중요한 신기원이 되는데, 큰 역할을 담당했다고 볼 수 있다.
> 1970년대 중반까지는 이전의 최승희 류의 신무용적 표현력을 보이는데, 김백봉의 창작무인 〈화관무〉, 〈부채춤〉, 그리고 조용자의 창작무 〈장고춤〉 등이 서구식 무대양식에 맞춰 창작되거나 대규모로 군무화 되어갔다.[290]

위의 인용문으로 볼 때, 최현은 〈화관무〉, 〈부채춤〉, 〈장고춤〉 등을 신무용이라고 말하고 있음을 알게 된다. 특히 최승희 류의 표현법을 가진 김백봉의 창작무, 조용자의 창작무를 신무용이라고 하고 있다. 그러나 이것이 신무용으로서 무엇이 문제인지에 대해서는 역시 위의 논의나 기록에서 찾아 볼 수 없다.

다만 이상의 인용문에서 '1960년대 말기의 활발한 무용계 상황'이란 1968년 멕시코 올림픽 국제예술제에 김백봉과 송범, 김문숙, 전황이 이끄는 한국민속예술단이 참가하여 무용부문에서 대대적인 성공을 거둔 것[291]을 의미한다. 성인팀에서 〈화관무〉, 〈부채춤〉, 〈검무〉, 〈무당춤〉, 〈승무〉, 〈선의 유동〉, 〈선녀춤〉, 〈연가〉, 〈농악〉을 공연하고, 어린이 팀 리틀엔젤스는 〈강강술래〉, 〈길쌈놀이〉, 〈장고춤〉, 〈북춤〉, 〈가야

---

289 최윤찬, 앞의 논문, 2002, 8쪽.
290 최윤찬, 앞의 논문, 2002, 8쪽.
291 『경향신문』 1968.10.16. 7면. 「우리民俗 무용에 폭발적 인기. 세계를 매혹. 公演주문쇄도」

금병창〉을 공연하였다.[292] 이 공연의 성공은 대학 무용과에 대한 인식을 호전시켰고, 어린이 조기교육에도 관심을 갖게 하는 등 무용에 대한 전반적인 사회 인식을 고양시켰다.

멕시코올림픽 국제예술제 참가 이후, 다음해 1969년 7월에는 조택원이 사단법인 한국민속무용단을 조직, 창립[293]하였다. 조택원을 단장으로 최현, 김문숙, 김백봉, 임성남, 전황은 이사가 되어서 여러 단원들을 이끌고 해외공연에 참가하였다. 1970년 일본 엑스포(EXPO)와 1971년 유럽 및 아프리카 순회공연을 다녀왔다.[294] 그러나 사단법인 한국민속무용단은 2년 만에 해체되어 국립무용단 민속무용단으로 영입되었다. 이들 역시 해외 공연 때에 〈칼춤〉, 〈무당춤〉, 〈장고춤〉, 〈연가〉, 〈부채춤〉, 〈농악〉 등 잘 알려진 기존 종목을 〈무혼武魂〉, 〈무도巫圖〉, 〈염고艶鼓〉, 〈연연戀戀〉, 〈화선花扇〉 등의 멋진 이름으로 공연하였다.

이상과 같이, 최현의 신무용은 최승희에 의해 시작된 조선무용 류로, 그의 제자인 김백봉에 의해 창작된 〈부채춤〉, 〈화관무〉와 조용자의 〈장고춤〉 등을 이르고 있다. 또 〈검무〉, 〈무당춤〉, 〈선의 유동〉, 〈선녀춤〉, 〈연가〉, 〈화관무〉, 〈농악〉 등등 해외 공연에서 크게 성공한 이들 춤 종목의 대부분을 통째로 신무용이라고 일컫고 있음을 알게 된다. 한국 전통춤이나 문화를 활용하여 현대화한 종목이 바로 신무용 레퍼토리라고 보았던 것이다.

그렇다면, 최현이 말하는 한국 창작무용은 어떠한 것인가?

신무용적 스타일의 무대가 아닌 실험적이고 새로움에 대한 시도가 이어져 갔고, 이런 한국 무용 창작의 뿌리는 철저하게 전통무용에서부터 비롯되어졌다. 즉, 전통무용을 안무가의 색 다른 시각으로 재정리하여 무대화하거나, 전통적 원형을 찾아 새로운 표현양식으로 창작하기

---

292 안제승, 앞의 책, 1984, 115쪽.
293 『매일경제』 1969.07.16. 4면. 「민속무용단창립」
294 안제승, 앞의 책, 1984, 117쪽.

시작한 것이다.[295]

　전통무용에 뿌리를 두고 실험적인 새로운 시도를 하거나 안무가의 개성적 무대화를 시행하는 새로운 양식의 창작무용을 말하고 있다. 대학에서 창작교육이 중시된 이래, 1974년부터 문예진흥 정책의 일환으로 무용창작 기금이 지원되자 여기에 참여하는 창작 실험무대가 다방면으로 펼쳐졌다. 또 기금 지원의 혜택으로 한국 창작무용 무대의 대형화가 추진되기도 하였으며, 무대장치의 새로운 도입과 군무의 변화도 일어났다. '전통에 바탕을 둔 실험적인 창작활동'을 이상적인 현상으로 보았다.[296]

　최현은 '신무용이 1930년대의 당시 전통무용으로부터의 창작무용이었다면, 1970년대의 창작무용은 전통무용뿐만 아니라 기존의 신무용까지 포함한 좀 더 확대된 의미에서의 창작무용으로 해석할 수 있다'[297]고 하였다. 최현은 한국 창작무용의 특징을 다음과 같이 정리하였다.

　　첫째, 공간의 변화로 인한 표현 방식의 다양화 즉, 기존의 한정된 의상과 공간의 탈피, 넓
　　은 극장의 조명 등 다양한 장비의 표현이 있으며, 의상 역시 변형되고 개조되어 무용
　　수와 주제를 고려하려 하였다.
　　둘째, 전통적인 춤사위가 아닌 시대성과 작품의 주제를 고려하여 전통춤의 현대화를 시도
　　하고 안무자와 무용수가 충분히 표현하여 관객 역시 같은 공감대를 형성하고 이해한
　　다는 점이다.
　　셋째, 종래의 전근대적인 전통무용에 반발하고 개혁하고 싶은 시대적 열망을 고려하여 주
　　제 선택의 폭이 다양화되어 현실적이고 사실적인 측면을 많이 반영할 수 있다는 점
　　이다.

295　최윤찬, 앞의 논문, 2002, 9쪽.
296　최윤찬, 앞의 논문, 2002, 9쪽.
297　최윤찬, 앞의 논문, 2002, 10쪽.

넷째, 희로애락 모두 표현방식으로 의미를 부여하여 아름다움만을 추구하던 종래의 방식을 탈피, 미의 의미를 광범위하게 표현할 수 있다는 점이다.

최현이 제시한 한국 창작무용의 네 가지 특징은 일반적인 현대무용의 창작 방법 및 이론과 다르지 않다. 최승희는 처음 이시이 바쿠로부터 현대무용을 사사하였고, 그를 기초로 한국의 전통춤을 현대화한 조선무용을 창작할 때, 의상과 조명 등을 주제에 맞추어 고려하고 사용하였다. 춤사위도 시대성을 반영하여 새롭게 개발하였다. 최승희도 창작할 때 아름다움만을 추구하지 않았음은 이 책의 제2장에서 확인할 수 있다.

결국 최승희로부터 시작된 창작무용은 신무용이라고 칭하고, 1970년대 후반의 것은 한국 창작무용이라고 하는 것은 '신무용'에 대한 연구의 부재와 오해로 인한 편견이라고 할 수 있다. 최승희는 자신이 개발한 '조선정조'를 표현하는 현대무용이나 조선의 전통을 수용하여 현대화 한 '조선무용', 또 일본이나 중국의 역사 문화 및 생활 감정을 소재로 개발한 '일본무용', '중국무용' 등등 범 동양무용까지 다각적인 창작무용을 개발하고 예술형식을 갖추도록 노력했다. 그러한 과정을 거친 최승희는 자신이 새로 안무한 춤 작품을 발표할 때 '신무용발표회', 또는 '신작무용발표회', '창작무용 발표회'라고 했다. 따라서 최승희가 사용한 신무용은 신작무용, 창작무용이라는 말과 동일한 개념이었다.

한편, 조동화는 '한국무용의 불모성은 신무용 초기에 특출한 몇몇 무용가들에 의한 너무 오랜 선풍적인 인기집권에 따른 표준 편중으로 말미암아 이들 무용의 절대시화가 그의 큰 원인'이라고 하였다.[298] 조동화는 「신무용 30년을 맞은 해」라는 주제의 칼럼에서 신무용의 의미를 아래와 같이 설명했다.

1956년은 서구양식의 소위 '양무洋舞'가 이 땅에 들어 온 만 30년이 되는 해며, 무용의 양상이 이제까지의 상태에서 탈피하여 사상경향적인 걸음발을 타기 시작한 의의 깊은 해였었다.

---

[298] 『경향신문』 1956.12.24. 4면. 「新紀元 이룩한 努力. =「新舞踊」三十年을 맞은해= 趙東華」

달리 말하면 일본의 석정막과 석정소랑이 최초의 신무용을 경성공회당 무대에서 상연한지 금년이 서른돌 맞는 해며…[299]

조동화는 신무용=양무이며, 무용이란 사상적 경향이 내포된 양상의 것이어야 함을 말하고 있다. 즉 당시의 발레에 반발하여 새롭게 나타난 현대무용modern dance을 석정막이 조선 땅에 처음 소개한 사실을 말해주고 있다. 현대무용은 인간의 사상, 감정 등을 춤을 통해 전달하려는 창작무용이다. 또 조동화는 그동안의 신무용은 '초기 무용시舞踊詩의 범주를 벗어나지 못하고 있었던 것인데, 이 해(1956)에 들어 처음으로 이런 것에서 벗어나 사조성思潮性을 띠기 시작하였고 그것대로 본격적인 작품 시도의 움직임을 보이게 되었다'고 칭찬하였다.

김경옥金京鈺은 '석정막의 공연을 계기로 최모崔某(최승희)·조모趙某(조택원) 등에 의해 새로운 무대무용으로 개조되어 현대 우리가 극장에서 흔히 볼 수 있는 한국무용의 형태로 변모되고 이른바 신무용의 형태를 갖추게 된 것'이라고 하였다. 따라서 신무용이라는 형태는 한국 전통무용의 현대화를 통해 이룩된, 혹은 개조된 결과라고 보았다.

우리는 한영숙의 〈살풀이〉와 이매방의 〈승무〉는 전통춤이라고 한다. 반면 김진걸의 〈산조〉나 김백봉의 〈심心: 산조〉, 김문숙의 〈대궐大闕〉, 최현의 〈추정秋情〉과 〈비상飛翔〉 등은 전통과 구분되는 명무名舞라고 에둘러 표현한다. 이들 두 방식의 춤은 무엇이 다른 것일까? 〈살풀이〉와 〈승무〉는 그 연원을 알 수 없는 오래된 몸짓과 동작의 흐름이 있다. 그리고 개인의 숙련된 춤 기술이 특히 전통 음악과 조화를 잘 이루는 특징을 갖고 있다. 누군가로부터 계통을 이루고 전승한 춤이라는 점이 우선된다. 반면 후자의 것은 전통춤의 동작이나 음악과의 조화로움은 물론 기술적인 요소를 인위적으로 자기의 춤에 끌어들여 예술 작품으로 재창조했다는 특징이 있다. 즉 '저작권'을 주장하는 점에서 차이가 크다.

이러한 종류의 후자의 춤 작품을 한때 '신무용'이라고 통칭하면서, 1980년대 현대적

---

299 『경향신문』 1956.12.24. 4면. 「新紀元 이룩한 努力. =「新舞踊」三十年을 맞은해= 趙東華」

창작무용과의 비교 하위의 빛바랜 어떤 것, 원로의 좋은 춤[명무] 정도로 취급하게 된 것이라고 할 수 있다. 김매자로부터 출발한 창무회의 급진적 한국무용 창작활동의 새 경향이 그의 제자들을 통해서 대세를 이루며 오늘에 이르게 되었다. 대한민국무용제에서 목적한 '창작무용 육성'의 성과가 결국 한국무용의 방향을 뒤틀어 놓은 것이라고도 할 수 있다.

그런 면에서 김태원은 아래와 같은 작품을 신무용의 주제와 형식미를 갖춘 것이라고 예를 들었다.

조흥동은 한량무를 변형한 〈회상〉으로 가장 전형적인 신무용적 주제와 형식미를 보여 주었고, 선생(최현)은 〈비상〉(1976), 〈꿈의 춘향〉(1992), 〈군자무〉(1993), 〈허행초〉(1994) 등을 통해 우리의 전통적 소재 속에서 섬세한 여성적 미美와 품격品格, 유유자적의 동양적 남성 세계를 재현 부각시키려했다. 여기서 〈꿈의 춘향〉, 〈군자무〉가 그런 여성적 세계관의 발견이라면, 〈비상〉과 〈허행초〉는 반대로 남성적 세계관의 발견이었다 할 수 있다.[300]

〈비상〉에서 마치 안개 낀 자연을 더듬는 듯한 무한하고 유장悠長한 그리움 ― 자연에 대한 ― 의 손짓과 호흡, 〈군자무〉에서 보여준 매·난·국·죽의 기질과 생태를 춤으로 형상화하려 한 노력, 〈허행초〉에서 보여준 늙어감과 미망未忘의 탄식이 모두 그와 같은 것으로 선생은 알게 모르게 동양화적 ― 도가道家와 우리 풍류風流의 합성 같은 ― 세계관에 깊이 빠져들었고, 그것을 그는 진정한 예술로 간주했다.

그러나 그 세계는 낭만적 감성 못지않게 질서의식과 극기심克己心이 지배하고 있다. 그러한 한 예로 유가나 도가적 전통 속에서 선비나 처사의 의관은 늘상 구김 없이 정제되어 있고 한 치의 흐트러짐도 용서하지 않는다. 따라서 선생의 춤에서 특히 의상, 천 같은 시너리(미술장치)는 나름대로 세련된 빛깔과 품격을 나타내었고, 그것이 자신이 생각한 수준에 이르지 못했을 때에 공연은 곧잘 연기되고 또 포기되었다. …(중략)… 하지만 일단 올려진 그의 공연

---

300 김태원, 앞의 글, 2002, 155쪽.

은 최대한의 정성이 들어가 있었고, 또 그런 만큼 고아한 광채가 났다.[301]

최현 춤은 위와 같은 흐름으로 인해 '낭만적 춤 세계관과 섬세한 품격의 춤을 지녀 왔다'고 인식되었다. 김태원은 여기에서의 낭만적 춤 세계관이란 '동양 문인화의 정신세계'라 불러도 좋을 만한 것이라고 했다.[302] 그처럼 최현은 동양화적인 세계관을 기초로 〈군자무〉와 〈허행초〉를 제작하였다고 보았다. 이밖의 〈비상〉, 〈연정〉(1982), 〈추정〉(1987), 〈비원〉(1994), 〈남색끝동〉(1994), 〈고풍〉(1997), 〈남천〉(1997), 〈신명〉(1999) 등 대부분의 작품들은 한국 전통의 문화, 전통의 몸짓과 움직임, 의상을 통해 무대 위에 동양화로 구현되었다. 심지어 〈비파연〉(2001)은 중국 당나라를 배경으로 한 〈비파행〉을 각색한 대작인데, 한국 문화 속으로 줄거리를 끌어들였다. 예랑과 기녀들에게 한복차림을 하도록 하고, 백거이는 중단의中單衣와 같은 선비 옷차림을 하였다. 이들의 춤 움직임을 통해 한국적 동양미가 발현되어 무대 위를 낭만적 화폭으로 점점이 채워 나갔다.

최현은 전통을 계승함에 있어서 본질적 정신을 계승하는 것에 중점을 두고, 춤의 원형이나 외형은 변화 가능한 것으로 보았다.

> 전통은 소중한 유산이며 우리가 전승해야 하는 것이지만, 그 방법은 박물관적인 원형의 계승이 아니며 또한 맹목적인 파괴도 아니다. 전통의 계승에서 가장 중요한 것은 그 전통의 본질적인 정신의 계승이다. 올바른 정신이 전승되는 것이라면 그 외형은 결코 문제가 되지 않는다.[303]

이것은 최현의 한국무용 창작을 위한 방법론이자, 미의식에 대한 통찰이다. '한국무

---

301 김태원, 앞의 글, 2002, 155쪽.
302 김태원, 앞의 글, 2002, 155쪽.
303 최윤찬, 앞의 논문, 2002, 28쪽.

용의 재출범'이나 '우리춤의 본질을 되살리겠다'[304]라는 최현의 목표는 결국 한국무용 창작의 또 하나의 방법론 모색의 방향성을 제시한 것이다. 다만 최현은 최승희가 지향했던 조선무용의 창작방식인 전통을 근간으로 현대무대에 어울리는 세련된 제재와 색감을 적용할 줄 알았다.

최승희로부터 시작된 우리 전통문화에 대한 새로운 무용 표현법의 개발 결과가 조선무용으로 귀착되었고, '티없이 맑은 민족의 얼과 멋이 넘쳐흐르는'[305] 조택원의 신무용이 정립된 것과 마찬가지로 최현은 자신의 독자적 방법론을 모색하고 개발한 결과가 〈비상〉이며, 〈연〉, 〈연정〉, 〈추정〉, 〈신명〉, 〈상〉, 〈남색끝동〉, 〈남천〉, 〈고풍〉 등등으로 발표된 것이라 하겠다. 결과적으로는 최승희나 조택원과 마찬가지로 전통을 현대적 예술로 승화시키려는 큰 흐름에 최현 역시 자신의 독자적 방법으로 동참했던 것이다. 하지만 이전 세대보다는 훨씬 발전된 예술성을 구축하고 완비된 한국 춤 작품을 세상에 내 놓았다는 특징이 있다.

2) 최현 춤의 예술성 구축과 완비

최현은 '그동안 무용극, 창극, 마당극, 뮤지컬, 무용소품 등 일백 편이 넘는 작품을 안무하고 출연해 왔다.'[306] 그리고 그 중 자신의 대표작품을 아래와 같이 꼽았다.

최현의 작품은 크게 대작 무용극과 무용소품으로 대별할 수 있는데, 대표적인 무용극으로

는 〈춘향전〉(국립무용단, 1974),[307] 〈시집가는 날〉(국립무용단, 1979), 〈마의태자〉(국립무용단, 1981),

---

304 『동아일보』 1977.03.09. 5면. 「스케치: 傳統舞의 回復외친 두 舞踊團의 出帆」

305 『경향신문』 1977.06.08. 5면. 「한국 新舞踊의 先驅. 他界한 趙澤元씨의 예술과 생애. 첫 創作발표 「袈裟胡蝶」은 국내 효시」

306 최윤찬, 앞의 논문, 2002, 30쪽.

307 국립가무단의 뮤지컬 〈대춘향전〉이 1974년 5월 21일부터 26일까지 국립극장에서 최현 안무로 공연했다. 국립무용단은 합창단, 극단과 함께 특별출연한 공연이었다. 『경향신문』 1974.05.18. 5면. 「뮤지컬 「大春香傳」공연. 국립 歌舞團, 21일부터」

〈새불〉(서울예술단, 1987), 〈꿈의 춘향〉(1992, 서울시립무용단), 〈향가〉(서울예술단, 1999), 〈비파연〉(최현 춤전, 2001)을 들 수 있고, 대표적 소품으로는 〈비상〉(1976), 〈군자무〉(1993), 〈허행초〉(1994), 〈신명〉(1999)을 꼽을 수 있다.[308]

대개가 극형식의 춤인데, 〈비상〉과 〈신명〉은 최현의 독무 작품이다. 최현은 자신의 춤의 골격이자 표현법은 '남도의 덧뵈기 가락, 물결치고 기상이 넘치고, 끌고 밀고 하는 힘에 많은 절제가 있는' 것이라고 하였다. 특히 〈비상〉이 바로 덧뵈기 가락의 특성에 의해 이뤄진 춤이라고 하였다.

> 〈비상〉이라는 게 바로 그런 특성에 의해서 이뤄진, 그러면서 선의 흐름이라든지, 표현의 방법이라든지, 남성적인 호방한 기개라든지… 덧 올린다는 의미로 배김새라고도 하고, 턱! 하고 추면서 어깨 짓을 하기도 하고, 어르며 갈까 말까, 아니야 가야 돼요. 그게 네 박자를 가면 네 박자의 가는 걸음이 다 달라요. 그게 경상도 덧뵈기의 호방한 멋이지요. 농경문화의 산물인데 일종의 허튼춤이지요. 순전히 서민들의 춤이라 즉흥성이 농후하고 그때의 자연환경에 따라서 추는 사람의 느낌이 다르고, 관중의 호응에 따라서 다르고 그랬지요.
> …(중략)… 농무의 일종이지요. 그 다음에 사당패춤처럼 예인집단이 있는데, 몸짓의 표현성이 좀더 다양하지요. 왜냐하면 고을마다 다니며 좋은 것을 보고 그러니까 믹싱이 되지요. 각 지역에 순순하게… 그런 춤이란 게 가락이 단순하지요. 그 단순화한 것을 예인 집단에서 볼거리를 만들고 기방에서 갈고 닦아서 아름다운 선·태·몸짓을 다 다듬어냈고, 이것을 신무용이 들어오면서 무대화를 시켰지요. 최승희나 배구자가 무대화를 시도했던 그러면서 거기에 인간의 감정을 담아서 보였지요.[309]

최현의 〈비상〉은 전통의 허튼춤이자 경상도지방의 덧뵈기가락의 춤을 기초로 재구

---

308 최윤찬, 앞의 논문, 2002, 31쪽.
309 문애령, 위의 책, 2001, 279쪽.

〈화보 23〉 〈비상〉

성 안무되었음을 말해 준다. 농경문화의 산물이라고 본 덧뵈기가락의 허튼춤을 형식으로 무대화를 시도한 것이다. 그리고 감정적 소재는 최현이 위궤양 수술을 받고 병실에 갇혀 생활할 때의 경험을 떠올려서 하늘로, 밖으로, 또 세상 어딘가로 자유롭게 훨훨 날고 싶은 자신의 의지와 감정을 표현하려한 것이다. 따라서 이 작품은 '푸른 창공을 훨훨 날고 싶은 인간 염원의 의지'를 소재로 한 것이다.

이처럼 최현은 〈비상〉을 창작함에 있어서 전통의 덧뵈기가락을 춤 기법의 뿌리로 삼되, 내용은 자유비행의 순수한 꿈과 그를 실천하는 인간의 의지를 나타내려 했다. 명실상부한 최현의 대표작 〈비상〉은 한국무용협회로부터 조택원의 〈가사호접〉과 함께 1993년 명무로 인정되었다.[310] 〈비상〉에 대한 최현의 생각은 아래에 소개된 글을 통해 잘 드러난다.

남성춤의 호방한 기개와 절묘한 기품이 우리춤의 맥으로서 풍류, 장인기질이 샘솟는 〈비상〉의 여백미餘白美는 고고함과 자유분방함이 이 춤의 개성으로서 경상도 지방의 '덧배기'춤을 골격으로 당기는 맛과 풀어버리는 묘미 또한 일품이다.[311]

---

310 『매일경제』 1998.10.19. 27면. 「스무돌 맞는 서울무용제 25일 개막. 윤자경 기자」 "'92년 명작무로 지정된 김진걸의 '산조'와 김백봉의 '부채춤' 그리고 93년 명작무로 지정된 고 조택원 선생의 유작 '가사호접'과 최현의 '비상'을 한 무대에서 볼 수 있다."
311 공연기획 MCT 주최, 앞의 프로그램북, 1994, 비상(飛翔).

남성적 호방함과 기백을 표출하는 경상도 특유의 덧배기춤을 골격으로 삼은 최현의 〈비상〉은 우리 전통춤의 현대화에 성공한 대표 예술작품이다. 최현은 〈비상〉을 '1991년 부인인 원필녀에게 전수하면서 남성은 물론 여성무용수에 맞게 변형시켜 누구나 출 수 있는 작품이 되도록 하였다.'[312] 1999년 4월 16일부터 18일까지의 소극장 알과핵 '최현춤전'에서도 원필녀에게 〈비상〉을 춤추게 하고, 최현은 새 작품 〈신명〉을 안무하여 직접 출연하였다. 〈신명〉은 소극장 알과핵에서의 '최현춤전' 이후, 같은 해 11월 11일 최현은 '윤성주의 한국춤'에 특별 출연하였는데, 이번에는 윤성주에게 〈비상〉을 춤추게 하고, 자신은 〈신명〉을 춤추되 자주색의 긴 수건을 들고 추었다. 음악도 1987년 제9회 대한민국무용제 전야제 때 사용했던 〈추정〉의 음악으로 바꾸어서 〈신명〉을 개작하였다. 아마도 소극장 알과핵에서 〈신명〉에 부채를 들었던 것이 〈비상〉의 부채와 유사하게 인식될 수 있기 때문이었던 것 같다. 또한 최현은 작품이 변화 없이 '늘 그대로 유지되는 것'을 못마땅해 해 왔다.[313] 같은 작품일지라도 예술적 완성도를 높이기 위해 담금질을 하듯이 다듬고 정리하였다. '동작 하나하나에 온통 집중하는 완벽주의자'[314]였기에, 이러한 최현의 안무에 대해 김영태는 아래와 같이 촌평하였다.

최현의 모든 작품에서는 시간과 공간이 계산된 극장예술로 한국무용의 품격을 높이려는 연마정신을 찾아볼 수 있다.[315]

최현이 안무한 무용극이나 가무극, 뮤지컬, 그 밖의 소품들에서 모두 '한국무용의 품격을 높이려는 연마정신'을 볼 수 있다. 그리고 자신이 직접 출연한 〈비상〉, 〈신

312 정혜진, 「최현 작품 〈비상〉에 나타난 춤동작 특징 연구」, 『한국무용연구』 34권 1호, 한국무용연구회, 2016, 178쪽.
313 문애령, 앞의 책, 2001, 282쪽.
314 이미영, 앞의 논문, 2015, 242쪽
315 최윤찬, 앞의 논문, 2002, 15쪽.

명), 〈달 있는 제사〉, 〈추정〉에서는 더욱 자신의 이야기를 펼치고자 의도된, 극적劇的인 캐릭터를 마임으로 표현한다. 그리고 즉흥인 듯한 계산된 춤을 추며, 대체로 '따를 자 없는 그의 수려한 춤사위'[316]가 무대를 아름답게 수놓는다.

차범석은 「최현 선생의 춤 인생」이라는 글에서 최현의 춤세계는 가장 한국적이며 정통적인 춤세계를 확고하게 다져왔다고 했다.

> 최현 선생의 춤세계는 나름대로의 빛깔과 흐름과 정서가 하나로 녹아들어 가장 한국적이며 정통적인 춤 세계를 확고하게 다져왔기 때문이다. 특히 우리나라 춤이 다분히 여성적이며 심지어는 남자춤도 중성화되어가는 조류 속에서 남자춤의 정체성을 군건하게 지켜온 그 춤세계는 독보적이라 해도 과언은 아닐 것이다.[317]

차범석과는 반대로, 육완순은 최현의 춤이 외형적 아름다움에 치중하는 신무용과는 달리 감정의 표현을 추구하는 현대무용에 가깝다고 아래와 같이 말하였다.

> 최현 선생은 당시 내면의 가치보다 외형적 아름다움에만 천착해 있던 한국무용계의 형식주의에 반감을 가졌던 것으로 기억됩니다. 선생의 춤은 배우는 무용 학도에게 섬세한 감정표현의 중요성을 일깨우는데 크게 기여했습니다.
>
> 선생은 외면적 기교주의 보다는 잠재적 심리의 무한한 표출이 예술로서의 춤의 핵심 부분임을 끊임없이 강조했습니다. 그것은 인간 정신의 무한한 자유와 꿈의 세계를 표현해 내고자 했던 나의 현대춤 이상과도 상통하는 것이었습니다.[318]

최현 춤에 대한 차범석과 육완순의 상반된 논평은 무용부문 비전문가의 객관적 시

---

316 최현우리춤원, 『1994 虛行抄: 최현 춤 작품전』 프로그램북, 국립극장대극장, 1994.12.02.~03., 박용구 (「완벽주의의 名舞 崔賢」).
317 최현우리춤원, 『최현춤전』 프로그램북, 문예회관대극장, 1998.07.13.~14.
318 최현우리춤원, 앞의 프로그램북, 1994, 육완순(「이 시대의 舞踊家」).

각과 전문가의 주관적 시각에서 차이점이 발생한 것이라 여겨진다. 우선 육완순의 '외형적 아름다움에만 천착해 있던 한국무용계의 형식주의'란 1970년대 초반까지 유행했다는 신무용을 일컫고 있다. 〈화관무〉, 〈부채춤〉, 〈장고춤〉 등이 군무화되고 형식화되어 해외에서는 우리의 민속무용으로 크게 인기를 얻었지만, 국내에서는 국적불명의 춤이라는 오명이 팽배하여 신무용에 대한 반감이 커져갔던 사실을 말하고 있다.

이처럼 신무용에 대한 반감으로 최현은 춤을 통해 '인간 정신의 무한한 자유와 꿈의 세계를 표현'하려는 것인데, 이것이 곧 육완순의 현대무용 정신과 통한다는 것이다. 즉 최현과 육완순의 춤의 지향점이 현대무용 정신이라는 사실에 부합된다는 말이다. 이러한 면에서는 최승희도 초기 활동 때에 현대무용 정신을 구현하고자 무진 애를 썼었다. 그렇게 현대무용 정신을 구현하던 가운데, 새로운 양식의 조선무용을 개발할 수 있었고, 개발된 조선무용에 열광하는 관객의 박수에 힘입어 해외로도 진출하게 되었던 것이다. 최승희 역시 변화를 거부한 적이 없었다.

다만 '최승희류의 신무용'이라고 하는 어떤 것이 변화를 거부함으로써 정체되었다고 하는데, 그것이 〈화관무〉, 〈부채춤〉, 〈장고춤〉, 〈무당춤〉 등등이라고 가정한다면, 그것은 해외의 거대한 무대에서 공연하기 위해 군무화되어 일정한 형식으로 고정된 것을 반복적으로 공연했다는 말일 것이다.[319] 군무의 경우는 고정 형식화가 불가피한 일이라 여겨진다. 최승희 춤에 대한 오해와 신무용 역사에 대한 잘못된 인식이 무용평론가들의 펜에 의해 주도되어 현재까지 영향을 미치고 있음이 안타깝다.

최현은 춤을 배움에 있어서 '하나같이 그 바닥의 최고의 명무를 사사 받았다.' '궁중무용은 김천흥, 〈승무〉, 〈살풀이〉, 〈태평무〉는 한영숙, 〈봉산탈춤〉은 김진옥, 〈통영오광대춤〉은 장재봉'에게 배웠다. 또 '우도농악의 소고의 일인자인 황재기씨에게 농악의 가락과 놀림새에 대해 배우고, 부산 농악에 북을 잘 치는 어른을 모셔다 북을 배우면서 익혔다'고 한다.[320] 그런 이유로 '평론가 김경옥은 우리춤 계보에서 최현을

---

319 안제승, 앞의 책, 118쪽.
320 김영희 조사, 앞의 프로그램북, 1982, 124쪽.

전통춤 계열로 보고, 호남에 이매방, 영남에 최현춤으로 분류했다'고 한다. '성경린도 박용구와 같이 탈춤의 문둥탈 최고의 경지는 최현을 든다'고 했다.[321]

최현의 개인 무용 활동 제1기에 해당하는 1957년부터 1973년까지의 출연 작품은 춘향이와 이도령의 사랑의 듀엣을 주로 했다. 〈사랑〉, 〈춘향무〉, 〈연연〉에서 이도령 역을 담당했다. 이와 유사한 역할로 1966년의 〈심산유곡〉에서는 선비 역을 했는데, 대개 한국춤사위를 기반으로 드라마틱한 표현이 필요한 작품에 출연한 것이다. 이는 스승 김해랑이 1940~1950년대에 즐겨 안무했던 〈춘향전〉의 영향이 일정부분 작용했으리라고 생각한다. 이처럼 남녀 듀엣을 주로 춤추었던 것은 최현의 출중한 외모와 훤칠한 키가 한몫했을 것이며, 낭만적 스토리를 삽입하고, 발레의 듀엣기법이 수용된 신무용이 주로 유행했기 때문이었을 것이다. 반면, 독무는 〈흥과 멋〉이라는 제목의 한량무 계통의 춤을 추었던 것으로 여겨진다.[322] 한편, 탈춤을 무대화한 시기로 〈태양과 문둥이〉, 〈초라니〉 등의 안무 작품이 성공하였다. 최현의 개인 무용 활동 제1기에는 다른 무용가들의 작품에 무용수로서 주로 활동했다.

최현의 개인 무용 활동 제2기는 1974년부터 1993년으로 잡았다. 최현의 2기는 1969년 7월에 결성된 사단법인 한국민속무용단 해외공연의 영향으로 1970년대 들어서 제1기 대비 활발한 움직임을 보였다. 이를 계기로 한국민속무용단 단장 조택원은 후에 자신이 가장 아끼는 〈신로심불로〉를 최현에게 주며 전승을 부탁하였다. 또 최현은 1975년 4월 위궤양수술을 받았는데,[323] 병실에 갇혀 있는 자신의 신세로부터 날고 싶은 '새의 의지'를 느껴서 〈비상〉이라는 작품을 구상하고, 탄생시켰다.

---

321 최현우리춤원, 앞의 프로그램북, 2001. 「최현춤에 대한 평가」.

322 이종숙, 「최현 춤의 한국무용사적 위상(位相)」, 『무용역사기록학』 제48호, 무용역사기록학회, 2018, 99~100쪽.

323 최현이 위궤양 수술을 하고 병실에서 요양 중일 때, '육완순과 컨템퍼러리 무용단원들이 복도에서부터 음악을 틀고 떠들썩하게 춤을 추며' 병실에 들어와 쾌유를 비는 마음을 전했는데, '그 위로가 잊을 수 없었다'고 하였다.[김영희 조사, 앞의 프로그램북, 124쪽] 최현에게 큰 감동을 안겨주었던 한국컨템퍼러리무용단은 1975년 창단되었으므로[한국컨템퍼러리무용단, 한국민족문화대백과사전 〈http://encykorea. aks.ac.kr〉] 최현의 위궤양 수술과 관련하여 많은 기록들이 1974년 4월에 행한 것으로 전사해 왔으나, 이 책에서는 최현의 주요 활동 시기를 이로써 바로잡는다.

이렇게 제2기에는 〈신로심불로〉와 〈비상〉을 수차례 공연하였고, 국립무용단의 〈시집가는 날〉(1979.12), 〈황진이〉(1981.05), 〈마의태자〉(1981.11)에 각각 맹진사, 벽계수, 경순왕으로 출연하였다. 그밖에 〈비원〉(1976), 〈비원의 숨소리〉(1978), 〈연緣〉(1978), 〈연정戀情〉(1982), 〈추정秋情〉(1987), 〈군자무君子舞〉(1993)를 창작하였다. 〈군자무〉를 통해 '한국무용가 최현'은 1994년 2월 15일 오후 7시 서울문예회관 대극장에서 무용예술사 제정 제1회 무용예술상 올해의 작품상을 수상했다. 그 외 86 서울아시안게임 식전 행사를 위해 〈영고〉를 안무하였고, 88서울올림픽 폐회식을 위해서는 〈안녕〉을 안무하여 대통령 표창을 받았다.

최현의 개인 무용 활동 제3기는 1994년부터 2001년까지로 설정하였다. 최현은 2002년 7월 8일 간암으로 이승을 하직 했으므로, 2001년에 공연한 〈비파연〉까지 산정하였다. 최현은 〈군자무〉(1993)로 1994년 2월 15일 서울문예회관 대극장에서 무용예술사 제정 제1회 무용예술상 올해의 작품상을 수상했다.[324] 또 1994년 말 '최현 춤 작품전' 〈허행초虛行抄〉를 국립극장 대극장에서 생애 첫 발표회를 가졌다. 만17세에 무용에 입문한 이래 약 50년 만에 갖는 첫 개인발표회라는 점에 세상을 모두 놀라게 했다. 그리고 1998년, 1999년, 2000년, 2001년까지 5차례에 걸쳐 '최현춤전'을 가졌다.

제3기에 새로 안무한 주요 작품은 〈허행초〉(1994)와 〈녹수도 청산을 못잊어〉(1994), 〈달의 정〉(1996), 〈달 있는 제사〉(1996), 독도박물관 개관축하공연 〈기원무〉(1997), 〈최현류 살풀이춤〉(1999), 〈신명〉(1999), 〈헌화가〉(1999), 〈비파연〉(2001)이다. 그밖에 강미선을 위해 〈적향〉(1997)을, 정혜진을 위해 〈고풍〉(1997)을, 백정희를 위해 〈남천〉(1997)을, 정진욱을 위해 〈상想〉(1999)을, 또 강미선을 위해 〈봄이오면〉(1999)을 안무하였다. 그리고 부인 '원필녀 창작춤' 공연을 위해 창작한 〈남색끝동〉(1994)과 〈울음이 타는 (가을)강〉(1994)이 3기에 두세 차례 공연되었다. 윤명화와 김호동의 〈연가〉도 1997년, 1999년에 공연되고, 2000년에는 정은혜와 김호동이 공연하였다.

최현은 남성으로서 1인 독무를 출 때는 '남도 덧뵈기 가락, 물결치고 기상이 넘치

_____
324 『경향신문』 1994.02.13. 17면. 「인물광장, 動靜: 무용예술상 작품상 받아」

고, 끌고 밀고 하는 힘에 많은 절제가 있는 그것을 춤의 골격으로 삼은 표현법'[325]을 나타내고자 했다. '창공을 나는 학의 고고함과 자유분방함에 주안점을 두고 선비의 도량, 한량의 풍류, 장인기질을 표현하면서 남성춤의 기개와 춤의 절묘한 기품을 살렸다. 특히 움직임 면에서 파도처럼 감고 풀고 죄면서 덩실덩실 추는 어깨춤은 경상도 지방의 덧뵈기춤을 기조로 한 것이다.'[326]

2인의 남녀 사랑의 듀엣에서는 여인과의 조화를 중시하며, 또 다른 한 편으로는 남성을 표현하는 선비형의 춤으로 최현만의 특화된 양식을 창출했다고 여겨진다. 3, 4인 이상의 군무 〈남색끝동〉에는 조선시대 규방의 여인이 가질 수 있는 한恨을 주제로 연극적인 도입과 종막을 갖고, 중간에는 춤의 다양한 구성으로써 고아한 춤이 전개되도록 한다. 〈비원〉에서는 태평성대에 망중한을 즐기는 왕비가 달밤에 달을 보고 기원무를 올리는 이야기 소재로, 도입부는 연극적인 흐름을 갖추고 춤의 전개에는 왕비의 태평무를 이용한 안무가 특징적이다.

〈군자무〉는 1인의 화공과 4인의 꽃으로 상징된 매, 란, 국, 죽이 서로 관계를 맺으며 4인 4색의 춤을 펼친다. '한국 전통춤사위에 발레 형식을 대입한 독특한 구성'을 선보인 이 춤 역시 도입은 극적인 마임이 있고, 4인 4색의 춤으로 풀어지는 양식이다. 〈허행초〉는 최현이 노인으로 등장하고, 아이들 서넛은 노인의 오수를 깨워 일으키는 역할이다. 〈허행초〉는 '채우기 보다는 비워 놓는 춤'[327]이라고 최현은 설명하였다. 〈허행초〉에서의 노인 춤은 〈신로심불로〉를 응용한 최현의 새 이야기 춤이라고 여겨진다.

최현 생애의 마지막 작품이자, 1시간짜리 대작 무용극 〈비파연〉은 백거이가 쓴 악부시 〈비파행琵琶行〉을 각색한 작품이다. 이세기가 대본을 써서 춤의 줄거리는 2부로

325　문애령, 앞의 책, 2001, 278쪽.
326　이세기, 「고결한 선비의 기개로 미래를 사유하는 춤: 한량춤의 전승 그리고 조흥동의 한량무」, 『조흥동의 한량무』, 파주: 열화당, 2007, 18쪽.
327　『동아일보』 1994.11.30. 15면. 「휴게실: 50년만의 개인 발표회. 원로 무용가 崔賢씨. "「빈 마음」으로 춤추지요"」

진행되었다. 〈비파연〉은 춤으로 연행하기 위한 상황 설명식 묘사가 주를 이룬다. 영고한 인생의 무상함을 깨달은 한 선비와 함께 묘사되는 동양화 한 폭을 한국춤으로 그려내고자 했다.

이상 최현의 한국무용 창작의 방법은 '전통무용의 제반 기교 형식과 움직임을 토대로 하여 이를 완전하고 다양하게 살리는' 행위이다. 다시 말하면, '과거의 춤에서 주제, 내용, 형식, 움직임 등을 발췌하여 극장 공간에 맞게 형상화하는 것이다' 또 기본적으로는 유사하지만 조금 다르게 '전통춤을 재창조하는 측면에서도 과거의 형식과 움직임을 현실의 주제와 내용에 맞게 형상화하는 것'[328]이라고 한다.

최현이 주장하는 창작 안무의 방법적 성향을 간결하게 정리해 보겠다.[329]

첫째, 춤의 소재 혹은 주제는 '작가가 갖고 있는 역사성·문학성의 세계'에서 도출해 내고, 이를 표현할 수 있어야 한다.

둘째, 전통에 기초한 춤동작과 춤사위는 춤의 주제를 표현하는 방법 또는 수단으로써 제시한다.

셋째, 무대 위에 올리는 춤은 조형미와 기량을 완벽하게 갖춘 찬란한 것이어야만 한다.

넷째, 기존 작품의 단순 반복은 절대 사절하며, 변화를 통한 새로움의 가치 창출이 필요하다.

그리고 최현 춤의 전반적인 예술적 성향은 세 가지로 요약해 볼 수 있다.[330]

첫째, 전통 (지역)춤의 동작 및 춤사위의 차용과 응용으로 현대 무대화를 지향했다.

둘째, 극적인 역할(캐릭터)에 충실한 표현을 중요시하였다.

셋째, 낭만적이며 고품격 정신을 표현하는 예술을 추구했다.

---

328 최윤찬, 앞의 논문, 2002, 27쪽.
329 이종숙, 앞의 논문, 2018, 103~104쪽.
330 이종숙, 위의 논문, 2018, 101쪽.

최현이 한국무용사의 한 지점을 차지하게 된 활동 계보는 신무용의 태두인 석정막과 최승희의 영향 아래에 있었던 김해랑을 통해 최현에게 머물게 되었다고 본다. 최현 춤의 창작관은 '춤이 머물러 있으면 안 된다. 마치 저수지의 물이 고여서 썩듯이 우리 향기라든지 우리 춤이 갖고 있는 표현 양식, 그런 특성들을 오늘의 시각에서 바꿔'331 무대 예술화 하는 데 있었다. 최현은 서울 활동 속에서 김천홍, 한영숙, 장재봉, 김진옥 등에게 전통무용을 습득했지만, 그것은 어디까지나 최현 춤의 기조가 될 사상과 양식과 형식이었다. 끊임없는 '현대화'와 '변화'의 철학을 중시했던 그의 탐미주의적 예술 경향은 몽환적이며 낭만성을 갖는 신무용 사조에 속한다. 한국 고유의 전통 춤사위와 극적(드라마틱)인 표현을 중시한 한국 창작무용가이다. 그리고 최승희로부터 시작된 유미주의적 예술작품 성향을 끝까지 고수한 신무용가로서 한국무용사에 족적을 깊이 새긴 인물이다.332 평론가 김태원은 2015년 무렵부터 전통춤을 재구성한 최현의 춤과 같은 류를 '신전통춤'이라고 하고 있다.333

---

331 문애령, 앞의 책, 2001, 282쪽.

332 이종숙, 앞의 논문, 2018, 110쪽.

333 김태원, 「오소독스한 전통춤과 신전통춤: 법우스님・한명옥 드림무용단」, 『공연과 리뷰』 21호, 현대미학사, 2015.12., 163쪽. "나는 이것을 얼마 전부터 우리 전통춤의 '제구성적' 혹은 '신전통적' 작업이라고 비평적으로 칭하고 있다."

부록

___

1. 최승희 무용공연활동 연보(1930~1945)

공연 일자	작품제목	관련 정보	비고
1929.12.05.~06. 무용·극·영화의밤 (찬영회 주최)	인디앤라맨트		
	꼴드 앤드실버		이시이 바쿠 때의
	쎄레나데		기존 레퍼토리
1회 신작 1930.02.01.~02. 장곡천정공회당	금혼식(金婚式)의 무답(舞踏)	4인무	
	인도인(印度人)의 비애(悲哀)	최,독무	
	양기(陽氣)의 용자(踊子)	2인무	
	희롱(戲弄)	5인무	
	애(愛)의 용(踊)	2인무	
	오리엔탈	제자,독무	목촌정자(李貞子)
	애수(哀愁)의 을녀(乙女)	최,독무	'괴로운소녀'로 논평
	모단풍경(風景)(째즈)	군무	
	해방(解放)을 구(求)하는 사람	최,독무	
	령산무(靈山舞)	2인무	
	마주르카	최,독무	
	적막한 왈츠	군무	
1930.03.31.~04.01. 단성사	오, 야-야		
	농촌소녀의 춤	3인무	
	밤이 밝기 전(前)		
	운명을 탄식하는 사람		
1930.06.27. 사리원	봄날의 처녀	최,독무	
	경쾌한 무희	2인무	
2회 신작 1930.10.21.~22. 단성사	그들은 태양(太陽)을 찾는다	군무	
	달밤에	최,독무	
	장춘불노지곡	3인무	(조선아악)
	방랑인(放浪人)의 설움	3인무	
	스파닛쉬 댄스	3인무	
	남양(南洋)의 정경(情景) (가) 토인(土人)의 춤 (나) 포와소야곡(布哇小夜曲)	2인무 최,독무	

공연 일자	작품제목	관련 정보	비고
2회 신작 1930.10.21.~22. 단성사	정토(淨土)의 무희(舞姬)	2인무	(조선정악)
	인도인의 연가(戀歌)	2인무	
	집시의 무리	군무	
	가극 파우스트 중에서. (가) 고대무용 (나) 클레오파트라와 황금의 잔[杯] (다) 트로이의 처녀(處女)의 춤 (라) 각 여신(女神)의 춤	4인무 최,독무 군무 군무	
	이 병정(兵丁) 못났다	제,독무	
	애급풍경(埃及風景)	군무	
신춘무용공연회 1931.01.10.~12. 단성사	그들은 태양을 찾는다	군무	
	방랑인의 서름	3인무	
	정토의 무희	2인무	
	그들의 로만쓰	2인무	
	인도인의 비애	2인무	
	서반아 소녀의 무용	3인무	
	남양의 정경	2인무	
	향토무용 (가) 농촌 소녀 (나) 풍년이 오면	3인무 군무	
	인도인의연가	2인무	
	집시의 무리	군무	
	광상곡(狂想曲)	최,독무	
	이 병정 못났다.	제,독무	
	그들의 행진곡	군무	
3회 신작 1931.05.01.~03. 단성사	그들의행진	군무	
	나는?	제,독무	(어린이무용)-조영숙
	우리의 '카리카튜어'	최,독무	가아금산소
	치고이넬 와이젠	군무	집시의무리(?)
	남양(南洋)의 밤		번외

공연 일자	작품제목	관련 정보	비고
3회 신작 1931.05.01.~03. 단성사	비가(悲歌)	최,독무	Elegy
	봄을 타고 가는 시악씨들	3인무	
	광상(흉가리광상곡 제6번 리스트 작)	독무	
	생(生)·약동(躍動)	군무	
	향토무용	군무	(대취타) 번외
	흙을 그리워하는 무리	군무	
	황야(荒野)에 서서	최,독무	
	아프로 아프로	2인무	(어린이무용)-정자,영숙
	겁(怯)내지 말자	군무	
4회 신작 1931.09.01.~03. 단성사	세계의 노래	군무	
	자유인의 춤	최독무	
	토인(土人)의 애사(哀史)	2인무	
	미래는 청년의 것이다	5인무	
	소야곡(小夜曲)	제,독무	번외(포와소야곡?)
	인조인간	3인무	극무용
	영혼의 절규	군무	
	철(鐵)과 가튼 사랑	2인무	
	고난(苦難)의 길	군무	
	이국(異國)의 밤	3인무	번외 (남양의 밤)?
	폭풍우(暴風雨)	군무	
	어린 용사(勇士)	3인무	
	십자가(十字架)	최,독무	
	건설자(建設者)	군무	
양현여학교 동정무용 1931.11.23. 장곡천정공회당	겁(怯)내지 말자		
	나는		
	그들의 로맨스		
	미래는 청년의 것이다		
	남양의 밤		번외
	폭풍우	군무	

공연 일자	작품제목	관련 정보	비고
양현여학교 동정무용 1931.11.23. 장곡천정공회당	토인의 애사(哀史)		
	우리의 '카리카쥬어'		(가야금산조)
	세계의 노래		
	향토무용		번외
	흙을 그리워하는 무리		
	어린용사		
	십자가		
	건설자		
철필구락부 재만동포위문 1931.12.29.~31.	수도원(修道院)	5인무	
	우리들의 로맨쓰	2인무	
	흙을 그리워하는 무리들	군무	
	비창곡(悲愴曲)	군무	
	고난(苦難)의 길	군무	
	겁내지 말자	군무	
5회 신작 1932.04.28.~30. 단성사	봄		
	비곡(悲曲)		비창곡의 다른 버전(?)
	어린동무	2인무	
	여직공		
	유랑인의춤		
	인도의 여명(黎明)		
	자장가	최독무	
	말세이유		
	흑인의 애가(哀歌)	군무	
	수도원(修道院)		
	철창(鐵窓)에서		
	신여성선(新女姓線)	4인무	(군무?)
	두 세계(世界)		
일본여류무용가대회. 1933.05.20.	인도인의 비애		
	우리의 카리카튜어		엘레지
	비가		

공연 일자	작품제목	관련 정보	비고
석정막무용연구소 1933.10.22.	희망을 안고서		사라사테 곡.
	에헤야 노아라		우리의 카리카튜어 개명
일본 제1회 신작 1934.09.20. 일본 청년회관	인도인의 비애		
	거친 들판을 가다		
	폐허의 흔적		
	체념		이시이 바쿠의 10년 전 작품
	생명의 춤		
	로맨스의 전망		
	바르다의 여자		
	위기의 세계		
	검무		
	에헤야노아라		
	승무		
	영산무		
	마을의 풍작		풍년이 오면의 다른 이름(?)
	습작 에이		
	습작 비이		타악기 반주
일본 제2회 신작 1935.10.22. 일비곡(히비야) 공회당	왕의 춤(王舞)		
	리릭 · 포엠(서정시)		
	어린이 세계		
	길도 없이		
	적과 흑		
	조선풍의 듀엣		
	무우화(無憂華)		
	가면의 춤		
	습작		
	승무		[개작]
	청춘		
	생지(生贄, 희생)		

공연 일자	작품제목	관련 정보	비고
일본 제2회 신작 1935.10.22. 일비곡(히비야) 공회당	세 가지의 코리안 멜로디		
	(가) 영산조 (나) 진양조 (다) 민요조		
	금지(金指)의 춤		
	호니호로사(유랑예인)		
	마음의 흐름		
일본 제3회 신작 1936.09.22.~24. 히비야공회당	시곡(詩曲)	라벨 곡	
	아이들의 세계 (제4) (A) 인형 (B) 눈가리기 놀이	山田耕作 곡 산전경작 곡	
	낙랑의 벽화에서	조선 아악	木村京司 편곡
	우자(愚者)의 세레나데	드뷔시 곡	
	마을의 군무	타악기 반주	
	무녀(의) 춤	조선 속곡	목촌경사 편곡
	일본풍 두 주제 (A) 환타지 (B) 태고춤	산전경작 곡 타악기 반주	
	시골처녀	디니큐아 곡	
	유혹의춤	조선무용	음악부 편곡
	왈츠	도리고 곡	
	무언가(無言歌)	쇼팽 곡	
	가면에 의한 트리오	조선 속곡	목촌경사 편곡
	세 개의 패러디 A. 샴풍의 춤 B. 재즈풍의 춤 C. 지나풍의 춤	스코트 곡 레쿠오나 곡 타악기 반주	
	멜랑콜릭 에튜드	약산호일 곡	
	코리언댄스	조선 속곡	목촌경사 편곡
	장난	그리엘 곡	
	아리랑 선율	조선 민요조	목촌경사 편곡
여류무용의 밤 1936.12.22.	코리안 댄스		
	무녀의춤		

공연 일자	작품제목	관련 정보	비고
윤대비 위로공연 1937.3말, 4초경 창덕궁 인정전 서행각	속무		
	옥저(적)의 곡		
	인도조		
	초립동		
	세 개의 전통적 리듬		<세 가지의 코리안 멜로 디>의 다른 이름(?)
	보현보살		
	신노심불노		
	민요조		
	무녀의 춤		
	즉흥무		
도구고별공연 1937.09.27.~29. 동경극장	무녀(舞女)		
	'봉산タ-ル'より(鳳山탈 중에서)		
	신라궁녀의 춤(新羅宮女の舞)		
	염양춘(艶陽春)		
	아리랑에 부쳐(アリランに寄す)		
	금강산무곡(金剛山舞曲)		
	A) 보살의 용(菩薩の踊)		
	B) 천녀의 무(天女の舞)		
	선구자(先驅者)		
	오리엔탈 리듬		
	고구려 사냥꾼(高句麗の狩人)		
	방아타령(バンアタリョン)		
	천하대장군(天下大將軍)		
	옥적 곡(玉笛の曲)		
	두개의 코리안 멜로디 A) 진양조(盡陽調) B) 민요조(民謠調)		
	초립동(草笠童)		
	낙랑벽화에서 ('樂浪の壁畫'より)		
	검무(劍の舞)		

공연 일자	작품제목	관련 정보	비고
도구고별공연 1937.09.27.~29. 동경극장	무녀의 춤(巫女の踊)		
	습작 제1(習作第一)		
	조선풍의 듀엣		
	코리안 댄스		
	승무(僧の舞)		
	에헤야 노아라		
1938.02.20. 뉴욕 길드극장	신혼여행		
	신라 궁녀		
	도승(道僧)의 유혹		승무의 다른 이름(*)
	상별곡(相別曲)		
	낙랑의 벽화		
	검무		
	조선의 표박자(방랑자)		
	고구려의 전무(戰舞)		
	고려대장(高麗大將)		
	조선무희(朝鮮舞姬)		
	기념제무(記念祭舞)		
	농가(農家)의 처녀(處女)		
	관상가(觀相家)		
	새실랑		
파리 제1회 공연 1939.01.31. '살 플레옐' 극장	Séductrice Bouddhiste 불자를 유혹하는 여성	고전음악	승무
	Tenka Taishogun 천하대장군	타악기 반주	
	Melodie enchanteresse 매혹적인 멜로디	고전음악	옥적의 곡
	Danse de <Kiisan> 기생춤	민속 음악	장구춤(チセングの舞リ) 1939년/ 파리
	Rêve de sa jeunesse 젊은 날의 꿈	타악기 반주	신노심불로
	Bodhisativa 보살춤	궁정 음악	

공연 일자	작품제목	관련 정보	비고
파리 제1회 공연 1939.01.31. '살 플레옐' 극장	Un jeune charmeur 젊은 엽색가	민속 음악	한량춤
	Fresque de Royang 로양의 프레스코	궁정 음악	낙랑의 벽화
	Bouffon errant 유랑예인	타악기 반주	미국: 조선의표박자 (방랑인)
	Enfant marie 꼬마신랑	민속 음악	미국: 새신랑 *초립동(1937년4월초연)
	Détresse de Shunko dans la prison 옥중 슌코(춘향)의 고통	고전음악	춘향애사(春香哀史) 1939년/ 파리
	Danse de l'Epée 칼춤/ 검무	타악기 반주	
	Sorcière de Séoul 서울의 무녀	고전음악	무녀의 춤
1938. 뉴욕	화랑무(花郞の舞リ)		
1940. 부에노스아이레스	이십오보살 래영지도(來迎之圖)		
최승희 귀일 신작 공연 1941.02.21.~25. 가부끼좌	두 가지의 속무		
	검무		
	옥적		
	화랑의춤		
	신노심불노		
	보현보살		
	세 가지의 전통적 리듬		
	장수(長袖) 형식		
	소년 히로히메		
	관음보살		
	가면무		
	동양적 선율		
	즉흥무		
최승희 신작무용공연 1941.11.28.~30. 다까라스까 극장	신전의 춤		일본수법
	칠석의밤		〃
	무혼		〃

공연 일자	작품제목	관련 정보	비고
최승희 신작무용 공연 1941.11.28.~30. 다까라스까 극장	천하대장군		〃
	옥적의곡		동양소재
	보살도		〃
	세 가지의 전통적 리듬		조선 소재
	즉흥무		〃
	화랑의 춤		〃
	초립동		〃
1942.02.16.~20. 경성부민관	신전의 무		일본
	화랑의 춤		조선
	동양적 리듬		
	추심		일본
	세 가지 전통적 리듬		조선
	칠석춤		일본
	무혼		일본
	보살춤		일본
	화립의춤		조선
	칠석의 밤		조선
	초립동		조선
	인도의춤		인도
<제1회>-1부 1942.12.06.~22. 동경제국극장	보현보살		일본 헤이안시대
	화랑의춤		조선 신라
	향비		중국 청조 회교족
	천하대장군		조선
	상사곡		조선(돌아오지않는 남편)
	즉흥무		조선 가야금산조
제1회-2부	석왕사의 아침		조선
	초립동		조선
	양귀비염무지도		중국
	보살화신		비파곡<동양?>
	칠석의밤		동양?
	장고춤		조선

공연 일자	작품제목	관련 정보	비고
Ⅱ회-1부	낙랑의벽화		조선
	검무		조선
	가무보살		일본 가마구라시대
	신노심불노		조선
	장한가		중국<동양?>
	세 가지 전통적 리듬		조선(염불타령굿거리)
Ⅱ회-2부	추심		일본 노가구
	가면의춤		조선
	명비곡		중국 한나라
	부벽루의 무녀		조선
	옥적의곡		동양전설 천녀
	산조		조선 가야금산조
Ⅲ회-1부	신전의춤		일본 의식무
	에헤야 노아라		조선
	백제궁녀의 춤		조선
	무녀의춤		조선
	관음보살		불교예술(동양?)
	두 가지의 비파조		동양무용
Ⅲ회-2부	무혼		일본
	아리랑		조선
	옥루의꿈		동양
	봉산탈춤		조선
	춘향애사		조선
	마을의 젊은 여인들		조선
Ⅳ회 연구종목-1부	동양무용에 대하여		동양무용해설
	조선무용의 기본 발표		조선무용 동작 과학적접근
	서구무용의 기본 발표		구미 /서구무용 기본
Ⅳ회-2부	세 가지의 전통적 리듬		
	옥적의 곡		
	시녀의 자식		

공연 일자	작품제목	관련 정보	비고
IV회-2부	궁녀의 춤		
	보현보살		
	봄의 노래		
	칠석의 밤		
IV회-3부	동양의 리듬		
	초립동		
	신노심불노		
	북의리듬		
	민요무		
	화립춤		
	즉흥무		
<1부> 최승희무용동호회 제1회최승희무용 감상회 1943.08.08. 동경제국극장	보현보살		
	화랑의춤		
	희생(생지)		
	명비곡		
	천하대장군		
	세 가지의 전통적 리듬		
	아미타여래 래영지도		
<2부>	검무		
	칠석의밤		
	석굴암의 벽조에서		
	양귀비 염무지도		
	초립동		
	산조		
	검무		조선
	산조		〃
1944.01.27.~02.15. 제국극장 (2차장기공연)	천하대장군		〃
	즉흥무		〃
	세 가지 전통적 리듬		〃
	명비곡		중국

공연 일자	작품제목	관련 정보	비고
1944.01.27.~02.15. 제국극장 (2차장기공연)	옥적		〃
	연보		〃
	정아이야기(청의형)		〃
	제갈공명(노생형)		〃
	누비별왕(패왕별희)		〃
	금자성의 옥불		〃
→다가시마 유사부로 『최승희』	한궁추월		중국
	석굴암의 벽조에서		조선
	연보		중국 경극 보법
	길상천녀		중국
	정아의 이야기		중국 명조
	고전 형식에 의한 세 가지의 변형		동양 장수(長袖) 양식
	묘정		통구 무용총 고구려 벽화
	패왕별희		중국
	희생(생지)		일본
	금자성의 옥불		중국
	노생		중국
	시스고젠		일본 노가구
※ 1945년 8·15 해방 이후의 작품소개 생략			

2. 조택원 무용공연활동 연보(1934~1945)

공연 일자	작품제목	음악/작곡자	비고
?	어떤 움직임의 매력		일본 이시이바쿠 공연에 출연
1934.01.27. 제1회무용발표회 장곡천정공회당	아루레노와 고모무바인	드볼작	2인: 조택원, 석정영자
	소야곡	토세리	사정천혜자
	스페인 야곡	알페니스	석정영자
	우울	석정오랑	조택원
	화려한 원무곡	쇼팽	조택원
	검은 소녀는 탄식한다.	류란스	2인: 조택원, 사정천혜자
	작열하는 사색	무음악	조택원
	땅에 바친다	석정오랑	석정영자
	황혼	석정오랑	석정영자
	죽음의 유혹	시베리우스	석정영자
	애수의 인도	드볼작	조택원
	어떤 움직임의 매혹	무음악	조택원 (1929년 방악좌에서 초연)
	어린이의 페이지 ① 학의 행렬 ② 달팽이와 비 ③ 장화를 신은 고양이	브로모란	구보(久保)외 5인 사정천혜자 사정천혜자 대오(大鳥)외 2명
	A. 사랑의 슬픔 B. 사랑의 기쁨	크라이슬러	조택원, 석정영자
1934.04.18.~05.21. 지방순회중 신의주에서 신작	화려한 우울스		
	정열		
	흑인의 노래		
	어떤 움직임의 매력		
	그림자		
	죽음의 유혹		
	우울		
	사랑의 즐거움		
	작열하는 사색		

공연 일자	작품제목	음악/작곡자	비고
1935.01.26.~27. 장곡천정공회당	에스바니율	구라나도스	리견(里見)구니요
	흑인(黑人)의 노래(唄)	류우란스	조택원
	백일(白日)의 용(踊)	스도―돈	시전(柴田)후미코
	애(愛)의 희(喜)	그라이스라	리견. 조택원
	잃은 혼(魂)	라하아니노푸	조택원
	시바에 봉(捧)함	小口正雄	리견
	승무(僧舞)의 인상(印象)	김준영	조택원
	왈―쓰	쇼반	시전, 리견, 조
	월광(月光)	도부―씨	조택원
	풍년제(豊年祭)	松山芳野里	시전
	우울(憂鬱)	석정오랑	조
	봄은 왔다	오한	리견, 시전, 조
1935.11.01. 조택원무용소원발표 조선일보사대강당	소야곡(小夜曲)	도제리	김택희, 진수방, 산천부미자
	작열하는 사색	무음악	조택원
	유―모레스크	드볼쟉	진수방, 임춘계
	정열	크라이슬라	진수방, 조택원
	에츄―드	무음악	김택희 진수방
	흑인의 노래	류란스	진수방
	승무의 인상	김준영	조택원
	마주르카	쇼판	사정주자, 이헌, 진수방, 임춘계, 김택희, 권오현, 산천부미자, 안도
	몽(夢)	도빗시	산천부미자, 김택희, 진수방
	무서워	슈―만	진수방, 조택원
	우울	석정오랑	조택원
	황혼의 원무곡	이바노이치	김택희, 안도, 산천부미자, 권오현, 진수방, 이헌, 조택원
1936.01.24.~26. 삼귀재경연회 조택원무용부문 조선일보사대강당	두 개의 에츄―토 A. 력(力) B. 도약(跳躍)	무음악	A. 김택희, 진수방, 산천부미자 B 진수방
	정열의 왈쓰	쇼판	김택희 권현(권오현?)

공연 일자	작품제목	음악/작곡자	비고
1936.01.24.~26. 삼귀재경연회 조택원무용부문 조선일보사대강당	궤도(軌道)	크라이스라—	진수방, 조택원
	승무의 인상	김준영	조택원
	마주르카	쇼판	연구생 일동
	꿈	도빗시	산천부미자, 진수방, 김택희
	피에로의 설움	드볼쟉	피에로: 권현, 구롬바인: 진수방 알기—노: 조택원
	죽엄의 유혹	시베류—스	산천부미자, 조택원
	광인(狂人)	라하마니노푸	조택원
	황혼의 원무곡	바노몃치	연구생 일동, 조택원
1936.04.06.~10. 무용과 영화의 밤 약초극장	도화사(道化師)의 탄식		
	사랑의 기쁨		
	처녀의 세레나—데		
	승무의 인상		
	마주르카		
	습작		
	죽엄의 유혹		
	에—비		
	일허진 혼(魂)		
	황혼의 왈쓰		
1936.06.05. 도구고별무용공연 경성부민관	카푸리—스		
	인도의 노래		
	푸레파레이숀		
	산그림		
	봄소리		
	과자인형		
	모만뮤직		
	메카니즘		
	굿거리		
	집시—의 무리		
	비애(悲哀)		

공연 일자	작품제목	음악/작곡자	비고
	아베마리아		
	무용회의 초대		
↑프로그램외사진	만종을 보고		
<동경으로> 1937.03.31. 제1회무용발표회 일본청년회관	조선무용의 인상		
	만종		박외선과 조택원
	그 외…		
1937.11.26.			고베(신호)출발–마르세이유
1938.03.08. 뮤제키메박물관홀	승무		
	검무		
	굿거리	프룻과 大鼓	
	아리랑	로 조선미	
	가사호접	표현함	
	포엠		
	나와삼발		
	푸레파라솔		
1938.04.03.	神武天皇祭 리셉션 공연		
	소모임의 초청 공연		
하야카와 셋슈(早川雪州)의 영화	<마카오> 안무 참여		
1938.08.20.			고베항 입항
1938.11.08. 히비야공회당	아리랑 환상곡		
	굿거리		
	코리안 환상곡		
	승무의 인상		
	가사호좁		
	땅스 포플레–르		
	동적조각(動的彫刻)		
	포엠		

공연 일자	작품제목	음악/작곡자	비고
	뜌에뜨		조택원, 김민자
	매력(魅力)	김민자 작품	김민자
	아리랑 환상곡(幻想曲)		조택원
	월쓰 (番外)	김민자 작품	김민자
	포엠 A.고요한 발자국 B.희망	석정오랑·고목동륙	조택원
1938.11.24.~25. 파리귀조 제1회창작공연 경성부민관	춤		김민자
	준비(準備)		조택원
	앙젤류스		조택원, 김민자
	승무(僧舞)의 인상(印象)		조택원
	시골 처녀(방아타령)	김민자 작품	김민자
	딴스 포플레르		조택원
	검무(劍舞)의 인상(印象)		김민자
	호접가사(蝴蝶袈裟)		조택원
	팡타지 코레앙		조택원, 김민자
국내지방 순회			
1938.12.13. 제2회 귀조공연회 부민관			
국내지방 순회			
	1부. 그랑 발레 학(4막)	다카기도로쿠	
	서막	(高木東六)	
	2. 이른봄 해동기		
	3. 여름철		
1940.01.11.~13. 히비야공회당	4. 가을		
	2부. 춘향전(조곡)	영산회상	
	1 房子飄飄	진양	
	2 春香爛漫	중머리	
	3 夢龍春興	중중머리	
	4 廣寒情緣	굿거리 등	

공연 일자	작품제목	음악/작곡자	비고
	5 獄中春香		
	6 再會長恨		
일본 관서 지방 순회공연			
1940.04.11.~12. 경성부민관	춘향전		이시가키 하쓰에(石垣初枝)
1940.06.09. 포항극장	춘향전		
1940.07.18.	춘향전		이시가키 일행 8명과
	부여회상곡	석정오랑	오케음악무용연구소원
	1.서곡(序曲)		석정막무용연구소원(20명)
	2.성명왕(聖明王)의 궁전		
	3.영혼[魂]의 합류(合流)		
	4.성수기원(聖壽祈願)		
	5.야마토(일본) 처녀(大和乙女)		
1941.05.12.~16. 경성부민관	6.고란(皐蘭)의 향기		
	7.천하태평무(泰平舞)		
	8.달맞이[迎月] 연회		
	9.봉화(烽火)의 춤		
	10.낙화삼천(落花三千)		
	11.성기(聖紀)의 합창		
	12.내선(內鮮)의 성역(聖域)		
1942.05.18. 입영 병사를 위한 장행회 공연 경성부민관			
1943.03.29.~04.02. 조선방공협회후원 공연	봄에 기(寄)함	랑게 곡	서정내, 고삼미지자, 거목호미
	동무들	슈벨트 곡	서정내, 거목호미
	적은북	金○聖泰 곡	조택원

공연 일자	작품제목	음악/작곡자	비고
1943.03.29.~04.02. 조선방공협회후원 공연	춤	조선민요	서정내
	동양풍무곡	림스키코루사콥	거목호미, 조택원
	두려워라	슈만 곡	서정내 조택원
	애마진군가(愛馬進軍歌)	육군성 찬정(撰定)	거목호미
	사슴의 아들	일본무용	고삼미지자
	학(鶴)춤	金○○泰 곡	조택원
	원무곡(圓舞曲)	부랏스 곡	서정내, 고삼미지자, 거목호미
	아버지의 자장가	석정오랑	거목호미, 조택원
	힘을 합(合)하자	복정문언(福井文彦) 곡	거목호미, 조택원
	폭풍우(暴風雨) 뒤	쇼판 곡	조강극(鳥江克)
	가사호접	김준영 곡	조택원
	헝가리아 처녀	부람스 곡	거목호미
	만종	쇼판 곡	거목호미, 조택원
1943.09.23. 흥수 경방단 주최 生産戰士 위로공연 흥수공설운동장			
1944.03. 조택원무용연구소 무용단결성기념 공연	제1부: 신구작품 발표		무용단원
	제2부: 춘향전 조곡		
조선군보도부 영화	헤이따이상		조택원 찬조출연
1944.12.22.~24. 세말구제사업기금조 성 공연 부민관	移動演劇藝能大會		14개 예능단체와 조택원, 김민 자 총 출연
1945.04.05 ~	중국 횡군위문순회공연		진수방과 조택원무용단원
05.22	日華親善文化交流		경성삼중주단원 15명
※ 1945년 8·15해방 이후의 작품소개 생략			

3. 김해랑 무용공연활동 연보(1934~1964)

공연 일자	작품제목	관련 정보	비고
1941.05.25.<?>	애수(哀愁)의 선자(扇子)		부민관
1945	봉선화		
	독서		혹은 1948년 안무 초연이라고도 함
	여양춘		
1947	운임지	유치진 작	
1947	시집가는 날		
	꼭두각시놀음		
	사랑의 흐름		
	환희		
	습작		
	영의무		
1950 가을	아리랑	나운규 작	1막5경 무용극. 부산극장 초연
1951.01	견우직녀		무용극
1952.12	춘향전		무용극
	황창랑		
1953.05	단심의 곡(丹心-曲)		무용극
1954.09.	독서		광복9주년기념 종합무용제 최윤찬(최현), 정순모(정민) 시공관
1955	춘우(春雨)		1950년대에 즐겨 안무
1955.08.11.~12	노몽(老夢)		8·15광복 10년 기념.시공관 최윤찬(출연)
	사랑		최윤찬, 한순옥(출연)
1956.08.13.~17	사랑		8·15광복 11년 기념. 정·부통령 취임축하의 합동무용제/최윤찬, 김문숙(출연)
1960	호동왕자와 낙랑공주 (자명고)		1960년대 즐겨 안무
	화랑무		

공연 일자	작품제목	관련 정보	비고
1964.08.	번뇌의 참선		광복 19주년 및 한국무용협회 경남지부 결성기념 '합동무용예술제' 마산강남극장
	회심(回心)		
	아리랑		임성남, 송범, 주리, 최현, 한순옥, 김행자 등 특별출연

※ 1969년 7월 24일 별세

4. 최현 무용공연활동 연보(1957~2001)

공연 일자	작품제목	공연(축제)명	지역 및 장소
1957.06.01.	춘향무	동아일보 주최. 반공친선한국예술단 환국 환영의 밤	중앙청 광장 야외음악당
1962.09.06.~09.	토끼전	한국아동극연구회	국립극장(명동)
1963.03.13.~17.	사신(死神)의 독백(獨白) 임성남(안무)/하데스(역)	국립무용단 제2회정기공연	국립극장(명동)
1963.10.23.~27.	산제(山祭) 강선영(안무)/진(주역)	국립무용단 제3회정기공연	국립극장(명동)
1964.06.20.~24.	허도령 임성남(안무)/허도령(주역)	국립무용단 제4회정기공연	국립극장(명동)
1964.08.19.~20.	춘향전중에서(최현, 한순옥) 태양과 문둥이	한국무용협회 경남지부 결성 광복 19주년 합동무용예술제	마산 강남극장
1964.12.20.	태양과 문둥이	무용협회 공로상 수상 축하공연 (조택원)	국립극장
1965.03.10.~14.	배신(背信) 김진걸(안무)/사도(역)	국립무용단 제5회정기공연	국립극장(명동)
1965.11.21.	창작민속무용 초라니	서울예술고등학교무용발표회	시민회관
1966.10.12.~16.	심산유곡(深山幽谷) 송범(안무)/선비(주역)	국립무용단 제8회정기공연	국립극장(명동)
1967.05.16.~17.	제3부 춤추는 춘향전	5.16혁명 및 민족상수상기념 大藝術祭典(즐거운 韓國人)	장충체육관
1968.12.19.	흥과 멋	신문화 60년 기념 무용예술제전 한국무용협회 주최, 문화공보부 지원	부산 동보극장
1969.05.09.~10.	2부 <이조여인상> 중 춘향	한국무용협회 주최 전국창작무용	국립극장
1970.05.17.~19.	연연(戀戀: 춘향과이도령이야기), 무도(巫圖), 희화(戱畵: 가면극) 최현(안무)/이도령 등(역)	일본엑스포70	*
1970.06.28.	봉산탈춤	한국가면극협회	서울 PEN 대회
1970.11.24.~12.19.	결혼날(①달과 여인②사랑③청사초롱④결혼날), 연가춘향과 이도령) 최현(안무)	제6회아시아경기대회(태국 방콕) 순회공연	*

공연 일자	작품제목	공연(축제)명	지역 및 장소
1971.06.07.~08.	달 (송범, 최현, 김진걸 찬조)	인간문화재 한영숙 민속무용발표회	국립극장
1971.09.15.~11월	유럽 7개국. 대한무역진흥공사에서 한국주간행사	유럽및아프리카순회	*
1972.08.24.~12.23.	제20회 뮌헨올림픽 국제민속예술제	유럽순회공연	*
1973.11.21.~25.	별의 전설(傳說) 송범(안무)/옥황상제(역)	새국립극장개관기념	국립중앙극장
1974.05.21.~26.	뮤지컬 <대춘향전>	국립가무단 제1회 정기공연	국립극장 대극장
1974.06.12.~16.	한국무용제전 <탈놀이> 최현(안무)	국립무용단 제13회 정기공연	국립중앙극장
1974.10.05.~06.	(찬조출연)	동아일보사 주최 정승희무용발표회	예술극장
1974.11.12.~17.	뮤지컬 <시집가는 날>	국립가무단 2회 정기공연	국립극장 대극장
1975.01.24.~25.	신로심불로	조택원 금관문화훈장 수상 기념공연 및 일본 창작무용 집단 내한 공연	국립극장
1975.04.05.	<흥과 멋> 최현(안무)/독무 출연	국립극장 토요민속제전	국립소극장
1975.04.09.~21.	가면무(최현,최희선,이숙향) 신로심불로	한국인위령탑 건립추진 한국민속예술단 일본순회공연 일행 38명. 단장 임성남(협회장)	일본 *
1976.01.20.	신로심불로	이매방 창작무용발표회	부산 시민회관
1976.	비상(飛翔) 외 다작발표	TBC 향연	TBC TV
1976.12.20.	비상	한국무용협회 주최 신무용 50주년기념대공연	국립극장
1977.03.24.~27.	창극 <심청가>	국립창극단 제26회 정기공연	국립극장 대극장
1977.11.12.	신로심불로	한국무용협회 주최 조택원추모공연	국립극장
1978.05.08.~09.	비상 연(緣)	세종문화회관예술제 한국무용의 밤	세종문화회관 소강당
1978.05.12.~16.	창극 <강릉매화전>	국립창극단 제28회 정기공연	국립극장 대극장
1978.10.19.~22.	제3회 홍콩아시아예술제 안무 출연	해외공연	*
1978.11.06.	비상 비원의 숨소리	한길무용회	광주학생회관
1979.03.22.~26.	<광대가>	국립창극단 제30회 정기공연	국립극장 대극장

공연 일자	작품제목	공연(축제)명	지역 및 장소
1979.10.07.~11.	<가로지기>(변강쇠타령)	국립창극단 제31회 정기공연	국립극장 대극장
1979.12.13.~17.	무용극 <시집가는 날> 최현(안무)/맹진사(역)	국립무용단 제24회정기공연	국립중앙극장
1980.04.09.~13	창극 <대춘향전>	국립창극단 제32회 정기공연	국립극장 대극장
1980.05.01.~07.	배뱅이굿	민예극장	세실극장
1980.09.25.~29.	<시집가는 날>발췌공연 최현(안무)/맹진사(역)	국립무용단 제26회정기공연	국립중앙극장
1980.10.20.	해외순회공연 시연회/ 무용극/ 최현(안무)	시연회	국립중앙극장
1980.10.	동남아 9개국 12개도시 순회공연	해외순회공연	*
1981.01.~04.09.	토선생전	극단마당	세실극장
1981.04.17.~06.30.	서산닭장수	극단마당	세실극장
1981.05.28.~06.01.	무용극 <황진이> 강선영(안무)/벽계수(역)	국립무용단 제27회정기공연	국립중앙극장
1981.11.16.~20.	무용극 <마의태자(麻衣太子)> 최현(안무)/경순왕(역)	국립무용단 제28회정기공연	국립중앙극장
1981.12.18.~19.	허생전	MBC창사 20주년 특집 마당놀이 공연 극단마당	문화체육관
1982.05.08.~13	창극 <심청>	국립창극단 제36회 정기공연	국립극장 대극장
1982.06.01.~02	연정(戀情) 이미미	신무용 60년 재현무대	국립극장 실험무대
1982.06.03.~04.	비상	서울시립무용단 제12회 한국명무전	서울세종문화회관 대강당
1982.08.04.~10.14.	선녀춤 최현(안무)/이문옥외 11명	중남미순회공연	*
1982.10.20.~21.	선녀춤 최현(안무)/이문옥외 11명	국립무용단 제31회/귀국공연	국립중앙극장
1982.11.13.	비상	한국무용협회 주최 지방순회 무용예술제	대구시민회관 대강당
1983.04.	연(緣)	무용한국 창간16주년 기념 대공연	–
1983.05.28.~06.02.	창극 <토생원과 별주부>	국립창극단 제40회 정기공연	국립극장 대극장
1983.06.03.~04.	고로초롬만 살았으면 싶어라에 정승희와 2인무로(특별출연)	정승희무용발표회	국립극장 대극장
1984.01.14.~18.	한국전통무용공연. (최현 동행)	정승희 이탈리아 순회공연	–

공연 일자	작품제목	공연(축제)명	지역 및 장소
1984.04.04.~12.	창극 <심청가>	국립창극단 제43회 정기공연	국립극장 대극장
1984.05.10.~14	탑	극단 여인극장 제70회 공연	세종문화회관 별관
1984.05.24.~28	가로지기타령	극단 민예 판굿공연	문예회관대극장
1984.06.09.~10.	신로심불로	이매방 무용50년 기념 특별공연	문예회관 대극장
1984.06.15.~20.	창극 <서동가> (선화공주이야기)	국립창극단 제44회 정기공연	국립극장 대극장
1984.11.13	신로심불로	국립극장 84무용예술큰잔치	국립극장 대극장
1984.11.24.	비상	대한민속문화사업회 주최 한국명무전	부산시민회관 대강당
1985.04.30.~05.05.	사랑가(최현.김매자)	한국무용연구회 주최 제1회 한국무용제전 전야제	문예회관 대극장
1985.05.01.	헌화가	호암아트홀 개관기념 기획 대공연 헌당서시獻堂敍詩	호암아트홀
1985.05.16.~22.	삼시랑	극단 실험극장 창단25주년기념공연	문예회관대극장
1985.06.08.~09.	헌화가(獻花歌)-비상	이매방 전통무용공연. 북소리Ⅱ	문예회관 대극장
1985.10.10.	비상	제7회 대한민국무용제 전야제	문예회관 대극장
1986.03.23.	비상	한길무용회춤판	문예회관대극장
1986.09.20.	영고(迎鼓)	86 서울아시안게임 식전행사	잠실주경기장
1987.03.04.~06.	'새불' 안무	88예술단 창단 공연 '새불'	세종문화회관대극장
1987.09	자유혼	극단 여인극장 서울연극제	문예회관대극장
1987.10.11.	추정(秋情)	제9회 대한민국무용제 전야제	문예획관 대극장
1988.03.11.	비상	국립국악원 한국명무의밤	국악당 소극장
1988.10.02	안녕	88서울올림픽대회 폐회식	잠실주경기장
1989.	놀보전	광주시립국극단 창단공연	광주시민회관
1989.09.02.~23.	심청전	동구권 창극 순회공연	헝가리, 유고 등
1989.11.29.	〃	동구권 창극 귀국공연	문예회관대극장
1990.04.21.~29.	심청전	국제문화협회 주최 일본지역 공연	독경 국립극장 이
1990.06.09.~07.15.	창극 소태산(少太山)	소태산 대종사 탄생1백돌 기념 무대 순회공연	원불교 성업봉찬회
1990.08.26.~27.	창극 아리랑	동아일보사 70주년기념공연 창극	세종문화회관 대극장

공연 일자	작품제목	공연(축제)명	지역 및 장소
1990.09.03.~14.	창극 아리랑	소련 모스크바 외 5개 지역 순회공연 (동아일보사 주최)	-
1990.10.31.	창극 심청전	광주시립국극단 제2회 공연	광주시민회관
1991.04.12.	창극 심청전	광주시립국극단 서울공연	호암아트홀
1992.04.	창극 홍보전	광주시립국극단 제회 정기공연	광주시민회관
1992.06.09~11.	무용극 꿈의 춘향	서울시립무용단 상반기 정기공연 (초청 객원안무)	세종문화회관대극장
1992.10.20.	(?)	92문화의날 기념식 축하공연	문예회관 대극장
1993.04.17.~22.	군자무	국립극장 신축 20주년기념공연 우리 춤·우리 맥	국립극장 대극장
1993.07.16.	창무극 춘향	일본 길상여중고 창립55주년기념 초청공연/ 서울예고 무용과	무장야(武蔵野) 시민문화회관
1994.04.22.~24.	명성황후 대원군 역	춤-30년, 국수호, 그가 걷고 있다	국립극장 대극장
1994.09.09.~10.	남색끝동 동천(冬天) 울음이 타는 강	원필녀 창작춤	국립극장소극장
1994.10.21.~11.08.	비상	제16회 서울무용제 명작무	문예회관 대극장
1994.12.02.~03.	허행초 비상 군자무 비원 녹수도 청산을 못잊어	1994 허행초: 최현 춤 작품전	국립극장 대극장
1995.01.25.	국립무용단 <축헌무>	국립국악관현악단 창단 축하공연	국립극장 대극장 2층 로비
1995.03.01.	국립무용단	광복50주년 3·1절 문화축제	총독부건물 철거 고 유제 국립중앙박물관 광장
1995.03.18.	국립무용단 풍뭉패	세계풍물놀이연합회 창립 축하공연 참가	롯데월드민속관
1995.04.11. /13 /14	국립무용단 순회공연	국립극장 전속예술단체 지방순회공연	충주문화회관 김해체육관 광양효자음악당
1995.05.02.~06.14.	국립무용단 순회공연	2002년 월드컵유치 홍보 해외순회공연	중남미 7개국

공연 일자	작품제목	공연(축제)명	지역 및 장소
1995.07.18.	국립무용단 <사랑가> <축연무> 최현 안무	세계무용연맹 창립 KIDE '95 개막 한국의 밤 '한국 한국인 한국의 춤-5천년의 향기'	토월극장
1998.07.31.~08.01.	국립무용단 전통공연	화관무 살풀이 등 전통 소품 공연	설악산 대명콘도 야외공연장
1995.08.31.	국립무용단 산하단체 지원공연	정동극장 정오의 예술무대(한국춤 소품)	정동극장
1995.10.30.~31.	창극 심청전	광주시립국극단 정기공연, 광주비엔날레	광주예술회관
1996.06.13.~14.	달의 정	우리춤 50년 뿌리찾기	세종문화회관
1996.10	창극 놀보전	광주시립국극단 정기공연	광주예술회관
1996.11.23.	달 있는 제사	세계무용연맹 한국본부. 무용과 의상의 만남	문예회관 대극장
1997.05	창극 춘향전	광주시립국극단정기공연	
1997.06.02.	적향(안무)	강미선의 실험춤판 '아소 님하!'	국립극장 소극장
1997.08.08.	기원무	울릉도, 독도박물관개관 축하	독도박물관
1997.12.15.	고풍 · 남천(안무)	정혜진의 춤 '기억-소처럼 슬픈 눈을 하고'	문예회관 대극장
1997.12.27.	비원 상(想) 고풍 연가 남천 비상	우리민속 한마당. 여섯 개의 최현 춤 향연	민속박물관 강당
1998.07.13.~14.	남색끝동 군자무 허행초 울음이 타는 가을 강	최현춤전 고희기념공연	서울 문예회관 대극장
1998.10.25.	비상	제 20회 서울무용제 '20-20'축제. 전야세 넝무공연	서울 무예회관 대극장

공연 일자	작품제목	공연(축제)명	지역 및 장소
1999.04.16.~18.	남색끝동 상(想) 비상 연가 봄이오면 최현류(살풀이춤) 신명(神命)	알과핵소극장 개관기념 초청공연. 최현춤전	서울 소극장 알과핵
1999.05.30.~31.	비상(안무)	전순희의 춤 '침향'	국립극장 소극장
1999.09.30.~10.03.	헌화가	서울예술단 가무악. 향가-사랑의 노래	예술의전당 토월극장
1999.11.11.	신명	국립국악원 목요상설 윤성주의 한국춤	국립국악원 우면당
2000.04.19.~22.	'4인 4색, 나흘간의 춤이야기' <최현춤의 약동>, <연가>, <군자무> 최현(안무)/최 현 출연	제79회정기공연/국립극장 개관50주 년 기념공연	국립중앙극장
2000.03.07.	신명	김해랑 선생 추모공연	문예회관대극장
2000.04.19.~22	군자무	국립극장 개관 50주년기념공연 '4인 4색, 나흘간의 춤'	국립극장 대극장
2000.11.02.	남색끝동 비상 미얄할미 허행초 연가 군자무	최현춤전 2000	국립중앙극장 해오름
2000.05.19.~21.	비상	MCT. 우리시대의 무용가 2000.	예술의잔딩 토월극장
2000.12.14.~15.	신명	우리시대의 무용가 2000	LG아트센터
2001.05.18.	신명	우리춤. 어제와 오늘의 대화	서울 정동극장
2001.11.30.~12.01.	비파연	최현춤전 2001. 비파연	호암아트홀
※ 2002년 7월 8일 별세			

〈신문〉

『경향신문』『동아일보』『매일경제』『매일신보』『조선일보』『조선중앙일보』
『국민일보』『뉴시스』『연합뉴스』『한겨레신문』

〈단행본〉

강이문, 『한국무용문화와 전통』, 서울: 민족미학연구소, 2001.

강준식, 『최승희 평전: 한류 제1호 무용가 최승희의 삶과 꿈』, 서울: 눈빛출판사, 2012.

김수현 · 이수경 엮음, 『한국근대음악기사사료집』 권6 · 7 · 8 · 9, 서울: 민속원, 2008.

김영희 편, 『『매일신보』 전통공연예술 관련 기사자료집』 1, 서울: 보고사, 2006.

김영희 · 김채원, 『최승희』, 서울: 북페리타, 2014.

김영희 · 김채원 · 김채현 · 이종숙 · 조경아, 『한국무용통사』, 서울: 보고사, 2014.

김종욱 편저, 『한국근대춤자료사 1899~1950년』, 서울: 도서출판 아라, 2014.

김호연, 『한국 근대 무용사』, 서울: 민속원, 2016.

마산국제춤축제위원회 엮음, 『우리춤의 선각자 춤꾼 김해랑』, 창원: 불휘미디어, 2011.

_____ 엮음, 『우리춤의 사상가 최현』, 창원: 불휘미디어, 2012.

문애령, 『한국현대무용사의 인물들』, 서울: 눈빛, 2001.

서연호, 『김백봉: 신무용의 르네상스를 이루다』, 서울: 도서출판 월인, 2014(A).

_____, 『한국 무대무용의 선구자 송범』, 서울: 도서출판 월인, 2014(B).

성기숙(기록), 박민경(편집), 『태평무 인간문화재 강선영』, 서울: 연낙재, 2008.

성기숙 엮음, 『한국 근대무용의 전통과 신무용의 창조적 계승』, 서울: 민속원, 2009.

송방송, 『한겨레음악대사전』, 서울: 보고사, 2012.

송수남 엮음, 『한국 근대춤 인물사(Ⅰ): 최승희에서 김보남까지』, 서울: 현대미학사, 1999.

안제승, 『한국신무용사』, 서울: 승리문화사, 1984.

유인화, 『춤과 그늘』, 서울: 동아시아, 2008.

이세기, 『조흥동의 한량무』, 파주: 열화당, 2007.

이 송, 『거장과의 대화: 예술가와의 짧은 여행』, 서울: 도서출판 운선, 2004.

이시이 바쿠, 김채원 역, 『이시이 바쿠의 무용 예술』, 서울: 민속원, 2011.

이은주, 『춤 33인』, 서울: 푸른미디어, 2007.

이태주·손기상 편집, 『무용가 최현 회고사진집』, 서울: 허행초 사람들의 모임, 2017.

정병호, 『춤추는 최승희: 세계를 휘어잡은 조선여자』, 서울: 뿌리깊은나무, 1997.

정수웅 엮음, 『최승희: 격동의 시대를 살다간 어느 무용가의 생애와 예술』, 서울: 눈빛, 2011.

조택원, 『조택원』, 서울: 지식공작소, 2015.

최승희, 『1911~1969, 세기의 춤꾼 최승희 자서전 불꽃』, 서울: 자음과 모음, 2006.

〈논문〉

김규도, 「일제강점기 최승희의 공연활동의 의의와 그 평가: 1936년 히비야 공회당에서의 무용공연을 중심으로」, 『우리춤과 과학기술』 36호, 한양대학교 우리춤연구소, 2017.

김말원, 『조택원 『가사호접』 연구』, 동덕여자대학교 박사학위논문, 2005.

김명숙, 「최현의 작품 특성 연구: 「비상(飛翔)」, 「허행초(虛行抄)」를 중심으로」, 『무용·예술학연구』 제10집, 한국무용예술학회, 2002.

김영희, 「최승희 신무용에 대한 새로운 평가의 계기: 「무희 최승희론」(1937)과 「최승희론」(1941)」, 『공연과 리뷰』 가을호, 현대미학사, 2013.10.

김호연, 「현대무용가 박영인의 초기 활동 연구」, 『무용예술학연구』 52집, 한국무용예술학회, 2015.

남성호, 「근대 일본의 '무용'용어 등장과 신무용의 전개」, 『민족무용』 제20호, 세계민족무용연구소, 2016.

유인화, 「한국신무용사」, 이화여자대학교 석사학위논문, 1958.

윤명화, 「崔賢의 예술생애와 작품 연구: 상호텍스트성(Intertextuality)을 중심으로」, 동덕여자대학교 박사학위논문, 2010.

이미영, 「사군자로 본 최현의 작품 "군자무" 특성연구」, 『한국무용연구』 33 No.2, 한국무용연구학회, 2015.

이정노, 「1930년대 조선무용의 양식적 특성에 관한 연구: 최승희 작품을 중심으로」, 『민족미학』 14권 2호, 민족미학회, 2015.

이종숙, 「'무용'과 '신무용' 용어의 수용과 정착: 『매일신보』, 『동아일보』, 『조선일보』 기사를 중심으로」, 『무용역사기록학』 46호, 무용역사기록학회, 2017.

이종숙, 「최현 춤의 한국무용사적 위상(位相)」, 『무용·역사기록학』 제48호, 무용역사기록학회, 2018.

이주미, 「최승희의 "조선적인 것"과 "동양적인 것"」, 『한민족문화연구』 23호, 한민족문화학회, 2007.

이현준, 「1930년대 일본 대중문화 속의 '최승희' 표상: 화보잡지 『SAI SHOKI PAMPHLET』(1-3권) 분석을 중심으로」, 『무용역사기록학』 39호, 무용역사기록학회, 2015.

정혜진, 「최현 작품 〈비상〉에 나타난 춤동작 특징 연구」, 『한국무용연구』 34권 1호, 한국무용연구회, 2016.

최윤찬, 「한국무용을 위한 창작방법론 연구: 최현의 창작관을 통하여」, 중앙대학교 석사학위논문, 2002.

한경자, 「최승희 예술무용곡목(1934~1944)을 통해 본 작품 및 오류 분석」, 『한국체육사학회지』 제22권 1호, 한국체육사학회, 2017.

〈잡지〉

김태원, 「최현, 혹은 모호하게 신비화된 한 원로 춤꾼」, 『공연과 리뷰』 39, 현대미학사, 2002.12.

_____, 「오소독스한 전통춤과 신전통춤: 법우스님·한명옥 드림무용단」, 『공연과 리뷰』 21호, 현대미학사, 2015.12.

一記者, 「趙澤元舞踊研究所訪問記」, 『四海公論』 1권 4호, 사해공론사, 1935.08.

신시대사 특파기자, 「돌아온 崔承喜: 춤의 世界一周談」, 『新時代』 1호, 신시대사, 1941.01.

조택원, 「研究所今昔」, 『四海公論』 1권 4호, 사해공론사, 1935.08.

조택원, 「구주 무용계 견문기」, 『조광』 37호, 조선일보사, 1938.11.

최승일, 「승희 이야기」, 『女性』 4권 6호, 조선일보사, 1939.06.

최승희, 「나의 舞踊十年記」, 『삼천리』 8월 1호, 삼천리사, 1936.01.

_____, 「舞踊十五年」, 『朝光』 51호, 조선일보사, 1940.01.

최승희·박승호·고봉경·채선엽·모윤숙 외 춘추사측 4인 좌담회, 「최승희와 여류명사회담」, 『春秋』 4호, 춘추사,
　　　　1941.05.

「流動하는 星群: 조택원무용연구소방문기」, 『朝光』 1호, 조광사, 1935.11.

「第二部. 一. 舞踊詩 扶餘回想曲」, 『삼천리』 13권 3호, 삼천리사, 1941.03.

〈프로그램〉

국립가무단 제1회 뮤지컬 〈大春香傳〉 공연포스터, 국립극장 공연예술 디지털 아카이브 자료번호 CPO00070.

국립가무단 제2회 뮤지컬 〈시집가는 날〉 프로그램, 국립극장 공연예술 디지털 아카이브 자료번호 CPR01343.

국립국악원 124회 무형문화재 정기공연, 『元彌女 무용발표회』 국악당 소극장, 1991.06.07.

국립무용단 제2회공연 〈검은태양〉·〈사신의 독백〉프로그램, 국립극장 공연예술 디지털 아카이브 자료번호:
　　　　CPR00052.

국립민속박물관 주최, 『관람객을 위한 우리민속 한마당: 여섯 개의 최현 춤 향연』 프로그램북, 국립민속박물관 1층 강
　　　　당, 1997.12.27. 원필녀 소장자료.

공연기획 MCT 주최, 『소극장 알과핵 개관기념 초청공연 4월의 우리춤Ⅱ: 최현춤전』 프로그램북, 소극장 알과핵,
　　　　1999.04.16.~18. 원필녀 소장자료.

김영희 조사, 「수려한 춤사위속의 孤高한 춤꾼 崔賢」, 『서울시립무용단 제12회 정기공연: 한국名舞展』 프로그램북,
　　　　서울: 세종문화회관 대강당, 1982.06.03.~04. 원필녀 소장자료.

서울시립무용단, 『우리 춤 50년 뿌리찾기』 프로그램북, 세종문화회관 대강당, 1996.06.13.~14. 원필녀 소장자료.

서울예술고등학교, 『제2회 서울예고무용발표회』프로그램. 장소: 시민회관, 1965.11.21. 원필녀 소장자료.

세계무용연맹 한국본부, 『새로운 세계춤을 위하여Ⅰ: 무용과 의상의 만남』 프로그램북, 문예회관대극장, 1996.11.
　　　　23.~24. 원필녀 소장자료.

전국문화단체총연합회 주최, 『8·15光復11周年記念·正副統領 就任祝賀 舞踊藝術祭典』 프로그램, 서울市立劇場,
　　　　1956.08.12.~17. 원필녀 소장자료.

최　현, 『최현무용단(CHOI HYUN KOREAN DANCE COMPANY)』, 서울: 최현무용단, 1977. 원필녀 소장자료

최현우리춤원, 『1994 虛行抄: 崔賢 춤 作品展』 프로그램북, 국립중앙극장 대극장, 1994.12.02.~03. 원필녀 소장자료.

최현우리춤원 주최, 『최현춤전』 프로그램북, 문예회관 대극장, 1998.07.13.~14. 원필녀 소장자료.

최현우리춤원, 「우리 시대의 마지막 선비 최현: 이세기」, 『최현춤전: 琵琶緣』, 호암아트홀, 2001.12. 21.~22. 원필녀
　　　　소장자료.

최현우리춤원 주최, 『최현선생 15주기 추모공연: 崔賢춤展2017』 프로그램, 국립극장 달오름, 2017.06.28.~30.

한국무용예술인협회 주최, 『광복10주년 무용예술제 한국무용예술인협회 제2회공연』 프로그램, 시공관, 1955.08.
　　　　11.~12. 원필녀 소장자료.

한국의 집 편, 『韓國의 傳統 音樂과 舞踊』(한국의 집, 제작 연도 미상). 원필녀 소장자료.

〈웹사이트〉

국립극장 공연예술 디지털 아카이브 〈http://archive.ntok.go.kr/archive_web/category〉
네이버 지식백과 〈https://terms.naver.com/〉
네이버뉴스라이브러리 〈https://newslibrary.naver.com/search/searchByKeyword.nhn〉
달 있는 제사(이용악), 다음백과 〈http://100.daum.net/ encyclopedia/view/24XXXXX53209〉
두산 백과사전 〈http://www.doopedia.co.kr/〉
위키백과 〈https://ko.wikipedia.org〉
인물한국사
전은자 소장, VTR영상 〈함께봅시다; 세계를 향한 가을 춤잔치: 제9회 대한민국무용제〉 1987.10.11. 6시. 문예회관대
　　극장.
한겨레음악대사전
한국근현대사사전
한국민족문화대백과사전 〈http://encykorea.aks.ac.kr〉
한국의집 민속극장 〈https://www.junggu.seoul.kr〉
한국향토문화전자대전 〈http://www.grandculture.net/〉
한국현대장편소설사전
BIGKinds(NEWS BIGDATA & ANALYSIS)/뉴스라이브러리/고신문 〈https://www.bigkinds.or.kr/news/libraryNews.do〉

『경향신문』 1946.12.19. 4면. 「民俗舞踊展望. 宋錫夏」

『경향신문』 1952.01.21. 2면. 「바레스트디어開所」

『경향신문』 1953.03.04. 2면. 「女子硏究生募集. 金白峰舞硏所서」

『경향신문』 1953.12.11. 1면. 「人事」

『경향신문』 1956.08.13. 4면. 「文總서 八一五記念 合同舞踊祭開催」

『경향신문』 1956.12.24. 4면. 「舞踊: 新紀元이룩한努力.「新舞踊」三十年을 맞은해. 趙東華」

『경향신문』 1957.03.18. 3면. 「19日28日 二次로나눠出發. 亞洲反共國家巡禮藝術團一行」;「舞踊關係. 人的構成 말성.
　　　中堅側서 作品等問題로 不參抗議」

『경향신문』 1962.03.21. 4면. 「새단장 끝내고: 華麗한 開館 「프로」마련 國立劇場 21일밤에 첫공연」

『경향신문』 1962.03.28. 2면. 「광고: 국립무용단 제1회 공연.국립극장(구 시공관)」

『경향신문』 1962.07.19. 4면. 「鳳山탈춤講習會. 林聖男무용-연구소서」

『경향신문』 1962.12.11. 7면. 「9個部門에 11名. 慶南文化賞수상자決定」

『경향신문』 1963.03.07. 8면. 「國立舞踊團 2回公演:〈死神의 獨白〉·〈검은 太陽〉 13日부터 5日間 國立劇場서」

『경향신문』 1963.11.02. 5면. 「舞踊評: 空轉과 後退. 國立舞踊團의 새試圖. 金京鈺」

『경향신문』 1963.10.14. 5면. 「민속적 바탕에다 현대감각을 표현: 국립무용단 제3회 공연」

『경향신문』 1964.02.01. 5면. 「방울새: 舞踊家들에게 탈춤을 傳授」

『경향신문』 1964.06.22. 5면. 「집중공연계획 仲夏의 예술계: 무용」

『경향신문』 1965.03.08. 5면. 「고전무용만을 엮어…: 국립무용단 10일부터 공연」

『경향신문』 1966.10.03. 5면. 「국립무용단공연」

『경향신문』 1966.12.21. 5면. 「功勞賞 金海郎씨, 新人賞 金仁周양 올해舞踊賞」

『경향신문』 1968.10.16. 7면. 「우리民俗 무용에 폭발적 인기. 세계를 매혹. 公演주문쇄도」

『경향신문』 1970.03.07. 5면. 「僧舞「祈願」등 13종목. 시대감각에 맞춘 創作品 골라」

『경향신문』 1970.09.05. 5면. 「統合 서두르는 舞踊단체. 財政難타개에 안간힘. 국립무용단·민속예술단이 하나로」

『경향신문』 1971.03.26. 5면. 「舞踊家: 收入찾아 일에 쫓기는 아르바이트 風潮. 金曜連載…文化界뒤안길」

『경향신문』 1971.07.15. 5면. 「전속舞踊·오페라團에도 手當 國立극장서 建議, 民族文化진흥책으로」

『성향신문』 1972.01.10. 5면. 「突破口 찾는 舞臺中興. 綜合극장 年內完工 서둘러」

『경향신문』 1972.02.12. 5면. 「民俗藝術團 常設기구로. 文公部 海外公演 대비검토. 레퍼터리 연구開發」

『경향신문』 1972.04.10. 5면. 「뮌헨五輪 더욱 빛낼 매머드藝術祝祭. 민속예술단공연」

『경향신문』 1973.11.20. 5면. 「「별의 傳說」 국립무용단공연」

『경향신문』 1974.05.18. 5면. 「뮤지컬「大春香傳」공연. 국립 歌舞團, 21일부터」

『경향신문』 1974.06.12. 5면. 「국립무용단「舞踊祭典」. 固有의 주요 레퍼터리 망라」

『경향신문』 1974.07.31. 7면. 「李順石·趙澤元씨藝術院회원 추대」

『경향신문』 1976.06.08. 5면. 「한국 新舞踊의 先驅. 他界한 趙澤元씨의 예술과 생애. 첫 創作발표「袈裟胡蝶」은 국내 효시」

『경향신문』 1976.12.24. 5면. 「週間연재: 보람에 산다. 하나의 力作이 나오기까지(11). 4회 舞踊공로상받은 人間文化財 金千興씨. 處容舞·鳳山탈춤 등 再現위해 半世紀. 海外公演만 10여차례 열심히 資料수집 곧 待望의 文獻도」

『경향신문』 1977.03.07. 5면. 「崔賢무용단 새로 설립. 입체 音響시설 갖춘 公演場도」

『경향신문』 1977.06.08. 5면. 「한국 新舞踊의 先驅. 他界한 趙澤元씨의 예술과 생애. 첫 創作발표「袈裟胡蝶」은 국내 효시」

『경향신문』 1979.07.23. 7면. 「獨立門 해체작업 완료. 銅錢 5개 발견 감식의뢰」

『경향신문』 1979.12.10. 5면. 「무용극으로 꾸미는〈시집가는 날〉주연 맡은 김향금씨」

『경향신문』 1979.12.13. 5면. 「舞踊劇시집가는 날 13일부터 國立극장」

『경향신문』 1980.09.27. 5면. 「文化短信:「별의전설」등 3편 國立무용단 公演」

『경향신문』 1980.10.25. 5면. 「國立·서울시립 두 舞踊團長이 말하는 최근의 공연舞臺 특징」

『경향신문』 1981.05.25. 11면. 「舞踊劇「黃眞伊」공동主役 맡은 李문옥·李화숙(國立무용단 首席舞踊手)씨」

『경향신문』 1982.07.23. 7면. 「전국 무용연수회」

『경향신문』 1993.04.13. 15면. 「무용계 원로들의 전통춤판. 국립극장대극장서 17~22일까지」

『경향신문』 1993.04.16. 31면. 「주말매거진. 문화캘린더. 무용: ◆우리 춤, 우리의 맥」

『경향신문』 1993.04.22. 13면. 「국립무용단 공연 관객 만원에 희색」

『경향신문』 1994.02.13. 17면. 「인물광장, 動靜: 무용예술상 작품상 받아」

『경향신문』 1994.02.16. 17면. 「무용예술상 작품상 받아」

『경향신문』 1994.09.02. 33면. 「문화가 산책: 詩에 담긴 여인의 恨 춤사위로 풀어. 3편의 창작춤 준비 무용가 崔賢· 원필녀(元弼女)부부」

『경향신문』 1994.10.18. 19면. 「대한민국 문화예술상 수상자등 선정」

『경향신문』 1994.11.25. 33면. 「文化人 포스트: 입문48년 첫 개인발표회. 한국무용가 최현씨. "춤은 나의 스승… 이 제야 깨달았죠"〈劉仁華 기자〉」

『경향신문』 1994.12.20. 17면. 「국립극장 산하단체장 선임」;『동아일보』 1994.12.20. 25면. 「국립 국악관현악단장에 朴範薰중앙대교수 임명」

『경향신문』 1997.05.22. 21면. 「육완순·홍정희 길러낸 한국현대무용의 대모 在美 박외선씨 일시 귀국」

『경향신문』 1999.09.15. 23면. 「칠순 앞둔 한국무용가 최현씨 '헌화가'안무 출연. '꽃바치는 노인'열정의 춤사위. 서 울예술단의 가무악 '향가-사란의 노래'지도」

『동아일보』 1920.05.05. 4면. 「演劇과 社會 二」

『동아일보』 1920.05.06. 4면. 「演劇과 社會 三」

『동아일보』 1921.10.16. 4면. 「熙川郡物産品評會」

『동아일보』 1924.07.22. 1면. 「橫說竪說」

『동아일보』 1925.02.23. 7면. 「文藝欄: 我觀南歐文學(續) 五. 南歐文學의 特質. 李殷相.」

『동아일보』 1926.02.06. 3면. 「藝術과 生活(二): 藝術과 哲學序說, 梁柱東」

『동아일보』 1926.08.08. 1면. 「橫說竪說」

『동아일보』 1921.03.01. 1면. 「現在 獨逸人의 心思와 態度(二)」

『동아일보』 1926.02.21. 5면. 「西洋舞蹈家 石井漠氏來京 금월하슌경에」

『동아일보』 1926.05.28. 1면. 「强者의 反省期」

『동아일보』 1927.05.12. 3면. 「愛國文學에 대하야(1): 국민문학과의 이동과 그 任務, 金東煥」

『동아일보』「朝鮮舞踊振興論」(一)~(七). (1)1927.08.10. 3면; (2)1927.08.11. 3면; (3)1927.08.12. 3면; (4)1927.08.13. 3면; (5)1927.08.16. 3면; (6)1927.08.17. 3면; (7)1927.08.19. 3면.

『동아일보』1927.10.26. 3면.「石井漠一行…… 舞踊團入京 됴선소녀 최승희양의 예술이 일행중에 특별한 이채가 되어」

『동아일보』1927.10.28. 3면.「崔承喜孃의 舞踊을 보고: 남유달는 肉體美」

『동아일보』1928.04.17. 3면.「隱退하얏든 裵龜子孃 劇壇에 再現」

『동아일보』1928.04.21. 3면.「裵龜子孃의 音樂舞踊會. 廿一日夜七時부터 長谷川町公會堂에서」

『동아일보』1928.07.15. 3면.「少年東亞日報」

『동아일보』1929.08.13. 3면.「과학: 녀름을 禮讚하는 生物」

『동아일보』1929.10.30. 5면.「朝鮮劇場에서 讀者優待」

『동아일보』1929.11.02. 5면.「崔承喜孃 舞踊研究所 設立」

『동아일보』1929.11.28. 5면.「舞踊家 崔承喜孃의 藝術의 복음자리엔 날마다 엄이 돗는다고」

『동아일보』1929.12.03. 5면.「讚映會主催 舞踊・劇・映畫밤에 崔承喜孃 出演」

『동아일보』1929.12.07. 5면.「大盛況일운 讚映會主催 舞踊・劇・映畫의밤」

『동아일보』1930.01.29. 5면.「崔承喜舞踊研究所 第一回公演. 二月一・二兩日 市內公會堂에서」

『동아일보』1930.02.04. 3면.「崔孃舞蹈大會 개성에서 개최」

『동아일보』1930.02.05. 5면.「崔承喜의 第一回公演 ◇…印象에 남은것들…◇. 門外漢」

『동아일보』1930.02.15. 7면.「佛蘭西에서 舞踊 十年專攻한 車氏」

『동아일보』1930.03.31. 4면.「최승희양의 창작무용공연회 卅一・一兩日間 團成社에서」

『동아일보』1930.09.09. 3면.「水害救濟舞踊 청주에서 개최」

『동아일보』1930.10.26. 5면.「崔承喜第二回公演을 보고: YH」

『동아일보』1930.10.29. 7면.「崔孃舞踊에 本讀者割引」

『동아일보』1930.10.29. 7면.「崔孃舞踊에 本讀者割引 三十일 대전서」

『동아일보』1930.11.09. 5면.「女子苦學生相助會위해 崔承喜孃舞踊公演: 수입 전부를 상조회에 제공. ◇본사학예부 후원」

『동아일보』1930.11.10. 4면.「녀자고학생 상조회를 위하야 오는 십이일 오후 일곱시(십산일은 십이일의 차오)에 천도교긔념관에서 열릴 최슬희양 일행 중 몃사람」

『동아일보』1930.11.11. 3면.「舞踊大會盛況: 대전」

『동아일보』1930.11.11. 5면.「崔承喜孃 同情舞踊公演會: 京城女子苦學生 相助會를 爲하야」

『동아일보』1930.12.29. 4면.「崔承喜孃 新春舞踊會開催. 一月十・十一・二 三日晝夜」

『동아일보』1931.01.07. 5면.「崔承喜의 新作『狂想曲』의 한 포즈」

『동아일보』1931.01.08. 5면.「崔承喜의 新作『그들의 로맨스』」

『동아일보』1931.01.10. 5면.「崔承喜의『豊年이오면』」

『동아일보』1931.01.11. 5면.「崔承喜孃의『그들의 行進曲』」

『동아일보』1931.02.09. 3면.「舊曆正初를 機會하야 崔孃一行舞踊會」

『동아일보』1931.02.11. 7면.「崔承喜孃의 舞踊公演會 春川本報支局主催」

『동아일보』1931.02.15. 3면.「崔承喜舞踊 大邱서도 公演」;『동아일보』1931.02.23. 3면.「讀者優待舞踊 입장료여」

『동아일보』1931.02.18. 3면.「本讀者優待 마산지국에서」

『동아일보』1931.02.20. 3면.「崔承喜舞踊 連日大滿員 釜山本報支局主催로서 公會堂建設後初有事」

『동아일보』1931.02.23. 3면.「崔孃舞踊會 三월一일 리리서」

『동아일보』1931.02.27. 3면.「舞踊界花形 群山서도 公演」

『동아일보』1931.03.06. 3면.「讀者慰安舞踊 최승희양마저」

『동아일보』1931.03.14. 3면.「幼園經費爲한 崔承喜 舞踊盛況」

『동아일보』 1931.04.03. 3면. 「東亞日報讀者慰安 崔承喜舞踊」

『동아일보』 1931.04.04. 3면. 「舞踊朝鮮의 明星 崔承喜女史 新作發表」

『동아일보』 1931.04.05. 3면. 「本支局後援 崔承喜舞踊 신의주서 공연」

『동아일보』 1931.04.11. 3면. 「本報讀者優待」

『동아일보』 1931.04.25. 5면. 「春花와 爭姸하는 崔承喜孃의 舞踊 五月一·二·三일 단성사서. 本社學藝部後援」

『동아일보』 1931.05.01. 5면. 「新作公演을 압두고 崔承喜孃 猛練習. 힘과 詩味 가득한 푸로그람」

『동아일보』 1931.05.21. 3면. 「元山舞踊公演」

『동아일보』 1931.08.17. 3면. 「푸로藝術同盟系統 作家等續續檢擧 劇과 雜誌로 共産主義 宣傳嫌疑. 現在十數名取調中」

『동아일보』 1931.08.31. 3면. 「崔承喜舞踊 統營支局主催」;

『동아일보』 1931.09.12. 7면. 「崔承喜舞踊 水原서 公演」

『동아일보』 1931.09.14. 3면. 「崔承喜舞踊 安城서 公演」;「崔承喜舞踊公開」

『동아일보』 1931.09.15. 3면. 「崔承喜舞踊公開」

『동아일보』 1931.09.16. 3면. 「金泉舞踊公演」;「崔承喜舞踊公開」; 7면.「崔承喜舞踊 馬山서도 公演」

『동아일보』 1931.09.17. 3면. 「崔承喜舞踊大公演」

『동아일보』 1931.10.06. 2면. 「共産主義者協議會 關係者等 今朝送局 拘束十七名, 未逮捕十八名 最高指導者는 亡命한 朝鮮共産黨幹部 黨再建運動의 一部」

『동아일보』 1931.10.10. 5면. 「信川서 舞踊」

『동아일보』 1931.10.31. 7면. 「崔承喜舞踊 開城서 公演」

『동아일보』 1931.11.16. 6면. 「會合: 鳥致院崔承喜女史新作舞踊公演會」

『동아일보』 1931.11.24. 3면. 「會合: 崔承喜女史舞踊會」

『동아일보』 1931.12.04. 3면. 「會合: 崔承喜舞踊研究所公演會」

『동아일보』 1932.02.20. 3면. 「崔承喜舞踊會 大邱에서 開催 [대구]」;「崔承喜舞踊中止 [밀양]」;「광고: 崔承喜新作舞踊公演」

『동아일보』 1932.02.21. 3면. 「광고: 崔承喜孃新作舞踊公演」

『동아일보』 1932.06.07. 5면. 「石井漠一行 朝劇에 出演. 지부설치 긔념으로 입장료도 싸게」

『동아일보』 1933.01.18. 4면. 「音樂업시도하는 舞踊이 새로 생겨: 東大 朴永仁군의 體得한것」

『동아일보』 1933.07.27. 4면. 「舞踊修業十年만에 錦還한 金孃 姉妹」

『동아일보』 1933.12.16. 6면. 「舞踊家 崔承喜女史의 最近消息」

『동아일보』 1934.04.17. 3면. 「公演 日字의 迫頭로 劇研會員 猛練習」

『동아일보』 1934.05.15. 5면. 「新義州支局主催의 趙澤元舞踊會 오는二十일저녁 신극장에서. 藝術로의 舞踊紹介」

『동아일보』 1934.05.26. 3면. 「舞踊에 陶醉. 新義州」

『동아일보』 1934.09.05. 3면. 「東京六十團體 "救濟의밤"開催」;「르나르名作 "紅髮"上演은 最初이자 最後. 水害救濟大公演을 앞두고」

『동아일보』 1934.09.06. 3면. 「今夜: 午後八時 公會堂에서 音樂·舞踊·劇의밤 盛況을 豫期하는 第一夜」

『동아일보』 1934.09.14. 3면. 「東京六十團體 救濟演奏盛況. 數千同胞一堂에 會合」

『동아일보』 1934.09.21. 3면. 「苦鬪의 三千勇士에 今夜 凱旋의 慰安. 本社主催 學生 啓蒙隊除隊의 밤」

『동아일보』 1934.10.27. 3면. 「石井漠·崔承喜舞踊會. 廿八·九日公會堂」

『동아일보』 1935.01.23. 3면. 「趙澤元氏의 新作『僧舞의 印象』廿六,七日公演」

『동아일보』 1935.02.26. 3면. 「趙澤元氏舞踊發表」

『동아일보』 1935.03.30. 3면. 「舞踊無料敎授 趙澤元舞踊研究所에서」

『동아일보』 1935.04.12. 7면. 「趙君舞踊會 開城陸聯主催로」

『동아일보』 1935.05.04. 5면. 「女性界消息: 崔承喜 舞踊研究所設立」

『동아일보』1935.07.26. 4면.「광고: 納凉舞踊과 音樂의 밤」

『동아일보』1935.07.28. 4면.「舞踊과 音樂의밤 八月二日群山서」

『동아일보』1935.07.29. 4면.「舞踊과 音樂의밤 光州支局主催로」

『동아일보』1935.08.02. 4면.「광고: 讀者慰安 納凉舞踊, 音樂의 밤」

『동아일보』1935.08.03. 5면.「광고: 納凉慰安 舞踊과 音樂의 밤」

『동아일보』1935.08.04. 5면.「舞踊音樂의밤. 明四日 裡里서」

『동아일보』1935.08.06. 5면.「趙澤元一行招聘 讀者慰安 音樂과 舞踊 本報宣川支局에서」

『동아일보』1935.08.08. 5면.「本報支局主催의 舞君舞踊과 音樂. 各地에서 本報讀者慰安」

『동아일보』1935.08.22. 3면.「淸津支局主催의 探勝團과 舞踊會. 今月十五日과 九月三日. 벌서부터 人氣集中」

『동아일보』1935.08.23. 5면.「舞踊實演의밤 원산에서 개최」;「舞踊과 音樂의 밤. 興南서도 開催」

『동아일보』1935.09.05. 3면.「舞踊과 音樂의 밤. 會寧서 盛況」

『동아일보』1935.09.08. 5면.「趙氏舞踊의 밤. 羅南에서盛況」

『동아일보』1935.09.10. 3면.「도읍자! 올림픽氷上選手를 銀幕에비칠 氷上制覇의壯觀」

『동아일보』1935.09.15. 3면.「舞踊家 崔承喜女史 本社來訪」

『동아일보』1935.10.22. 3면.「崔承喜氏 世界的舞台에: 廿一日에는 新舞踊發表, 明春엔 世界一周」

『동아일보』1935.10.23. 3면.「人氣의 崔承喜女史 新作舞踊發表, 昨日晝夜로 東京日比谷에서. 超滿員! 入場五千名」

『동아일보』1935.11.01. 3면.「趙澤元舞踊硏究所 所員舞踊發表公演會 十一月一日(金)午後七時半」

『동아일보』1936.01.01. 31면.「舞踊家 朴永仁氏」;「舞踊家들의 抱負. 崔承喜氏」

『동아일보』1936.03.07. 3면.「세계의 무대우에 춤추는 "조선의 리듬" 崔承喜女史母土訪問」

『동아일보』1936.04.01. 3면.「演藝消息: 趙澤元舞踊所의 舞踊과 映畫의 밤」

『동아일보』1936.04.03. 3면.「崔承喜女史 舞踊會開始」

『동아일보』1936.06.03. 3면.「趙澤元氏 渡歐告別舞踊會 오는五日, 府民館에서」

『동아일보』1936.06.12. 5면.「광고: 渡歐告別趙澤元舞踊會」

『동아일보』1936.06.13. 5면.「趙澤元舞踊團 南朝鮮巡廻行脚 十三日의 천안을 위시하야 本報支局主催下에」

『동아일보』1936.07.27. 3면.「舞踊硏究費卅圓. 元山」

『동아일보』1936.07.23. 5면.「광고: 渡歐告別趙澤元舞踊會」

『동아일보』1937.06.29. 3면.「"鳳山탈춤"과 "處容舞" 世界舞臺에 登場. 九月十七日부터, 築港劇場에서 崔承喜女史 渡歐告別公演」

『동아일보』1937.07.01. 3면.「世界의 銀幕에 춤出 明媚한 朝鮮風光」

『동아일보』1937.07.02. 7면.「東京에 顯著한 新傾向 構成派舞踊의 擡頭. 舞踊家 趙澤元氏」

『동아일보』1937.07.16. 7면.「舞踊家朴永仁氏 伯林 舞踊大學에 入學 古典舞踊도 熱心히 硏究」

『동아일보』1937.07.24. 7면.「崔承喜氏 東京서 渡歐告別舞踊會 開催」

『동아일보』1937.07.25. 7면.「最近舞踊界漫評. 金管」

『동아일보』1937.08.05. 7면.「映畫界. 藝苑人언파레-드(7). 動作이 律動으로 自然스런 個性의 俳優 盧載信씨, 家庭生活에도 忠實하고 純朴하다」

『동아일보』1937.09.07. 7면.「藝苑人언파레-드(一). 發展期의 舞踊界. 吳炳年」

『동아일보』1937.09.08. 7면.「藝苑人언파레-드(二). 一家로 自己의 格調를 發見한 直感力 가진 趙澤元氏. 吳炳年」

『동아일보』1937.09.09. 7면.「藝苑人언파레-드(三). 西洋舞踊에서 技巧를 攝取한 芳醇均整한 崔承喜氏. 吳炳年」

『동아일보』1937.09.10. 7면.「藝苑人언파레-드(四). 理智的 으로 美를 構成하는 新興舞踊家 朴永仁氏. 吳炳年」

『동아일보』1937.09.11. 7면.「藝苑人언파레-드(五). 艶麗한 姿態가 平凡치안는 大衆的인 裵龜子氏. 吳炳年」

『동아일보』1937.09.14. 7면.「藝苑人언파레-드(六). 雅麗하고 淸楚한 藝風을 가진 인노센스한 朴外仙씨. 吳炳年」

『동아일보』1937.10.07. 5면.「崔承喜 主演으로 大金剛山譜 製作. 十月二十五日에 京城에 到着」

『동아일보』 1937.10.22. 3면. 「"金剛山"의 主演 崔承喜氏 廿四日入京. 日活서 映畵撮影」

『동아일보』 1937.10.27. 5면. 「崔承喜씨 渡來 金剛山譜撮影 二十四日着京卽時金剛山行. 朝鮮옷으로만 世界舞踊行脚」

『동아일보』 1937.11.06. 5면. 「新進舞踊家 朴外仙孃結婚. 舞踊生活繼續은疑問」

『동아일보』 1937.12.20. 3면. 「舞踊朝鮮의 使節: 끝동 저고리를 입고 崔承喜 女史 出凡. 오늘 午後 橫濱에서 鹿島丸 타고. 古典藝術을 世界에 紹介」

『동아일보』 1938.02.07. 3면. 「舞踊使節 崔女史 渡米公演 第一信: 世界藝術家의 메카 紐育 "메트로"에서 公演. 東洋人으로서 最初의 專屬契約. 激讚! 雷聲! 꽃다발 沙汰!」

『동아일보』 1938.02.23. 3면. 「崔承喜女史의 舞踊을 絶讚. 作家, 記者招待公開」

『동아일보』 1938.02.25. 5면. 「世界舞踊界의 至寶 崔承喜女史 米國各地서 公演. 간곳마다 驚世的 絶讚」

『동아일보』 1938.04.05. 5면. 「崔承喜女史의 世界的 成功. 東洋藝術에 固有한 優雅纖細가 特色. 뉴욕산 紙論評의 一節」

『동아일보』 1938.04.21. 7면. 「鄕土舞踊과 現代舞踊의 燎亂한 꽃밭. 오-케 秘藏舞踊의 公開」

『동아일보』 1938.09.08. 3면. 「"할일만혼 것을 이번 여행에 새삼스레 늦겻다"舞踊家 趙澤元氏 着京」

『동아일보』 1938.09.10. 3면. 「趙澤元氏歡迎會」

『동아일보』 1938.09.17. 5면. 「講演(十七日 後七, 三十) 歐洲舞踊을 보고와서」

『동아일보』 1938.11.11. 3면. 「趙澤元氏 歸國公演會. 超滿員의 大盛況. 東京 各界서 好評藉藉」

『동아일보』 1938.11.16. 3면. 「趙澤元一行入京. 東京公演마치고 元氣 더욱 旺盛」

『동아일보』 1938.11.17. 5면. 「최승희여사 舞踊會. 紐育各紙好評. 길드극장에서 공연」

『동아일보』 1938.11.18. 5면. 「演藝: 西歐의 藝術一般은 傳統의 精神에로! 舞踊家趙澤元氏 談」

『동아일보』 1938.11.20. 5면. 「再認識 要求되는 朝鮮舞踊의 眞價. 西歐批評家가 본 趙氏舞踊」

『동아일보』 1938.11.22. 5면. 「趙氏舞踊公演을 보고. 東京 金坡宇」

『동아일보』 1938.11.25. 5면. 「一般의 批判 바라는 創作朝鮮舞踊. 趙氏의 舞踊會는 今夜부터」

『동아일보』 1938.12.11. 5면. 「第2回趙澤元舞踊會. 十三日밤 府民館에서 開催」

『동아일보』 1938.12.13. 5면. 「朝鮮舞踊發展의 새試驗 鶴舞를 大발레화. 明春五月公演豫定으로 方今 準備 中. 조택원씨의 歸朝饌物」

『동아일보』 1938.12.26. 3면. 「巴里舞踊界에 빛날 崔承喜女史舞踊: 뉴욕에서 불란서에 행각」

『동아일보』 1939.01.04. 3면. 「世界에 빛나는 우리 名匠. 舞踊藝術의 精華: 朴永仁씨는 獨逸서 硏鑽. 崔承喜女史는 世界行脚. 形式的 近代舞를 標徵化」

『동아일보』 1939.01.13. 7면. 「朝鮮舞踊의 特異性: 趙澤元」

『동아일보』 1939.02.28. 3면. 「趙澤元舞踊臨迫. 南原咸陽樊樹淳昌讀者優待. 本社南原支局主催」

『동아일보』 1939.03.01. 3면. 「趙澤元君舞踊 本報金泉支局主催」

『동아일보』 1939.03.04. 3면. 「蔚山支局主催로 趙澤元舞踊公演」

『동아일보』 1939.03.09. 3면. 「本報大田支局後援. 趙澤元舞踊公演」

『동아일보』 1939.05.06. 5면. 「파로바舞踊에 趙澤元氏助演. 六,七日 府民館서」

『동아일보』 1939.05.07. 5면. 「十萬圓을 던지어 「春香傳」映畵化. 李夢龍役에는 趙澤元氏」

『동아일보』 1939.11.02. 5면. 「趙澤元新作舞踊 그란드바레 鶴完成」;

『동아일보』 1940.03.31. 5면. 「春季讀者慰安會. 오-케-豪華陣容. 當夜出演藝術家紹介」

『동아일보』 1952.04.21. 2면. 「『마이어』氏歡迎音樂會」

『동아일보』 1952.07.26. 2면. 「陳壽芳渡美舞踊會」

『동아일보』 1954.09.26. 4면. 「韓國新舞踊이 걸어온 길, 金鳳鶴」

『동아일보』 1954.12.09. 4면. 「古典舞踊의 새方向. - 現代的表現으로 羅列技巧 排擊의 轉換期- 趙東華」

『동아일보』 1955.08.16. 4면. 「民俗舞踊의 腐敗. 발레-舞踊은 成功作. 趙東華」

『동아일보』 1956.07.20. 4면. 「會長에 陳氏選任. 韓國舞踊家協會發足」

『동아일보』1956.07.21. 4면. 「『舞協』任員改選」

『동아일보』1956.08.09. 4면. 「『文總』서 行事多彩. 光復節과 正·副統領就任記念」

『동아일보』1957.05.24. 4면; 1957.05.26. 4면. 「반공친선한국예술단 환국환영의밤」

『동아일보』1957.05.28. 4면. 「교향악과 무용의 일대향연: 반공친선예술단환국환영의 밤. 지휘자 출연자의 푸로필」

『동아일보』1957.06.03. 3면. 「박수와 환호성의 도가니: 예술의 일대향연: 본사주최. 반공친선한국예술단환국 환영의 밤 盛大」

『동아일보』1960.10.26. 4면. 「30餘年을 닦아 온 보람. 6·25의 傷處도 整理되고 國際進出의 門도 열 때. 金京鈺(舞踊評論家)」

『동아일보』1962.02.06. 3면. 「알림」

『동아일보』1962.02.05. 4면. 「6일에 結團式 國立오페라단·國立舞踊團」

『동아일보』1962.02.23. 4면. 「公演作品을 決定 =國立舞踊團=」

『동아일보』1963.03.19. 7면. 「舞踊評: 奇拔하고 性格있는 按舞. 第2回國立舞踊團공연. 東」

『동아일보』1963.10.28. 7면. 「舞踊評: 너무나 큰 失望. 國立舞踊團 民俗舞踊部公演. 趙東華」

『동아일보』1964.06.16. 7면. 「국내서 첫 코믹·발레: 국립무용단 〈푸른도포〉 공연」

『동아일보』1964.07.04. 5면. 「舞踊評: 價値있는 實驗. 國立劇場舞踊公演. 金京鈺」

『동아일보』1965.11.20. 5면. 「〈서울藝高〉舞踊發表會」

『동아일보』1966.12.22. 5면. 「3回舞踊賞. 功勞 金海郎씨 新人 金仁周양」

『동아일보』1968.01.05. 7면. 「林聖男氏 向佛. 빠리서 무용 硏究次」

『동아일보』1969.05.31. 7면. 「林聖男씨어제歸國. 歐美무용계살피고」

『동아일보』1970.02.21. 5면. 「萬博參加藝術團에 『民俗무용단』선정」

『동아일보』1970.06.08. 5면. 「무용評: 새로운 境地 추구. 林聖男과 國立발레團 公演」

『동아일보』1970.09.01. 7면. 「國立·韓國무용단 統合」

『동아일보』1970.12.21. 5면. 「올해의 문화계: 실속없는 「行事」러시. 중견들 健在. 베토벤音樂祭는 대견」

『동아일보』1971.10.19. 5면. 「절찬속에 그리스 公演. 韓國民俗藝術團. 東洋의 古典을 再發見」

『동아일보』1973.01.31. 5면. 「五八〇명 大家族으로 公演충실. 開館앞둔 國立劇場長 金昌九氏. 團員生計보장…國樂·칸타타로 첫豪華무대」

『동아일보』1973.11.13. 5면. 「내가 겪은 20세기: 白髮의 証人, 元老와의 対話. 趙澤元씨. 김유경 기자」

『동아일보』1974.05.20. 5면. 「뮤지컬「大春香傳」公演. 21~26日 國立劇場서」

『동아일보』1974.11.04. 5면. 「文化短信: 무용인 趙澤元씨 文化勳章敍勳축하회」

『동아일보』1974.11.08. 5면. 「뮤우지컬「시집가는 날」공연. 12~17日 國立劇場서」

『동아일보』1975.01.22. 5면. 「金冠文化勳章 수상 趙澤元씨 紀念공연. 24·25日 국립劇場」

『동아일보』1975.04.03. 5면. 「每土曜日마다 民俗祭典. 國立劇場小劇場에서 6月까지」

『동아일보』1976.03.20. 5면. 「新舞踊 50年의 발자취. 1926年에 첫선…舞臺藝術化의 契機」

『동아일보』1977.03.09. 5면. 「스케치: 傳統舞의 回復외친 두 舞踊團의 出帆」

『동아일보』1979.12.12. 5면. 「국립무용단 공연. 「시집…」13일부터」

『동아일보』1980.12.17. 5면. 「國立무용단·唱劇團 싱가포르公演 성황」

『동아일보』1981.05.19. 7면. 「舞踊劇 황진이 5人 1役. 國立舞踊團 配役구성 새試圖」

『동아일보』1982.07.14. 11면. 「전국 舞踊연수회」

『동아일보』1988.09.14. 23면. 「88개회식祝典: 한국예술가 「재주」 총집합. 민속놀이서 현대무용까지 9작품 연출. 〈宋楔彦기자〉」

『동아일보』1988.09.29. 23면. 「폐회식 무엇을 어떻게 보여주나; "개막식 못지 않은 감동의 무대"준비. 열두발 상모 리본체조로 동서화합 상징. 청사초롱 물결 속 아리랑합창. 韓-스페인 합동민속무용 펼쳐. 〈尹正國 기자〉」

『동아일보』 1994.11.30. 15면. 「휴게실: 50년만의 개인 발표회. 원로 무용가 崔賢씨. "「빈 마음」으로 춤추지요"」

『매일경제』 1969.07.16. 4면. 「민속무용단창립」

『매일경제』 1970.02.10. 7면. 「이상있는 「국위선양」. EXPO70 파견민속예술단 구성의 문제점」

『매일경제』 1970.02.17. 7면. 「實力 과시위해 열띤 리허설. 심사 응해야하는 「수치」도 감수」

『매일경제』 1974.10.21. 7면. 「文藝中興을 宣言. 21일 文化의날 기념식」

『매일경제』 1979.12.15. 8면. 「소식: ◇국립무용단 제19회공연 「시집가는 날」」

『매일경제』 1981.11.16. 9면. 「무대: 崔賢씨 안무·출연 겸해」

『매일경제』 1998.10.19. 27면. 「스무돌 맞는 서울무용제 25일 개막. 윤자경 기자」

『매일신보』 1913.10.07. 1면. 「探寶와 藝妓舞蹈」

『매일신보』 1914.11.06. 2면. 「慶南共進會 每日 入場者 一万三四千」

『매일신보』 1926.03.16. 2면. 「◇世的의 舞踊詩家◇ ◇石井小浪孃來京◇」

『매일신보』 1926.03.21. 2면. 「舞踊界의 名星」

『매일신보』 1927.12.10. 3면. 「趙澤元君舞踊硏究 석정막씨에게로 갓다」

『매일신보』 1930.01.31. 2면. 「朝鮮情調를 가득실은 가지가지의 舞踊. '靈山會上'의 古樂과 '靈山舞' 崔承喜孃 舞踊 公演의 夜 明日로 絶迫」

『매일신보』 1930.01.30. 3면. 「諸般 準備를 마친 崔孃의 舞踊公演 滿都 人士가 손꼽아 기다리는 그 날은 왔다!」

『매일신보』 1930.02.01. 2면. 「諸般準備를 맛친 崔孃의 舞踊公演 滿都士女가 손꼽아 기다리는 그날은 왔다!」

『매일신보』 1930.02.03. 2면. 「跳躍하는 曲線美에 陶醉한 滿場觀衆. 立錐의 餘地업시 大盛況을 모한 崔孃舞踊第一夜」

『매일신보』 1930.02.04. 2면. 「熱烈한 滿都人氣中에 終了한 舞踊公演 첫날에 지지 안는 성황을 일운 崔孃舞踊 第二夜」

『매일신보』 1931.01.11. 4면. 「舞踊의 精華를 모아 崔承喜新春公演會. 十, 十日, 二日의 三日間 市內團成社公演」

『매일신보』 1931.02.04. 5면. 「鄕土武勇(豊年이오면)」

『매일신보』 1931.02.07. 2면. 「崔承喜新作發表舞踊公演會: 광고」

『매일신보』 1931.02.09. 2면. 「跳躍美에 陶醉한 觀衆, 대성황리에 맛친 崔承喜孃舞踊公演」

『매일신보』 1931.02.27. 7면. 「崔承喜春川公演大盛況: 春川」

『매일신보』 1931.02.19. 7면. 「本社春川支局主催 崔承喜舞踊大會, 來二十一日 저녁 春川公會堂에서」

『매일신보』 1931.11.29. 3면. 「淸州: 本報忠北支局 讀者들 優待, 崔承喜舞踊으로」

『매일신보』 1932.03.17. 2면. 「石井漢舞踊所朝鮮支部設置」

『매일신보』 1932.04.24. 2면. 「崔承喜女史一行 新作舞踊大會. 오는 이십팔일부터 삼일간 市內團成社에서」

『매일신보』 1932.04.28. 2면. 「崔承喜舞踊硏究所 新作發表會臨迫. 이십팔일부터삼일간단성사에서 一般의 期待도 多大」

『매일신보』 1932.05.05. 2면. 「孤軍奮鬪의 崔承喜女史 京城演藝館서 新作發表公演. (문물겨운 그의 努力) 本町通大 人氣」

『매일신보』 1932.05.12. 7면. 「崔承喜一行 仁川서公演 廿日밤부터」

『매일신보』 1932.05.14. 7면. 「崔承喜 仁川公演 無期延期」

『매일신보』 1932.05.18. 3면. 「광고: 崔承喜新作舞踊會」

『매일신보』 1934.01.01. 4면. 「藝苑에 빗나는 朝鮮의 딸들: 日本舞踊界의 最高峰 崔承喜女史」

『매일신보』 1934.01.21. 7면. 「本社後援廿七日夜於公會堂. 熱과力의舞踊으로…」

『매일신보』 1934.01.22. 2면. 「惆惆憂鬱한 心境을 爆發식힐 熱의 舞踊 오늘의 藝術境에 이르기까지 趙君의 間斷업는 努力」

『매일신보』 1934.01.23. 6면. 「錦上添花石井榮子 期待되는 그의 獨舞」

『매일신보』 1934.01.24. 6면. 「黑人少女는 嘆息한다 悲戀의 懊惱를 象徵한 獨舞 趙君舞踊會의 寺井孃助演」

『매일신보』 1934.01.27. 6면. 「人氣의 最高峰 趙君舞踊會 당야에도 가장 인긔를 끄을 炸熱하는 思索」

『매일신보』 1934.01.28. 6면. 「趙澤元 石井榮子 第一回舞踊發表會」

『매일신보』 1934.01.29. 2면. 「滿堂恍惚, 趙君의 舞踊發表會」

『매일신보』 1934.04.24. 7면. 「趙澤元君 舞踊行脚 우선남도방면으로」

『매일신보』 1934.05.13. 7면. 「趙澤元君舞踊 海州서 公演 十四日밤에 해주극장에서 記者團의 主催로」

『매일신보』 1934.10.30. 7면. 「人氣바야흐로絶頂, 一日延期 朝劇서 公演. 제1야회 중 2천명의 대성황. 崔承喜·石井漢 新作發表舞踊」

『매일신보』 1935.01.22. 7면. 「趙澤元君舞踊 第二回公演 苦心의 創作發表會」

『매일신보』 1935.01.23. 5면. 「趙澤元君舞踊 第二回公演. 아름다운朝鮮情操」

『매일신보』 1935.01.26. 5면. 「趙澤元君舞踊會 二麗人도 出演! 금상첨화의 이채를 발할 터 廿六, 七 兩夜公會堂」

『매일신보』 1935.01.28. 2면. 「趙澤元舞踊公演」

『매일신보』 1935.01.31. 5면. 「趙澤元郡慰勞 晩餐會開催」

『매일신보』 1935.09.14. 2면. 「徐廷權, 崔承喜兩氏 十四日同時入京」

『매일신보』 1936.03.27. 3면. 「趙澤元君의 今春新作舞踊發表」

『매일신보』 1936.04.08. 6면. 「趙澤元: 崔承喜女史의 新作舞踊을 보고」

『매일신보』 1936.06.03. 6면. 「趙澤元氏 渡歐告別舞踊프로」

『매일신보』 1936.06.14. 4면. 「本報靑州支局後援 趙澤元舞踊 十七日公演」; 「광고: 趙澤元新作 舞踊公演會. 후원. 每日申報靑州支局」

『매일신보』 1936.09.05. 1면. 「學藝消息」

『매일신보』 1936.09.20. 7면. 「東洋舞踊을 敎授하려 朴永仁君이 渡歐. 오태리국 권위자의 초빙을 바더 舞踊朝鮮에 또 朗報」

『매일신보』 1936.12.11. 2면. 「半島의 舞姬 崔承喜氏 外遊키로 決定. 明春初歐美에」

『매일신보』 1937.01.27. 8면. 「朝鮮情緒 가득히 실코 崔承喜, 米國에 登場. 東京駐在米大使館의 紹介로 報酬金은 十五萬弗」

『매일신보』 1937.02.19. 3면. 「崔承喜女史의 金剛舞具體化. 作曲協議會까지 開催키로. 外事課計劃進捗」

『매일신보』 1937.02.21. 3면. 「崔承喜舞踊延期」

『매일신보』 1937.02.23. 3면. 「崔承喜女史 百圓金寄贈」

『매일신보』 1937.03.25. 2면. 「聖上 臨御하옵실 靖國神社 大祭에 出演. 오는 四月二十六日대제에. 崔承喜女史의 光榮」

『매일신보』 1937.03.26. 2면. 「母校(淑明學園)의 大成爲하야 舞姬(崔承喜氏)의 갸륵한 뜻 춤추어 어든바 수입을 이바지하고자 二十九日夜 京城서 再公演」

『매일신보』 1937.04.08. 4면. 「崔承喜舞踊 開城서 盛況」

『매일신보』 1937.05.21. 3면. 「靈峯을 舞踊으로 옮긴 『金剛山의춤』을 完成. 舞姬崔承喜女史苦心의 結晶. 歐洲서도 上演豫定」

『매일신보』 1937.10.27. 4면. 「『大金剛山譜』製作後 渡歐하는 崔承喜女史 朝鮮服을 입고 世界各地로 舞踊行脚」

『매일신보』 1938.02.23. 2면. 「崔承喜女史 米紙가 絶讚! 뉴욕의 첫 公演」

『매일신보』 1938.09.08. 3면. 「歐洲에 舞踊行脚 趙澤元氏 九月歸城: 東京」

『매일신보』 1938.09.10. 2면. 「趙澤元氏歡迎會」

『매일신보』 1938.11.11. 4면. 「演藝: 巴里歸朝第一回 趙澤元舞踊會」

『매일신보』 1938.11.28. 3면. 「巴里歸朝第一會公演 趙澤元舞踊印象記: L記者」

『매일신보』 1938.12.14. 2면. 「趙澤元舞踊會. 금일밤재공연」

『매일신보』 1938.12.18. 3면. 「藝術을 通해 솜내는 朝鮮. 人氣를 一身에. 우리의 舞姬崔承喜 紐育서 巴里로 出發」

『매일신보』 1938.12.26. 2면. 「舞姬崔承喜……佛蘭西倒着」

『매일신보』 1939.02.02. 3면. 「舞姬崔承喜 巴里서 公演」

『매일신보』 1939.02.22. 2면. 「藝術朝鮮 大氣焰! 춤을 世界에 紹介. 본부에서 英文版을 發行宣傳 『朝鮮年中行事』도

同時英譯」;「鐵道局員들도 制服단추 改替」

『매일신보』 1939.04.16. 2면. 「半島女性의 자랑 舞姬崔承喜 歐洲에서 活躍中. 國際舞踊콩쿠르 審査員被選」

『매일신보』 1939.10.02. 3면. 「半島의 舞姬 崔承喜女史 伊太利에서 公演」

『매일신보』 1939.10.25. 3면. 「動亂의 佛國에서 舞姬崔承喜 渡米」

『매일신보』 1939.11.01. 4면. 「그렌드·싸레-「鶴」의 準備完了」

『매일신보』 1940.03.26. 4면. 「趙澤元氏 無[舞]踊春香傳 公演」

『매일신보』 1940.04.05. 4면. 「趙澤元의 春香傳. 十一·十二兩日夜·府民館公演」

『매일신보』 1940.06.29. 4면. 「趙澤元氏出演」

『매일신보』 1940.11.08. 4면. 「演藝消息: 崔承喜女史 十二月三日歸朝」

『매일신보』 1940.11.29. 2면. 「內鮮一體의 史實을 土臺로 舞踊詩로 될 "夫餘回想曲" 舞臺는 裵雲成氏가 擔當, 舞踊은 趙澤元氏」

『매일신보』 1941.02.28. 4면. 「本社主催. 白花繚亂의 陽春歌舞祭 全朝歌謠·舞踊競演大會. 男女新人天才登龍門의 絶好機」

『매일신보』 1941.04.02. 4면. 「國民舞踊詩의 祭典 扶餘回想曲 全十二曲. 五月中旬公演決定」

『매일신보』 1941.04.20. 4면. 「趙氏按舞 扶餘回想曲 石井漠舞踊研究所生 入城」

『매일신보』 1941.04.23. 4면. 「映画와 演藝-本社主催 全鮮歌謠舞踊競演大會 南鮮地方豫選當選者」

『매일신보』 1941.05.11. 3면. 「國民舞踊의 大祭典. "扶餘回想曲" 十二日부터公演」

『매일신보』 1941.05.23. 4면. 「全鮮歌謠舞踊競演大會 二十五 本社會議室에서 準決選」

『매일신보』 1941.05.28. 4면. 「映畵와 演芸: 本社主催 全鮮歌謠舞踊競演大會 藝心에 불타는 爭覇 今日! 府民舘서 開幕」

『매일신보』 1942.05.19. 2면. 「明日의 勝利를 祝福. 榮譽의 入營압둔 志願兵壯行會」

『매일신보』 1943.03.27. 2면. 「防空戰士도慰問. 十九日부터 趙澤元氏 舞踊發表會」

『매일신보』 1943.03.30. 3면. 「趙澤元新作舞踊. 初日公演부터 大人氣」

『매일신보』 1943.03.31. 2면. 「趙澤元新作舞踊會 多彩한 프로로 卅一日로부터府民館公演」

『매일신보』 1943.08.13. 2면. 「趙澤元舞踊研究所, 九月一日에開所·研究生은三種」

『매일신보』 1943.09.30. 2면. 「興水警防團主催 趙澤元舞踊盛況」

『매일신보』 1944.03.26. 4면. 「金正革. 趙澤元의 舞踊」

『매일신보』 1944.06.08. 2면. 「軍報道部製作映畫 "헤이따이상" 主題歌도 決定. 公開는 二十二日」

『매일신보』 1944.06.14. 2면. 「趙澤元舞踊團 遺家族慰安會盛況」

『매일신보』 1944.12.19. 4면. 「年末細民同情 移動演劇藝能. 本社厚生事業團과 劇協主催」

『매일신보』 1945.04.06. 2면. 「藝能界: 趙澤元舞踊團. 在支皇軍慰問巡演」

『매일신보』 1945.05.28. 2면. 「文化往來 趙澤元舞踊團 北支公演을 마치고 二十二日歸還.」

『조선일보』 1924.05.27. 3면. 「懸賞舞蹈大會는 今日」

『조선일보』 1925.01.17. 3면. 「『단쓰』教師雇聘」

『조선일보』 1925.12.07. 2면. 「쌘스 獨習法」

『조선일보』 1927.10.07. 3면. 「演藝와 映畵: 近日의 歐米舞踊」

『조선일보』 1928.11.14. 5면. 「石井摸 一行 平壤에서 公演 십구일밤에」

『조선일보』 1929.11.02. 5면. 「새로 設立된 崔承喜舞踊所」

『조선일보』 1929.11.28. 5면. 「木覓山下에 아데네 殿堂. 하날에 춤추는 두루미 가튼 舞踊家 崔承喜의 踊姿. 崔承喜 舞踊研究所 近況」

『조선일보』 1930.03.30. 5면. 「崔承喜孃 舞蹈公演. 卅一日·四月一日 團成社에서. 讀者優待」

『조선일보』 1930.05.23. 5면. 「崔孃 舞踊所 獨立經營: 經費補充으로 地方巡廻 興行」

『조선일보』 1930.07.02. 6면. 「沙里院에서 崔孃의 舞踊 성황이었다고」

『조선일보』1930.10.15. 5면. 「崔承喜孃 新作舞踊公演: 오는 이십일일·이랑일밤 시내 단성사에서 개최. 本社學藝部 後援으로」

『조선일보』1930.10.18. 5면. 「무용에 대하여(一): 第二回新作發表會를 압두고. 崔承喜」

『조선일보』1930.10.21. 5면. 「무용에 대하야(완(完)): 第二回新作發表會를 압두고. 崔承喜」

『조선일보』1930.10.23. 5면. 「舞踊公演 一日延期: 二十三日 午後四時에 本報讀者 반액으로」

『조선일보』1930.11.17. 4면. 「崔承喜舞踊會 海州에서 公演: 海州」

『조선일보』1930.11.23. 6면. 「崔承喜孃一行 來載寧舞踊公演: 載寧」

『조선일보』1930.11.29. 6면. 「崔承喜孃舞踊團 水原에서도 公演: 水原」

『조선일보』1931.02.17. 4면. 「音樂업는 新舞踊」

『조선일보』1931.03.21. 7면. 「平壤에서 崔承喜孃 舞踊」

『조선일보』1931.04.01. 7면. 「崔承喜孃 舞踊會」

『조선일보』1931.04.11. 7면. 「宣川支局主催 崔承喜舞踊會」

『조선일보』1931.05.05. 2면. 「舞踊家崔承喜孃 無産藝術家와結婚; 將來론 푸로舞踊에 精進」

『조선일보』1931.08.25. 5면. 「最近感想(1) 第四會 新作發表會를압두고: 崔承喜」

『조선일보』1931.08.26. 5면. 「最近感想(2) 第四會 新作發表會를압두고: 崔承喜」

『조선일보』1931.08.28. 5면. 「最近感想(3) 第四會 新作發表會를압두고: 崔承喜」

『조선일보』1931.09.01. 5면. 「崔承喜女史 新作舞踊公演會」

『조선일보』1931.09.04. 5면. 「崔承喜舞踊 오늘까지 三日밤에 끗幕」

『조선일보』1931.10.16. 6면. 「崔承喜舞踊 安州서 公演」

『조선일보』1931.11.13. 5면. 「養賢女學校爲하야 崔承喜舞踊會開催 금월이십삼일밤칠시반공회당에서」

『조선일보』1932.01.06. 2면. 「在滿同胞에 慰問金. 現金百圓을 依賴. 崔承喜舞踊硏究所와 紀新洋行에서 本社로」

『조선일보』1932.01.25. 2면. 「滿洲同胞慰問 舞踊과 劇의 밤. 토월회와 최승희녀사 출연 三十日公會堂에서」

『조선일보』1932.01.27. 2면. 「崔承喜舞踊과 土月會演劇, 인긔점차불등. 순서도 결정. 滿州同胞慰問의 밤」

『조선일보』1932.01.30. 2면. 「華麗 坐 哀絶 同情舞踊順序 修道院女子와 悲愴曲. 崔承喜女史의 意氣」

『조선일보』1932.03.29. 5면. 「崔承喜舞踊所. 男子硏究生募集」

『조선일보』1932.04.21. 5면. 「第五回崔承喜女史 新作舞踊發表會. 今月二十八日부터三日間 團成社서」

『조선일보』1933.06.20. 2면. 「崔承喜氏舞踊 印度人의 悲哀 東京서 好評」

『조선일보』1933.09.16. 4면. 「異域에서 活躍하는 요새의 崔承喜. 一流舞踊家와 어깨를 겨루며 명춘에는 작품발표회 를 개최」

『조선일보』1934.08.30. 2면. 「朝鮮樂의 立體化. 新秋·東京藝壇에서 우리의 舞踊家 崔承喜氏 活躍. 來廿日第一回作 品發表會開催」

『조선일보』1935.10.31. 2면. 「趙澤元舞踊硏究所公演會. 十一月一日밤·本社大講堂에서」

『조선일보』1935.11.11. 2면. 「趙澤元舞踊公演會. 印象記. 咸池」; 4면. 「崔承喜 第二回新作發表 舞踊會記. 東京 張飛」

『조선일보』1936.06.21. 2면. 「巡廻興行中의 某舞踊團長 靑州靑年에게 逢變. 行動이 野卑하다고 作黨毆打. 一行은 夜半에 逃走」

『조선일보』1936.07.28. 7면. 「淸津支局主催 舞踊의 밤 開催: 淸津」

『조선일보』1937.01.06. 9면. 「祝福바든 舞踊朝鮮. 世界水準에 肉迫! 三大舞踊家꾸준히 努力」

『조선일보』1937.02.02. 6면. 「渡米를압둔崔承喜. 京城에서告別公演. 二月二十日부터兩日間」

『조선일보』1937.02.10. 6면. 「沸騰한 超人氣. 崔承喜 舞踊會. 混雜을 避하랴면 票는 豫賣所에서. 花環贈呈은 미리 通知할일」

『조선일보』1937.04.01. 6면. 「東京에서 열린 趙澤元舞踊會」

『조선일보』1937.05.07. 6면. 「白林에 나타난 朝鮮의 農夫춤」

『조선일보』1937.05.26. 2면. 「金剛靈峯의 舞踊化完成 명년 봄 최승희 여사의 손으로 歐米各地에서 宣傳」

『조선일보』1937.11.18. 2면. 「舞踊家趙澤元氏 歐米舞踊行脚發程」

『조선일보』1937.11.28. 2면. 「舞踊家趙氏 神戶港出帆」

『중앙일보』1932.01.02. 5면. 「朝鮮女流藝術家 訪問記(二). 조선의 유일한 舞踊家崔承喜氏. 아즉까지도 잔존의 결함을 청산하고 대중의 길로 맹진」

『중앙일보』1932.02.22. 3면. 「崔承喜女史 金海서 出演, 본보독자우대 [김해]」

『조선중앙일보』1934.08.28. 3면. 「躍進하는 崔承喜 本格的인 發表會가 우선 東京에서 열린다」

『조선중앙일보』1934.09.22. 2면. 「非常한 人氣 중에 崔承喜女史 舞踊 盛況. 二十일 동경에서 개최, 朝鮮藝術의 豪華版」

『朝鮮中央日報』1935.02.18. 3면. 「大邱同友主催 趙澤元舞踊會 廿日公會堂에서」

『조선중앙일보』1935.02.24. 3면. 「趙澤元舞踊會盛況. 大邱」

『조선중앙일보』1935.08.06. 3면. 「炎熱地獄大邱에 舞踊과 音樂의밤. 雜貨商同友會主催로」

『조선중앙일보』1935.08.15. 3면. 「鎭南浦支局主催 趙澤元舞踊會 來十九日夜開催」

『조선중앙일보』1935.08.21. 3면. 「광고. 趙澤元君 新作舞踊의밤」

『조선중앙일보』1935.10.29. 3면. 「情熱의 舞踊家 趙澤元氏 新作發表會 十一月一日 朝報講堂에서」

『조선중앙일보』1936.01.01. 29면. 「趙澤元: 나와 舞踊과 社會」

『조선중앙일보』1936.01.04. 9면. 「硏究生增募코 더욱 精進할터! 趙澤元舞踊硏究所 趙澤元」

『조선중앙일보』1936.01.13. 6면. 「新春藝壇의 超豪華. 梨園三鬼才의 競演大會. 本社學藝部主催」

『조선중앙일보』1936.06.17. 7면. 「本報 群山支局서 廿日 舞踊會 開催 趙澤元君을 招請하야」

『조선중앙일보』1936.07.10. 4면. 「趙澤元舞踊團 十四日大田서 興行: 大田」

『조선중앙일보』1936.07.31. 3면. 「趙澤元一行 舞踊會盛況: 城津」

『조선중앙일보』1936.08.06. 7면. 「間島支局後援 趙澤元舞踊會: 間島」

『조선중앙일보』1936.08.23. 4면. 「本報安州支局主催 趙澤元舞踊會 明二十四日밤에: 安州」

『국민일보』2002.07.08. 「원로 한국무용가 최현씨 별세」연합.
〈https://news.naver.com/main/read.nhn?mode=LSD&mid=sec&sid1=102&oid=005&aid=0000110428〉

『뉴시스』2017.09.08. 「전설의 댄서 최승희, 일제강점기 프랑스 공연 전모 드러났다.」〈http://www.newsis.com/view/?id=NISX20170908〉

『연합뉴스』1995.04.04. 「국립극장 전속단체 11일부터 지방순회공연」〈http://www.yonhapnews.co.kr/〉

『연합뉴스』1995.01.18. 생활문화면. 「국립국악관현악단 창단공연」

『연합뉴스』1995.03.01. 생활문화면. 「광복50주년 기념 3.1절 기념 문화축제열려」

『연합뉴스』1995.04.04. 생활문화면. 「국립극장 전속단체 11일부터 지방순회 공연」

『연합뉴스』1995.04.19. 생활문화면. 「문체부, 월드컵유치 위해 중남미 순회공연」

『연합뉴스』1995.04.28. 생활문화면. 「국립무용단 중남미 7개국 순회공연」

『연합뉴스』1995.07.01. 생활문화면. 「〈무용〉7월 무용계 공연·행사 풍성」

『연합뉴스』2002.07.08. 「무용계의 선비 고 최현씨」정성호 기자

『한겨레신문』1995.09.07. 15면. 「국악원무용감독·국립무용단장 사표」

가

ㅂ

아

인물로 본 신무용 예술사
최승희에서 최현까지

초판1쇄 발행 2018년 12월 20일

지은이 이종숙
펴낸이 홍종화

편집·디자인 오경희·조정화·오성현·신나래
　　　　　　　김윤희·박선주·조윤주·최지혜
관리 박정대·최기엽
자료제공 崔賢우리춤院

펴낸곳 민속원
창업 홍기원　　**편집주간** 박호원
출판등록 제1990-000045호
주소 서울 마포구 토정로 25길 41(대흥동 337-25)
전화 02) 804-3320, 805-3320, 806-3320(代)
팩스 02) 802-3346
이메일 minsok1@chollian.net, minsokwon@naver.com
홈페이지 www.minsokwon.com

ISBN　978-89-285-1242-3
S E T　978-89-285-0359-9　　94380

※ 책 값은 뒤표지에 있습니다.
※ 잘못된 책은 바꾸어 드립니다.

이 책은 '崔賢우리춤院'의 지원을 받아 연구되었습니다.